Karl August Varnhagen von Ense

Ausgewahlte Schriften

Karl August Varnhagen von Ense

Ausgewahlte Schriften

ISBN/EAN: 9783741167737

Hergestellt in Europa, USA, Kanada, Australien, Japan

Cover: Foto ©Andreas Hilbeck / pixelio.de

Manufactured and distributed by brebook publishing software (www.brebook.com)

Karl August Varnhagen von Ense

Ausgewahlte Schriften

Ausgewählte Schriften

von

K. A. Varnhagen von Ense.

Dreizehnter Band.

Zweite Abtheilung:

Biographische Denkmale.

Siebenter Theil.

Leipzig:

F. A. Brockhaus.

1873.

Biographische Denkmale.

Von
K. A. Varnhagen von Ense.

Dritte vermehrte Auflage.

Siebenter Theil.
Feldmarschall Jakob Keith. Hans von Held.

Leipzig:
F. A. Brockhaus.
1873.

Inhalt.

	Seite
Feldmarschall Jacob Keith	1
Hans von Held	167
Nachweisung der gebrauchten Hülfsmittel	326

Feldmarschall Jakob Keith.

Varnhagen von Ense. XIII.

Seinem verehrten Freunde,

dem

Geschichtschreiber Friedrichs des Großen,

Herrn

Professor Dr. Preuß,
Königlichem Historiographen, Ritter ꝛc.

hochachtungsvollst zugeeignet

von

K. A. Varnhagen von Ense.

Jakob Keith, aus einem der vornehmsten schottischen Geschlechter, in welchen die Würde und der Namen eines Marschalls von Schottland erblich waren, wurde geboren am 11. Juni 1696 auf Inverugie, einem festen Schloß, unfern der Mündung des Ugie, welches durch Heirath aus der Familie von Cheyne in die der Keith's überging, jetzt aber längst in Trümmern liegt. Wir folgen dieser Angabe, welche sich in Douglas Peerage of Scotland findet, und zuverlässiger erscheint, als andere frühere, die bald Fetteresso in Kincardineshire, bald den Familiensitz Schloß Dennottar (Dunnotter) als den Ort seiner Geburt, den Tag derselben aber gar nicht nennen. Er war der zweite Sohn Wilhelms des neunten Earl Marischal von Schottland und der Lady Mary Drummond, Tochter des Earl von Perth; ihr erster Sohn, Georg Keith, nach des Vaters Tode zehnter Earl Marischal von Schottland, in der Folge aber gewöhnlich nur Lord Marischal (im Französischen 'Lord Maréchal) genannt, war am 2. April 1693 geboren, und folglich etwa drei Jahre älter. Beide Brüder empfingen eine sorgsame Erziehung, der ihnen verwandte Geistliche Robert Keith, später Bischof und wegen seiner Gelehrsamkeit berühmt, war von 1703 bis 1710 als Lehrer bei ihnen angestellt.

Der jüngere Bruder Jakob Keith, war für das Studium der Rechte bestimmt, und wurde deßhalb nach Edinburg geschickt, um sich dort für sein Fach weiter auszubilden. Er scheint bis dahin mit vielem Fleiß und großem Erfolge die Schulstudien getrieben und in mancherlei Kenntnissen einen guten Grund gelegt zu haben, wie er denn in späteren Jahren stets auch wegen seiner wissenschaftlichen Bildung in hohem Rufe stand, und mit Gelehrten und Schriftstellern mannigfachen Verkehr unterhielt. In Edinburg aber wurde seine Neigung für den Kriegsdienst, der ihn als Knaben schon lebhaft angezogen hatte, so überwiegend, daß es unmöglich dünkte, ihm einen anderen Beruf aufzudringen. „Ich begann die Rechte zu studiren", sagte er, „hauptsächlich aus Nachgiebigkeit für die Wünsche der Gräfin von Marischal, meiner Mutter, aber stellt mich, meine Herren, nur ein paar Minuten der Mündung einer Kanone gegenüber, das macht augenblicklich den Mann fertig, oder er stirbt ruhmvoll auf dem Schlachtfelde."

Ein Anlaß, dem Waffenhandwerke sich entschieden zu widmen, ergab sich bald. Die Königin Anna starb am 12. August 1714, und da durch Parlamentsakte die katholische Nachkommenschaft des Hauses Stuart von der Thronfolge ausgeschlossen war, so ging die Krone auf den nächsten protestantischen Verwandten über, auf den Sohn nämlich der Stuartischen Prinzessin Kurfürstin Sophie von Hannover, der als König von Großbritannien nun Georg der Erste hieß. Dieser Thronwechsel geschah anfangs ohne Schwierigkeit; bald aber regten sich die Anhänger des ausgeschlossenen Herrscherstammes, die sowohl in England als auch besonders in Schottland noch zahlreich waren, und für die Sache des Prätendenten, der bei ihnen König Jakob der Dritte hieß, und nach welchem sie Jakobiten genannt wurden, zum Kampfe hervortraten. Von den beiden Hauptparteien, in welche Großbritannien geschieden war, den Tories und den Whigs, hielten die letzteren zu dem Hause Hannover, die ersteren mehr zu dem vertriebenen Stamme, doch kam neben dem politischen Glauben auch der religiöse in Betracht, und die Familie Keith, zwar zu den Tories gehörig, aber auch protestantisch, fand kein Bedenken, gleich anderen vornehmen Edelleuten dieser Parthei, den König Georg den Ersten anzuerkennen. Der ältere von unseren beiden Brüdern, nach des Vaters Tode jetzt Earl Marischal, unterzeichnete die von dem Könige dieserhalb erlassene Kundmachung, und begab sich nach London, um bei der neuen Regierung am Staatsdienste Theil zu nehmen. Allein hier fand er die Whigs, welche das bisherige Ministerium gestürzt hatten, im **Besitze** der **Macht**, und erfuhr von diesen schnöde Zurückweisung. Höchst erbittert verließ er London, und eilte Rache sinnend der Heimath zu. Inzwischen hatte auch der jüngere Bruder Jakob sich aufgemacht, und war auf dem Wege nach London, **um eine Anstellung im Kriegsdienste anzusprechen**. Beide Brüder trafen **in York** zusammen, der ältere erzählte wie ihm begegnet worden, und der jüngere kehrte sogleich mit nach Hause zurück, **beide voll Unwillen und Groll**. Bei so verworrenen politischen Zuständen sind die Grundsätze schon meist ohnehin zweifelhaft, und die Gesinnungen werden zumeist durch Leidenschaften bestimmt; so geschah es auch hier. Die beiden Jünglinge hatten bei ihrem Anerbieten schon einige Ueberwindung nöthig gehabt und höheren Rücksichten ein Opfer zu bringen geglaubt, **um so mehr empörte sie nun die Verschmähung, und warf sie gewaltsam auf die Gegenseite**; die Mutter, katholischen Glaubens, stimmte eifrigst bei, und so zögerten sie nicht, sich mit anderen Gleichgesinnten zu vereinigen. Ihr Vetter, der Graf von Mar, kürzlich noch Minister, und auch da schon verdächtig, es mit den Jakobiten zu halten, ergriff als Mißvergnügter nun vollends die Sache des Prätendenten. Unter dem Vorwande einer Jagd berief er eine große Versammlung von Unzufriedenen, die beiden Brüder Keith fanden sich ein, und der jüngere machte sich bei den Berathungen und Anschlägen durch einen Grad von Entschlossenheit und Ueberlegung bemerkbar, der in Zukunft gute Hoffnung für ihn fassen ließ.

Den Anfang machte der Graf von Mar durch ein Manifest, in welchem er sich unumwunden für den Prätendenten aussprach, und dessen Anhänger zu den Waffen rief. Am 3. September 1715 erhob er die Fahne des Königs Jakob, und von allen Seiten strömten dessen Getreue herbei, die vornehmsten Edelleute stellten sich mit ansehnlicher Mannschaft, auch Jakob Keith führte seine Schaar, bald standen wohl 10,000 Mann im Lager bei Perth versammelt, denen es aber noch größtentheils an Waffen fehlte. Dagegen waren die Whigs ihrerseits nicht müßig geblieben, und der Herzog von Argyle hatte in Schottland eben so schnell für den König Georg Streitkräfte zusammengerafft, und mit diesen bei Styrling eine Stellung genommen. Die Jakobiten hatten den größten Theil des Landes inne, die Aussicht einer völligen Losreißung Schottlands von England belebte den Volksstrom, und die Uebermengheit der Truppenzahl schien durch auswärtige Hülfsvölker noch steigen zu müssen; außerdem hatte der Aufruhr auch in England selbst Fortschritte gemacht, und in Northumberland stand unter dem Grafen von Derwentwater eine ansehnliche Schaar vereinigt. Doch der Graf von Mar wußte seine Vortheile wenig geltend zu machen. Die Verbindung mit Northumberland war ihm durch die Stellung des Feindes abgeschnitten; ein Anschlag gegen Edinburg mißlang, einige versprengte Truppen vereinigten sich mit denen in Northumberland, die auf solche Weise verstärkt südwärts gegen Lancaster zogen, ohne daß der Herzog von Argyle seine Stellung verließ. Endlich, nachdem der Graf von Mar noch beträchtliche Verstärkungen erhalten, glaubte er zum Angriff schreiten zu müssen; der Herzog von Argyle aber rückte ihm entgegen. Am 22. November bei Dumblaine kam es zum Treffen. Von beiden Seiten fochten größtentheils Neulinge, mit geringer oder vergeblicher Tapferkeit. Nur auf dem rechten Flügel, wo auch Keith mit seiner Mannschaft kämpfte, hatten die Jakobiten einigen Vortheil, schlugen das Fußvolk und dann die Reiterei des Feindes, aber auf dem linken Flügel erlitten sie eine völlige Niederlage, worauf der Graf von Mar in der Nacht seinen Rückzug nahm. In einer Denkschrift Keith's über sein Leben, welche vom Jahre 1714 anhebend, bis zum Schlusse des Jahres 1734 beinahe vollständig erhalten ist, giebt er in seinem nicht ganz korrekten, aber festen und klaren Englisch von dem Treffen bei Dumblaine folgenden Bericht: „The resolution being now taken to attack the enemy, the earl of Marr commanded the earl Marischal, with Sr. Donald M'Donald's regiment of foot, and his own squadron of horse, to take possession of the rising ground on which a body of the enemies horse still remain'd, and to cover the march of the army on the left (our right wing being cover'd by a river) to the town of Dumblain, where we imagined the enemy still to be. On our approach, the enemies horse retired; and we had no sooner gained the top of the hill than we discover'd their wholle body, marching without beat of drum, about two musket shot from us. It was now to late to retrait; we therfor form'd on the top of the hill, and the earl Marischal sent an aid-de-camp to advertise the earl of Marr that he was fall'n in with the enemics army, that it was impossible for him to bring off the foot, and therfor desired he wou'd march up to his assistance as quick as possible, — which he did even in too much hast; for the army, which marched in four columns, arrived in such confusion that it was impossible to form them according to the line of battle projected, every one posted himself as he found ground, and one columne of foot enclining to the right and another to the left of the earl Marischal's squadron of horse, that regiment which shou'd have been on the right, found itself in the center, separated from the rest of the horse, and opposed to the enemies foot; our foot formed all on one line, except on the left, where a bog hinder'd them from extending themselves, and encreased the confusion. — The duke of Argile was no less embarrassed on his side. His army was not yet entirely formed; the rear, which was to have formed his left wing, was yet on their march, and showed us their flanck, which being observed by lieutenant-general Gordon, he order'd our troops immediately to charge, which they did with so much vigour that in less than ten minutes they entirly defeated six regiments of foot and five squadrons of dragoons, which composed more than the half of the duke's army, whille the rest having taken the same advantage of our left, which had neither time nor ground to fire, entirely routed them. Both parties pursued the troops they had broken, not knowing what had happen'd on the other side, till at length the earl of Marr, having had the fatal news of the loss we had received, order'd the troops to give over the pursuit, and having rallied them, returned to the field of battle, from whence we discover'd the enemy posted at the foot of the hill amongst mud walls, on the same ground where we had layen the night before." Weiterhin sagt er: „Thus ended the affair of Dumblain, in which neither side gained much honour, but which was the entire ruin of our party."

Schlimmer als hier erging es den Jakobiten an demselben 22. November in England. Sie wurden auf dem Marsche nach Liverpool bei Preston von den Königlichen Truppen angegriffen und geschlagen, und mußten darauf eingeschlossen sämmtlich das Gewehr strecken. Auf Hülfe aus England konnten daher die Schotten nicht mehr rechnen, auch die aus Frankreich, wo der Tod Ludwigs des Vierzehnten einer veränderten Staatsleitung Raum gab, war höchst unsicher. Zum Unglück war auch ein großer Theil der schottischen Kämpfer unmittelbar von dem Wahlplatze bei Dumblaine nach Hause geeilt, und andere wurden später dahin entsandt, um jene zurückzubringen. Hierüber sagt Keith in seiner Denkschrift: „To explain this, one must know the habit of the Highlanders and their manner of fighting; their cloaths are composed of two short vests, the one above reaching only to their waste, the other about six inches longer, short stockings which reaches not quite to their knee, and no breetches; but above all they have another piece of the same stuff, of about six yards long, which they tye about them in such a manner that it covers their thighs and all their body when they please, but commonly it's fixed on their left shoulder and leates their right arm free. This kind of mantell they throw away when they are ready to engage, to be lighter and less encumber'd, and if they are beat it remains on the field, as happen'd to our left wing, who having lost that part of their cloaths which protects them most from the cold, and which likewise serves them for bed cloaths, cou'd not resist the violent cold of the season, and were therefor sent with their officers home, not only to be new cloathed but also to bring back those who had fled straight from the battle to the mountains."[1]

Noch konnten indeß die Schotten sich im eignen Lande wohl eine Weile behaupten, und das Erscheinen des Prätendenten, der am 2. Januar 1716 bei Petershead landete, belebte einige Hoffnungen; doch nur auf kurze Zeit. Es wurde nun offenbar, wie unfähig und hülflos er sei, und wie wenig von einem solchen Führer sich erwarten lasse. Angesehene Häupter seiner Parthei verließen ihn mit ihren Streitern. Der Herzog von Argyle, durch englische und holländische Truppen verstärkt, rückte zum Angriff gegen das Lager von Perth, das er aber schon verlassen fand, der Prätendent hatte sich noch Dunden zurückgezogen; bald aber, an seiner Sache verzweifelnd und für seine Person besorgt, schiffte er sich zu Montrose mit dem Grafen von Mar auf dem französischen Schiffe, mit dem er gekommen, heimlich ein, und überließ seine Anhänger ihrem Schicksale. Bei Ruthven in Badenoch löste das kleine Heer sich nun völlig auf, indem jeder so gut er konnte sich zu retten suchte.

Für die Brüder Keith war keine Rettung möglich, als die Flucht in's Ausland. Ihr sämmtliches Vermögen war nun der Krone verfallen. Sie selbst waren zu bedeutende Personen, um den Feinden unbeachtet zu bleiben, und zu sehr bei dem Aufruhr betheiligt, um Verzeihung hoffen zu dürfen, selbst wenn sie diese begehrt hätten. Aber eben deßhalb war auch ihre Rettung schwierig und zweifelhaft. Mit mehreren Unglücksgefährten vereint suchten sie nach den westlichen Inseln zu entkommen, wo sie eine Zeitlang verborgen zu bleiben hofften, bis sich ein Fahrzeug fände, sie nach Frankreich überzuschiffen. Allein sie mußten auf eine solche Gelegenheit fast einen Monat warten, und während dieser Zeit litten sie große Noth, und hatten oft ihren Aufenthalt zu wechseln, weil es mehrmals hieß, ihre Zuflucht sei entdeckt und Truppen schon unterwegs, um sich ihrer zu bemächtigen; auch kreuzten in der That drei Fregatten mit zwei Bataillons Fußvolk an Bord ganz in der Nähe, um die Küsten sorgfältig zu bewachen und jedes verdächtige Schiff anzuhalten. Doch entgingen sie glücklich allen Nachstellungen und endlich am 20. April langte auf der Insel, wo sie sich verborgen hielten, unbemerkt ein Schiff an, das ihnen von

Frankreich aus zugeschickt worden war, sie nebst etwa hundert andern Offizieren eiligst aufnahm, und nach einer langen und beschwerlichen Seereise am 12. Mai zu Saint-Paul de Leon in Bretagne wohlbehalten an's Land setzte.

Jakob Keith stand im neunzehnten Lebensjahre, und die großen und wichtigen Erfahrungen, die er in kurzer Zeit gemacht, mußten den kriegsmuntern Jüngling nicht wenig gereift haben. Auch befestigte das erlittene Unglück ihn nur um so mehr in der gewählten Richtung; und obwohl ihm die Nichtigkeit und Hoffnungslosigkeit des Prätendenten nicht verborgen sein konnten, so wollte er doch der Sache desselben seine Kraft und Thätigkeit zu widmen fortfahren. Er reiste sogleich nach Paris, wo mehrere seiner Verwandten damals lebten; doch wollte er besonders der Königin-Mutter daselbst aufwarten, bevor er nach Avignon ginge, wo der Prätendent im päbstlichen Gebiete seine Zufluchtstätte gefunden hatte, nachdem Frankreich ihm keine mehr gewähren wollte; die meisten der mit Keith gelandeten Gefährten hatten bereits vom Hafen gleich den nächsten Weg dorthin eingeschlagen. Keith wurde von der Königin-Mutter auf das gnädigste empfangen, und hörte von ihr die schmeichelhaftesten Worte, sie habe vernommen, wie gute Dienste er der Sache ihres Sohnes geleistet, und weder dieser noch sie selbst würden es je vergessen. Aber nach Avignon zu reisen widerrieth sie ihm, er sei noch so jung, meinte sie, und thäte besser in Paris seine Studien wieder anzufangen, für welche sie alle äußere Sorge zu übernehmen versprach. Dies war in der That so lockend als schmeichelhaft, und ließ sich nicht abweisen. Aber es verging ein ganzer Monat, ohne daß Keith von der Königin-Mutter irgend etwas zu hören bekam, und da seine Geldmittel völlig erschöpft waren, so sah er sich der größten Noth überlassen. Zwar hatte er in Paris, wie gesagt, Verwandte und auch sonst Freunde, die ihm Geld genug würden dargeboten haben, allein er schämte sich, ihnen seine Noth zu entdecken, er sagt selbst, in dem Aufsatz über sein Leben: „I was then either so bashful or so vain, that I would not own the want I was in." Er suchte sich damit zu helfen, daß er sein Pferdegeschirr verkaufte, dessen damals die Offiziere oft sehr kostbares mit sich führten. Jedoch dauerte seine Verlegenheit nicht lange. Nicht nur gedachte seiner die Königin-Mutter endlich, sandte ihm tausend Livres, und veranlaßte seinen Eintritt in die Ritterakademie, sondern auch der Prätendent ließ ihm ein Jahrgeld von zweihundert Kronen zusichern, mit der Entschuldigung, daß er im Augenblicke mehr zu thun nicht im Stande sei; zu gleicher Zeit meldete ein Pariser Wechsler an, daß er von Schottland aus beauftragt sei, ihm Geld auszuzahlen.

Nun aller Bedrängniß frei, widmete er seine Zeit wirklich den Studien, welche er auch dem Waffenberufe, den er nun wohl für immer gewählt hatte, dringend nöthig erachtete. Kaum hatte er sich zum Studieren eingerichtet, so sprach im Anfange des Jahres 1717 jener Beruf ihn abermals an. Karl der Zwölfte, König von Schweden, war nämlich durch seinen so klugen als kühnen Minister Freiherrn von Görz dahin geleitet worden, mit den Russen Frieden zu suchen, und seine noch übrige Kraft und ganzen Haß auf den König von England zu werfen, der sich die schwedischen Herzogthümer Bremen und Verden zugeeignet hatte; daher setzte er sich mit den Feinden des Königs Georg, mit Spanien und dem Prätendenten in Einvernehmen, und es war im Plane, der Sache des Letzteren durch eine Landung schwedischer Truppen in Schottland neuen Schwung zu geben. Keith empfing die Ernennung zum schwedischen Obersten von der Reiterei. Das Unternehmen kam jedoch nicht zur Reife, Görz verunglückte in seinen großen Anschlägen, die darauf nur als kühne Ränke galten, und für Keith konnte von schwedischem Dienste nicht mehr die Rede sein. War sein besonderer Zweck, für seine vaterländische und persönliche Sache zu streiten, auf's neue durch die Umstände vereitelt, so durfte er um so freier dem Wunsche nachgeben, wenigstens irgend eine große Kriegsschule durchzumachen, und so trug er kein Bedenken, als im Juni 1717 der russische Zar Peter nach Paris kam, auch bei diesem Herrscher Kriegsdienste nachzusuchen. Er gab sich alle Mühe deshalb, allein es gelang ihm nicht, er müsse wohl, meinte er späterhin, nicht die rechten Mittel angewandt haben; ohne Zweifel stand auch seine Jugend zu sehr im Mißverhältniß mit den Ansprüchen, zu welchen seine Geburt und die Gunst ungewöhnlicher Umstände ihn gehoben hatten.

Das nächste Jahr 1718 brachte einen neuen Anlaß, die Studien mit den Waffen zu vertauschen. Einige Freunde machten ihn mit den Absichten des spanischen Hofes gegen Sicilien bekannt, und drangen lebhaft in ihn, sich für diesen Feldzug um spanische Dienste zu bewerben. Allein diesmal wurde seine kriegerische Lust durch eine andere Leidenschaft aufgewogen. „But I was then — erzählt er — too much in love to think of quitting Paris, and, tho' shame and my friends forced me to take some steps towards it, yet I managed it so slowly, that I set out only in the end of that year; and had not my mistress and I quarrel'd, and that other affairs came to concern me more than the conquest of Sicily did, it's probable I had lost many years of my time to very little purpose — so much was I taken up with my passion." Diese wichtigern Antriebe kamen aus der Sache des Vaterlandes. Der spanische Minister Kardinal Alberoni, gleich Görz von kühnen politischen Entwürfen erfüllt, aber gleich ihm, da das Glück sie nicht begünstigte, von gemeinem Urtheil ungerecht herabgesetzt, beschloß den Versuch der Wiederherstellung des Prätendenten abermals zu wagen, und ein neues Unternehmen auf Schottland mit ansehnlicher Kriegsmacht auszuführen. Das Vorhaben war kaum in Paris kund geworden, als beide Brüder, Lord Marischal und Keith, obwohl letzterer von einer Krankheit noch nicht völlig genesen war, sogleich nach Marseille abreisten, und sich hier im Anfange des Jahres 1719 nach Spanien einschifften.

Nach einer stürmischen Fahrt gelangten sie nach Palamos, auf der Küste von Catalonien. Der dortige Befehlshaber, dem sie nur im Allgemeinen angaben, sie seien englische Offiziere, die in Madrid Kriegsdienste suchten, sandte sie unter Begleitung eines Soldaten nach Girona, wo sie den Herzog von Liria fanden, der daselbst ein irisches Regiment befehligte; dieser freute sich ihrer Ankunft, verbürgte sich bei dem Gouverneur für sie, und verschaffte ihnen die Erlaubniß weiter zu reisen. Da niemand hier etwas von bevorstehendem Kriege wußte, so hielten sie sich für getäuscht, und dachten, sie seien bloß gerufen, um in spanische Dienste zu treten, und beeilten daher ihre Reise weniger. Vor Barcelona sandten sie dem General-Kapitain Prinz Pio von Savoyen einen Empfehlungsbrief des Herzogs von Liria in die Stadt hinein, der ihnen einen Wagen mit sechs Maulthieren bespannt entgegen sandte, und ihnen große Ehren zudachte; er hatte nämlich von dem Kardinal Alberoni kurz vorher die Nachricht empfangen, der König Jakob werde nächstens unter fremdem Namen an der catalonischen Küste landen, und der Brief des Herzogs von Liria ließ ihn glauben, der vornehme Gast sei angelangt. Der Irrthum war für beide Theile verdrießlich, störte jedoch die gute Aufnahme nicht, und am nächsten Morgen setzten sie ihre Reise nach Madrid fort. Erst nach vierzehn Tagen trafen sie hier ein, und ließen Abends den Kardinal ihre Ankunft wissen. Er bestellte sie auf den nächsten Tag frühmorgens, klagte über die Langsamkeit ihrer Reise, die Sache habe große Eil und sei schon im Gange, der Herzog von Ormond werde sich nach England einschiffen, Lord Marischal solle nach Schottland gehen, und möge nur gleich alles angeben, was ihm zu dem Unternehmen nöthig dünke. Lord Marischal erwiederte, vor allem sei nöthig, daß er die Absichten des Herzogs von Ormond wisse, und mit ihm die seinigen in Uebereinstimmung bringe; der Kardinal ließ auf der Stelle Postpferde kommen, sandte den Lord nach Valladolid, wo der Herzog eben verweilte, und empfahl ihm die größte Eile. Um auch seinerseits die Sachen weiter besprechen zu können, behielt er Keith unterdeß in Madrid.

Lord Marischal war nach fünf Tagen — er hatte dem Herzoge nach Benevente folgen müssen, — wieder in Madrid, und setzte mit dem Kardinal die näheren Anschläge fest. Die Würde eines Generallieutenants, die ihm, und die eines Obersten, die seinem Bruder angeboten wurde, lehnte er ab, und ließ sich nur zum Generalmajor, seinen Bruder zum Oberstlieutenant ernennen. Er verlangte aber 4000 Gewehre und 10,000 Pistolen; doch die Ausrüstung des Herzogs hatte die Waffenvorräthe und Gelder schon erschöpft, und kaum die Hälfte des Begehrten konnte geliefert werden. Lord Marischal eilte mit dieser Unterstützung nach Biscaya, von wo er mit zwei Fregatten und sechs Kompagnieen Fußvolk nach Schottland schiffen sollte. Eine schwierige, aber unerläßliche Aufgabe war, die in Frankreich lebenden Häupter der Jakobiten von dem Unternehmen zu benachrichtigen und sie zur Mitwirkung anzuleiten. Der Kardinal wünschte, Keith möchte dies übernehmen. Mit einer beglaubigenden Zeile des Herzogs und mit 18,000 Kronen begab sich Keith am 19. Februar auf den Weg, und traf nach drei Tagen in San-Sebastian ein, wo er 12,000 Kronen für die Ausrüstung zweier nach Schottland bestimmten Fregatten zurückließ, mit dem übrigen Gelde aber in Frankreich eintrat; er gelangte glücklich nach Bordeaux, wo er den General Gordon, Brigadier Campbell und einige andere jakobitische Offiziere traf, denen er seine Botschaft eröffnete und einiges Geld austheilte; doch nur Campbell eilte, sich in San-Sebastian mit Lord Marischal einzuschiffen, die anderen zögerten, und zeigten geringen Eifer. In Bordeaux hielt der Herzog von Berwick, der hier befehligte, streng darauf, daß niemand Postpferde bekommen durfte, außer mit seiner besondern Erlaubniß, die er nur ertheilte, wenn er die Personen vorher selbst geprüft hatte. Keith war dem Herzoge bekannt, und durfte sich ihm daher nicht zeigen; nach peinlicher Verlegenheit fand sich endlich ein Reisegefährte, der für sich und einen Bedienten, an dessen Stelle Keith eintrat, Pferde nach Paris erhielt. Von Orleans nahm Keith den Marquis von Tullibardine, den er hier wußte, mit nach Paris, wo sie am 4. März ankamen.

Sogleich war hier unter den Freunden alles in großer Bewegung; aber Keith bemerkte bald, daß im Innern der Parthei zweierlei Befehlmacht bestand, und Ehrgeiz und Ränke mehr galten als die Sache selbst. Keith eilte jedoch nach Rouen, und betrieb die Ausrüstung eines kleinen Schiffes in Habre-de-Grace. Hier fragte einer der Anführer Glenderuel, ob er in Paris den General Dillon gesprochen habe, der die Angelegenheiten des Prätendenten in Frankreich zu besorgen pflegte, und Keith verneinte es, indem er in Saint-Germain, wo jener sich gerade aufgehalten, zu sehr von Person gekannt sei, dem Leichtsinn aber und der Unvorsichtigkeit der dortigen Freunde ein so wichtiges Geheimniß nicht habe anvertrauen dürfen, übrigens auch sei er nicht angewiesen, sich mit jenem zu besprechen, obschon er nicht zweifle, derselbe sei anderweitig von der Sache schon unterrichtet worden. Aber Glenderuel bestand darauf, Dillon müsse angegangen und gefragt werden, ob er nicht besondere Vorschriften abseiten des Königs in Betreff des Unternehmens mitzutheilen habe. Doch war dies nur der Vorwand, und der wahre Grund dieser, daß Glenderuel eine Königliche Vollmacht vom Jahre 1717, für das beabsichtigte Unternehmen des Königs von Schweden, durch welche der Marquis von Tullibardine zum Oberbefehlshaber in Schottland ernannt war, noch in Dillon's Händen wußte, die er geltend machen wollte, um den Oberbefehl nicht an den General Gordon kommen zu lassen, oder an sonst einen Mann, der minder lenksam wäre, als Lord Tullibardine, der Glenderuel's Rath unbedingt anzunehmen pflegte. Die Antwort Dillon's, welche vorgezeigt wurde, war von keinem Belang, aber die Folge zeigte, daß er auch die begehrte Vollmacht mitgesandt hatte, von der aber fürerst noch geschwiegen wurde.

Mit den zusammengebrachten Gefährten ging Keith am 19. März 1719 unter Segel, und schiffte durch den Paß von Calais in die Nordsee; die Absicht war, um die Orkney-Inseln herum zur Insel Lewis zu gelangen. Die Ueberfahrt war keine günstige, das kleine Fahrzeug hatte mit Stürmen zu kämpfen, und kam auch in die Nähe englischer Kriegsschiffe, entging aber doch beiderlei Gefahr, und ging am 4. April bei Insel Lewis vor Anker. Bald wurden auch die beiden spanischen Fregatten, welche unter Lord Marischal's Befehl die Landung unterstützen sollten, in der Bucht von Stornoway aufgefunden, und Keith erstattete seinem Bruder Bericht über die Anstalten und Vorgänge, wobei er auch seinen Verdacht nicht verschwieg, daß in Betreff des Oberbefehls geheime Ränke Statt fänden. Lord Marischal erwiederte, er sei bereit, jedem zu gehorchen, der höher gestellt sei als er, doch habe auch er seine guten Patente, für sich selbst als Generalmajor in spanischen sowohl als englischen Diensten, für Keith als spanischen Obersten, und unausgefüllte Patente für die Offiziere zweier Bataillone, welche dieser im Namen des Königs von Spanien in Schottland errichten sollte.

Als auch die Lords Seafort und Tullibardine sich bei Lord Marischal eingefunden hatten, wurde Kriegsrath gehalten, und zuvörderst der Oberbefehl festgesetzt, der dem Lord Marischal, als ältestem Generalmajor, nicht bestritten wurde. Lord Tullibardine und sein Anhang bestanden aber darauf, nichts zu unternehmen, bis sie Nachricht erhielten, daß auch des Herzogs von Ormond Landung in England erfolgt sei; die Gefahr jedoch, alsbald von englischen Schiffen auf der Insel eingeschlossen zu werden, ließ die Mehrheit den von Lord Marischal mit dem Kardinal Alberoni verabredeten Entwurf vorziehen, in Schottland ungesäumt zu landen und sogleich auf Inverneß vorzubringen. Doch bevor dies noch ausgeführt wurde, wünschte Lord Tullibardine am nächsten Tage nochmals einen Kriegsrath, zeigte hier sein gestern verhehltes Patent als Generallieutenant auf, und übernahm den Oberbefehl, Lord Marischal behielt sich nur den über die Schiffe vor, wegen deren er von dem Kardinal ausdrückliche Befehle hatte. Auf's neue wurden nun Zögerungen vorgeschlagen, jedoch vergeblich, und nach einigen Schwierigkeiten, welche das ungünstige Wetter verursachte, fand die Landung wirklich Statt.

Aber der Marsch auf Inverneß, welchen Lord Marischal und Brigadier Campbell sogleich antreten wollten, fand entschiedenen Widerspruch. Es ergab sich, daß die Widersprechenden bereits eigenmächtig die Freunde rings im Lande benachrichtigt hatten, der König wolle, daß nicht eher die Waffen ergriffen würden, als bis die spanische Landung in England erfolgt sei; Lord Tullibardine erklärte hiermit übereinstimmend, er werde nicht vorrücken, ja nach einigen Tagen, als immer keine Nachricht von dem Herzog von Ormond einlief, schlug er vor, auf denselben Schiffen, mit denen sie gekommen, nach Spanien zurückzukehren. Damit dieser Gedanke nicht nochmals aufkäme, ließ Lord Marischal die beiden Fregatten, deren Verweilen eine Uebermacht englischer Schiffe herbeiziehen mußte, die Anker lichten und absegeln. Lord Tullibardine hatte jetzt keine Wahl, er mußte Anstalten machen in's Feld zu rücken, allein er hatte kostbare Zeit nutzlos verloren, und fand sich durch seine eigenen früheren Anordnungen überall gehindert.

Die Hochländer bezeigten wenige Lust, das bedenkliche Wagstück auf's neue zu versuchen, einige tausend Mann, welche von kühnen Anführern bennoch vereinigt wurden, hielten gegen die englischen Truppen nicht Stand. Der Prätendent begnügte sich, in Madrid Königliche Ehren zu genießen, das spanische Geschwader, welches die unter dem Herzog von Ormond nach England bestimmten Truppen führte, wurde vom Sturm zerstreut, und so war in kürzester Zeit das ganze Unternehmen völlig zu Grunde gerichtet. In Schottland hielten die Häupter der Jakobiten nach dem unglücklichen Treffen vom 10. Juni einen Kriegsrath, in welchem beschlossen wurde, die Spanier sollten sich kriegsgefangen geben, die Hochländer in ihre Berge heimkehren, die Offiziere ihr Heil suchen, wie jeder am besten es vermöchte.

Keith flüchtete in die Hochlande, wo er einige Monate verborgen blieb, außer dem allgemeinen Unglück noch von Krankheit heimgesucht. Endlich, im Anfange des Septembers, gelangte er unentdeckt nach Petersheab, wo er sich nach Holland einschiffte. Lord Marischal hatte schon früher diesen Weg genommen, und im Haag fanden beide Brüder sich wieder vereint. Der spanische Gesandte daselbst forderte sie auf, so schnell als möglich nach Spanien zurückzugehen, wo neue Rüstungen betrieben wurden. Sie reisten sogleich ab, kamen über Lüttich nach Sedan, wo sie, um nicht als Offiziere einer mit Frankreich im Kriege stehenden Macht erkannt und angehalten zu werden, noch glücklich genug ihre Papiere vernichteten, und gelangten ungefährdet nach Paris, wo sie einen Monat verweilten, und darauf nach Montpellier reisten, um nach Spanien zu gelangen. Allein sie fanden die Schwierigkeiten größer, als sie vermuthet, und beide Brüder trennten sich, Lord Marischal wollte über die Pyrenäen zu

kommen versuchen, Keith sich in Marseille einschiffen; letzterer
jedoch schlug nach vergeblichem Warten und Bemühen zuletzt
auch den Weg nach den Pyrenäen ein, die er von seinem
Bruder längst überschritten glaubte. In Toulouse aber trat
dieser eines Morgens unverhofft bei ihm in's Zimmer; derselbe hatte vergeblich mancherlei Gebirgswege versucht, sechs
Wochen in französischer Haft ausgehalten, und war dann in
Gemäßheit eines Königlichen Befehls aus Paris zwar freigelassen, aber auch aus Frankreich verwiesen und ihm ein Paß
nach Italien gegeben worden. Keith fand nun gerathen, sich
seinem Bruder anzuschließen, und so gelangten sie im Anfange
des Januars 1720 nach Genua.

So nahe dem Prätendenten, ihrem Könige, der wieder
in Rom lebte, wünschten sie ihm persönlich ihre Ehrerbietung
zu bezeigen, und fuhren am 3. Februar auf einer Galeere der
Republik nach Livorno, legten aber schon um Mittag bei Porto
Fino an, und hörten, sie würden über Nacht hier bleiben. In
der Nähe wohnte jetzt von Staatsgeschäften zurückgezogen der
Kardinal Alberoni, und Lord Marischal wollte den Aufenthalt benutzen, um den einst so mächtigen Minister, dessen
Ungnade er für eine nur vorübergehende ansah, zu besuchen
und die Schicksale des noch vor kurzem von ihm in's Werk
gesetzten Unternehmens zu besprechen. Aber der Kardinal
unterbrach seinen Bericht, und sagte, die Angelegenheiten
Spaniens seien ihm fortan gänzlich fremd, und er wünsche
über die Sache weiter nichts zu hören, als was den Er-
zählenden persönlich betreffe, über dessen Rettung er sich herzlich freue. Mit großem Unmuth über die Verzagtheit und
Unkunde der genuesischen Seeleute gelangten sie nach Livorno,
und setzten ihre Reise über Pisa, Florenz und Siena fort
nach Rom. Hier sahen sie den Prätendenten, der sie gnädig
empfing, ihnen aber keinen günstigen Eindruck machte, wiewohl
ihnen die Unbedeutendheit seines Wesens schon früher bekannt
war. Da er wußte, daß sie Mangel an Geld hatten, so
sandte er seinen Günstling Hay zu dem Pabste mit der Bitte,
ihm von seinem gewöhnlichen Jahrgelde 1000 römische
Kronen vorauszahlen zu lassen, allein Clemens der Elfte verweigerte dies, unter Entschuldigung des Unvermögens. Ein

Wechsler schoß zuletzt die Summe vor, und die beiden
Brüder traten nach sechswöchentlichem Aufenthalte ihre Reise
wieder an, um nach Spanien zu gelangen.

Nach Genua gekommen, mußten sie hier abermals sechs
Wochen auf eine Schiffsgelegenheit warten; und der englische
Gesandte Davenant, durch ihren Aufenthalt in Rom aufmerksam geworden, und durch den französischen Gesandten Chavigny
aus bösem Scherze noch besonders aufgereizt, forderte von
dem Senat ihre Ausweisung, indem er mit Beschießung der
Stadt durch englische Kriegsschiffe drohte. Dagegen drohte
der spanische Gesandte die Stadt zu verlassen, wenn der
Senat dem englischen Ansinnen folgte, und so befand sich
dieser in peinlicher Verlegenheit. Die beiden Brüder versicherten, sie begehrten nichts eifriger als abzureisen, allein
wegen der englischen Fregatte, welche vor dem Hafen kreuze,
könne kein nach Spanien bestimmtes Schiff auslaufen. Da
wurde im Stillen Rath geschafft, und eine gute Feluke brachte
die Brüder unbemerkt aus dem Hafen, und immer längs der
Küste fahrend gelangten sie binnen 29 Tagen glücklich nach
Valencia, von wo sie im Juli 1720 in Madrid eintrafen.

Lord Marischal fand bald nachher Anlaß, in Geschäften
des Prätendenten nach Avignon zu reisen; Keith aber blieb
in Madrid, und hoffte hier seine Verhältnisse wieder anzuknüpfen. Er forderte zunächst eine Abschrift seines in Sedan
zerstörten Patents; allein der Kriegsminister fand dasselbe in
die Listen gar nicht eingetragen, weil der Kardinal deren ohne
Wissen der Kriegsbehörde zu vergeben pflegte. Die Erneuerung des verlornen Patents wurde nicht gewährt, und
obwohl ihm der Sold eines Obersten angewiesen war, so
befand er sich doch, da niemand weiter auf ihn achtete und
von wirklicher Anstellung nicht die Rede war, in trostloser
Verlassenheit; er sagt hierüber selbst: „I was, as the French
says, *au pied de la lettre sur le pavé*, I know nobody,
and was known to none; and had not my good fortune
brought rear-admiral Cammock to Madrid, whom I had
known formerly in Paris, I don't know what would
have become of me; he immediately offer'd me his house
and his table, both which I was glad to accept of."

Im nächsten Jahre 1721 wurde der Marquez von Castellar zum Kriegsminister ernannt, und Keith erneuerte sein Begehren wegen des Patents; doch als er abermals abschlägige Antwort erhielt, so begehrte er Urlaub und Pässe nach Italien, welche ihm bewilligt wurden. Als er vor der Abreise von Madrid wie von andern Bekannten auch Abschied von einem Jesuiten nahm, mit dem er sich befreundet hatte, fragte ihn dieser theilnehmend, weshalb er Madrid verließe. Keith gab ihm ohne Rückhalt die Beweggründe an, die ihn sein Glück anderwärts versuchen hießen, und reiste am folgenden Tage ab. Bei seiner Ankunft in Barcelona jedoch fand er unerwartet sein begehrtes Patent vor, dessen Ausfertigung der Jesuit durch den Beichtvater des Königs erwirkt hatte; allein dasselbe war vom September 1721, anstatt vom Januar 1719 wie das frühere gewesen, und hiermit unzufrieden, sandte er es zurück, mit der Erklärung, er könne kein anderes annehmen, als ein dem früheren gleiches. Da der eifrige Jesuit verhieß, auch ein solches werde er ihm denn verschaffen, so kehrte Keith nach Madrid zurück, und blieb nun den Rest des Jahres 1721 ruhig dort.

Mittlerweile hatte seine Mutter die Meinung der besten englischen Rechtsgelehrten eingeholt, und diese waren einstimmig, daß er mit aller Sicherheit nach Schottland kommen und dort sein eingezogenes Vermögen zurückfordern könne; sie schrieb dieses dem Sohne zu Anfang des Jahres 1722, und lud ihn dringend ein, durch seine persönliche Gegenwart jenen Erfolg zu sichern. Er war schon zur Abreise entschlossen, wollte jedoch vorher in Madrid den englischen Botschafter Stanhope darüber hören, und vernahm von diesem, daß die Zeitumstände seinem Vorhaben gar nicht günstig seien, indem die englische Regierung sein früheres Verhalten genau wisse, und gerade jetzt wieder Verdacht wegen neuer gegen sie gerichteter Unternehmungen hege, daher wohl am gerathensten sei, den Ausgang dieser Dinge lieber in Paris abzuwarten. Diese Meinung des Botschafters bestimmte ihn, die Reise nach Schottland aufzugeben, und er benutzte im Oktober die Gelegenheit, mit dem Herzog von Liria sich nach Paris zu begeben. Während er hier die Wendung der Sachen und die

Heilung einer lästigen Schultergeschwulst abwartete, bekam er die Nachricht, seine Angelegenheit in Schottland sei so weit gewonnen, daß die Regierung ihm eine Entschädigungssumme habe auszahlen lassen. Nun hätte er nach Spanien zurückkehren sollen, allein er hatte dazu um so weniger Lust, als die Verhältnisse dort ihm nur trübe Aussichten geben, und dagegen Freunde und Freundinnen zu Paris ihm den Eintritt in französische Dienste zu verschaffen suchten. „By good luck — sagt er selbst — it did not succeed, and so I remained at Paris, still under the pretence of my cure, all the year 1723 and 24."

Indessen rief das Benehmen des französischen Hofes, durch die schnöde Zurücksendung der spanischen Infantin, welche dem Könige von Frankreich zur Gemahlin bestimmt gewesen, im Jahre 1725 kriegerische Aussichten hervor, bei denen kein spanischer Offizier länger in Paris verbleiben konnte, und nach der Weisung des spanischen Botschafters sollte auch Keith, gleich allen übrigen, sich der Reise der Infantin anschließen. Ein beträchtlicher Einschnitt, welchen der Wundarzt ihm zu machen nöthig befunden, hinderte zwar seine gleichzeitige Abreise, allein er holte die Infantin zu Bayonne wieder ein, und gelangte in ihrem Gefolge nach Madrid. Die Erbitterung war hier gegen die Franzosen sehr groß, allein mancherlei Gründe und Künste hielten den Ausbruch des Krieges noch zurück, und Keith begab sich für die nächste Zeit nach Valencia, welche Stadt ihm für die Erhebung seines Soldes bezeichnet war. Im Juni des Jahres 1726 ergingen neue Kriegsgerüchte, ein Bruch zwischen Spanien und England schien unvermeidlich, schon waren englische Kriegsschiffe in See und bedrohten die spanischen Silbergalionen und Häfen, und 20,000 Mann spanischer Truppen sammelten sich in Andalusien, wie es schien zu dem Zwecke, in Cadix zu einem Angriff gegen England selbst eingeschifft zu werden. Keith wünschte daher eine Anstellung bei diesen Truppen, aber ihm wurde die Antwort, als Protestant könne er keine Befehlsführung ansprechen; erzürnt begnügte er sich, als Freiwilliger mitzugehen, und kam mit dem Schlusse des Jahres im Lager von Gibraltar an.

Die Feindseligkeiten waren hier noch nicht eröffnet, wie überhaupt der Krieg noch nicht erklärt, und ein Schein guten Vernehmens wurde beiderseits erhalten. Die Engländer hatten in Gibraltar eine nur schwache Besatzung, und gestatteten den spanischen Soldaten in beliebiger Anzahl die Stadt zu besuchen, bisweilen über 200 Gemeine und 40 bis 50 Offiziere waren gleichzeitig dort, ohne daß man untersuchte, ob sie verborgene Waffen führten; Keith gründete auf diese Sorglosigkeit den Anschlag, auf die Festung einen Handstreich zu wagen, den auch andere Umstände sehr begünstigten, und dessen Gelingen fast unfehlbar schien; allein der spanische Befehlsführer Graf de las Torres versicherte stolz, er wolle nicht auf solche Weise, sondern nur durch die Bresche in die Stadt einbringen. Dafür kam er denn auch nicht hinein! Die Engländer empfingen rasch Verstärkung, und konnten nun leicht den übelentworfenen und schwachgeführten Angriffen der Spanier Trotz bieten. Unter nutzlosem Kanoniren, und doch mit Verlust von 2000 Mann, setzten die Spanier diese Art von Belagerung fünf Monate lang fort, bis am 23. Juni 1727 der Befehl aus Madrid eintraf, alle Feindseligkeiten einzustellen.

In Keith's Verhältnissen, hatte er nun eingesehen, war selbst vom Kriege keine Gelegenheit der Auszeichnung möglich, und er wünsche daher ernstlich, den spanischen Dienst aufzugeben, wo er doch nie zur wirksamen Thätigkeit gelangen konnte. Doch wollte er noch einen letzten Versuch machen, und wandte sich deßhalb geradezu an den König, dessen Gunst ansprechend und die zunächst erledigte Befehlshaberstelle eines irländischen Regiments erbittend. — König Philipp der Fünfte kannte den jungen Obersten wohl, und war ihm nicht abgeneigt, aber seine trübe Glaubensangst erlaubte ihm nicht, einen Protestanten zu befördern. Die Antwort empfing Keith durch den königlichen Beichtvater, einen Schotten, der anfangs nur andeutete, Seine Katholische Majestät wünschten ungemein, daß Keith Ihnen möglich machte, öffentlich zu bezeigen, wie sehr Sie ihn schätzten; endlich aber offen mit der Sprache herausging, der König würde, sobald er erführe, daß Keith katholisch sei, nicht nur dessen Gesuch sofort gewähren, sondern auch für dessen zukünftiges Glück jede Sorge tragen. Doch ein Religionswechsel um irdischer Vortheile willen lag in Keith's Gesinnung außerhalb aller Möglichkeit. Er mußte nun klar erkennen, daß in Spanien an weiteres Gedeihen für ihn nicht mehr zu denken sei, und bat nun den König nur noch um die Gnade seiner Fürsprache bei dem russischen Hofe, in dessen Dienste er zu treten wünschte. Diese Bitte wurde bereitwilligst gewährt; der Minister Marquez von Castellar mußte dem Herzog von Liria, der inzwischen als spanischer Botschafter nach Rußland gesandt worden war, die Wünsche Keith's in des Königs Namen dringend anempfehlen, und die Antwort erfolgte bald auf's günstigste. Keith wurde als Generalmajor in russischen Dienst berufen. Der König von Spanien beschenkte ihn noch zum Abschiede mit tausend Kronen, die ihm für die weite Reise und neue Einrichtung sehr erwünscht sein mußten.

Keith verließ Madrid und Spanien, kam nach Paris, wo er sich sechs Wochen aufhielt, setzte seine Reise über Flandern nach Amsterdam fort, wo er sich einschiffte, und gelangte nach einer langwierigen Seefahrt von sechsundzwanzig Tagen ohne besondern Unfall im Anfange des Septembers 1728 nach Kronstadt, wo er drei Wochen ausruhte, und dann, im Anfange des Oktobers, auf das eifrige Verlangen des Herzogs von Liria, nach Moskau reiste, wo damals der russische Hof sich aufhielt. Der junge Kaiser Peter der Zweite, welcher damals regierte, war grade auf großen Jagden, als Keith anlangte und dieser hatte beinahe drei Wochen Zeit, sich auf dem neuen Boden, den er betrat, gehörig umzusehen. Der Herzog von Liria machte ihn mit den Ministern und Generalen so wie mit den vornehmsten Hofbeamten bekannt, denen er sich in vortheilhaftestem Ansehen darstellte. Der Feldmarschall Fürst Dolgoruki, von stolzer und trotziger Gemüthsart, und sonst den Fremden abgeneigt, fand Gefallen an dem edlen kriegerischen Schotten, der ein starkes, durch Geburt und Erziehung wie durch Bewußtsein persönlichen Werthes genährtes Selbstgefühl zugleich in freimüthiger Unbefangenheit und in vornehmer Höflichkeit auszusprechen wußte. Nachdem Keith, auf sein Gesuch, durch den Vicekanzler Grafen Ostermann dem zurückgekehrten Kaiser vorgestellt und auch von diesem günstig aufgenommen worden, erhielt er nach wenigen Tagen den Befehl über zwei Regimenter zu Fuß, welche zu des Feldmarschalls Truppentheil gehörten, und in der Nähe von Moskau ihre Quartiere hatten. Keith, der schon wahrgenommen, daß der Dienst hier von dem in anderen Ländern sehr verschieden, auch die Sprache besonders schwierig sei, erbat sich eine Frist von drei Monaten, um sich mit dem erstern vollständig und mit der anderen soviel als nöthig bekannt zu machen. Der Feldmarschall bewilligte dies gern, und Keith erwarb sich die erforderliche Kenntniß, um bereits im März die Befehlführung antreten zu können.

In höchster Gunst bei dem Kaiser stand der Neffe des Feldmarschalls, Fürst Iwan Dolgorukii, bei welchem Keith erwünschten Zutritt gewann, aber auch bald ohne sein Verschulden Mißfallen erregte, weil Streitigkeiten zwischen dem Herzog von Liria und dem Fürsten Iwan ausbrachen. Die Dolgorukii's, unter sich uneinig und auf einander eifersüchtig, waren doch darin fest verbunden, daß sie am Hofe den überwiegendsten Einfluß übten, und sich des Kaisers ausschließlich bemächtigten. Der Feldmarschall blieb Keith gewogen, und stützte ihn gegen die Ungunst des Neffen; ja er ging so weit, eine Familienverbindung mit ihm zu wünschen, und ließ ihm eine seiner nächsten Verwandten zur Gattin antragen. Dies war um so bedeutender, als auch schon im Werke war, den Kaiser selbst mit einer Dolgorukii zu vermählen. Keith jedoch fand den Antrag nicht nach seinem Sinn, und beschloß ihm auszuweichen; wirklich wußte er die deßhalb angeknüpfte Unterhandlung so geschickt und fein zu führen, daß die Familie Dolgorukii durch seine Ablehnung nicht beleidigt wurde, und der Feldmarschall ihn nach wie vor begünstigte. Keith war übrigens fleißig mit seinen beiden Regimentern beschäftigt, wohnte ihren Waffenübungen bei, besuchte die Quartiere derselben, und faßte in seinem Kriegsfache den festen Fuß, der auf dem schwankenden Boden des Hofes nicht leicht zu fassen war.

Im November des Jahres 1729 wurde die Verlobung des Kaisers mit der Fürstin Katharina Dolgorukii, Schwester

des Fürsten Iwan, förmlich ausgesprochen, und sollte einige
Wochen darauf mit größter Pracht gefeiert werden; die Fürstin
wurde schon im voraus als Kaiserin behandelt, und von einigen
fremden Gesandten mit berechneter Schmeichelei schon so genannt.
Der Kaiser jedoch erkältete sich im Beginn des Jahres 1730
bei der Wasserweihe auf dem Eise der Moskwa, und klagte
sogleich über Unwohlsein. Der Vater der Verlobten, Fürst
Alexis Dolgoruki, wollte nicht zugeben, daß der Kaiser krank
sei, und nahm ihn mit auf die Jagd, hoffend das Unwohl=
sein durch angestrengte Bewegung zu bewältigen. Allein der
Kaiser kehrte kränker zurück, und es zeigte sich ein Ausbruch
der Blattern, von so schlimmer Art, daß man an seinem
Aufkommen zweifeln mußte. Er starb am 19. Januar in
der Blüthe der Jahre, und mit ihm erlosch der Manns=
stamm des Hauses Romanoff.

Die Familie Dolgoruki hätte gewünscht, die Verlobte
des Kaisers als dessen Nachfolgerin im Reich auszurufen,
aber die Schwierigkeiten erschienen zu groß, und die Herzogin
Anna von Kurland, Nichte Peters des Großen, wurde in
einer Versammlung der höchsten Reichsbeamten zur Kaiserin
erwählt. Die Dolgoruki's hatten indeß die Macht der
künftigen Kaiserin im voraus mit engen Schranken umgeben,
und schienen entschlossen, die höchste Gewalt fernerhin unter
scheinbar republikanischen Formen auszuüben, welche doch nur
dem eigenen Ehrgeize dienen sollten. Die neue Kaiserin
nahm die Abgeordneten, welche ihr die Berufung zum Throne
überbrachten, huldvoll auf, und besonders der Fürst Wassili
Dolgoruki, der dabei das Wort führte, hatte sich ihrer Aus=
zeichnung zu erfreuen. Aber kaum war sie in der Nähe von
Moskau angelangt, und mit dem Grafen von Ostermann in
Verbindung getreten, so erklärte sie sich zum Hauptmann der
Chevaliergarde und zum Obersten des ersten Garderegiments,
wie dies früher die Kaiserin Katharina gewesen war. Die
Dolgoruki's fühlten, daß dieser Schlag ihre Macht traf, denn
sie hatten sich alle großen Ernennungen vorbehalten; allein
die Truppen, der Adel und das Volk priesen die Selbstent=
schließung der Kaiserin, welche bald, mit Zustimmung der

Großen, alle früher gestellten Bedingungen aufhob, und sich als unumschränkte Herrscherin erklärte.

Die Folge hiervon war der Sturz der Familie Dolgorukii; die meisten Mitglieder derselben wurden nach Sibirien; andere auf ihre Güter verbannt; nur der Feldmarschall erhielt sich noch in seiner Stellung, wiewohl auch ihm die Feinde nicht fehlten, welche nur des Anlasses oder Vorwandes harrten, um seinen Fall herbeizuführen. Keith mischte sich in diese Angelegenheiten nicht, sondern beschäftigte sich nur mit dem Kriegswesen. Um so mehr überraschte es ihn, daß an seine Beförderung gedacht wurde. Zu dem Generaladjutanten Grafen von Löwenwolde berufen, glaubte er anfangs, daß irgend eine Klage gegen ihn vorliege, erfuhr aber bald, daß der Graf ein neues Regiment errichte, und ihn zum Befehlshaber desselben wünsche; da das Regiment zur Garde gehören sollte, so war mit der Befehlshaberschaft nur der Titel eines Oberstlieutenants verbunden, in Wirklichkeit aber der Rang eines Generalmajors, so daß Keith an diesem nichts einbüßte, an Auszeichnung aber unendlich gewann. Er nahm den Antrag eifrigst an, und zwei Tage später wurde er der Kaiserin vorgestellt, die nun öffentlich seine Ernennung aussprach. Er sagt hierüber: „As the emploiement is looked on as one of the greatest trust in the empire, and that the officers of the guards are regarded as domesticks of the souveraign, I received hundreds of visits from people I had never seen nor heard of in my life, and who imagined that certainly I must be in great favour at court, in which they certainly were prodigiously deceived."

Die Kaiserin war bedacht, den Entwurf einer Reichsverfassung, wie die Dolgorukii's ihn beabsichtigt, und der im Stillen noch manche Anhänger zählte, gänzlich auszulöschen, und wollte zu diesem Zweck auch das von ihrem Oheim Peter dem Großen gegebene Erbfolgegesetz herstellen, wonach der unumschränkte Wille des jedesmaligen Herrschers demjenigen seiner Nächsten, den er für den würdigsten hielt, das Reich überweisen mochte. Bei einer im Dezember 1730 frühmorgens deßhalb angeordneten Ausrückung aller Truppen, der Garden rings um den Kreml, der übrigen Regimenter auf ihren

Sammelplätzen in der Stadt, wurde denselben ein neuer Schwur abverlangt, wegen dessen Leistung doch einige Besorgniß waltete. Keith hatte den Auftrag, das ihm anvertraute neuerrichtete Ismailoff'sche Regiment schwören zu lassen, und darauf der Reihe nach alle Feldregimenter, welche in der Stadt unter Gewehr standen. Die Truppen leisteten den Eid mit größtem Eifer, und die Rückkehr zur alten Ordnung hatte fast alle Stimmen für sich.

Nur der Feldmarschall Fürst Dolgorucki war unzufrieden mit dem Hergang, und äusserte unverhohlen, eine beschränkte und durch Wahl der Großen bestimmte Regierung würde besser gewesen sein, als die nun festgesetzte. Dergleichen Reden wurden seinen Feinden hinterbracht, genügten aber nicht ihn zu stürzen. Da fand sich ein Prinz von Hessen-Homburg, der als General im Heere diente, und gab an, Dolgorucki habe gegen ihn, als sie zusammen gespeist und getrunken, übel von der Kaiserin gesprochen. Dies war genug, um den Feldmarschall zu verhaften und vor ein Kriegsgericht zu stellen. Da seine Gegner die Anklagen zu häufen wünschten, so wurde auch Keith ausdrücklich befragt, ob der Feldmarschall jemals gegen ihn unehrerbietig von der Kaiserin gesprochen habe? Keith mußte eine solche Frage wenig geziemend finden, hielt aber seinen Unwillen zurück, und erwiederte nur, ihre Unterredungen seien stets durch Dollmetscher geschehen, da er selbst nicht russisch könne, der Feldmarschall aber stets russisch geredet habe, wiesern nun jenen die Thorheit beizumessen sei, unter solchen Umständen etwas gesagt zu haben, was schon unter vier Augen allzu gewagt würde gewesen sein, das zu entscheiden müsse er Anderen überlassen. Aber Keith ging in seiner edlen Freimüthigkeit noch weiter. Da der neue Hof den gefallenen Günstling und seinen Anhang zu beschimpfen nicht aufhörte, und einesmals der Prinz von Hessen-Homburg in Gegenwart Keith's sich besonders ereiferte, so warf ihm dieser mit kalter Festigkeit das Unschickliche seines Benehmens vor, indem er sagte, dem Prinzen mache der Name eines Angebers wenig Ehre, und bitter hinzufügte, daß er der einzige Prinz des Reiches sei, der solcherlei Geschäfte übernommen. Dolgorucki wurde zum Tode verurtheilt, doch zu lebenslänglicher Haft begnadigt, und nach Schlüsselburg abgeführt; andere Mitglieder seiner Familie und sonstige Gegner der herrschenden Parthei nach Sibirien verwiesen. Keith aber blieb in seiner Selbstständigkeit unangefochten, und auch die Kaiserin ehrte sie, und setzte nur größeres Vertrauen in ihn. —

Ueber den damaligen Hof und den Zustand der Verhältnisse giebt Keith folgende Nachrichten, welche zu mancherlei Betrachtung Anlaß geben: „Every day the great-chamberlain Biron's favour appeared more and more; and about this time the empress honour'd him with the order of St. Andrew, and the emperor of Germany made him count of that empire. He did not seem to meddle in any affairs but those of his own employment, tho', by the confidence the empress had in him, and the long knowledge she had of his fidelity, he was looked by every one as her chief favorite. Osterman, Jagousinskii and Lewenwoldo were also much in favour, and general Munnich was he who was most consulted for the affairs of the army. — The court employed most of the time in the amusements fit for the season. Whille the carnival lasted, there was, twice-a-week, balls in mask at the palace, the other days Italian comedies, musick, or play; and as Peter the Great lov'd neither regularity nor magnificence in his equipage and family, so the change appeared never to the Russian nation; for tho' the empress Catherine had a numerous court, yet I 've been told by those who frequented it, that there was so little order kept, that it had hardly the air of a court, and certainly the present empresse cannot enough be commended for the alteration she has made, for as the reputation of a nation is what is to be almost as much regarded as its real strength, nothing was more necessary than the changes which might be soonest efface the nations which most of Europe has of the barbarity of the Russian nation; and as strangers jrom an idea of a wholle country by what they see at court, it's certain they must form a very favorable one of Russia, and of this we have already the experience,

since it's said every where, that in five years the present
empress has done more to the civilising the nation than
Peter the First did in all his reign. I shall not enter
into compairison, but I'me perswaded that every one
who will consider the situation of the country and affairs
in the different times, will agree that Peter the First
had enough to do to introduce what was absolutely
necessary; and that the present empress finding that
already established, cou'd not do better than to give
them an example of politeness and good order at her
court, which, it were to be wished her subjects each in
their spheres wou'd imitate."

Die Kaiserin übersiedelte ihren Hof gegen Ende des Jahres 1731 nach Sankt-Petersburg, welche Hauptstadt seither etwas vernachlässigt worden war, und welche nach Keith's Meinung, wiewohl neu und eigentlich nicht in Rußland gelegen, doch von größerer Wichtigkeit erschien als die ältere Hauptstadt Moskau. Keith blieb als Oberbefehlshaber der Truppen in Moskau zurück, und empfing am Anfange des Jahres 1732 einen neuen Beweis des Vertrauens der Kaiserin, welche zur genauern Aufsicht über das gesammte Heerwesen einen Generalinspekteur und drei Inspekteure anordnete, von welchen letztern Keith einer war. Die ihm angewiesene Abtheilung umfaßte die Grenzländer von Asien, die weiten Strecken auf beiden Ufern der Wolga und des Don, so wie auch einen Theil der polnischen Gränzen bei Smolensk und weiter südlich. Im Juni 1732 begann Keith diese Länder zu bereisen, und brachte bis zu Ende des Jahres mit Besichtigung von etwa 32 Regimentern hin, welche so weit auseinander lagen, daß seine Reise im Ganzen über 1500 Wegstunden betrug. Er fand in den Magazinen das Mehl größtentheils verstockt, die Montirungsstücke vom Wurm, die Waffen vom Rost zerfressen. Er ließ die nachlässigen Aufseher bestrafen, schaffte neue Vorräthe an, und führte eine strenge Verwaltung ein. Im Beginn des nächsten Jahres kam er nach St. Petersburg zurück, und legte der Kaiserin und dem obersten Kriegsrathe das Ergebniß seiner Dienstreise vor, wegen deren er sehr belobt wurde, wiewohl seine strenge

Redlichkeit als eine ungewöhnliche auch Verwunderung und Kopfschütteln verursachte.

Um diese Zeit schrieb einer seiner früheren Lehrer Namens Morton, der von den ruhmvollen Verhältnissen seines Zöglings gehört hatte, ihm seine theilnehmenden Glückwünsche und treuen Hoffnungen künftigen Weitergedeihens. Keith's freundliche Antwort auf dieses Schreiben hat sich erhalten, und eine bezeichnende Stelle, die daraus mitgetheilt worden, dürfen wir auch hier nicht weglassen. Sie heißt: „I am a true Scotsman iudeed, wise behind the hand; for had I been more careful to imbibe the excellent instructions I received under your inspection, I had still made a better figure in the world."

Der im Jahre 1732 mit Persien geschlossene Frieden ließ die Aufmerksamkeit von jenen Gegenden sich abwenden, und im folgenden Jahre zogen die Angelegenheiten von Polen sie ungetheilt auf sich. König August der Zweite starb am 1. Februar 1733, und die neue Königswahl zerriß, wie gewöhnlich, Polen in feindliche Partheien. Die Kaiserin von Rußland unterstützte diejenigen Polen, welche den Sohn des vorigen Königs wählen wollten; doch eine starke Gegenparthei war für Stanislaus Lesczynski. Die russischen Truppen rückten bald von allen Seiten gegen Polen vor. Bei Riga sammelten sich 30,000 Mann unter dem General Grafen von Lascy, 16,000 Mann bei Smolensk unter dem General Sagraskoi, und Keith erhielt Befehl, 6000 Mann — nämlich 6 Bataillons Fußvolk, 600 Dragoner und 4000 Kosaken — von Moskau nach der Ukraine zu ziehen, um in Volhynien einzufallen. Da kein geregeltes polnisches Kriegsheer das Feld streitig machte, so kam es zu keinen Schlachten oder sonstigen großen Ausführungen, in welchen die Kriegskunst des Feldherrn sich hätte entwickeln können, der ganze Kampf löste sich in Streifzügen und Plünderungen auf. Keith ging um die Mitte des Dezembers 1733 über den gefrornen Dnieper, und marschirte zehn Tage, ohne etwas vom Feinde zu sehen noch zu hören, nur verlautete, die Polen würden in Volhynien eine Truppenmacht von 10 bis 12,000 Mann errichten. Dies Gerücht gab in Sankt-Petersburg Anlaß, die wenigen Truppen Keith's gegen einen so starken Feind zureichend zu erachten, und ihm wurde Fürst Schachoffsloi mit 2000 Dragonern nachgesandt, der am 5. Januar 1734 eintraf und als Generallieutenant den Oberbefehl führte. Keith, welcher doch, so weit die Gelegenheit es vergönnte, Proben genug des Muthes und der Fähigkeit abgelegt, um als tüchtiger Kriegsmann Ruhm und Ansehen zu erwerben, that sich hier noch in anderer Auszeichnung kund, die ihn durch sein ganzes Leben begleitet hat. Voll Ehrgefühl und Menschlichkeit suchte er die Leiden des Krieges überall zu mildern, die wehrlosen Einwohner zu schützen und ihre Habe zu schonen; er hielt seine Truppen in strenger Zucht, und sie gehorchten ihm nur um so freudiger. Als er nun am 11. Januar vom Fürsten Schachoffsloi den Befehl erhielt, mit 3000 Reitern das Land rings umher zu verwüsten, suchte er sich dieser ihm wenig ehrenhaft dünkenden Ausrichtung zu entziehen, und wagte aus Gründen der Menschlichkeit die stärksten Vorstellungen, allein sie blieben ohne Erfolg; er rückte demnach aus, und trieb einiges Vieh zusammen, aber da die Einwohner überall flohen und sich und ihre Habe nach der Moldau retteten, so erklärte er dem Fürsten, die russischen Truppen würden bei fortgesetzter Verwüstung des Landes in kurzem Hungers sterben, und machte für dieses drohende Verderben ihn allein verantwortlich; dies wirkte und der grausame Befehl wurde zurückgenommen.

Die Sache der Russen gewann in diesem Feldzuge durch das nachdrückliche Vordringen des Feldmarschalls Grafen von Münnich völlig die Oberhand. Die Anhänger des Königs Stanislaus versuchten noch ihre letzten Kräfte im offenen Felde, wurden jedoch überall geschlagen. Nachdem der Fürst Schachoffsloi abberufen worden, führte Keith eine Zeitlang den Oberbefehl in Volhynien, und einige siegreiche Gefechte erhöhten seinen Ruhm. Bald aber wurde ihm wieder ein höherer General, diesmal der Prinz von Hessen-Homburg, vorgesetzt, der die früheren harten Worte Keith's gern vergaß, und dagegen von dessen kraftvoller Thätigkeit allen Vortheil zog. Im November zum Generallieutenant ernannt, begab Keith sich nach Sankt Petersburg, wo seiner eine neue ehrenvolle Bestimmung wartete.

Die Franzosen hatten für den König Stanislaus Leszynski Parthei genommen, und ihm selber zwar nur schwache Hilfe nach Danzig gesandt, dagegen in Italien und am Oberrhein ihre Hauptstärke gegen den Kaiser Karl den Sechsten in's Feld gestellt, welcher mit der Kaiserin Anna verbündet in Polen den König August begünstigte. Nachdem die Sachen in Polen durch die russische Uebermacht größtentheils gestillt, und so viele Truppen dort nicht mehr nöthig waren, beschloß daher die Kaiserin, sechszehn Regimenter oder 20,000 Mann russische Hilfsvölker gegen die Franzosen an den Rhein zu senden. Den Oberbefehl dieser Truppen erhielt der General Graf von Lascy, und zunächst unter ihm befehligte Keith, der sich mit seinem dienstälteren Landsmann — denn auch jener war von schottischer Abkunft — sehr gut vertrug. Die Truppen hatten an der Gränze von Schlesien überwintert, und im Frühjahr 1735 erhielt Lascy Befehl, acht Regimenter hier stehen zu lassen, und mit den anderen acht nach dem Rhein vorzurücken. In Schlesien nahmen die Kommissarien des Kaisers die Truppen in Augenschein; einer derselben, Generallieutenant von Haslinger, welcher die Keith'schen Truppen besichtigt hatte, hielt darauf den versammelten Offizieren eine Anrede, in der er zwar Dank und Lob nicht sparte, sich aber auffallend befliß, die Kaiserin nur immer als Zarin zu erwähnen. Keith, den dies verdroß, erwiederte die Rede mit schönen Worten, in denen aber der Kaiser nur als Erzherzog bezeichnet wurde. Haslinger war betreten, und wußte nicht was er thun sollte; auf seinen Bericht nach Wien erhielt er indeß Befehl, die Beherrscherin Rußlands künftig Kaiserin zu nennen. Keith aber hatte seit diesem Vorfall bei mancher Gelegenheit den Haß des Wiener Hofes zu empfinden. Der Marsch wurde durch Böhmen und die Oberpfalz fortgesetzt; in dem bambergischen Städtchen Bilseck sah Friedrichs des Großen Schwester, die Markgräfin von Baireuth, sie durchmarschiren, und empfing die Aufwartung Keith's, nicht ahnend, daß dieser russische General einst ein preußischer sein, und mit ihr an demselben Tage sterben würde! Die gute Haltung und Kriegs-

Feldmarschall Jakob Keith.

zucht dieser Muster wurden allgemein bewundert, und überall fanden sie willige Aufnahme. Am Rhein, wo die Vortruppen schon im Juni anlangten, während die Nachzüge in großen Zwischenräumen folgten, war jedoch schon Waffenruhe eingetreten, und Frankreich und Oesterreich unterhandelten den Frieden, der zu Wien am 3. Oktober zu Stande kam. Die Russen überwinterten im Reich, und traten dann den Rückmarsch an; als sie in Mähren waren, wurde Lascy nach Sanct Petersburg abgerufen, und Keith erhielt nun den Oberbefehl. Der Marsch durch Polen war mühsam, und besonders wegen Herbeischaffung der Lebensmittel und Fuhren schwierig, allein Keith wußte durch kluge Anstalten allen Uebeln zu begegnen, und die Truppen hatten bei ihrer Ankunft in der Gegend von Kiew, im September 1736, wo sie den Winter zubrachten, in ihrer Ordnung und ihrem Ansehen kaum gelitten.

Mit dem Jahre 1736 waren die schon lange waltenden Feindseligkeiten zwischen den Russen und Türken zum entschiedenen Ausbruch gekommen. Lascy, zum Feldmarschall ernannt, übernahm die von Münnich begonnene Belagerung von Asoff, und Münnich, nachdem er siegreich in die Krim eingedrungen, zog mit der Hauptstärke den Dniepr hinauf in die Ukraine. Jedoch war die Jahreszeit schon zu weit vorgerückt, um gegen die Türken etwas Bedeutendes zu unternehmen. Da Münnich nach Sanct Petersburg reiste, so überkam Keith den Oberbefehl über alle Truppen in der Ukraine. Hier war eine große Aufgabe zu lösen, der Feldherr mußte sein Augenmerk überall haben, und die verschiedenartigsten Dinge zugleich betreiben. Die Truppen litten durch ansteckende Krankheiten, Zucht und Abrichtung waren vernachlässigt, bei den höheren Offizieren fehlte der Gehorsam, die Türken und Tataren versuchten Streifereien und Einbrüche; allem diesen mußte gewehrt, und dabei unablässig für Lebensmittel gesorgt und alles Nöthige zum nächsten Feldzuge vorbereitet werden. Keith erfüllte alle diese Obliegenheiten auf's genaueste, und wie ein Mann, der nicht nur alle Zweige seines Faches vollkommen versteht, sondern auch mit der Ausübung desselben stets Redlichkeit und Menschenliebe zu vereinigen weiß.

Hier hatte Keith auch Gelegenheit, den Kriegsschauplatz kennen zu lernen und zu studiren, auf welchem sieben und zwanzig Jahre früher die Geschicke Schwedens und Rußlands in ungeheurem Kampfe sich auf lange Zeit entschieden hatten. Die Schlacht von Poltawa, einer der Wendepunkte der neueren Geschichte, bleibt für den einsichtsvollen Krieger immerfort ein Gegenstand staunender Betrachtung. Keith hatte die Gegend wiederholt besichtigt, alle Umstände und Angaben genau geprüft, und sein den Schweden und dem Könige Karl dem Zwölften in diesem Betreff ungünstiges Urtheil hatte für Friedrich den Großen die vollste Giltigkeit. In seinem Aufsatz über Karl den Zwölften beruft sich der König wiederholt auf Keith's Meinung, daß die Schweden Poltawa recht gut im ersten Anlauf hätten nehmen können, und daß sie dagegen selbst hunderttausend Mann stark an der Stellung der Russen hätten scheitern müssen.

Ein Vorfall mit dem Großfeldherrn von Polen Grafen Potocki zeigte, wie fest und kräftig Keith in den Ansprüchen seines Amtes auftreten konnte, besonders wenn die der Menschenliebe sich damit vereinigten. Ein Fürst Kantemir, nahe verwandt mit dem Hospodar der Moldau dieses Namens, verließ die Sache der Türken, kam nach Polen, und vertraute dem Grafen Potocki, der ihm verwandt war, daß er, um sich dem russischen Dienste zu widmen, nach Kieff gehe. Potocki glaubte seinen Vortheil dabei zu finden, den Fürsten zu verhaften, und in Konstantinopel seine Auslieferung anzubieten. Inzwischen fand Kantemir Gelegenheit, aus seinem Kerker eine Meldung von seinem Zustande nach Kieff zu senden, und Keith, der sich dort befand, beschloß sogleich, den Unglücklichen zu retten, der den Türken ausgeliefert des qualvollsten Todes gewiß sein konnte. Er sandte einen Offizier mit der Aufforderung, den Fürsten freizulassen, an Potocki, der zwar anfangs Ausflüchte nahm, aber auf die wiederholten und drohenden Botschaften Keith's endlich gerathen fand nachzugeben, und sich sogar, damit keine neue Treulosigkeit stattfände, dazu verstehen mußte, unter seiner Verantwortung bis zur Gränze den Fürsten sicher geleiten zu lassen. Kantemir wurde später von Münnich als Oberst eines Regimentes

Wallachen angestellt, das auf den Gütern Potocki's nachher
übel hauste.

Der Feldzug des Jahres 1737 begann gegen Ende des
April. Lascy rückte mit abgesonderter Heeresmacht gegen
die Tataren, Münnich aber zog mit dem Hauptheere, wohl
100,000 Mann stark, gegen die Türken, ging im Anfange
des Mai über den Dnieper, am 26. Juni über den Bug,
und stand am 10. Juli vor der Festung Otschakoff. Münnich,
der wegen Ausbleibens der Schiffe Mangel an Lebensmitteln
voraussah, und auch ein türkisches Heer im Anzuge wußte,
wollte die Sachen schnell zur Entscheidung bringen, und gab
den Befehl, die Festung nachdrücklich anzugreifen. In der
Nacht des 13. Juli hatten die Bomben in der Stadt ge-
zündet, und man sah die Flammen sich mehr und mehr
ausbreiten. Münnich sandte an Keith, der mit seinen Truppen
die Mitte des Angriffs bildete, den Befehl, auf Flintenschuß-
weite gegen das Glacis vorzurücken und ein stetes Feuer auf
die Wälle zu unterhalten. Keith ließ antworten, er stehe bereits in dieser Nähe, und habe durch das Flintenfeuer von
den Wällen schon viele Mannschaft verloren. Ein zweiter
Befehl wiederholte den früheren, und ein dritter hieß die
Truppen noch weiter vorgehen. Keith gehorchte sogleich,
stellte jedoch vor, daß diese Bewegung viele Leute nutzlos
opfere. Münnich ließ ihn nun durch einen Adjutanten wissen,
daß er selbst mit den Generalen Rumanzoff und Karl von
Biron an der Spitze der Garden mit dem rechten Flügel
an den Fuß des Glacis vorgedrungen sei, er hoffe, Keith
werde dasselbe thun, und ebenso der General von Löwendal
mit dem linken Flügel. Keith und Löwendal rückten sogleich
vereinigt gegen die Stadt vor, konnten aber den Graben des
Vorwalles nicht übersteigen, weil weder Leitern, noch anderes
Sturmgeräth zur Hand war. Münnich schickte während des
Gefechts nochmals einen Adjutanten an Keith und ließ ihm
sagen er möchte vorrücken, sonst gehe die Sache durch seine
Schuld fehl; worauf Keith dem Adjutanten kalt erwiederte
„Zeigen Sie den Truppen den Weg, ich werde folgen." In
mörderischem Feuer, das von allen Seiten auf sie gerichtet
wurde, hielten sie hier beinahe zwei Stunden, immerfort be-

mußt einzubringen, bis sie endlich anfingen zu weichen; die Türken machten einen Ausfall und tödteten viele Leute, besonders die Verwundeten, die umherlagen. Auch Keith, während er seine Truppen anfeuerte, war hier niedergestreckt worden, ein Flintenschuß hatte ihn in's Knie getroffen und nur die Treue seiner Leute rettete ihn. Nun hielt Münnich alles für verloren, in seinem Unmuth wollte er Keith die Schuld beimessen, und sagte in Gegenwart mehrerer Generale, derselbe habe durch seine zu große Hitze den Sturm unzeitig herbeigeführt!

Inzwischen feuerten die Batterieen immer fort, der Brand in der Stadt wurde immer größer, und eine Bombe fiel in die Pulvervorräthe, welche im Auffliegen einen großen Theil der Stadt zerstörten und mehr als 6000 Menschen tödteten. Der türkische Befehlshaber bat nun um Waffenstillstand, welchen jedoch Münnich verweigerte. Kosaken und Husaren waren indessen von der Seeseite her eingedrungen, die übrigen Truppen rückten wieder vor, und ehe die Türken sich noch ergeben konnten, waren die Russen im Besitze der Stadt. Keith freute sich des Sieges, aber die Unredlichkeit des Feldmarschalls, dessen Worte ihm hinterbracht worden waren, empörte sein Innerstes, und er ließ demselben sagen, seine Anschuldigungen einzustellen, denn er selber habe nur die empfangenen Befehle befolgt, sei aber bereit, ein Kriegsgericht zu begehren, dem er die bei dieser Belagerung von Anfang gemachten Fehler darlegen würde. Münnich dachte im Taumel des Glückes nicht mehr an die ausgesprochene Anklage; er machte am folgenden Tage Keith einen freundlichen Besuch, und sagte ihm unter anderen: „C'est surtout à vous que nous devons le succès de cette grande entreprise!" Aber Keith, noch den Stachel der früheren Worte fühlend, wies das Lob zurück und sagte: „Honte ou gloire, je n'y ai aucune part! car je n'ai fait que suivre exactement vos ordres!"

Seine Verwundung war schmerzhaft und gefährlich, und machte ihn fürerst zum Feldbienst unfähig. Als das Heer nach der Eroberung von Otschakoff und einem versuchten Anrücken auf Bender bald wieder in die Ukraine zurückging, mußte auch Keith sich den Mühsalen dieses beschwerlichen

Weges unterziehen. Doch schien bei wieder eingetretener Ruhe und heilender Sorgfalt einige Besserung zu hoffen, und Keith wollte nicht unthätig bleiben. Münnich übertrug ihm die Aufsicht über die sogenannte Linie, eine Art von Gränzbefestigung, welche die Ukraine von der kleinen Tatarei schied. Eine Reihe von fünfzehn geschlossenen Schanzen zog sich in angemessenen Zwischenräumen vom Dnieper bis zum Donez, und wurde mit einer Miliz von 20,000 Dragonern besetzt gehalten, um die Einbrüche der Tataren zu verhindern. Im Jahre vorher war es diesen gleichwohl gelungen, die Linie an einer schlechtbewachten Stelle zu durchbrechen, und der General Fürst Urussoff hatte deßhalb schwere Verantwortung. Um so ehrenvoller war daher das Zutrauen, welches jetzt in den verwundeten Keith gesetzt wurde, und um so größer die Sorgfalt und Thätigkeit, die er auf seinem Posten bewies. In einer Sänfte ließ er sich zur Schanze Sankt Anna tragen, und machte dieselbe zu seinem Hauptquartier. Hier, von seinem Bette aus, befehligte er die ganze Linie, empfing alle Meldungen, und traf die nöthigen Anstalten nach Maßgabe der eingegangenen Nachrichten; alles blieb in wechselvoller Bewegung und steter Wachsamkeit, er duldete keine Ruhe noch Erschlaffung, und so konnte er sich denn auch des vollständigsten Erfolges freuen, der Feind wagte nirgends hervorzukommen, und die Linie blieb während des ganzen Winters unangegriffen. Die Kaiserin, wohlzufrieden mit Keith's kriegerischen Thaten, ernannte ihn zum General der Infanterie und schenkte ihm 5000 Rubel.

Aber während des Winters hatte seine Wunde sich verschlimmert. Er mußte den Feldzug des Jahres 1738 versäumen, was ihm indeß weniger leid sein durfte, da die Sachen im Ganzen ungünstig abliefen, und ihn unter solchen Umständen, nach der bei Oftschakoff gemachten Erfahrung, unter dem stolzen und eigensüchtigen Münnich zu dienen nicht reizen konnte. Keith hatte sich nach Poltawa bringen lassen, und während er hier unter den Händen der Wundärzte lag, führte er zugleich den Oberbefehl aller Truppen, die zur Sicherung der Ukraine zurückgeblieben waren, mit Einschluß der Kosaken gegen 50,000 Mann.

Feldmarschall Jakob Keith.

Lord Marischal war in Spanien, als die Nachricht zu ihm gelangte, daß sein Bruder vor Otschakoff schwer verwundet worden, und da die nachfolgenden Berichte nur immer beunruhigender lauteten, so verließ er Valencia, wo Luft und Sonne ihm besonders zusagten, und machte sich auf den Weg, im fernen Norden den geliebten Kranken aufzusuchen, um mit eigenen Augen zu sehen, was für ihn zu thun sein möchte. Man kann sich denken, welche Freude und welchen Trost Keith durch diesen Besuch des Bruders empfand; die Folge bewies, daß er auch wirklich als Retter gekommen war. Lord Marischal überzeugte sich bald, daß die Wundärzte in Poltawa nur geringe Kenntnisse hatten; er beerdete daher den Bruder, sich nach Sankt Petersburg bringen zu lassen, und begleitete ihn auf dieser langwierigen und mühsamen Reise. In Sankt Petersburg sandte die Kaiserin ihm sogleich ihre Leibärzte, die geschicktesten und berühmtesten, die zu haben waren. Ihre Berathschlagung hatte das einstimmige Ergebniß, es gäbe kein anderes Mittel, als das Bein abzuschneiden; Keith, des großen und langen Leidens überdrüssig und keine andere Rettung hoffend, willigte sogleich ein, und der Tag dazu wurde festgesetzt. Lord Marischal war jedoch anderer Meinung, und da der Wundarzt, welcher als der geschickteste die Ablösung vornehmen sollte, zufällig erkrankte, so benutzte jener den Aufschub und erklärte: „Ich hoffe, Jakob wird dieses Bein noch vielfach zu gebrauchen haben, und ich will dasselbe so leicht nicht preisgeben, wenigstens nicht bevor ich die beste Hülfe, die es in der Welt giebt, dafür angesprochen habe." Und so beredete er den Bruder, weil der Zustand doch keine augenblickliche Gefahr habe, mit ihm nach Paris zu reisen, und dort die bewährtesten Meister vom Fach um Rath zu fragen.

Die Kaiserin billigte den Vorschlag und erklärte öffentlich, sie wolle lieber als Keith zehntausend ihrer besten Soldaten verlieren; sie begehrte ihn zum Abschiede noch zu sehen und bezeigte ihm die mitleidigste Theilnahme, zugleich schenkte sie ihm 5000 Rubel zur Deckung der Reisekosten. Auf der Durchreise in Berlin, wollte König Friedrich Wilhelm der Erste durchaus den berühmten schottischen Kriegshelden sehen

und sandte ihm einen Tragsessel, auf dem man ihn bis vor
den König trug, der selbst an Gicht danieder lag. Hier
sahen Lord Marischal und Keith auch zum erstenmale den
Kronprinzen, der von beiden sogleich die günstigsten Eindrücke
faßte.

Beide Brüder kamen nach einer anstrengenden Reise im
Anfange des Jahres 1739 zu Paris an. Hier waren ebenfalls die besten Wundärzte der Meinung, das Bein müsse
abgenommen werden. Einer jedoch hatte den guten Einfall,
die Wunde zu erweitern, und nachdem dies geschehen, konnte
er einige Stückchen Tuch herausziehen, die mit der Kugel
eingedrungen waren, alle diese Zeit in der Tiefe unentdeckt
gelegen hatten, und nun als die alleinige Ursache erkannt
wurden, daß die Wunde nicht heilen wollte. Nach Entfernung
dieses Hindernisses war die Heilung gesichert; nur hatte das
lange Leiden den Körper geschwächt, und um die Genesung
zu befördern, wurden die Bäder von Barège in den Pyrenäen
empfohlen, deren Wirkung sich auch vortrefflich erwies. Völlig
geheilt und gestärkt kehrte Keith nach Paris zurück, und Lord
Marischal behielt Recht, das Bein that noch viele Jahre
guten Dienst, vollkommen brauchbar, und ganz ohne Schmerzen
oder nachgebliebene Schwäche! —

Der Aufenthalt in Paris hatte für Keith großen Reiz,
er blickte auf die Zeiten zurück, die er in Fleiß, Dürftigkeit,
Leidenschaft und in jetzt völlig verschwundenen Hoffnungen
hier verlebt. Jetzt war sein Name durch kriegerische Auszeichnung berühmt, und von allen Seiten erwies man ihm
Ehren und Aufmerksamkeit. Doch durfte er sich nicht ausschließlich dem gesellschaftlichen Vergnügen und den persönlichen Neigungen hingeben; er empfing aus Sankt Petersburg
geheime Aufträge, die seine Thätigkeit für die Staatsgeschäfte
in Anspruch nahmen. Die Verhältnisse zwischen Rußland
und Schweden ließen den Ausbruch eines Krieges erwarten,
und eine feindliche Einwirkung Frankreichs gegen Rußland
war hiebei nicht zu bezweifeln. Keith entdeckte, daß der
französische Hof insgeheim zu Brest Kiegsschiffe ausrüsten
ließ, die nach der Ostsee bestimmt waren. Um genaue Auskunft zu erhalten, sandte er seinen Adjutanten nach Brest,

und konnte nun die zuverlässigsten Berichte geben, die in Sankt Petersburg hoch aufgenommen wurden.

Dieselben politischen Angelegenheiten, welche Keith in Frankreich wahrzunehmen hatte, sollten ihn auch nach England führen. Beide Brüder waren mit den Waffen in der Hand als Feinde der dortigen Regierung aufgetreten, und von dieser geächtet worden; doch einiges Vermögen war ihnen unter der Hand noch bewahrt, anderes war vielleicht noch zu retten, und auch aus anderen Familienrücksichten wurde ein Besuch in der Heimath dringend wünschenswerth. Die Gesinnungen hatten sich im Laufe der Jahre sehr gemäßigt, und von beiden Seiten war man zu freundlicher Annäherung nicht abgeneigt. Es fiel daher nicht schwer, von dem Könige von Großbritannien freies Geleit zu erlangen, sowohl für Keith, der in der Eigenschaft eines russischen Generals und Beauftragten erschien, als auch für Lord Marischal, der in spanischen Diensten stand; beide galten als Ausländer, und der früheren Vorfälle sollte nicht gedacht werden. Sie kamen demzufolge in Februar 1740 nach London, und Keith wurde gleich am 5. Februar dem Könige Georg dem Zweiten vorgestellt. Diese Erscheinung machte einiges Aufsehn, besonders da man erfuhr, daß beide Brüder mit dem Prätendenten während dieser ganzen Zeit in brieflicher Verbindung standen, und also ein Wechsel der Grundsätze nicht eigentlich anzunehmen war. Doch erklärte sich das ganze Verhältniß leicht, wenn man bedachte, wie verschiedenartige Einwirkungen hier Statt gehabt. Dem Könige, der sich auf seinem Throne wohlbefestigt sah, konnte die Treue für den gewesenen König nicht ganz mißfallen; andererseits war auch die Thatsache der bestehenden Regierung und Macht nicht abzuläugnen. Aber noch in anderen Erscheinungen zeigte sich die Wandelbarkeit menschlicher Dinge. Der Herzog von Argyle, Landsmann von Lord Marischal und Keith, ihr einstiger Gegenkämpfer und Besieger, der eifrige Anhänger des neuen Königshauses, empfing in dieser Zeit vom Könige seine Entlassung; mit gutem Rechte, wie es scheint, denn er hatte sich in Beziehungen mit dem Prätendenten eingelassen, die am wenigsten ihm zustanden; allein er gerieth in Wuth und sagte zu Keith, der

gerade bei ihm war, als er den Abschied erhielt, in seiner
kräftigen hochländischen Art: "Mr. Keith, fall flat, fall edge,
we must ged rid of these people." Meinte er damit den
König und den Minister? oder nur den Minister? Das will
Lord Marischal selber, der diesen Zug in einem Briefe mit-
theilt, unentschieden lassen. —

Keith erhielt am 14. März bei König Georg die Ab-
schiedsaudienz, blieb jedoch noch längere Zeit in England,
und reiste erst am 18. Mai von London nach Frankreich ab.
Hier trennten sich beide Brüder, Lord Marischal kehrte nach
Valencia zurück, Keith nach Rußland. Die Brüder waren
einen eigenthümlichen Tausch eingegangen, der beim Abschiede
sich verwirklichte. Lord Marischal schenkte seinem Bruder
einen jungen Neger, den er von seinem Freunde und Waffen-
gefährten im spanischen Dienste, Grafen Dahdie, bekommen
hatte; dieser diente seinem neuen Herrn fortan mit Ergebenheit und Treue, theilte alle Mühsale und Gefahren desselben,
und genoß nach dessen Tode wieder die Fürsorge Lord
Marischal's, der ihm ein Jahrgeld von fünfhundert Livres
sicherte. Keith dagegen überließ seinem Bruder einen jungen
Tataren Ibrahim und einen jungen Kalmücken Stepan, die
als Kriegsgefangene bei ihm Aufnahme gefunden hatten;
außer diesen aber vertraute er ihm ein schönes türkisches
Kind, die Tochter eines Janitscharenhauptmanns, die er aus
den Trümmern von Otschakoff gerettet hatte. Lord Marischal ließ das schöne Mädchen, Emetulla oder Emeté genannt, sorgfältig erziehen, und faßte, als sie herangewachsen
war, Neigung zu ihr; allein sie erklärte ihm, daß sie keine
andere Liebe für ihn empfinden könne, als die der kindlichen
Dankbarkeit. Er sorgte nun dafür, sie nach ihrer Wahl zu
verheirathen, und als er im Jahre 1744 wieder in den
Krieg nach Schottland zog, sicherte er ihr ein Jahrgeld von
sechstausend Livres; auch Ibrahim und Stepan bekamen jeder
fünfhundert Livres jährlich auf Lebenszeit. So erzählt
d'Alembert in seiner Lobrede Lord Marischal's.

In Rußland waren für Keith inzwischen neue Ehren
und Belohnungen ausgesprochen worden. Denn am 25. Februar,
an welchem Tage der mit den Türken geschlossene Frieden

feierlich in Sankt Petersburg verkündet wurde, hatte die Kaiserin Anna diejenigen ihrer Generale, welche sich im Kriege besonders hervorgethan, sämmtlich beschenkt, und Keith mit einem goldenen, reich mit Diamanten besetzten Degen bedacht, gleich darauf aber ihm die Statthalterschaft der Ukraine verliehen. Diese Statthalterschaft hatte bisher der General Rumanzoff gehabt, der aber nun als Botschafter nach Konstantinopel gesandt wurde. Die Provinz, sagt Manstein in seinen Denkwürdigkeiten, hatte während des Krieges ungemein gelitten; sie hatte vier Jahre hinter einander allen Truppen Winterquartiere, vier Feldzüge hindurch dem Heere alles Fuhrwesen geliefert, hiezu kamen die schreienden Gewaltsamkeiten und Erpressungen der hohen und niedern Beamten. Der Hof, um diesen Uebeln Einhalt zu thun, und eine der schönsten Landschaften des Reiches von gänzlichem Verderben zu retten, fühlte die Nothwendigkeit, einen rechtschaffenen und uneigennützigen Mann zum Gouverneur zu bestellen, wählte deßhalb den General Keith, und gab ihm den Befehl, sogleich sein Amt anzutreten. „Er blieb nur ein Jahr hier", sagt Manstein weiter, „aber binnen dieser kurzen Zeit brachte er mehr zu Stande, als seine Vorgänger in zehn Jahren. Die Milde seiner Verwaltung und die Ordnung, die er in allen Sachen einführte, wurden dem Lande sehr fühlbar. Er begann sogar die Kosaken an eine Art von Kriegszucht zu gewöhnen, die sie bis dahin nicht gekannt hatten; allein er hatte nicht Zeit, sein Werk zu vollenden, der nahe Krieg wider Schweden bewirkte seine Abberufung. Die Einwohner jammerten sehr darüber, sie sagten, der Hof hätte ihnen einen solchen Gouverneur, der ihnen den Unterschied zwischen ihm und seinen Vorgängern gezeigt, nie geben, oder dann nie wiedernehmen sollen."

Während Keith in Rußland solchergestalt beschäftigt war, und seine Verhältnisse sich nur immer günstiger anließen, wurde sein Bruder in Valencia unerwartet wegen dieser Verhältnisse auf besondere Art beunruhigt. Im August 1741 empfing Lord Marischal aus Madrid ein Schreiben des Marques von Villarias, der ihn benachrichtigte, daß der König von Spanien, nachdem er vernommen, Keith wünsche

wieder in spanische Dienste zu treten, gern bereit sei ihr
aufzunehmen, und Lord Marischal möge daher seinem Bruder
dies mittheilen. Sehr verwundert, eine Sache dieser Art
zuerst auf solchem Wege zu erfahren, schrieb Lord Marischal
mit kluger Vorsicht an den Marques zurück, sein Bruder
habe sonst kein Geheimniß für ihn, jedoch von dieser Sache
ihn nicht das Geringste wissen lassen, wenn derselbe Anträge
gemacht und hiezu andere Vermittelung gewählt, so möge ihm
die Erwiederung auf demselben Wege und durch dieselben
Personen zugefertigt werden, deren er sich hiebei bedient habe;
denn da er noch in russischen Diensten stehe, so könnte
ihn eine Mittheilung solchen Inhalts, die ihm auf unver-
muthetem Wege zukäme, ungemein bloßstellen. Er glaubte
die Sache übrigens nicht und meinte, solche Heimlichkeit liege
nicht in Keith's Karakter, er würde vorher den Abschied
nehmen, ehe er sich neuen Diensten anböte. Es ergab sich
darauf, daß die ganze Verhandlung durch den Bischof von
Rennes, französischen Botschafter in Madrid, angesponnen
worden, ob aus gutem Willen für Keith, aus Mißverständniß, oder sonstiger Absicht, blieb zweifelhaft. Indeß erschien
die Bereitwilligkeit des Königs von Spanien immer für
Keith ehrenvoll. —

Bevor Keith die Ukraine verließ, hatte er noch ein schwieriges
Geschäft. Er mußte den russischen nach Konstantinopel bestimmten Botschafter den Türken an der Gränze übergeben,
und dagegen den türkischen nach Sankt Petersburg bestimmten
Gesandten aufnehmen. Zu diesem Zwecke zog er mit einer
Schaar von 4000 Dragonern und Kosaken an den Bug,
wohin zu gleichem Behufe türkischerseits der Statthalter von
Bender kam. Hier wurden die beiderseitigen Gesandten
förmlich ausgewechselt. Keith hatte auf dem Rückwege eine
schwere Aufgabe, in der schon späten Jahreszeit trat starke
Kälte ein, auch die Lebensmittel fehlten in dem öden Lande,
dabei war der Türke wild und ungebärdig, sein Trotz und
Eigensinn verursachten große Plage; doch wußte Keith, so
wird gerühmt, durch seine Klugheit und Festigkeit alle Schwierigkeiten zu überwinden.

Inzwischen war die Festung Kars gegen Ende des Sep-

tenberg erkrankt, und am 28. Oktober 1740 gestorben. Sie hatte zu ihrem Nachfolger im Reich den Sohn ihrer Nichte Prinzessin Anna, den jungen Zarewitsch Iwan ernannt, während dessen Minderjährigkeit aber zum vormundschaftlichen Regenten ihren Günstling Ernst von Biron Herzog von Kurland bestimmt. Obschon der letztere allgemein verhaßt war, so wagte doch niemand seiner Regentschaft zu widersprechen. Doch schien die Mutter des Kaisers, Großfürstin Anna, dem Herzoge Anton Ulrich von Braunschweig-Bevern vermählt, ein begründeteres Recht auf die Regentschaft zu haben, und Keith wagte dies laut auszusprechen. Er weigerte sich geradezu, die Befehle des Herzogs von Kurland anzunehmen. Er stand in diesem Widerspruche ganz allein, denn ein kalmückischer Fürst, der sich in ähnlicher Weise erklärt hatte, konnte der Sache kein Gewicht geben. Auf der Gegenseite stand Münnich, dessen gebietender Einfluß die größte Macht übte. Keith folgte einem Rechtsgefühl, das ihn von Jugend auf beherrscht, aber ihm nur trübe Schicksale zugezogen hatte. In welche Verwickelungen ihn dasselbe auch jetzt führen würde, war nicht abzusehen; er konnte genöthigt sein, abermals die Waffen gegen die bestehende Macht zu erheben, und die Nachtheile dieser Stellung hier noch schlimmer als in Schottland erfahren. Selbst die Anhänglichkeit der Einwohner und der Truppen in der Ukraine war in solchem Falle unsicher, und die Bewegungen, welche von der Hauptstadt ausgingen, mußten zuletzt entscheiden. Allein das Glück überhob diesmal Keith so gefahrvoller Proben. Die Regentschaft des Herzogs von Kurland dauerte noch keinen Monat, da wurde sie durch Münnich, dessen Ehrgeiz sich getäuscht sah und rächte, am 29. November mit kühner Hand gestürzt, und die Mutter des Kaisers, Großfürstin Anna, zur Regentin eingesetzt.

Das Verdienst, welches Keith sich um die neue Regentin erworben hatte, konnte gegen die erfolgreiche That Münnich's nicht in Betracht kommen; doch beschenkte sie ihn im Mai 1741 mit einem Ehrendegen von großem Werthe, und bestätigte die Befehlshaberschaft, zu welcher er in dem Kriege gegen Schweden war berufen worden. Der Feldmarschall Lacy

vereinigte in der Gegend von Wyborg unter seinem Befehl die
Truppen, welche bestimmt waren in Finnland einzudringen. Keith,
der nächste Befehlshaber unter ihm, hatte mit seiner Truppenschaar, bestehend aus 5 Regimentern Fußvolk, 3 Regimentern
Dragoner und einigen Grenadierkompanien, bereits am 22. Juli
vier Stunden von Sankt Petersburg ein Lager bezogen, von
dem er im Anfange des August in der Richtung von Wyborg
nach Moula-Muisa vorzog, und daselbst drei Wochen stehen
blieb. Sein forschender Blick entdeckte hier, daß die Oertlichkeit dem Feinde den Weg nach Sankt Petersburg unbe-
wacht freiließ, und er ordnete deßhalb sogleich auf den ge-
eigneten Punkten sichernde Schanzen an.

Am 24. August ließ Keith die Truppen anrücken, und
ihnen die Kriegserklärung gegen Schweden verkündigen, worauf
er jedes einzelne Bataillon mit kurzen Worten anredete und
zu tapfern Kriegsthaten ermahnte. Am folgenden Tage wurde
der Marsch angetreten. Bei Wyborg stießen zu Keith noch
6 Regimenter Fußvolk, unter dem Generallieutenant Stoffeln
und Generalmajor Fermor. Nach Ueberschreitung der Gränze
wurde der erste Angriff gegen die kleine Festung Wilmanstrand
gerichtet. Ein falscher Lärm in der Nacht, wobei die russischen
Truppen auf einander schossen, setzte Lacy und Keith in
Gefahr, denn mehrere Kugeln waren in ihre Zelte eingedrungen. Am 2. September standen die Russen, etwa 10,000
Mann stark, vor Wilmanstrand, allein zwei schwedische
Truppenschaaren konnten herbeiziehen, und ihrer vereinigten
Macht wollte Lacy noch ausweichen; als er aber gewiß
geworden, daß nur die eine, unter General Wrangel, etwa
5000 Mann stark, ihm gegenüber stehe, beschloß er den
Kampf aufzunehmen. Am 3. September kam es zum Treffen.
Die Schweden hatten eine vortheilhafte Stellung auf einer
Anhöhe, ihr linker Flügel stand an einer Schlucht, die sich
zum Glacis der Festung hinzog, vor der Mitte war das
Geschütz aufgepflanzt. Keith ließ durch 2 Grenadierregi-
menter unter den Obersten Lohmann und Graf von Poniatie
auf die schwedische Batterie anrücken und den Obersten von
Manstein mit 2 anderen Regimentern zur Unterstützung nach-
folgen. Allein die Grenadiere hatten unter dem Feuer des

Feindes einen steilen Abhang hinunter und auf der anderen
Seite eben so wieder hinan zu steigen, sie verloren viele Leute,
geriethen in Unordnung und wandten sich zur Flucht. Die
Schweden verfolgten, und auch ihre beiden Flügel rückten
sogleich vor. Die Unordnung schien die beiden Unterstützungs-
regimenter mitergreifen zu müssen, und dann war das Gefecht für die Russen verloren. Keith, diese Gefahr erblickend
und zugleich den Vortheil wahrnehmend, den ihm die veränderte
Stellung der Schweden darbot, ertheilte augenblicklich dem
Obersten von Manstein den Befehl, mit seinen beiden Regimentern rechts abzulenken und den linken Flügel der Schweden
anzugreifen, welches sogleich ausgeführt wurde. Der linke
Flügel des Feindes wurde nun völlig geworfen, und gleich
darauf ebenso der rechte, das Geschütz erobert und gegen die
Festung gewendet, diese schließlich erstürmt. Von den Schweden
entkamen kaum 500 Mann, auch die Russen hatten gegen
1500 Todte und Verwundete; unter den ersteren waren der
Generalmajor von Urtüll und die beiden Anführer der
Grenadiere, unter letzteren der Oberst von Manstein; dagegen
fielen 12 Fahnen und 4 Standarten, 13 Geschütze und die
schwedische Kriegskasse in ihre Hände. Die Ehre des Tages
wurde hauptsächlich Keith zugesprochen, der durch seine rasche
Entschlossenheit und kluge Anordnung das schon wankende
Gefecht hergestellt, und zum Siege gewendet, und durch den
Sieg seiner Truppen auch den der anderen eingeleitet hatte.
In Anerkennung seines neuen Verdienstes erhöhte die Großfürstin noch im Oktober seine Besoldung durch eine jährliche
Zulage von 8000 Rubeln. Zu nicht geringem Ruhme bleibt
ihm anzurechnen, daß er, der immerfort im stärksten Feuer
die Soldaten angespornt, im Siege sogleich ihrer Wuth Einhalt that, und besonders die wehrlosen Einwohner in Schutz
nahm; die geretteten wurden sämmtlich nach Rußland ver-
pflanzt, und der Ort dem Boden gleich gemacht. Lacy
führte seine Truppen hierauf in ihr Lager zurück; er war
mit dem errungenen Siege zufrieden, und wagte nicht in
Finnland weiter vorzudringen. Um an der Siegesfeier Theil
zu nehmen, begab er sich nach Sankt Petersburg, und Keith
übernahm inzwischen den Oberbefehl. Die weiteren Feind-

seligkeiten beschränkten sich aber auf Streifereien und Scharmützeln, in denen die Russen immer den Vortheil hatten. Am 8. November, nachdem Keith erfahren, daß die Schweden zurückgegangen, ließ er auch seine Truppen in Winterquartiere ziehen. Er selbst ging gegen Ende des November nach Sankt Petersburg, um den dortigen Kriegsberathungen beizuwohnen.

Allein bald erhielt er Nachricht, daß der schwedische Oberbefehlshaber Graf Lewenhaupt seine Truppen zusammenziehe und einen Winterfeldzug zu beabsichtigen scheine; zugleich liefen Abdrücke eines Manifests ein, welches derselbe erlassen hatte, und wodurch er erklärte, die Schweden führten den Krieg keineswegs gegen Rußland, sondern nur gegen die Fremden, unter deren Druck die Russen sich befänden, es sei vor allem die Absicht, diesen die Freiheit zu verschaffen, nach eignem Ermessen sich einen Herrscher zu erwählen. Der Kriegsrath, welcher unter dem Vorsitze von Münnich in Sankt Petersburg täglich bei dem Grafen von Ostermann zusammenkam, traf alle Maßregeln, die Schweden gehörig abzuwehren. Keith ging am 5. Dezember in sein Hauptquartier nach Wyborg, um selbst alles anzuordnen und zu überwachen.

Aber in der Nacht vom 5. auf den 6. Dezember ereignete sich in Sankt Petersburg eine neue Staatsveränderung. Die Großfürstin Elisabeth, Tochter Peter des Großen, durch ihren Arzt und Günstling Lestocq aufgereizt, hatte sich ihrer Lässigkeit entrissen, die Truppen gewonnen, und sich, nachdem der junge Kaiser, die Großfürstin Anna, ihr Gemahl, Münnich und andere Große des Reiches in Gewahrsam gebracht waren, als Kaiserin ausrufen lassen. Es ist nicht wahrscheinlich, daß Keith von dieser Unternehmung etwas im voraus gewußt, oder sie begünstigt habe, seine rechtliche Denkart mußte die Verschwornen abschrecken, ihm ihre Sache zu vertrauen. Doch fand er sich keineswegs bewogen, das Geschehene zu mißbilligen; die Großfürstin Elisabeth konnte in seinen Augen keine Unberechtigte sein, und die Verhältnisse waren in Rußland so verworren, entbehrten so sehr jeder festen Grundlage, daß die streitigen Rechte zu entscheiden fast nur der Gewalt überlassen blieb. Keith, in Uebereinstimmung mit Lascy, huldigte der Kaiserin Elisabeth unverzüglich, ließ die Truppen ihr schwören, und ordnete in Wyborg Freudenbezeugungen an.

Die Schweden gaben sich das Ansehen, als hätten sie zu dieser Wendung der Dinge wesentlich mitgewirkt, und meinten nun große Zugeständnisse von der neuen Kaiserin zu erlangen. Auch wünschte diese lebhaft, den Frieden herzustellen, und bewilligte zunächst einen Waffenstillstand von drei Monaten. Allein die Schweden forderten Wyborg und das ganze russische Finnland, und die Kaiserin wollte sich nur zu Geldopfern, nicht aber zu Abtretung des kleinsten Landstrichs verstehen. Daher begannen am 1. März 1742, nach Ablauf des Waffenstillstandes, die Feindseligkeiten von neuem.

Die eigentliche Eröffnung des neuen Feldzuges verzögerte sich aber bis in die Mitte des Sommers. Wyborg war aufs neue der Sammelplatz der russischen Truppen, deren Stärke sich auf etwa 36,000 Mann belief, von denen 10,000 auf 43 Galeeren eingeschifft wurden. Doch bevor das Heer gegen den Feind rückte, war noch ein innerer Sturm zu bestehen. Im Lager vor Wyborg entstand das Gerücht, russische Generale ständen im Einvernehmen mit den Schweden, und die Preobraschenskischen und Semenoffstischen Leibwachen erregten einen furchtbaren Tumult, mißhandelten ihre Offiziere und schrieen, man müsse alle Fremden, die im Heere dienten, todtschlagen. Niemand wagte, dem meuterischen Haufen zu nahen. Nur Keith, nachdem er herbeigeeilt und die Sache vernommen, besinnt sich keinen Augenblick, nicht gedenkend, daß er selbst einer der Fremden ist, deren Tod begehrt wird, schreitet er beherzt in die Mitte der Aufrührer, ergreift einen derselben und schreit nach einem Popen, seine Beichte zu hören, weil er den Mann sogleich will erschießen lassen; er befiehlt seinen Adjutanten und Ordonnanzen, noch andere Meuterer zu verhaften; sein gebietendes Ansehen und kräftiges Handeln schreckt den wilden Haufen, die Aufrührer weichen auseinander und zerstreuen sich. Hierauf ließ Keith alle Truppen ausrücken, die strafbare Mannschaft absondern und den Kriegsgerichten übergeben; der Uebermuth der Leibwachen war gebrochen, und alles kehrte zur Ordnung zurück. Ohne die seltne Unerschrockenheit Keith's, sagt Manstein, wäre

Feldmarschall Jakob Keith.

diese Empörung nicht gedämpft worden, denn kein russischer
Offizier wagte ihr entgegenzutreten.

Erst am 24. Juni rückten die Russen in das schwedische Finnland ein. Die Schweden gaben die vortheilhaftesten Stellungen freiwillig auf und räumten das Feld. Lewenhaupt rechnete so gewiß auf den Erfolg der noch fortdauernden Friedensunterhandlungen, daß er alle Kriegsanstalten vernachlässigte. Er und Buddenbrock wurden verhaftet und nach Stockholm gebracht, wo sie für ihre Fahrlässigkeit nachgehends mit dem Leben büßten. Aber die schwedische Sache war schon verloren. Lacey rückte ungehindert über Friedrichsham nach Helsingsfors, wo die Hauptmacht der Schweden, 17,000 Mann stark, in ihrem Lager von allen Seiten eingeschlossen, nach 14 Tagen am 4. September, sich auf Bedingung ergaben. Ganz Finnland war nun den russischen Truppen offen und unterwarf sich ihnen.

Keith, der zwar keine Gelegenheit gehabt allein zu handeln, aber zu allen Erfolgen thätig mitgewirkt, empfing den Orden von Sankt Alexander-Newski. Er nahm sein Hauptquartier in Abo, und führte nach der Abreise Lacey's, der an den Hof nach Sankt Petersburg ging, wieder den Oberbefehl. Die Kriegsverwaltung Finnlands leitete er mit kluger Festigkeit und Milde, er wußte die Sorge für die Truppen mit der Schonung der Einwohner auch hier zu verbinden, und that alles, was in seiner Macht stand, um die Leiden des Krieges auf das möglichgeringste Maß einzuschränken. Er war uneigennützig und gerecht, zwei Eigenschaften, die ihn vor den meisten seiner Mitgenerale hoch auszeichneten. Die Finnländer, wie seither die Ukrainer, bezeigten ihm überall das ehrenvollste Zutrauen.

In Abo lernte Keith eine junge Waise kennen, Eva Merthens, ein Kind ehrbarer Bürgersleute, das aber in den Kriegsbewegungen von den Soldaten mit schwedischen Gefangenen war eingebracht worden. Er nahm das schöne Mädchen zu sich, ließ ihr Unterricht ertheilen und gewann sie lieb. Sie blieb fortan bei ihm, und er würde sie geheirathet haben, wären nicht die Standesvorurtheile doch zu

4*

groß gewesen. Er bekam Kinder mit ihr, die er sehr liebte, und für deren Erziehung er bestens sorgte. —

Am Hofe der Kaiserin aber traten bald Verhältnisse ein, welche die bisher günstige Stellung Keith's veränderten. Die Eifersucht der Russen suchte die Fremden aus den höchsten Aemtern zu entfernen, man machte den Haß der Truppen geltend, man berief sich auf den stattgehabten Aufruhr. In dem versteckten Kampfe ehrgeiziger Ränke und Falschheiten konnte ein Mann wie Keith nur Verdruß ärnten. Als er seine Dienste ungünstig angesehen glaubte, forderte er seinen Abschied. Aber auch andere Generale von größter Auszeichnung thaten dasselbe, der Graf von Löwendal, Douglas, von Lieven, und die Kaiserin erschrak über den Verlust tapfrer Anführer, der ihrem Heere drohte. Sie wünschte besonders Keith in ihrem Dienste zu behalten, versagte ihm den Abschied, schrieb ihm in den gnädigsten Ausdrücken, vermehrte seine Besoldung, und bot ihm den Oberbefehl des Kriegsheeres gegen Persien an. Er lehnte diesen Oberbefehl ab, ließ sich aber bewegen, noch in russischen Diensten zu bleiben, wie auch Lieven und Douglas thaten.

Im März 1743 wurden in Abo Friedensverhandlungen eröffnet. Allein die Feindseligkeiten begannen nichtsdestoweniger auf's neue. Die Russen hatten eine starke Flotte ausgerüstet, und Lascy war mit vielen Truppen an Bord gegangen. Keith bemannte seinerseits 21 Galeeren mit einem Theile seiner Truppen, und suchte die schwedische Flotte auf, die schon im April ausgelaufen war, und ihm einen Theil des Schiffbauholzes verbrannt hatte, das er zur Erbauung von 6 Galeeren, die noch im Juli fertig wurden, nach Abo schaffen wollte. Er bekam die Schweden öfters zu Gesicht, allein sie wichen ihm aus, und die Verfolgung war bei den zahlreichen Buchten, Inseln, Sunden und Klippen jenes Meeres ebenso schwierig als gefahrvoll. Endlich ging Keith nicht weit von Abo bei Corpo vor Anker, und die Schweden nahten am 31. zum Angriff, wurden aber so übel empfangen, daß sie das Gefecht abbrachen. Wegen des stürmischen Wetters konnte Keith erst am 4. Juni die Schweden verfolgen, die er in dem wohlvertheidigten, durch Inseln gebildeten Hafen Sutonga zurückgezogen fand. Er bewachte sie hier, bis endlich am 29. Juni, nach vielen Widrigkeiten und Beschwerden, Lascy mit der Hauptflotte ebenfalls vor Sutonga eintraf. Die Schweden entschlüpften auf's neue, und zogen sich dann völlig nach Stockholm zurück. Den weitern Unternehmungen Lascy's und Keith's, die schon an eine Landung in Schweden dachten, setzte der Abschluß der Friedenspräliminarien am 27. Juni zu Abo diesmal ein Ziel.

Keith begab sich nach Abo, den Rückmarsch der russischen Truppen aus Finnland anzuordnen. Unerwartet aber empfing er am 20. September den Befehl, mit 30 Galeeren und 11,000 Mann nach Schweden abzugehen. Der König Friedrich und der Senat hatten nämlich durch den General Ditring bei der nun befreundeten Kaiserin bewaffnete Hülfe begehrt, sowohl gegen die Dänen, welche das Land bedrohten, als wegen der innern Partheiungen, die den Staat zerrütteten. Die Kaiserin schenkte Keith bei diesem Anlasse wieder 3000 Rubel, und setzte ihm 600 Rubel monatliche Tafelgelder aus. Die Ueberfahrt aber verzögerte sich noch, und fiel in den Oktober, in die Zeit großer Kälte und heftiger Stürme. Keith hatte große Sorgen und Beschwerden; die Generale und Offiziere vom Seewesen widersetzten sich, und meinten, die Schiffe könnten die See in solcher Kälte nicht halten, sie müßten jetzt erst überwintern. Alle Stimmen waren gegen ihn, und er allein bestand auf seiner Meinung. Er kannte den Dienst der Galeeren von Spanien her, und wußte wohl, was bei gutem Willen zu leisten sei. Er ließ die Seeleute ihre Gegenvorstellungen schriftlich einreichen, steckte sie aber in die Tasche ohne sie zu lesen, und befahl das Zeichen zum Aufbruch zu geben. Die Truppen litten sehr von der Kälte und dem Unwetter, doch dauerte die Ueberfahrt nur kurz, und sie gelangten am 23. Oktober glücklich nach Sarmund, wo sie ausgeschifft wurden. Keith begab sich nach Stockholm, und da Rußland noch keinen Gesandten daselbst hatte, so wurde er am Hofe auch in dieser Eigenschaft beglaubigt.

Der Einfluß des russischen Hofes erwies sich jedoch in den schwedischen Angelegenheiten minder überwiegend, als man nach diesen Verhältnissen erwarten mochte. Die Parthei, welche den Russen feindlich war und sich auf Frankreich stützte, regte sich stark und gewann neuen Boden. Keith wollte sich auf Ränke und Feinheiten nicht einlassen, sondern seinen Weg redlich und offen gradedurch gehen; dies gelang ihm auch in gewissem Maße, wobei er freilich auf sein schon erworbenes Ansehen sich stützen konnte. Ein schwedischer Minister, der ihn übervortheilen wollte, erfuhr dies zu seinem Nachtheil. Keith hatte mit diesen über die Vertheilung und Verpflegung der Truppen eine Abrede getroffen, die er arglos dem Schreiber des Ministers abzufassen überließ. Nach einiger Zeit erwies sich, daß nicht die verabredeten, sondern ganz abweichende Bestimmungen niedergeschrieben waren. Keith ging sogleich den König selbst an, und beklagte sich über die Unredlichkeit. Der König theilte seinen Unwillen und ließ den Sekretair rufen, der die Abänderung nicht zu läugnen wagte, aber sich auf den Befehl des Ministers berief, der auf diese Weise bloßgestellt, die Vorwürfe des Königs und die noch viel stärkeren Keith's zu tragen hatte, und den letzteren nur mit Mühe durch unbedingte Nachgiebigkeit versöhnte. Mit dem Könige selbst, der sich ebenfalls soldatischer Freimüthigkeit rühmte, blieb Keith in immer gleichgutem Vernehmen, wie auch mit dem von den schwedischen Reichsständen erwählten Thronfolger, Prinzen Adolph Friedrich von Holstein-Gottorp, der um diese Zeit in Stockholm eintraf. Zum neuen Jahr 1744 beschenkte der König ihn mit einem goldenen, reichbesetzten Degen, und erwies ihm die ausgezeichnetsten Ehren.

Gleichwohl waren die amtlichen Verhältnisse Keith's schon nicht mehr die günstigsten. Denn weil die Besorgniß der Schweden, in Betreff der Dänen, gehoben schien, so glaubten sie nun auch die Russen überflüssig und drangen auf deren Abzug. Die Kaiserin, hierüber mißvergnügt, sandte darauf an Keith den Befehl, wenn die Dänen einrückten, nicht gegen sie zu marschiren, sondern seine Truppen ruhig bei Stockholm zu halten, und in solchem Falle zu erklären, er sei nicht gekommen, wider die Dänen zu fechten, sondern nur zur Beilegung der innern Unruhen. Keith wußte in dieser schwierigen

Stellung, die zu wechselndem Benehmen nöthigte, das Vertrauen und die Achtung aller Partheien zu gewinnen, wie denn auch überhaupt sein ganzer Aufenthalt in Stockholm das glänzendste Ansehen hatte. Jedoch war er sehr zufrieden, als endlich der Tag der Rückkehr erschien. Er beurlaubte sich bei dem Könige und dem Thronfolger am 29. Juni 1744, und empfing bei dieser Gelegenheit abermals einen prächtigen goldenen Degen, des Thronfolgers Bildniß und 2000 Dukaten zum Geschenk. Die Russen schifften sich allmählig ein, verließen aber erst im Anfange des August die schwedischen Küsten; Keith brachte die ganze Ausrüstung am 13. August glücklich nach Reval zurück.

Die Kaiserin bezeigte ihm große Zufriedenheit, sandte ihm einen kostbaren, auf 8000 Rubel geschätzten Degen, vermehrte seine Einnahme mit jährlich 2000 Rubeln, verlieh ihm den Sankt Andreasorden, und schenkte ihm ein Landgut in Liefland auf Lebenszeit. Aber nicht eben so günstig war ihm der Vicekanzler Graf Alexei Bestusheff gesinnt. Derselbe war vor dem Kriege Gesandter in Stockholm, und Keith nahm in seinen Berichten keine Rücksicht, ob das, was er zu sagen hatte, den Ansichten seines Vorgängers gemäß war, oder wohl gar dessen Benehmen bloßstellte. Daher Bestusheff nun alles anwandte, um Keith zurückzusetzen und zu kränken. Der Widerwillen der Russen gegen die Fremden lieh den bequemen Vorwand, hinter dem die persönliche Feindschaft sicher wirken konnte.

Bestusheff vermochte jedoch nicht zu hindern, daß im Jahre 1745 Keith den Oberbefehl über die russischen Truppen erhielt, die in Liefland und Kurland zusammengezogen wurden, um für Sachsen gegen Preußen in's Feld zu rücken. Da Sachsen aber, durch die Siege der Preußen rasch überwunden, alsbald Frieden machte, so überschritt das russische Heer diesmal die Gränze nicht, und Keith behielt sein Hauptquartier in Riga. Die Truppen blieben größtentheils vereinigt, weil die Absichten gegen Preußen nicht aufgegeben waren, und auch schon im nächsten Jahre 1746 ein Bündniß mit Oesterreich zu diesem Zwecke zu Stande kam. Die Kaiserin kam den 16. Juli nach Narwa und hielt Musterung über die dort versammelten Truppen, welche **Keith** ihr vorführte, und deren Haltung und Fertigkeit **alles Lob empfingen.**

Inzwischen hatte Lord Marischal in der Ferne die Kriegsthaten und den Ruhm seines Bruders vernommen, und widerstand der Sehnsucht nicht, ihn wiederzusehen. Er kam daher im Sommer 1746 nach Rußland, nicht abgeneigt, so glaubte man, ebenfalls in russische Dienste zu gehen, gewiß aber in der Meinung, mit seinem Bruder eine Zeitlang vereint zu bleiben. Doch ist schwer anzunehmen, daß er bei seiner Vorliebe für den sonnenhellen Süden die Absicht gehegt habe, sich auf immer in dem kalten Norden festzusetzen. Auch fügte das Geschick die Dinge ganz anders, und anstatt bei dem Bruder zu bleiben, zog er diesen vielmehr hinweg. Ihm wurde nicht einmal der Aufenthalt in Rußland gestattet, denn weil er im Jahre 1744 auf's neue an der unglücklichen Unternehmung des Prinzen Karl Eduard, Sohnes des Ritters von Saint-George, Theil genommen, so widersprach der englische Gesandte Lord Hyndford der Aufnahme eines erklärten Feindes seines Hofes, und fand leicht Gehör. Lord Marischal durfte nicht einmal nach Riga kommen, wo sein Gepäck schon angelangt war. Keith reiste ihm bis zur Gränze entgegen, bewirthete ihn in Schlüsselburg, und erklärte bei der Trennung, nun wolle auch er nicht mehr in Rußland bleiben. Lord Marischal trat sogleich die Rückreise an und kam den 7. November durch Berlin, um sich nach Venedig zu begeben.

Bestusheff war aber mit der Abweisung Lord Marischal's nicht zufrieden, er dachte ernstlich daran, auch Keith zu verdrängen. Dieser hatte gleich, als der Bruder weggehen mußte, unwiderruflich beschlossen, den russischen Dienst aufzugeben. Doch mußte er den schicklichen Zeitpunkt abwarten, denn die Truppen standen noch gleichsam im Felde, und **neue Kriegsbewegungen** kündeten sich an. Inzwischen waren Bestusheff und auch Lord Hyndfort nicht unthätig; letzterer suchte den Feldmarschall Lascy zu überreden, Keith spräche schlecht von ihm. Bestusheff aber wußte es so zu wenden, daß Keith den **Oberbefehl** über seine bisherige Truppenabtheilung verlieren, und dieser dem dienstjüngern General, Fürsten Repnin, übertragen werden sollte. Keith fühlte sich beschimpft, und ohnehin schon verletzt wegen des Bruders, forderte er am 30. Januar 1747 seine Entlassung, und schrieb an Bestusheff dabei, — wie er in einem spätern Briefe an seinen Bruder erzählt: „That as he had assured me, in the letter where he refused you the permission to live in Russia, that on a proper occasion he would employ all his credit in my favour, I was persuaded he wou'd think this the properest one, since it was to procure me my congé." Bestusheff antwortete dem bittern Schreiben höflich und ausführlich, es sei nicht seine Schuld, daß Lord Marischal in Rußland nicht habe bleiben können, und wenn derselbe seine Aussöhnung mit dem Könige von England gewünscht hätte, so würde die Kaiserin gern ihre Vermittelung angeboten, und ihn nachher mit größtem Vergnügen nicht nur in ihrem Lande, sondern auch in ihren Diensten gesehen haben; den Oberbefehl über die zum Marsch in's Ausland bestimmten Truppen habe man dem Fürsten Repnin geben müssen, weil Keith selber durchaus unentbehrlich sei, die Gränzen des Reiches gegen einen unruhigen Nachbar zu bewachen; was jedoch das Abschiedsgesuch beträfe, so sei dasselbe zu spät eingereicht, denn es bestehe eine Vorschrift, daß Offiziere ihre Entlassung zum ersten Januar begehren müßten; dabei ließ er ihn wissen, daß er, wiewohl mitunter etwas zu gut bezahlt für seine geleisteten Dienste, doch bei fernerem Bleiben auch fernere Belohnung und Beförderung erwarten könne. Keith erwiederte, er werde also wohl bis zum Winter noch bleiben, allein er müsse bestimmt erwarten, daß er dann seinen Abschied erhalten werde. Bestusheff bedauerte schließlich, daß sein Rath nicht besseren Eingang fände, und da die Sache in seinen Geschäftskreis nicht gehöre, so möchte Keith sich fernerhin an die Kriegsbehörde wenden. Aber die hier noch verhüllte Bitterkeit Bestusheff's war in den Handlungen nur so sichtbarer. Keith mußte einen Truppentheil nach dem andern abgeben, und behielt zuletzt nur zwei Regimenter Landmiliz. Da das Kriegskollegium ihn ohne Antwort ließ, so schrieb er zu Ende des Mai an den General Grafen Apraxin und erfuhr

durch diesen, die Kaiserin habe befohlen ihm den Abschied zu
ertheilen, und derselbe werde ihm baldmöglichst übersendet
werden.

Die weiteren Schwierigkeiten lassen wir Keith selbst erzählen, der in dem schon angeführten Briefe an seinen Bruder
darüber berichtet wie folgt: „At the same time, one of
my friends at Petersburgh wrote to me that my congé
was ready, but that I could not receive it till I had
sign'd some paper, the contents of which he did not
know; and that he was well inform'd that if I refused
to sign it, the resolution was taken to arrest me. You
know what that signifies. Some days after, he wrote
me another billet, that my discharge was sent to the
feldtmarshal, with a reserve that I should never serve,
directly or indirectly, against Russia; and that if I refused,
that the feldtmarshal shou'd arrest me. While I was
reading the billet, an adjutant came, desiring I should
go to the feldtmarshal. I found the poor man in the
greatest consternation possible: he had the auditor general with him, and another, as witnesses. He told me
my demission was on the table, but that he had an
order from the colledge of war not to deliver it to me,
till I had sign'd another paper. I desired they might
be read to me. The demission was a simple one, in
the ordinary form, signed by the empress, the first of
July: the order of the colledge of war, of the forth, to
exclude me out of the army; and which was already
published to the commissariate and bureau of provisions,
that I might receive no more pay nor forage. — When
they were both read, I told the feldtmarshal that I was
visibly already out of the Russian service, both by the
empresse's demission, and the colledge's order; I could
not see in what pretence they could impose laws on a
British subject, who might serve when and where he
would: on which the feldtmarshal begg'd me to consider
of it. I said it was a scandalous paper; to which he
answered, that it was indeed scandalous for those who
imposed it. As I had no mind to make the journey to

Siberia, I desired it might be read to me. The contents were that I promised never to serve, directly nor indirectly, against Russia; and that if I fail'd, I submitted to be judged by the Russian military articles. As soon as I heard it read, I told the general auditor, that I was ready to sign it immediately; because I knew the articles too well, not to be sure that there was not any one that forbid a free Englishman, as I then was, to serve in what manner I would: on which I signed the paper, and giving it back to the auditor, I told him that if ever they took me alive serving against Russia, I was willing they should make a new article to condemn me. I was very sorry for what I had said, and I saw the feldtmarshal was no less; for I was sure the fellow wou'd write it immediately to Apraxin, who would draw consequences from it, that might be dangerous: but as I had my demission and passport, I resolved to prevent them; and having found an English ship ready to sail, I took my passage aboard for England, being afraid to come here directly by land, for fear of being arrested in Courland."

Da seine Abreise längst vorbereitet war, so konnte er leicht mit den Seinigen zu Schiff gehen, und einmal in See, fühlte er sich den Gefahren in Rußland glücklich entgangen und völlig frei. „In this manner — erzählt er weiter — I got clear of the Russian dominions; but had a very bad passage to the Sound, nineteen days contrary wind and blowing weather; for which I was not sorry, for this gave me a pretext of quitting my Englishmann at the Sound, and declaring that I would go by land thro' Holland. They were very inquisitive at Copenhagen, if my real intention was to go to England; and the duke of Sonderbourg made me overtures of entering into that service." Allein der dänische Dienst reizte ihn nicht; auch hatte er gleich nach seiner Landung, am 1. September, an den König von Preußen geschrieben und ihm seine Dienste angeboten; der Waffenruhm, welchen der große König in den beiden schlesischen Kriegen erworben, sein leuchtender Geist und reger Sinn, mußten auf Keith die größte Anziehung ausüben. Nachdem

er bisher nur schwache, unfähige oder doch unkundige Kriegs-
herren gehabt, durfte er jetzt, wiewohl schon einundfünfzig
Jahre alt, unter einem solchen Könige, der selber im größten
Sinne Feldherr war, und jede kriegerische Tüchtigkeit zu
schätzen wußte, eine neue Lebensbahn voll Glück und Ruhm
hoffen. In Hamburg, wohin er sich begab, empfing er die
Antwort des Königs, der ihn mit Freuden zu sich einlud,
und ihm folgendermaßen schrieb: „Monsieur! J'ai reçu avec
toute la satisfaction possible la lettre que vous venez à
me faire. Sensible que je suis à tous ces sentimens que
vous me témoignez, je n'aurai rien plus à coeur que de
vous en marquer ma reconnaissance de même que l'estime
que j'ai pour votre personne; et comme je serai toujours
charmé de vous voir entrer en mon service, je viens
charger mon ministre d'état le baron de Mardefeldt de
vous expliquer mes intentions là-dessus. J'espère qu'il
s'en acquittera à ma satisfaction et à la vôtre." Es
scheint, Keith wußte noch nicht, daß er als Feldmarschall
in den Dienst des Königs treten würde, dieser schrieb noch:
„Au général de Keith." Aber Friedrich wußte, daß er
einen vollendeten Kriegsmann und tüchtigen Feldherrn für
sein Heer gewann, und meinte ihm wohl auch in Betracht
der Russen die Genugthuung eines höheren Ranges, als er
bei jenen gehabt, gewähren zu müssen. Keith's Patent wurde
unter dem 18. September 1747 ausgefertigt. Doch wir
müssen Keith auch hierüber selbst hören: „As soon as I got
on shore in Denmark I wrote a letter to the king of
Prussia, offering him my service, and soon after set out
for Hambourg, where I received a very gracious answer,
on which I went straight to Berlin, where two days
after my arrival he declared me fieldmarshal of his
army. As he stay'd only one day there, I had no
resolution more. Baron Mardefeldt has already told me
that I was to have 8000 crowns a-year, with which I
can live easier here then with twelve in Russia, where
our immense equipages eat up all our income: and I
find I have really more than for one; there fore, consider
what a pleasure it would be to me to share it with my

dearest brother. I know it would not be in the least disagreable to the king, and even quite the contrary; but in some posts, count Rothenbourg, who is almost as impatient to see you as I am, will write to you more fully on the subject." Am 30. Oktober sandte der König ihm für das erste Vierteljahr seines Dienstes — vom 1. Oktober bis 31. Dezember — 2000 Thaler Gehalt und 1800 Thaler als Ersatz der Reisekosten.

Der russische Gesandte von Keyserling in Berlin machte anfangs Miene, als müsse er diese ausgezeichnete Aufnahme eines Mannes, der sich aus Rußland gleichsam als ein Flüchtling entfernt, wie eine Feindseligkeit ansehen, und berichtete darüber nach Sankt Petersburg. Doch that man von hieraus keine weitere Schritte, sondern begnügte sich, das Gut in Liefland, welches Keith bekommen hatte, wieder einzuziehen. Ein Kapitain Wiegel hatte es von ihm gepachtet und die Pacht vorausbezahlt; da derselbe nun ohne weiteres ausgewiesen wurde, so zahlte Keith ihm das empfangene Geld redlich zurück.

Wie zufrieden der König mit seiner Erwerbung war, ergiebt sich aus der Art, wie er derselben im ersten Kapitel seiner Geschichte des siebenjährigen Krieges gedenkt: „Le roi fit une bonne acquisition en attirant de Russie le maréchal Keith à son service. C'était un homme doux dans le commerce, ayant des vertus et des moeurs, habile en son métier, et qui, avec la plus grande politesse, était d'une valeur héroique dans un jour de combat." Keith aber schloß den schon mehrmals angeführten Brief an seinen Bruder nach Venedig am 28. Oktober aus Potsdam mit folgenden Worten: „I have now the honour, and, which is still more, the pleasure of being with the king at Potsdam, where he ordered me to come two days after he declared me fieldmarshal; where I have the honour to dine and sup with him almost every day. He has more wit than I have wit to tell you; speaks solidly and knowingly on all kind of subjects; and I am much mistaken if, with the experience of four campaigns, he is not the best officer of his army. He has several

persons with whom he lives in almost the familiarity of
a friend, but no favourite; and has a natural politeness
for every body who is about him. For one who has
been four days about his person, you will say I pretend
to know a great deal of his character; but what I tell
you, you may depend upon: with more time I shall know
as much of him, as he will let me know; and all his
ministry knows no more. Adieu, my dearest brother.
Every week you shall have a letter from me, but not so
long as this." Nach dieser Schilderung und Einladung
säumte Lord Marischal nicht lange. Er sagte: „Mon
frère s'est éloigné de ses glaces pour m'attirer vers lui;
il est juste que je m'éloigne aussi de mon soleil pour
l'aller trouver", er verließ Italien, und kam zu dem geliebten
Bruder und zu dem bewunderten Könige nach Potsdam.

Der König zog nun beide Brüder in seinen vertrauten
Umgang, und seine Achtung und Zuneigung für beide konnte
sich durch die Dauer nur steigern. Beide wetteiferten ihrerseits in Bewunderung und Anhänglichkeit für den König, mit
dem ihr edles und treues Vernehmen nie getrübt wurde.
Sie waren angenehme und lehrreiche Gesellschafter, von großer
Lebenserfahrung und kräftiger Geistesart. Keith's Kenntnisse
gingen weit über das Kriegsfach hinaus, und waren bedeutend
genug, um von der Akademie der Wissenschaften zu Berlin
dadurch anerkannt zu werden, daß sie ihn zu ihrem Ehren-
mitgliede wählte. Doch blieben ihm die Kenntnisse des
Kriegswesens wohl immer die wichtigsten. So stand er auch
mit dem berühmten Kriegsschriftsteller Chevalier de Folard
in Verbindung, lud ihn im Auftrage des Königs nach Berlin,
und meldete diesem im Februar 1748, daß derselbe mit
Freuden kommen werde. Am 14. August desselben Jahres
sandte der König seine Belehrungen für die Generalmajore
des Fußvolks und der Reiterei an Keith, welche Schriften
damals nur im strengsten Vertrauen mitgetheilt wurden.

Im Jahre 1749 kam der berühmte Marschall Graf von
Sachsen nach Berlin, wo der König den bewunderten Feldherrn mit größter Auszeichnung aufnahm, und auch Keith
sich dessen näheren Umgangs freute. Der Sommer dieses

Jahres war indeß für Keith nicht günstig, die Anstrengungen des Krieges im rauhen Norden und die zuletzt im russischen Dienst erlittenen Verdrüsse hatten seinen sonst rüstigen Körper hart angegriffen, und ein drohendes asthmatisches Leiden erforderte sorgsame Berücksichtigung. Der König erlaubte ihm, durch ein Schreiben vom 9. September, zur Herstellung seiner Gesundheit in ein warmes Bad zu gehen, und empfahl ihm kleine Tagereisen. Keith besuchte das Karlsbad mit gutem Erfolg. Nach seiner Rückkehr, im Oktober, wurde Keith, da der Gouverneur von Berlin, Prinz von Holstein-Beck, gestorben war, an dessen Statt zum Gouverneur der Hauptstadt ernannt. Sein Gehalt stieg nun auf 12,000 Thaler jährlich.

Auf Anlaß des Besuches, den die geliebte Schwester des Königs, die Markgräfin von Baireuth, und ihr Gemahl, im Jahre 1750 zu Berlin abstatteten, wurden viele Hoffeste angeordnet, unter anderen am 25. August, spät Abends bei Lampen- und Fackelglanz, ein großes Ritterspiel von solcher Pracht und Schönheit, daß die Theilnehmer und Zeugen noch im spätsten Alter versicherten, in ihrem Leben kein herrlicheres Fest gesehen zu haben. Der König selbst machte die Anordnung des Ganzen; auf dem Paradeplatze vor dem Schlosse war ein längliches Viereck zur Kampfbahn eingerichtet, von aufsteigenden Bühnen umgeben, auf welchen sich die Zuschauer befanden; die Schwester des Königs, Prinzessin Amelie, theilte die Preise aus, zu Kampfrichtern aber waren nebst Keith die Generallieutenants Grafen von Hacke und von Schwerin, und der Staatsminister von Arnim ernannt. Alles ging glücklichst von Statten. Gewandtheit und Schönheit konnten sich auf's glücklichste darstellen; auch Keith hatte in seinem Ehrenamte Gelegenheit, sich als ritterlicher Hofmann zu zeigen. Voltaire, der kurz vorher eingetroffen war, und hier zum erstenmal öffentlich erschien, sprach seine Bewunderung in Stegreifversen aus, welche das Fest über alles erhoben, was Griechenland und Rom in dieser Art je gesehen hätten! —

Gegen Ausgang des Jahres 1750 machte die Nachricht, daß der Marschall Graf von Sachsen zu Chambord an

30. November gestorben sei, einen überraschenden und schmerzlichen Eindruck in Berlin und Potsdam bei allen denen, welche ihn noch im Jahre vorher als rüstigen und muntern Gast daselbst gesehen hatten. Der König wurde durch diesen Trauerfall veranlaßt, seine Gedanken über Tod und Unsterblichkeit in der berühmten poetischen Epistel auszusprechen, welche er dem Feldmarschall Keith gewidmet hat. Schon im Dezember wurde sie fertig, und im Jahre 1752 der neueren Ausgabe der Oeuvres du philosophe de Sanssouci beigefügt. Die Denkart, welche sich hier darlegt, ist frei und kühn, und hat zu allen Zeiten edle Anhänger gehabt; der Gegenstand war zwischen dem König und Keith ohne Zweifel oft besprochen, und wir dürfen eine gewisse Uebereinstimmung beider in den hier aufgestellten Ansichten wohl voraussetzen; indeß haben wir in der Poesie doch nur den Ausdruck augenblicklicher und wandelbarer Stimmung, und finden es von ganz anderem Gewicht, wenn Schleiermacher in seinen Selbstbetrachtungen sich ähnlicher Gedankenreihen erkühnt. —

Mit dem Beginn des Jahres 1751 erkrankte Keith auf's neue, und der König empfahl ihm Schonung; die Kränklichkeit kehrte ab und zu wieder, eine asthmatische Beschwer, die erst im hohen Sommer wich. Beide Brüder, wenn sonst nichts Ungewöhnliches eintrat, waren jetzt die beinahe täglichen Gesellschafter des Königs, seine Tischgenossen, und Mitglieder des vertrauten, geistvollen Kreises, den es ihm geglückt war so reich und glänzend um sich her zu bilden. Wir berufen uns auf die lesenswerthe Schilderung, welche Preuß in seinem trefflichen Werke „Friedrich der Große mit seinen Verwandten und Freunden" von dieser merkwürdigen Gesellschaft ertheilt hat, und erinnern nur, daß grade in dieser Zeit außer dem Marquis d'Argens, dem Grafen Algarotti, dem Abbé de Prades, und Anderen, auch Voltaire ihr angehörte. Zwischen diesem und Lord Marischal knüpfte sich bald ein freundliches Verhältniß, an welchem auch Keith Theil hatte, doch finden wir darüber keine näheren Angaben. Auch über den vertrauten Verkehr Keith's mit dem Könige haben sich, bei dem steten Zusammensein beider, nur wenige Zeugnisse erhalten können. Am 22. März 1751 dankte Friedrich für eine wichtige Mittheilung, die ihm Keith gemacht hat; wir wissen nicht welche. In einem Briefe vom 4. Juli desselben Jahres vertraut er ihm, daß er seinen Bruder als Gesandten nach Paris zu schicken beabsichtige, aber am französischen Hofe vorher unter der Hand anfrage, ob Lord Marischal's Verdrießlichkeit mit dem Könige von England nicht etwa seine Ernennung dort weniger angenehm erscheinen lasse. Die Antwort muß günstig ausgefallen sein, denn schon gegen Ende des August wurde Lord Marischal zum Gesandten wirklich ernannt, und empfing vor seiner Abreise noch den Schwarzen Adlerorden. Dieses ehrenvolle Auftreten seines Bruders im Dienste des großen Königs muß für Keith eine hohe Befriedigung gewesen sein, die den Schmerz der Trennung zu lindern fähig war.

Zwischen den geistreichen Unterhaltungen des Königs drängt sich immer auch der Ernst der Geschäfte ein, und diejenigen seiner Freunde, mit denen er zugleich die Staatssachen besprechen kann, erfreuen sich einer gediegeneren Vertraulichkeit, als die muntern Schöngeister, die nur seine Muße zu erheitern berufen sind. Keith war in diesem Betrachte ganz der Mann des Königs, reich an Erfahrung, kalt und klar im Erwägen, unbefangen und freimüthig, ohne persönliche Nebenabsicht; wenn er nicht gefragt wurde, so beunruhigte ihn das nicht, er wartete dann gelassen den Zeitpunkt ab, wo wieder ein Bedürfniß empfunden wurde, auch ihn zu hören. Auf diese Weise vermied er, dem Könige unbequem zu werden, und behielt seine Meinung selbstständig. Auch behauptete er sich wohl in offnem Widerspruche gegen den König, mit dem zu streiten nicht leicht und selten angenehm war. Da Keith in Rußland gedient hatte, so galt er für alle russischen Angelegenheiten als beste Quelle, und der König begehrte mancherlei Auskunft von ihm, über die Vertheilung der russischen Truppen, die Karaktere der russischen Generale, sogar über die russischen Finanzen. Ueber den letzteren Gegenstand fragte der König am 30. März 1753, und schon am 31. antwortete Keith, die Sache sei schwierig und ihm nur unvollständig bekannt, ertheilte aber zugleich in einer gedrängten Denkschrift, was er wußte; er berechnete die jährlichen Einkünfte Rußlands auf nur 11 Millionen und 200,000 Rubel. Der König erklärte sich sehr zufrieden mit der Darlegung. Weniger einverstanden war er mit dem Urtheil, das Keith über die russischen Truppen äußerte, die nach dessen Meinung zu den allerbesten gehörten, besonders auch in Betreff der Zucht und Ordnung. Keith pflegte zu sagen, die Preußen seien die schulgerechtesten Soldaten in der Stunde der Wachtparade, von 10 bis 11 Uhr Morgens, außer dieser Zeit aber noch wie andere Menschen, der Russe hingegen, einmal Soldat, sei nichts anderes mehr, und sei es in jeder Stunde. Diese Aeußerungen mißfielen dem Könige, und schon im Stillen die Russen als künftige Feinde betrachtend, rief er mit Bitterkeit aus: „Les Moscovites, mon cher, sont un tas de barbares, sont de la canaille, dont des troupes bien disciplinées feront facilement bon compte!" Keith wollte den Streit, der so heiß geworden, nicht fortsetzen, sondern antwortete nur kalt und kurz: „Votre Majesté aura probablement occasion de faire connaissance avec ces barbares, avec cette canaille."

Lord Marischal erwarb als Gesandter in Paris die volle Zufriedenheit des Königs, und blieb ein paar Jahre in dieser Anstellung, doch gefiel ihm der Aufenthalt besser als sein Beruf, von dem er sagte: „Il faut pour ce métier-là une finesse que je ne me soucie pas d'avoir." Der König verlieh ihm dann die Stelle eines Gouverneurs von Neuchatel. Aber schon am 23. Februar 1754 schrieb Keith an Friedrich, sein Bruder wünsche in ein wärmeres Klima sich zurückzuziehen, in der Schweiz erfahre man nur durch den Kalender, daß es Sommer werde. Später übertrug der König ihm nachmals eine Sendung nach Spanien, und zwar in der Absicht, Friedenseinleitungen durch ihn anzuknüpfen, die jedoch mißglückten. Als Verbündeter von England erwirkte er ihm dann zu Anfange des Jahres 1759 die freie Rückkehr in sein Vaterland, und überraschte ihn mit der Gewährung. Lord Marischal reiste hierauf von Madrid nach England, fand bei König Georg dem Zweiten die ausgezeichnetste Aufnahme, und suchte dann in Schottland einige Trümmer seines Vermögens zu retten; doch erst die Erbschaft eines

schottischen Pairs, die ihm nun zufallen durfte, brachte ihn
wieder zu bedeutenden Einkünften.

Im September 1754 finden wir Keith abermals an der
Brust leidend, und er kann deßhalb den König nicht nach
Schlesien begleiten, worüber dieser ihm bedauernde freundliche
Worte schreibt. Im Oktober desselben Jahres aber machte
er doch wieder die Uebungen im Lager bei Gatow mit, und
hier ereignete sich eine Widrigkeit, die wir nicht unerwähnt
lassen dürfen, weil sie sowohl den König als auch Keith in
gutem Lichte zeigt. Die Wirthin, bei welcher Keith in Gatow
sein Quartier gehabt, reichte eine Klagschrift gegen die Leute
desselben unmittelbar an den König ein. Der König sandte
dieselbe am 18. Oktober an Keith, mit dem Bemerken, er
liebe nicht, daß seine Unterthanen solche Beschwerden anzu-
bringen hätten, und fügte eigenhändig hinzu: „Je sais, monsieur le maréchal, que vous êtes incapable de mauvais
procédés, mais je vous prie de mieux ranger vos domestiques
en pareille occasion pour qu'ils ne commettent aucune
dureté." Hierauf verantwortet sich Keith gleich am nämlichen
Tage mit aller Ausführlichkeit: daß er nur ein Zimmer mit
Alkoven für sich, und eines für seine beiden Adjutanten gehabt, daß der Gebrauch der Küche nothwendig gewesen, weil
täglich 24 Personen bei ihm gespeist, daß aber niemand den
Keller auch nur betreten habe; die Wirthin habe einige Zimmer
für sich behalten, diese aber zugeschlossen, und sich lieber in
ein anderes Haus, das ihr im Dorfe gehöre, zurückgezogen,
es sei also nicht wahr, daß man sie verdrängt; sie sei aber
wüthend gewesen, daß man ihr überhaupt Einlagerung gegeben. Keith versichert, daß ihr nicht das geringste Leid
widerfahren sei, er wolle aber sogleich nach Berlin senden
und alles nochmals auf's genaueste untersuchen lassen, und
wenn die Frau durch seine Schuld etwas verloren habe, es
ihr doppelt ersetzen. „Car — fügte er hinzu — bien loin
de faire quelque mal aux sujets de Votre Majesté, je me
crois heureux d'être utile au dernier qui porte ce titre."

Keith aber blieb fortwährend in des Königs vollem Vertrauen und entschiedener Gunst, und entsprach diesem Verhältnisse durch mannigfache Thätigkeit, auch außer der ge-

wohnten militairischen. Bald versucht er zu vermitteln, daß ein englischer Wollfabrikant sich in Preußen niederlasse, bald sind es Vortheile des ostindischen Handels, die er dem preußischen Gewerbfleiße zu öffnen hofft. Er nimmt sich die Mühe, Verhandlungen des englischen Parlaments für den König zu übersetzen und zur Uebersicht vorzulegen; er giebt Nachrichten über den Stand des russischen Heeres, und über einen Aufruhr der Kirgisen an der Gränze von Sibirien; — lauter Dinge, welche damals freilich nicht so offenkundig oder zugänglich waren wie heutiges Tages. Zuletzt, im Oktober 1755, übersendet Keith dem Könige sogar Entwürfe und Anschläge zur Erbauung massiver Brücken, da der König Berlin mit solchen zu versehen wünschte. Allein für das nächste Jahr hegt Friedrich bereits andere Sorgen und Entwürfe, bei welchen Keith nicht unbetheiligt bleiben wird! Er dankt ihm für die eingereichten Vorschläge, bemerkt jedoch, einstweilen müsse dergleichen ruhen, Keith möge im Jahre 1757 wieder an die Sache erinnern, dann werde vielleicht gelegnere Zeit sein. Den Krieg, welchen er im Stillen sann und bereitete, dachte er durch Einen Feldzug abzuthun! —

Im März des Jahres 1756 aber findet der König doch wieder Lust und Muße, den Vorschlägen Gehör zu geben, welche seiner Kunstliebe gemacht werden. Keith wird der Vermittler von Gemähldebestellungen bei den italienischen Mahlern Pompeo Battoni und Constanzo, so wie auch bei dem damals in höchstem Ruhme stehenden Mengs, von welchem letzteren der König zwei Bilder gemahlt wünscht, denen er als schickliche Stoffe die Erziehung des Adonis und das Urtheil des Tiresias bezeichnet; die Bestimmung des Preises und den Abschluß des Geschäfts überläßt er ganz dem Urtheil und Gutdünken Keith's, der im April bei seiner Durchreise nach Karlsbad, in Dresden die Sache in Ordnung bringt, und seinen mit den Mahlern geführten Briefwechsel dem Könige einsendet. Friedrich antwortet hierauf verbindlichst: „Je vous renvoie, mon cher maréchal, toute votre correspondance pittoresque, en vous remerciant de la peine que vous prenez de l'entretenir. Si vous vouliez avoir la bonté de commander à Mengs les deux tableaux, et de me dire à qui et par qui je dois faire remettre l'argent pour que je puisse faire faire les avances à mon retour de Magdebourg. Je fais des voeux pour que les eaux vous fassent tout le bien imaginable, vous assurant de l'estime particulière et de l'amitié que je vous conserverai toute ma vie. Federic." Schon aber warteten andere Sorgen und Thätigkeiten, sowohl des Königs selbst als seines Feldherrn! —

Die Anlässe und Vorgänge, welche den siebenjährigen Krieg einleiteten, sind in dem Leben Winterfeldt's und Schwerin's genugsam dargelegt, um sie hier nicht zu wiederholen. Den Berathungen, welche der König mit seinen vertrauten Generalen und Ministern über die politische und militairische Lage der Sachen hielt, wohnte auch Keith mehrentheils bei, und stimmte namentlich für die Erneuerung des Bündnisses mit Frankreich, welches aber in des Königs Sinne schon unstatthaft geworden, und durch ein im Stillen bereitetes Bündniß mit Großbritannien ihm reich ersetzt war. Wenn Keith auch nicht an allen Absichten und Erwägungen Friedrichs den unmittelbaren und genauen Antheil hatte, dessen sich Winterfeldt rühmen konnte, so genoß er doch das Vertrauen des Königs ebenfalls in hohem Maaße, und die näheren Kriegsbeschlüsse wurden ihm früh mitgetheilt. Keith war im April 1756 seiner Gesundheit wegen, gleich Winterfeldt und mehreren anderen Offizieren, nach Böhmen in's Carlsbad gereist, und hatte auch den Feldmarschall Grafen von Schwerin aufgefordert, dorthin zu kommen, der sich aber entschuldigte, da sein Alter solche Kosten und Unruhe kaum noch werth sei. Am 23. Juni aber ließ der König an Keith aus Potsdam schreiben, alle preußischen Offiziere sollten in den ersten Tagen des Juli den dortigen Aufenthalt verlassen, und setzte eigenhändig hinzu: „L'air de Carlsbad devient malsain pour les Prussiens, vous ferez tous tant que vous êtes bien d'être de retour le 10 du mois qui vient." Keith, des Deutschen unkundig, hatte für dieses Geschäft bei denjenigen Offizieren, die nicht Französisch konnten, den Generallieutenant Grafen von Schmettau zur Hülfe. Als Keith in Potsdam eingetroffen war, und dem Könige berichtete, die Oesterreicher seien in Böhmen ganz ruhig, und dächten ihrer-

seits an seinen Feldzug, war der König mit diesem Berichte
unzufrieden, und ebenso mit dem Abmahnen vom Kriege,
welches Keith, gleichwie Schwerin und Schmettau, seiner
Ueberzeugung gemäß aussprechen mußte. Da jedoch der König auf seinem Sinne beharrte, und der Krieg immer ge-
wisser wurde, so vervollständigte Keith seine Ausrüstung zum
Feldzuge, und erbat sich beim Könige zwei des Französischen
kundige Offiziere, den Lieutenant von Cocceji und den Lieutenant von Schwerin, zu Adjutanten, die ihm beide bewilligt
wurden.

Bei dem Einbruch in Sachsen, mit welchem am 29. August 1756 der verhängnißvolle Krieg wirklich anhob, hatte
der König 70 Bataillons und 96 Schwadronen in drei
Truppenzüge vertheilt, die auf verschiedenen Wegen bei Dresden
zusammenkommen sollten. Keith befand sich mit dem Könige
selbst an der Spitze des mittlern Zuges, der über Wittenberg,
Torgau, Meißen, Wilsdruf und Kesselsdorf nach Dresden
vorrückte. Der polnisch-sächsische Hof rief bei der Nachricht
von dem Anrücken der Preußen den englischen Gesandten
Lord Stormont um Vermittelung an, der auch sogleich mit
dem sächsischen Staatsminister Grafen von Salmour von
Dresden abreiste, am 2. September den König von Preußen
noch in seinem Hauptquartier zu Torgau fand, und hier an
Keith gewiesen wurde, um diesem die Eröffnungen zu machen,
zu denen er beauftragt war. Keith berichtete dem Könige
über die gemachten Anträge, in denen dieser aber nur Verstellung und Arglist sah, und daher seinen Marsch fortsetzte.
Die sächsischen Truppen hatten sich nebst dem Könige von
Polen eiligst in ein festes Lager bei Pirna gezogen, und
Dresden stand den Preußen unvertheidigt offen. Friedrich
hielt am 9. September seinen Einzug, und da die Königin
von Polen nebst dem Kurprinzen dort auf dem Schlosse
wohnen geblieben war, so sandte er sogleich Keith an sie ab,
um ihr schöne Entschuldigungen und gute Versicherungen von
Seiten des Königs zu ertheilen, ein Auftrag, dessen er sich
mit Würde und Höflichkeit entledigte. Seine Anrede, aus
dem Tagebuche seines Sekretairs Weidemann durch Preuß
mitgetheilt, lautete wie folgt: „Madame, je viens de la part

du roi mon maître chargé de ses complimens pour Votre Majesté, qui m'a ordonné en même tems de lui dire qu'il n'aurait pas manqué de lui rendre visite lui-même, s'il n'avait craint qu'elle ne lui aurait pas été agréable, vû la situation présente des affaires; qu'il aurait été même charmé d'avoir pu éviter à Votre Majesté l'embarras qu'une aussi grosse garnison de ses troupes pourrait lui causer, mais les circonstances de la guerre le rendant indispensablement nécessaire, le roi m'a ordonné de l'assurer qu'il aura soin qu'on rend à Votre Majesté tous les respects qui sont dûs à sa personne et à sa dignité royale." Die Königin sandte darauf zur Begrüßung des Königs ihren Oberhofmeister Freiherrn von Weſſenberg, und die Verhältniſſe ließen ſich ganz freundlich an. Auch fanden keine Feindſeligkeiten zwiſchen den Sachſen und Preußen Statt; die letzteren begnügten ſich, den erſteren jede Zufuhr abzuſchneiden, nur für den König von Polen wurden täglich einige Wagen mit Lebensmitteln durchgelaſſen.

Keith empfing aber auch alsbald den Auftrag das ſächſiſche Archiv öffnen und daraus diejenigen Urkunden wegnehmen zu laſſen, die zum Beweiſe der Falſchheit des polniſch-ſächſiſchen Hofes gegen den preußiſchen dienen konnten, und durch welche das Verfahren des letzteren gegen Sachſen in der That gerechtfertigt erſchien. Daß Keith hiebei mit perſönlicher Gewaltthätigkeit die Königin von Polen, die ſich dem Vorhaben widerſetzte, weggedrängt habe, iſt ungegründet, inſofern nicht er, ſondern von ihm Beauftragte die Archivſchlüſſel von der Königin forderten, und namentlich ſoll der Major von Wangenheim es geweſen ſein, durch deſſen dringende Vorſtellungen ſie endlich bewogen wurde, von den Thüren des Archives, deſſen Eintritt ſie in Perſon vertheidigen wollte, zurückzuweichen. Natürlich aber hätte Keith, wäre es nöthig geworden, auch die gewaltſame Fortführung der Königin befehlen müſſen, und ihre Drohung, daß er vor ganz Europa durch ſolche Handanlegung beſchimpft und von ſeinem eignen Könige der Schande preisgegeben ſein würde, konnte auf den kundigen Kriegsmann keinen Eindruck machen. Gleichzeitig ließ Keith auf Befehl des Königs, der den ſächſiſchen Behörden zu mißtrauen alle Ursache hatte, die vier in Dresden gebliebenen sächsischen Minister zu sich rufen, und erklärte ihnen, daß ihre Amtsverrichtungen aufgehört hätten, wogegen sie keinen Widerspruch versuchten. Keith meldete jeden Vorgang sogleich dem Könige, der inzwischen die sächsischen Truppen in ihrem Lager bei Pirna eingeschlossen hielt und zur Uebergabe zwingen wollte, denn er durfte bei seiner Absicht in Böhmen einzudringen, neben jenen Ränken nicht auch noch eine so bedeutende Macht im Rücken lassen. Hierauf bezieht sich der Schluß eines eigenhändigen Schreibens an Keith, das ohne Zeitangabe ist, aber augenscheinlich diesen Tagen angehört; der König schreibt: „Je vous suis obligé de votre lettre, l'article de Wakerbarth est plus considérable que vous ne le croyez, cet homme est l'ame du conseil de la Saxe, s'il ne peut se transporter actuellement on pourra toujours le resserrer étroitement, mais je parie que c'est un prétexte, les chambres du roi de Pologne sont vuides, on y peut loger le prince et la princesse royale, cela n'a aucune difficulté, ainsi j'espère que cela se passera en douceur et que les intrigues finiront, car il faut mettre de l'ordre dans sa maison avant d'aller troubler celle de son voisin. Adieu mon cher maréchal, je vous embrasse. Fr."

Inzwischen hatte der König doch eine beträchtliche Truppenschaar unter dem Prinzen Ferdinand von Braunschweig über Peterswalde in Böhmen einrücken lassen, die Oesterreicher zu beobachten, welche unter dem Feldmarschall Grafen von Browne heranrückten, um den Sachsen Luft zu machen. Am 19. September mußte Keith den Oberbefehl jener nach Aussig vorgedrungenen Truppen übernehmen, welche jetzt 29 Bataillons und 70 Schwadronen stark waren. Er berichtete gleich am 20. über die Stellung der Preußen, so wie über den Anmarsch Browne's, dem er allein schon gewachsen zu sein glaubte; er ließ auch sofort eine Brücke über die Elbe schlagen, und in seinem Rücken das Schloß von Tetschen angreifen, wozu er sich das nöthige Wurfgeschütz erbat. Friedrich antwortete eigenhändig hierauf aus Groß-Sedlitz am 22. September: „Je suis bien aise, mon cher maréchal, que votre pont soit fait et que vous pensiez au fort de Tetschen. Si le prince Ferdinand l'avait occupé incessamment après son entrée, il aurait très bien fait, car je sais que les Saxons ont reçu des vivres par eau de là-bas que ceux de Schandau ont laissé passer l'Elbe la nuit par négligence. Le prince de Bevern prend aujourd'hui le chemin de la Bohême, il mène avec soi 20 pontons et bon nombre de gros canon, je lui donne deux mortiers au cas que vous en ayez besoin à Tetschen. Je n'ai rien appris du maréchal Schwerin; on écrit de France que les Français en veulent à Wesel, cela marque bien de l'humeur et de la mauvaise volonté, la dauphine a pleuré, et c'est un trop grand effet pour des larmes d'une sotte. Hier j'ai parlé à un garçon boulanger qui sort du camp saxon. Selon sa déposition leur farine doit finir le 25. ou 26. de ce mois. Adieu, mon cher maréchal, je vous embrasse. Federic. Je crois que Browne n'a pas encore rassemblé toutes ses troupes et qu'il attend la jonction de Piccolomini."

Am 23. September meldete Keith dem Könige, daß Tetschen durch den Obersten von Manstein eingenommen worden, und daß er drei Kundschafter ausgesandt habe, um sichre Nachrichten von dem Anmarsche der Oesterreicher zu erlangen, und allen Anzeigen nach ziehe Browne seine Hauptstärke bei Budyn zusammen. Er fügte hinzu: „Il me paraît que Votre Majesté ne risque rien cette année pour Wesel, et une nouvelle année peut amener des nouvelles pensées, pendant ce tems Votre Majesté aura fait du chemin, et j'espère qu'elle se tirera de tout ce cahos avec honneur et gloire." Friedrich antwortete am folgenden Tage aus Groß-Seblitz, daß ihm aus den eingesandten Nachrichten keine Gewißheit über den Ort hervorgehe, wo Browne jetzt mit seinen Truppen stehe, wäre dieser mit ansehnlicher Macht in Budyn, so müßte der König dies dem Feldmarschall Schwerin mittheilen; die Hauptsache sei, dies zu erforschen; zu diesem Zweck enthält er genaue Vorschriften; Keith erhält Verstärkung durch den Herzog von Bevern, sobald dieser eingerückt ist, soll eine Abtheilung von 6 Bataillons und 15 Schwadronen auf

74 Feldmarschall Jakob Keith.

Lowosiz, eine andere von 2 Bataillons und 10 Schwadronen jenseits der Elbe auf Leitmeritz vordringen, kleine Partheien von 20 bis 30 Husaren sollen auf den Wegen von Dux, Laden, Kommotau und Klösterle immerfort streifen; da werde sich bald Gewißheit ergeben. — Keith hat inzwischen ein neues Lager bei Johnsdorf genommen, ist für seine Sicherheit besorgt, und findet gegen die Streifereien der leichten österreichischen Truppen Verhaue im Erzgebirge nöthig, zu welchem Zwecke er die nöthigen Werkzeuge verlangt. Hierauf antwortet der König am 25. September: „Je suis actuellement des recherches pour savoir où trouver les outils que vous me demandez; mais vous m'avez mal compris. Si vous ne détachez pas 4 ou 5 bataillons avec des dragons et des hussards, toutes ces troupes irrégulières des Autrichiens se nicheront incessamment dans les montagnes de la Saxe et nous couperont les vivres. Selon toutes mes nouvelles Browne est encore à Kollin. Si vous n'affectez pas l'offensive partout, vous me gâtez mes troupes et nous perdons la supériorité que vous devez maintenir vis-à-vis du tas de canaille qui vous est opposé; il est très bon de penser à la sûreté de votre camp, mais cela ne doit pas vous faire oublier l'air de supériorité qu'il nous convient de prendre toute part où en trouve l'ennemi; je vous envoie une copie de la lettre que je viens de recevoir du maréchal de Schwerin. J'ai reçu le dessin de votre tête-de-pont, mais point celui de votre camp. En un mot, il faut mettre plus en oeuvre les hussards soutenus de dragons et de 4 à 5 bataillons d'infanterie; quand ce sont de pareils détachements le prince de Bevern les conduira fort bien, Katzler, Kyau, s'ils sont plus faibles, Seydlitz; vous ne connaissez pas ces gens, mais vous pouvez tous les mettre en oeuvre. Adieu, mon cher maréchal. Federic. Voici un rapport ci-joint de mes hussards."

Keith meldet gleich am 25. September auf's neue, Browne ziehe langsam von Budyn heran, habe jedoch nur erst wenige Truppen beisammen, daher es rathsam erscheine, ihm entgegen zu gehen und ihn im freien Felde anzugreifen; und am

26. September schreibt er in gleichem Sinne, man könne binnen sechs Wochen Meister von Böhmen sein, das Heer sei vortrefflich, und werde den Feind unfehlbar schlagen. Friedrich wollte zwar nicht gern in Böhmen vorrücken, bevor er mit den Sachsen fertig geworden, allein er durfte aus derselben Rücksicht auch die Oesterreicher nicht zu nahe heranbringen lassen, und er beschloß daher sie zurückzuwerfen, sandte noch einige Verstärkung an Keith, und kündigte ihm an, daß er selber am 29. September in Johnsdorf eintreffen würde. Da jedoch Keith in der Befehlsführung der entsendeten Truppenschaaren einige Anordnungen gemacht hatte, die dem Könige mißfielen, so verwies er ihm dies ziemlich trocken mit den Worten: „Les commandemens à tour de rôle ne sont points usités dans mon armée, et ce n'est pas à vous à les introduire." Keith indeß, weit entfernt Empfindlichkeit zu äußern, nahm den Tadel mit Unterwürfigkeit und Gehorsam hin, und entschuldigte sich mit nicht gehöriger Kenntniß der im preußischen Heer eingeführten Gebräuche.

Friedrich traf schon am 28. September im Lager von Johnsdorf ein, fand dasselbe für den Fall einer Schlacht ungünstig, und brach mit allen Truppen auf. Am 30. entdeckte der König, der an der Spitze von 8 Bataillons und 20 Schwadronen vorausgeeilt war, von der Höhe der Paschkopole den Marsch des Feindes in der Ebene von Lowositz gegen diesen Ort und die Elbe hin. Die Oesterreicher nahmen hier eine Stellung, deren rechter Flügel sich an die Elbe lehnte, und den Flecken Lowositz vor der Front hatte, der linke Flügel war hinter dem Dorfe Sulowitz durch Niederungen und Teiche gedeckt. Zwei hohe Berge, der Homolka und nächst der Elbe der Lowosch, zwischen welchen eine Thalenge hinlief und jenseits am Fuß der Berg sich erweiterte, trennten die beiderseitigen Heere. Friedrich eilte, seine Truppen durch diese Thalenge zu ziehen, und jenseits auf den Abhängen der Berge aufzustellen, ehe der Feind ihm zuvorkäme. Die Truppen, schon angestrengt und ermüdet, marschirten bis zum späten Abend, geriethen bei der Dunkelheit in Unordnung, und lagerten unter freiem Himmel, erst bei Anbruch des Tages konnten sie sich wieder gehörig ordnen. Der Morgen des 1. Oktobers zeigte die ganze Gegend durch Nebel verhüllt, doch erkannte man bald, daß die Weingärten des Berges Lowosch mit Panduren und Grenadieren besetzt waren, und daß zwei schwache Abtheilungen Reiterei in der Ebene bei Lowositz hielten. Friedrich ordnete seine Schlachtordnung aus der Thalenge hervor rechts und links auf den Abhängen der beiden Berge; das Fußvolk des linken Flügels mußte, nach Maßgabe, daß seine Bataillone aufrückten, den Feind aus den Weingärten vertreiben, und stand schon von 7 Uhr an lebhaft im Gefecht, indem der Feind nur langsam wich. Der König glaubte jedoch, das feindliche Heer sei im Rückzuge begriffen, und habe nur eine Nachhut stehen lassen. Um hierüber klar zu werden, ließ er seine Reiterei, welche der Feldmarschall Graf von Gesler befehligte, zwischen dem aufmarschirten Fußvolk vorziehen, und 15 Schwadronen Dragoner erhielten Befehl zum Angriff. Sie warfen den weit schwächeren Feind, empfingen aber bald aus dem Dorfe Sulowitz ein Flankenfeuer aus Geschütz und Kleingewehr, und zogen sich auf das Fußvolk zurück. Da die österreichische Reiterei hierauf in größerer Stärke wieder vorrückte, so wollte die preußische dies nicht leiden, und ohne weiteren Befehl stürzte die ganze Masse von 71 Schwadronen auf den Feind, warf ihn augenblicklich, sah sich aber bald durch einen tiefen Graben gehemmt, und in der Front und auf beiden Flanken einem heftigen Gewehr- und Geschützfeuer ausgesetzt, das sie zum Weichen brachte, worauf der König sie hinter das Fußvolk zurückgehen ließ, und mit diesem vorrückte.

Der Nebel war inzwischen gefallen, und die Stellung des Feindes klar zu übersehen. Friedrich beschloß den rechten Flügel desselben, der ihm die linke Flanke bedrohte, mit Macht anzugreifen; da jedoch der Stützpunkt rechts auf dem Homolka nicht aufgegeben werden durfte, so reichte die preußische Schlachtordnung nicht aus, um links die Anlehnung an dem Ufer der Elbe zu gewinnen, bis wohin sich das Feld erweiterte. Um diesem Uebelstande abzuhelfen, zog der König die meisten Bataillone des zweiten Treffens in das erste, ließ den ganzen linken Flügel weiter links rücken, und die dadurch in der Mitte entstandene Lücke durch die Reiterei ausfüllen. Nachdem die Preußen mit großer Anstrengung den Feind, der immer frische Truppen in den Kampf brachte, vom Fuße des Lowosch gänzlich vertrieben hatten, erfolgte der Angriff auf Lowositz, welcher Ort jedoch tapfer vertheidigt wurde. Browne hatte nicht weniger Reiterei und Geschütz als Friedrich, aber entschiedne **Uebermacht an Fußvolk**, dazu alle Vortheile des Bodens; die Preußen hatten schon großen Verlust erlitten, und der linke Flügel sein Pulver größtentheils verschossen; die Soldaten mußten ihr Feuer einstellen, und forderten ungeduldig neue Patronen; da rief der Herzog von Bevern, der hier den Angriff befehligte, den Leuten zu: „Bursche, seid darüber unbekümmert! In welcher Absicht hätte man euch denn gelehrt, den Feind mit gefälltem Gewehr anzugreifen?" Dieses Wort entzündete den Muth auf's neue, die Regimenter Itzenplitz und Manteuffel stürmten Lowositz, rangen mit dem mehrmals verstärkten Feinde um den brennenden Ort, schlugen zuletzt 9 ganz frische Bataillone hinaus, und entschieden hiedurch den Sieg. Denn obschon Friedrich nur auf seinem linken Flügel gesiegt hatte, und der rechte sogar mit einem neuen Angriff bedroht war, so fand Browne doch kein neues Wagniß rathsam, sondern zog sich, nachdem er von 3 Uhr Nachmittags bis zum Abend noch seine Stellung behauptet hatte, während der Nacht hinter die Eger in sein Lager bei Budyn zurück.

In der Schlacht bei Lowositz, der ersten des siebenjährigen Krieges, war der Verlust der Sieger größer als der des Feindes; die Preußen zählten über 3300 Todte und Verwundete, die Oesterreicher noch nicht 3000, hatten aber auch 3 Kanonen und 2 Standarten eingebüßt. Friedrich, welchem Keith während dieses Tages stets zur Seite war, hatte alle Anordnungen mit kundiger Einsicht und fester Entschlossenheit getroffen, ein Verdienst, das in Verhältniß der persönlichen Stellung auch Keith beizumessen sein mag; den eigentlichen Sieg aber hatte diesmal weniger der Feldherr und seine Genossen, als vielmehr die Tapferkeit der Truppen errungen, eine Tapferkeit über die sogar Friedrich erstaunte und seine Bewunderung lebhaft aussprach.

Der König, zufrieden die Oesterreicher verhindert zu

haben den Sachsen Hülfe zu bringen, rückte nicht weiter vor, sondern blieb in Lowositz beobachtend stehen; eine Truppenschaar von 6000 Mann, welche Browne am 6. Oktober über Böhmisch-Leipa gegen die sächsische Gränze vorschob, fand die Wege durch die Preußen versperrt, und konnte nichts ausrichten; beunruhigender war der Zweifel, ob nicht die Sachsen versuchen würden sich durchzuschlagen, die Umstellung schien nicht auf allen Punkten genügend, und der König selbst kehrte wieder dorthin zurück. Am 13. Oktober brach er mit 15 Schwadronen von Lowositz auf, und überließ die Truppen in Böhmen wieder dem Oberbefehle Keith's, dem er noch am nämlichen Tage aus Arbesau eigenhändig schrieb: „Mon cher maréchal, voilà une lettre de Winterfeldt par laquelle vous verrez que je n'ai point besoin de secours, s'il plaît à Dieu, tout ira bien. Dites à mon frère que je suis plein d'espérances; vous m'avez trés-bien compris, j'ai aujourd'hui fait toutes les observations possibles pour la sûreté de votre marche, j'ai pris les camps, j'ai tout détaillé à Stutterheim et en cas de besoin je vous l'enverrai avec un mémoire raisonné. Adieu. Federic." Ein eigenhändiges Schreiben aus dem Hauptquartier Struppen vom 15. Oktober bestätigte das gute Ansehen der Dinge; der König schrieb: „Mon cher maréchal, aujourd'hui l'affaire des Saxons va se terminer, hier la négociation a commencée et il faut qu'ils en passent par tout ce qui me plaira, ils ont passé l'Elbe auprès de Königstein, où ils sont dans un terrein de 1200 pas de long sur 400 de front, nos troupes les ont entouré de ce côté-là, un abattis les sépare, ils n'ont ni vires ni tentes, leur arrière-garde et leurs équipages ont été pillés la plupart. Zieten avec 300 hommes a battu 4 escadrons qui fesaient leur arrière-garde, enfin jamais on ne pourrait s'imaginer par quel esprit de vertige ils ont pris ce mauvais parti, et avec confusion ils l'ont exécuté. Le détachement d'Autrichiens s'est aussi retiré hier. Warnéry a donné dans leur arrière-garde, il a sabré 4 compagnies de grénadiers pandours, nous avons outre cela quelques prisonniers d'eux. Le roi, ses fils et son favori sont au Königstein et ne demandent qu'à sortir, enfin j'espère que demain je vous marquerai la fin de cette affaire et mon projet fixe pour l'avenir. Adieu. Federic."

Unter diesen Umständen mußte Keith den nahen Aufbruch seines Lagers voraussehen, und fand sich nur in Verlegenheit, was er in solchem Fall mit etwa hundert österreichischen Verwundeten machen sollte, die größtentheils durch Kanonenkugeln getroffen waren und schwer darniederlagen. Er schrieb ihretwegen am 16. Oktober an Browne, und stellte diesem vor, daß, da er wegen Futtermangel sein Lager ändern müsse, er jene Verwundeten zurücklasse, weil der Transport mehreren dieser Unglücklichen das Leben kosten könnte, er sende ihm aber die Liste derselben, in der Zuversicht, daß sie bei der Auswechselung der Kriegsgefangenen als solche gerechnet würden, die er aus reiner Menschlichkeit im voraus zurückgegeben habe. Der König beauftragte Keith auch die Auswechselung sogleich einzuleiten, und dieser schlug in einem zweiten Schreiben an Browne die Stadt Kommotau als den Ort vor, wo die beiderseitigen Beauftragten zusammen kommen sollten. Browne antwortete aus seinem Lager bei Budyn mit bereitwilliger Zustimmung, rühmte, wie gut er die preußischen Gefangenen und Verwundeten halte, und schloß mit den Worten: „La façon noble de penser et la grandeur d'âme de Votre Excellence m'est trop bien connue, pour ne me pas persuader, qu'Elle ordonnera d'avoir les mêmes attentions pour les nôtres." Seine Hochachtung für Keith bezeigte Browne auch während des Winters noch besonders dadurch, daß er ihm, wie auch dem Feldmarschall Grafen von Schwerin, ein Faß vortrefflichen Weines als Geschenk übersandte.

Inzwischen hatte Keith am 17. Oktober Abends vom Könige die Nachricht empfangen, daß die Uebergabe der Sachsen abgeschlossen sei, und am 18. schrieb Friedrich aus Struppen eigenhändig: „Mon cher maréchal, je ne cours point après les lauriers, je n'ai point trouvé à en cueillir ici, tout était fait quand je suis arrivé, je n'ai entendu que les derniers soupirs de l'artillerie saxonne, ils ont demandé à capituler une heure après mon arrivée, je les ai tous sans exception; Browne a été lui-même avec le détachement qui est venu ici, il a eu vent de la capitulation et s'est retiré, son arrière-garde a été totalement défaite. J'ai tant à faire pour le pain, quartier et payement des Saxons que je ne sais comment me retourner; il faudra différer votre décampement jusqu'au 20, je viendrai au-devant de vous avec 10 bataillons et je pourrai tout couvrir; j'enverrai Stutterheim à tems, nous ne saurions rester en Bohême sans ruiner ces bonnes troupes, et j'en aurai besoin encore plus d'une fois. Mille amitiés à mon frère. Adieu. Federic."

Der König ging nach diesem großen Erfolge sogleich wieder nach Böhmen, doch nur um sein Heer von dort zurückzuziehen, was dem überlegenen Feinde gegenüber schwierig werden konnte. Die Sorgfalt und Thätigkeit des Königs waren aber nach allen Seiten rege, und verschmähten auch das Kleinste nicht. So schrieb er noch an demselben 18. Oktober aus Peterswalde eigenhändig an Keith: „Je fais écrire incessamment à Wylich et à Tettenborn pour les prisonniers. Quant à la désertion de Münchow sans doute qu'il y a de la faute des officiers, qu'ils prennent bien garde que les prêtres de Bohême ne parlent pas aux soldats, et que les gens qui vendent des vivres ne leur glissent pas des billets pour les animer à déserter. Dites-le, je vous prie, d'abord à tous les officiers. Adieu. Je serai demain à Linay. Fr." Und am 19. Oktober ebenso aus Linay: „Je vous envoie Stutterheim, mon cher maréchal, pour vous dire verbalement toute ma disposition, qui consiste à vous débarrasser le 21 de tous vos gros bagages que vous enverrez au delà de Linay à Hodietitz. Le 22 la cavalerie a la reserve du corps du prince de Bevern, le 23 vous marcherez sur 2 colonnes que j'ai marqué à Stutterheim à Linay, où je serai le 22 et d'où en cas de nécessité et selon vos nouvelles je pourrai vous joindre, je renforce Manstein à Dux du régiment de Zieten, il restera là le 23. — — — Pour tromper l'ennemi je répands ici la nouvelle que toute l'armée marche en Bohême, vous n'avez qu'à ébruiter la même chose, j'espère par cette feinte de couvrir si bien ce dessein que Browne n'en sera pas instruit. Je pars demain. Il n'y a point de lettre perdue. Il faut promptement finir l'affaire du cartel. Adieu, je vous embrasse. Fr." In der Nacht vom 19. auf den 20. October schrieb er nochmals: „Je crois, mon cher maréchal, selon les nouvelles présentes que vous ne sauriez mieux faire que de hâter votre marche, faites donc détendre le camp une heure avant le jour, que le prince de Bevern vous joigne aussitôt, la générale sera le signal de la marche. S'il est nécessaire on peut mettre le feu à Sulowitz, il y a à Welmina le bataillon de Quadt, quand l'arrière-garde quittera ce village on le peut mettre en feu également. Voilà à peu près tout ce que je crois que l'on peut faire. Je suis fâché que Browne soit informé de notre dessein, mais cela étant il faut pourtant le poursuivre, en évitant de nous engager le plus que nous pouvons; j'ai huit bons bataillons ici qui sont prêts au premier signal, mais qui vous embarrasseraient plus qu'ils ne vous seraient utiles dans ces montagnes, à moins qu'il ne fallut les poster du côté d'Aujest et Welmina sur les hauteurs. Adieu, je n'en dormirai surement pas la nuit. Fr."

Keith begann am 20. October aus dem Lager von Lowositz aufzubrechen und ging unverfolgt vom Feinde nach Linay zurück. Das Regiment Itzenplitz allein, welches die Furt der Elbe bei Salesel bewachte, wurde in der Nacht angegriffen, indem die Oesterreicher hier überzugehen versuchten, allein der Angriff scheiterte an der Tapferkeit der Preußen, und diese machten sogar Gefangene. Während der folgenden Tage setzte das Heer seinen Rückzug von Linay nach Sachsen ungehindert fort, und stand am 30. wieder auf sächsischem Boden. Die Truppen bezogen Quartiere längs der Gränze. Keith kam am 14. November mit dem Könige nach Dresden, wo er im Suhl'schen Hause wohnte.

Friedrich bekam indeß täglich neue Beweise von der entschiedenen Feindseligkeit des polnisch-sächsischen Hofes, der sowohl mit Oesterreich als mit Frankreich im Einverständnisse war, und mit den österreichischen Truppen in Böhmen in engster Verbindung zu bleiben strebte. In Dresden war besonders der französische Botschafter Graf von Broglie in diesem Sinne thätig; er hatte sich oftmals bemüht, zu dem Könige von Polen nach Struppen innerhalb des eingeschlossenen sächsischen Lagers zu gelangen, was jedoch von den Preußen immer war gehindert worden. Nachdem aber der französische Hof den preußischen Gesandten von Knyphausen aus Paris fortgewiesen und den eignen Gesandten Marquis von Valori von Berlin zurückgerufen hatte, ließ Friedrich auch dem französischen Gesandten Grafen von Broglie, der seit der Uebergabe der Sachsen wieder nach Dresden hatte zurückkehren dürfen, durch den Lieutenant von Cocceji militairisch anzeigen, er dürfe nicht länger an einem Orte weilen, wo der König sein Hauptquartier habe; er möge daher ohne Verzug dem Könige von Polen nachreisen, zu dem er ja stets gewollt habe; freilich war dieser jetzt nicht mehr in Struppen, sondern schon auf dem Wege nach Warschau, wohin ihm der Graf von Broglie auch wirklich nachfolgen mußte. Ueber diese Vorgänge schrieb Friedrich selber einen Bericht, den er an Keith zur Veröffentlichung sandte, und den wir nach des Königs eigner Handschrift hier mittheilen: „Dès que le roi est arrivé à Dresde il a envoyé le maréchal Keith pour complimenter la reine et le prince électoral; ce maréchal après les complimens ordinaires y a ajouté que Sa Majesté prendrait toutes les mesures possibles vû que le nombre des troupes qui se trouvent à Dresde que rien ne se passât qui put faire de la peine à la reine et que personne ne lui manquât de respect, et que si le roi croyait devoir se dispenser dans les conjonctures présentes de lui rendre visite ce n'était que dans l'appréhension que ce ne serait que gênant pour la reine. Le baron de Cocceji fut envoyé au comte de Broglie pour lui signifier de ne point se présenter devant le roi à cause du renvoi du baron de Knyphausen et du rappel du marquis de Valori, et comme on croit savoir très-certainement le commerce peu séant dans les conjonctures présentes que cet ambassadeur a entretenu avec le maréchal Browne, jusqu'à espionner et lui mander les moindres minuties de l'armée prussienne, on lui a fait enjoindre de suivre au plutôt le roi de Pologne comme il a déclaré si souvent en avoir les ordres, et pour finir le commerce illicite qui de cette capitale s'est entretenu avec l'armée autrichienne, il lui a été signifié d'emmener avec lui toute sa maison."

Friedrich machte Dresden für den Winter zum Mittelpunkte seiner vielfachen Arbeiten, und Keith nahm thätigen Antheil an den Vorbereitungen zum nächsten Feldzuge. Die Königin von Polen war nicht zu bewegen, ihrem Gemahle nach Warschau zu folgen, sondern blieb mit dem Kurprinzen und der Kurprinzessin beharrlich in Dresden. Sie war eine Erzherzogin von Oesterreich, älteste Tochter Kaiser Josephs des Ersten, ein englischer Gesandter schildert sie als häßlich und boshaft über allen Ausdruck. So kundig nun auch Friedrich ihrer leidenschaftlichen Feindhlichkeit und ihrer nie ruhenden Ränke war, und daher auch persönlich ihre Gegenwart mied, so wollte er doch die äußerliche Höflichkeit gegen sie nicht außer Acht lassen, und sandte am 8. Dezember, als an ihrem Geburtstage so wie zum Neuenjahre 1757 ihr und dem Kurprinzen und der Kurprinzessin seine Glückwünsche, welche jedesmal Keith zu überbringen hatte, der in solchen Aufträgen Würde und Feinheit schicklichst vereinigte.

Während einer kurzen Reise Friedrichs um die Neujahrszeit nach Berlin war Keith mit der Obhut und Sorge für die Sicherheit der Winterquartiere beauftragt. Einige Bewegungen der Oesterreicher auf den Vorposten gaben schon im Januar einige Unruhe, hatten jedoch auf der Seite nach Sachsen weiter keine Folgen, als daß Keith während einiger Tage die Stellungen untersuchte. In Schlesien dagegen schienen die Sachen ernster, und Schwerin und Winterfeldt, welche dort befehligten, waren in aufmerksamster Thätigkeit. Der König schrieb hierüber eigenhändig an Keith aus Dresden am 23. Januar 1757: „Mon cher maréchal, je viens de recevoir des lettres de Silésie qui me marquent que la marche de Schwerin dérangeait fort les projets des Autrichiens, que Piccolomini était très-embarassé de sa personne, et que le maréchal Browne campait entre Melnik et Leitmoritz, c'est ce que je vous mande à tout hasard, je ne vous garantis pas les nouvelles, il vous sera facile de vous en éclaircir par les partis que vous ôtes à présent en état d'envoyer au-dela de l'Elba. Adieu mon cher maréchal, je crois en avoir ici encore pour trois ou quatre jours. Je vous embrasse. Fr."

Die Vorbereitungen zum Feldzuge 1757 waren sorgfältigst und nachdrücklichst angeordnet, und der König zog seine erfrischten und verstärkten Truppen schon gegen Ende des März bei Lockwitz zusammen. Er hatte einen Feldzugsplan entworfen, welchen der General von Retzow für Keith in's Französische übersetzen mußte; nach diesem sollten zu gleicher Zeit vier preußische Heerabtheilungen von verschiedenen Seiten in Böhmen einbrechen, und am 4. Mai bei Prag zusammenstoßen. Keith hatte wieder die Bestimmung, dem Könige zur Seite zu sein. Bevor die Heeresmassen sich in Bewegung setzten, fielen manche kleinere Gefechte vor; Keith nöthigte bei Schlukenau eine österreichische Truppenschaar zur Flucht. Mit Browne hatte er wieder einen Briefwechsel zu führen, und einigen Beschwerden desselben mit der Gegenklage zu antworten, daß die preußischen Gefangenen schlecht behandelt würden; Friedrich hatte ihm vorgeschrieben: „Je vous prie de répondre à Browne poliment, mais avec beaucoup de fierté." Um den Feind zu täuschen, und seine Aufmerksamkeit von den wahren Angriffspunkten abzulenten, ließ der König am 5. April den Generalmajor von Mannstein mit 4 Bataillons von Stolpen über Neustadt in Böhmen einbrechen, und damit diese Schaar die Vorhut einer Hauptkarte scheinen könnte, mußten Keith, der Prinz August Wilhelm und der Markgraf Karl bei diesen Truppen sein, die sich übrigens bald wieder zurückzogen. Der Prinz August Wilhelm, der eifrig nach eigner Befehlführung verlangte, war sehr unzufrieden, einen solchen Zug mitmachen zu sollen, und äußerte sein Mißvergnügen unverhohlen, sowohl mit den einzelnen Anordnungen, als mit der Leitung der Sachen überhaupt. Das Verhältniß der Prinzen beim Heer entsprach im Allgemeinen ihren Wünschen nicht; am 15. April geschah es zum erstenmale, daß der König einem seiner Brüder einen selbstständigen Befehl übertrug, der Prinz Heinrich bekam die ansehnliche Schaar zu führen, welche über Neustadt nun ernstlich in Böhmen vordringen sollte, worüber er große Freude bezeigte; um so unwilliger war sein **älterer** Bruder August Wilhelm, der sich noch nicht so gut bedacht sah.

Am 20. April brach das Heer des Königs aus dem Lager von Lockwitz nach Böhmen auf, rückte über Nollendorf und Aussig vor, vereinigte sich am 23. bei Linay mit der Heerabtheilung, welche der Prinz Moritz von Anhalt-Dessau über Boßberg und Kommotau herangeführt hatte, marschirte dann nach Trebnitz, ging am 26. über die Eger, und lagerte am 28. bei Budyn, wo Browne sein Lager aufhob, um nicht umgangen zu werden. Ebenso verließ Browne am 29. Welwarn bei der Annäherung der Preußen, und nachdem in Tuchomierzitz am 30. der Prinz Karl von Lothringen den Oberbefehl der österreichischen Truppen übernommen, zog dieser das ganze Heer in eine feste Stellung bei Prag zurück, wohin der König am 2. Mai nachfolgte. Unterdessen war aus der Lausitz der Herzog von Bevern über Kratzau und Kratzen, aus Schlesien aber Schwerin gegen Königinhof vorgerückt, und beide vereinigte Heerestheile langten am 4. Mai ebenfalls in der Nähe von Prag an.

Kaum war der König der Anwesenheit Schwerin's versichert, so ging er am 5. Mai mit 20 Bataillons und 38 Schwadronen über die Moldau, um mit Schwerin vereinigt, die Oesterreicher in ihrer Stellung anzugreifen. Keith blieb mit 26 Bataillons und 40 Schwadronen auf dem linken Ufer der Moldau zurück, um diese Seite von Prag einzuschließen, und dem Feinde hier jeden Ausweg zu wehren. Am 6. Mai lieferte der König die Schlacht von Prag, welche mit der vollen Niederlage des österreichischen Heeres endete, das sich hierauf größtentheils nach Prag warf. Keith, der inzwischen auf Befehl des Königs noch den Prinzen Moritz von Dessau mit 3 Grenadierbataillons und 30 Schwadronen zum Uebergang über die Moldau bei Branik mit Brückenschiffen hatte entsenden müssen, hielt mit seiner übrigen Mannschaft die Stadt vom Weißenberg bis zur Moldau bestens umstellt, und obschon seine wenigen Truppen weder für diesen aus-

gedehnten Raum hinreichten, noch der Stärke gewachsen
waren, welche der Feind hier aufwenden konnte, so hinderte
er doch die Flüchtlinge, welche nach Königsaal zu entkommen
suchten, an der Ausführung ihres Vorhabens. Der erfochtene
Sieg erfreute sein Herz; er schrieb dem Könige, sein Glückwunsch sei so innig, als wenn er das Glück gehabt hätte,
dabei zu sein! Er beklagte aber auch den großen Verlust
herrlichen Fußvolkes, und besonders den Tod Schwerin's,
mit welchem er stets in guter Freundschaft gestanden hatte.
Der König antwortete aus seinem Lager vor Prag am
7. Mai eigenhändig: „Mon cher maréchal, il ne nous
reste de consolation après les pertes que nous venons
de faire que de prendre prisonniers les gens qui sont à
Prague. Voilà notre objet principal. Si Browne, le
prince Charles, et leur armée est enfermée à ne pouvoir
sortir de là, nous les obligerons à se rendre, et alors
je crois que la guerre sera finie; adieu mon cher maréchal,
je vous embrasse. Federic." Ausführlicher spricht er in
einem Schreiben vom 9. Mai: „Vous avez raison, mon
cher maréchal, de juger de ma sensibilité dans le moment
présent pour les pertes que j'ai fait; et qui ne le serait
pas, en perdant des amis et des braves gens qui ont
soutenu l'état dans l'affaire la plus scabreuse et la plus
décisive que j'aye encore vû de mes jours! Je sacrifie et
moi et mes chagrins domestiques dans ce moment et je
ne veux penser qu'à la patrie. J'ai pris de mon côté
tous les arrangemens que j'ai cru nécessaires tant pour
m'opposer au corps de Königgratz que pour poursuivre
les fuyards. Nos hussards de Werner ont pillé la caisse
militaire des Autrichiens, tout ce qui est hors de Prague
est sans argent, sans pain et sans équipages, de sorte
qu'on les fera encore fuir sans peine. Quant aux déserteurs
et aux prisonniers vous n'avez qu'à les renvoyer à Budyn,
et qui d'eux voudra prendre service sera le bienvenu.
Nous avons tant à faire qu'il est impossible de vous
fournir des listes, demandez à votre aide-de-camp qui
vous dira que j'ai été interrompu par plus d'une reprise
en écrivant cette lettre. Nous avons occupé le Ziska

aujourd'hui, le pauvre Strantz y a été tué; mais àprésent nous nous trouvons en force sur le nez de l'ennemi, adieu, mon cher maréchal, je vous embrasse. Federic."
Der Ausdruck „chagrins domestiques" bezieht sich auf Nachrichten von seiner Mutter, die damals todtkrank darniederlag, und nach sieben Wochen starb.

Die Einnahme von Prag war jedoch eine Aufgabe, für welche das Heer des Königs viel zahlreicher hätte sein müssen. Als Friedrich den Prinzen Karl von Lothringen zur Uebergabe auffordern ließ, und auch Browne, obwohl schwer verwundet, seine Meinung sagen sollte, erhob dieser sich unwillig von seinem Lager, und rief mit Heftigkeit: „Hält denn der König uns alle für Hundsfötter? Sagt dem Prinzen, er solle nur unverzüglich über Keith herfallen!" Auch war eine österreichische Truppenmacht unter dem Oberbefehl des Feldmarschalls Grafen von Daun von Mähren her im Anzuge, und die österreichischen leichten Truppen schwärmten auf allen Seiten umher, beunruhigten die preußischen Stellungen, und boten den Ausfällen aus Prag die Hand. Wenn auch Friedrich an demselben 9. Mai an Keith schrieb, daß der Herzog von Bevern die feindlichen Husaren und Panduren von Kuttenberg und Neuhof verjagt und Daun sich zurückgezogen habe; er verlangt darum nicht weniger von Keith zwei Reiterregimenter, die Husaren von Seydlitz und die Dragoner von Katte, und fast alle Husaren und 3 Bataillons Fußvolk sollen am folgenden Tage gegen eine feindliche Schaar vorrücken; die sich bei Beneschau bildet und den Auszug der Reiterei aus Prag zu unterstützen bezweckt, woran den Belagerten sehr gelegen. Und am 10. Mai schreibt er wieder: „Je vous suis très-obligé, mon cher maréchal, pour les régiments que vous m'avez envoyés. Le prince de Bevern est en pleine marche avec une grosse cavalerie et 11 bataillons d'infanterie pour attaquer Leopold Daun, je ne crois pas que l'autre tiendra, je serais plutôt porté à présumer qu'il se retirera au camp de Kuttenberg." — Nachdem er Keith aufgefordert, die Stadt zu bombardiren, den Feind zu Ausfällen zu verlocken, und zu sehen, ob sich nicht ein Mittel fände ihn zur Uebergabe zu nöthigen, fährt er fort:

„Comme je ne suis pas devin, il m'est difficile d'annoncer d'avance ce qui arrivera, mais j'espère que, de quelque façon la chose tourne, elle nous sera ou moins ou plus avantageuse. Nous sommes à présent à la discrétion de Sa sacrée Majesté le hazard. Si Browne a beaucoup de vivres dans la ville, s'il a pris ses précautions pour les mettre à l'abri de toute insulte, si enfin tous les hasards et les combinaisons prétérites sont pour lui, nous ne réussirons qu'en partie, mais si quelque chose manque j'en viendrai à bout, c'est ce que j'attends du destin en prenant de mon côté toutes les meilleures mesures pour faire réussir mon projet. Le corps qui s'est sauvé de la bataille ne consiste qu'en 12,000 hommes, Browne en a 50,000 bien comptés à Prague, Leopold Daun n'en a que 15,000 hommes sous ses ordres. Voilà au vrai notre situation pour le moment présent, je m'en remets au reste à la fortune, et je vous embrasse, mon cher maréchal, de tout mon cœur. Adieu. Federic."

Inzwischen berichtet Keith von seinen unternommenen Arbeiten, es fehlt ihm gänzlich an Ingenieuren, aber auch ohne sie bringt er die nöthigen Verschanzungen zu Stande, hält gegen die Stadt und gegen das freie Feld gute Wacht, entsendet Streifpartheien, sichert seine Verbindungen und Zufuhren, und alles dies mit einer geringen Truppenschaar. Aber Friedrich wird ungeduldig und verdrießlich, und schreibt am 14. Mai an Keith eigenhändig: „Mon malheur veut que mes bougres d'ennemis ont des magasins à Prague, ce qui me mets dans un grand embarras, puisque le tems est précieux et que je n'en saurais perdre. J'attends l'artillerie pour bombarder la ville, mais si cela ne sert de rien, il faudra, si la chose traine trois semaines, lever le blocus et nous tourner vers le plus pressé, voilà mon grand embarras; la principale affaire est de nous débarasser de nos blessés, et de faire transporter à Leitmeritz tout ce qui est transportable. Les Français sont entre Düsseldorf et Mayence, je ne pense pas qu'ils se mettent en marche avant le mois de juin, mais alors force sera de leur faire face; bloquer Prague, éloigner Daun et s'opposer aux

Français, sont trois choses que nous ne pouvons faire à la fois; bombarder Prague et tenter d'en venir à bout, voilà tout ce qui nous reste à faire, et si cela ne nous réussit pas, il faut lever le blocus, voir ce que ces gens feront, s'ils veulent sortir ou non, et prendre nos mesures en conséquence. Je vous embrasse, mon cher maréchal. Federic." Aber schon am folgenden Tage ist seine Stimmung verändert, und er schreibt in guter Laune: „J'espère, mon cher maréchal, qu'entre ici et quatre semaines nous tiendrons bon compte des gens qui sont à Prague, je voyais un peu noir en vous écrivant ma dernière lettre, mais les dépositions des déserteurs me sont si favorables que j'ai tout lieu d'espérer que mon entreprise ne sera pas tout-à-fait vaine, et que d'une façon ou de l'autre j'en tirerai bon parti; il ne faut penser qu'à une paix solide et à point de paix plâtrée, j'espère d'avoir le dernier écu et de la leur prescrire; je ne compte d'employer que 30,000 hommes contre les Français, peut-être que c'est leur faire trop d'honneur; il est très-bon de nous débarrasser des blessés, si ce n'est autre chose cela facilite la subsistance et met ces pauvres gens plus à leur aise et en sûreté; ce ne sera qu'à la dernière nécessité que je leverai le siège de la ville, mais j'espère n'en avoir pas besoin. Si je gagne quatre semaines, le fourrage manque dans la ville, et deux magasins considérables sont situés sous nos batteries, le commun soldat est découragé, fatigué, et souffre la misère; nos bombes et nos boulets rouges les amuseront pendant sept jours, Dieu en employa six à ce que dit Moyse pour faire le monde, je crois que sept suffisent pour achever de renverser des cervelles à moitié tournées, voilà mon raisonnement le moment présent, si tout cela me manque, contre toute apparence, il sera toujours tems de choisir un parti plus modéré. Adieu mon cher maréchal, je vous embrasse. Federic."

Keith seinerseits versichert, daß ihm die Franzosen wenig Sorge machen, sie seien noch weit, und ehe sie herankämen, könne viel gethan sein. Er hoffte sogar die Uebergabe von

Prag, und wünschte Gelegenheit zur Anknüpfung von Unterhandlungen zu finden. Da es im preußischen Lager an Wundärzten fehlt, so schlagen der Prinz Moritz von Dessau und Retzow vor, einen Trompeter an Browne zu senden, um Wundärzte für die österreichischen Verwundeten, oder wenigstens Binden und Charpie zu fordern. Der König billigt es, und Keith erhält eine freundliche Antwort, von welcher der König in einem Schreiben vom 19. Mai sagt: „La lettre du maréchal Browne est fort polie et douce et d'un autre ton que celle qu'il vous écrivit lorsque nous étions en Saxe." Der König wußte nicht, daß Browne an seinen Wunden tödtlich darniederlag, und kaum seinen Namen unterzeichnen konnte! Er führt dann fort: „Léopold Daun est décampé la nuit de hier est s'est retiré à Czaslau, il ira vers les frontières de la Moravie, ainsi celui ne portera aucun empêchement à nos progrès. Veuille le ciel que le roi de France eut la foire et l'impératrice de Russia la vérole, alors serions hors de cours et de procès. Adieu, mon cher maréchal, je vous embrasse. Federic."

Die Belagerten dachten jedoch keineswegs an Uebergabe, sondern versuchten kleine Ausfälle, und die Panduren setzten sich in den Steinbrüchen fest, von wo sie durch ihr sicheres Gewehrfeuer die Erdarbeit der Preußen hinderten, und die nächste Verschanzung bedrohten. Doch Keith behauptete die Schanze, und Friedrich schrieb ihm hierüber am 21. Mai eigenhändig: „Je suis bien aise, mon cher maréchal, de vous voir en possession de votre poste, Angenelli doit arriver chez vous demain, avant que de passer outre employez le à chasser les pandours des carrières, après quoi il faut me l'envoyer pour qu'il aille joindre le prince de Bevern qui a plus besoin de lui que nous. Retzow ne fait aucun service dans l'armée excepté les batailles, il est trop nécessaire; vous pouvez dispenser mon frère Ferdinand de couvrir les travailleurs, mais d'ailleurs il montera la tranchée comme les autres. Je vous embrasse, mon cher maréchal. Federic." Der Oberst Angenelli kam mit seiner Freischaar, und vertrieb zwar die Panduren, aber nach seinem Abzuge fanden sie sich alsbald wieder ein.

Dies alles war indeß nur ein Vorspiel, um die Stellung und Stärke der Preußen zu erkunden. In der Nacht vom 23. zum 24. Mai machte der Prinz Karl von Lothringen mit 12,000 Mann einen heftigen Ausfall gegen die Stellung von Keith. Die besten Truppen der Oesterreicher waren hiezu ausgewählt, der größte Theil ihrer Reiterei, die sämmtlichen Grenadiere, und 16 Freiwillige von jeder Kompanie des übrigen Fußvolks, das auf den Wällen in Bereitschaft stand, um jedes Gelingen sogleich zu unterstützen, und sich durch die preußische Linie durchzuschlagen. Der Mannschaft war Branntwein ausgetheilt und zugleich die Versicherung gegeben worden, ein französisches Heer werde die Preußen im Rücken angreifen. In aller Stille zogen die Truppen, unter Anführung des Generals von Laudon, aus den Thoren, ordneten sich in Sturmschaaren, und drangen zunächst gegen den preußischen linken Flügel vor. Gegen halb 2 Uhr fielen die ersten Schüsse. Keith war sogleich zu Pferde, und gab die nöthigen Befehle; die Preußen standen binnen einer Viertelstunde überall kampfbereit. Die Truppen in den zuerst bestürmten Schanzen fochten mit heldenmüthiger Tapferkeit, und hielten die Uebermacht des Feindes auf, bis sie Unterstützung bekamen. Wiederholte Stürme wurden kraftvoll abgeschlagen. Um 8 Uhr ging Keith selber zum Angriff über, und warf die Oesterreicher mit einem Verluste von 1000 Todten und Verwundeten bis unter die Wälle zurück. Bei diesen Gefechten hatte der Prinz von Preußen so eifrig jede Gefahr aufgesucht, daß Keith sich veranlaßt sah, ihm eindringlich vorzustellen, wie das Vaterland ihm die Pflicht auferlege, sich nicht ohne Noth für dasselbe hinzuopfern. Der König, welcher in seinem Lager bei Sankt Michael jenseits der Moldau das Gefecht vernahm, ohne dabei mitwirken zu können, war hocherfreut über den von Keith erfochtenen Sieg, und hoffte große Folgen davon. Er schrieb am 24. Mai eigenhändig: „Mon cher maréchall La nuit du 23. sera aussi décisive que le jour du 6. Je bénis le ciel de l'avantage que vous avez remporté sur l'ennemi,

surtout du peu de perte que nous avons eu, j'espère
à présent plus que jamais, que toute cette race de princes
et de gueux d'Autrichiens sera obligé de mettre les
armes bas, il est possible à 4000 hommes d'attaquer
Hirschfeldt, mais les Autrichiens de Prague entreprennent
au-delà de leurs forces en attaquant un corps de mes
troupes alertes et bien postées. Je crois que l'honneur
des généraux les obligera à faire encore une tentative
de mon côté, mais que celle-là leur manque et que le
bombardement aie quelque progrès, cela en sera fait.
Je vous embrasse, mon cher maréchal, de tout mon
cœur. Federic. Ce qui me réjouit le plus, c'est le peu
de perte que nous avons fait, cela dépend absolument
du terrain."

Die Oesterreicher verfuchten jedoch in der Nacht vom
27. auf den 28. Mai einen abermaligen Ausfall mit 4000
Mann, der hauptsächlich die Zerstörung der gegen den Strahof
angelegten Mörserbatterie bezweckte, aber an Keith's guten
Anstalten und an der Tapferkeit seiner Truppen wieder
scheitern mußte. Dagegen beschädigte ein furchtbares Unwetter, welches am 29. Abends ausbrach, und sich in ungeheurem Regen ergoß, die preußischen Werke sehr, die ange-
schwollene Moldau führte die Brücke bei Branik fort, und
Flößholz zerriß die bei Pobbaba. Keith achtete dieser Un-
fälle nicht, sondern eröffnete am 30. Mai seine Mörserbatterie, während der König auf seiner Seite ebenfalls die
Stadt aus drei Batterieen zu bombardiren begann. Er
schrieb am 30. an Keith: „Il faut que le feu des batteries
continue nuit et jour si la pluie ne l'empêche pas. Les
hautes eaux ont emporté notre pont de Branik avec
tant de rapidité qu'il ne nous reste que 6 pontons. Le
reste a été entraîné par le torrent dans la ville. Je
fais venir les pontons du maréchal Schwerin, et il faudra
avoir recours aux expédients." — — Und am 31. wieder:
„Mon cher maréchal. Nous avons vû bruler du côté du
Hradschin une grande et grosse fumée que vos bombes
ont fait, les nôtres ont brulé l'habitation des Juifs et
mis le feu à la boulangerie, dont l'ennemi ne se sert

plus, à présent il faut songer à réparer notre pont, il faut envoyer un officier diligent avec des hussards à Melnik, faire venir des bateaux qui sont là, pour nous en servir à réparer notre pont, c'est une des besognes les plus nécessaires. Adieu. Fr." Ferner von demselben Tage: „Vous avez trop bonne opinion de l'ennemi, je ne trouve point à propos de rassembler les quartiers, c'est ouvrir à Browne la porte de Königsaal. Si l'ennemi fait une forte sortie, il faut que tout le monde accoure de ce côté-là. Les pontons ont passé au nombre de 20 à 30 le pont de Prague et nous les avons repris, j'en ai encore 6 à Branik, 3 dans le parc, je fais venir 20 que Schwerin avait à Brandeis, il y en a encore 10 à Leitmeritz, ainsi avec quelques bateaux nous réparerons nos pertes, le pont de Podbaba sera refait vers minuit et celui de Branik dans un couple de jours. — — Les hussards verts doivent apporter des certificats du maire de Königsaal, pour que l'on soit sûr qu'ils y ont été. Adieu. Fr."

Die Beschießung dauerte mehrere Tage und Nächte fort, doch ohne den gehofften Erfolg. Im Gegentheil wurden die Panduren wieder dreister, und versuchten nächtliche Ueberfälle. Keith meldete, daß der Feind hiebei starken Verlust erlitten. Hierauf antwortete Friedrich am 1. Juni: „Je vous suis très-obligé de l'agréable nouvelle que vous m'annoncez. Que faites vous donc de nos compagnies légères, et pourquoi ne faites vous pas faire la patrouille à ces gens là de nuit jusqu'au rempart de la ville, c'est là le seul moyen d'être averti à tems de ce que l'ennemi veut faire, en vérité personne de votre côté ne connait la façon de faire la guerre des Autrichiens, et je crains de n'apprendre de ce côté-là que des choses honteuses à l'honneur des troupes. Adieu. Fr." In der Nacht vom 3. Juni wurde nichtsdestoweniger abermals eine preußische Schanze überfallen, und der Lieutenant von Pöllnitz, der sie vertheidigte, gerieth in Gefangenschaft. Der König soll auf die Meldung hiervon geantwortet haben: „Ich wundere mich nicht, daß Pöllnitz gefangen wurde, da ich von einem

Augenblicke zum anderen gewärtig bin, daß mein Feldmarschall es werde." Keith soll aus Unwillen diese Zeilen vernichtet haben. So erzählt Kalckreuth, dem aber dann am wenigsten zu trauen ist, wenn er alle Welt als gegen den König erbittert schildern möchte; Keith war weniger als Andere in solcher Verstimmung, und hatte auch weniger als Andere dazu Anlaß, die meisten Briefe des Königs an ihn sind gütig und rücksichtsvoll. Bei Prag traf ihn am wenigsten ein Vorwurf. Die Preußen waren nicht zahlreich genug, den weiten Umfang gehörig zu besetzen, und dem schweren Dienst überall zu genügen.

Die Sachen wurden auch von anderer Seite täglich bedenklicher. Daun zog immer mehr Truppen an sich, und rückte langsam näher. Der Scherz, daß man in Prag jetzt auf die Schweden wie früher auf die Franzosen hoffe, verschwand gegen den Ernst dieser wirklichen Gefahr, und Friedrich erkannte wohl, daß er die Uebergabe von Prag nur noch hoffen könne, wenn er vorher Daun aus dem Felde schlüge. Da er sich über den ganzen Stand der Dinge mit Keith zu berathen wünschte, so berief er ihn zu einer Zusammenkunft nach Liben für den folgenden Tag durch nachstehendes Schreiben vom 6. Juni: „Je vous suis fort obligé, mon cher maréchal, de la pièce que vous m'avez envoyée. Si la ville de Prague attend le secours des Suédois, il paraît qu'elle attendra long-tems. Vous avez pris de bonnes mesures pour cette maudite flèche, et j'espère qu'à présent nous n'aurons rien à craindre pour elle. Comme il faut nécessairement que je vous parle sur bien des choses je vous prie de venir demain à 9 heures à Liben qui est sur ma droite, où je serai et vous parlerai. Müller n'a qu'à faire vie qui dure et prolonger ses bombes à deux ou trois jours; Léopold Daun se renforce, il faut le prévenir, mettre ensemble ce que je pourrai, l'attaquer et le poursuivre le plus loin possible; cela fait, si le besoin le demande, je pourrai encore détacher contre les Français, et en même tems cerner ces gens-ci. Voilà je crois le seul parti qu'il faut prendre et par lequel je vois jour à me tirer d'affaire. Adieu, mon cher maréchal, je vous embrasse. Federic." In dieser Zusammenkunft scheint der König zu dem Entschlusse gekommen zu sein, das Bombardement einzustellen, einen Theil der Truppen in zusammengezogener Stellung unter Keith vor Prag zurückzulassen, und mit dem übrigen Theil gegen Daun zu ziehen, welchen der Herzog von Bevern mit seinen wenigen Truppen nicht mehr aufhalten konnte.

Wiewohl der König am 9. Juni etwas günstigere Nachrichten empfing, und an Keith mittheilte, so bestätigte er doch zugleich die früher gegebenen Weisungen, daß nämlich Keith anfinge, seine Batterieen zu zerstören und die Kanonen zurückzuziehen. Sein eigenhändiges Schreiben lautet: „J'ai reçu des nouvelles ultérieures du prince de Bevern, mon cher maréchal, qui marquent que Daun s'est retiré à Teutsch-Brod, que nous avons trouvé pour douze jours de pain et pour huit de fourrages dans les magazins que l'on a pris à l'ennemi. Aujourd'hui le prince de Bevern se campe à Czaslau, nos secours de Silésie sont en pleine marche, moyennant quoi il n'y a aucun doute, qu'après l'accomplissement des arrangemens que nous avons pris, ou qu'on battra ce Léopold Daun, ou qu'il perdra ses deux magazins de Teutsch-Brod et d'Iglau, après quoi je le défie de secourir Prague. — — Vous faites bien de ruiner vos batteries et de retirer votre canon, il faut que cela se fasse cependant avec toute la précaution possible pour qu'aucun affront ne vous arrive. Vous m'enverrez s'il vous plaît les 2 petits mortiers de 25 livres dont j'aurai besoin, il faut renvoyer le reste de la grosse artillerie à Leitmeritz où elle doit rester jusqu'à nouvel ordre. Adieu, mon cher maréchal, je vous embrasse. Federic."

Keith hatte dem Befehle des Königs gemäß die Truppen mehr auf die Höhen zusammengezogen, und alle vorgeschobenen Posten aufgegeben, doch in dem Dorfe Teinitz wegen dort befindlicher Vorräthe noch eine Schutzwache zurückgelassen. Die Panduren indessen säumten nicht, drangen in das Dorf, und plünderten die Vorräthe. Der Oberst Angenelli mit 100 Grenadieren vertrieb sie wieder, und Keith glaubte nun des Dorfes sicher zu sein. Aber kaum hatte er sich zur Mittagstafel gesetzt, so kehrte der Feind in großer Stärke zurück, 2000 Panduren und als Rückhalt 1000 Grenadiere nebst Geschütz erneuerten den Angriff, und die Preußen mußten der Uebermacht nach tapfrer Gegenwehr endlich weichen. Das Dorf, unter den Wällen vor Prag gelegen, verblieb dem Feinde, der von hier aus das preußische Lager einsehen, und sogar durch Kleingewehrfeuer belästigen konnte. Keith erlitt manche Vorwürfe wegen dieses Nachtheils, den er doch keineswegs verschuldete, noch rückgängig machen durfte, ohne die gebotenen höheren Rücksichten um dieses geringen Zweckes willen außer Acht zu lassen.

Am 13. Juni zog der König mit 10 Bataillons und 20 Schwadronen dem Herzog von Bevern zu Hülfe gegen Daun. In dem Lager von Sankt Michael, auf dem rechten Ufer der Molbau, führte nun der Prinz von Preußen den Befehl, auf dem linken Ufer Keith. Da der König diesem den Prinzen Moritz von Dessau wegnahm, so ließ er ihm Winterfeldt zu Rath und Hülfe zurück. Die Anstalten und die Wachsamkeit Keith's waren so trefflich, daß die Oesterreicher trotz ihrer Ueberzahl keinen neuen Ausfall wagten. In dieser gefahrvollen Lage blieb Keith mit seiner kleinen Truppenschaar unbeschädigt bis zum 19. Juni, an welchem Tage er die Nachricht, daß der König am 18. bei Kollin gegen Daun eine Schlacht verloren habe, erhielt, worauf sogleich das Geschütz und das Gepäck nebst den Verwundeten abgeführt wurden. Am Abend erschien der König selbst in seinem alten Lager von Sankt Michael, und zog am 20. früh in der Richtung von Alt-Bunzlau und Brandeis ab, um sich mit den bei Kollin geschlagenen Truppen zu vereinigen. Keith erhielt den Befehl in der Richtung von Welwarn und Leitmeritz abzuziehen. Allein der Aufbruch war in Gegenwart des starken und nach dieser Seite schon zum Ausfall bereiten Feindes nicht leicht auszuführen. Erst Nachmittags gegen 3 Uhr begann der Abmarsch, mit klingendem Spiel und fliegenden Fahnen, in schönster Ordnung. Aber die Oesterreicher waren auch schon ausgerückt, und besonders wurde Winterfeldt, der den rechten Flügel führte, im Abziehen von den Panduren und Husaren lebhaft angegriffen. Keith hielt deßhalb mit seinem Aufbruch inne, um Winterfeldt nöthigenfalls zu unterstützen; dieser hatte inzwischen den Angriff rasch zurückgewiesen, setzte seinen Marsch fort, und ließ nun Keith durch einen Adjutanten erinnern, er möge nicht zögern; da wurde der Feldmarschall verdrießlich und antwortete, daß er nur für Winterfeldt besorgt gewesen, und darum stehen geblieben sei. Der Marsch wurde nun fortgesetzt, unter beständigen Angriffen des Feindes, dem jedoch der General Graf von Schmettau, welcher die Nachhut führte, tapfer die Stirne bot. Die Preußen verloren hiebei an Todten und Verwundeten gegen 600 Mann, und über 400 Ausreißer während der Nacht; auch eine Regimentskanone, deren Lafetten gänzlich zerschossen waren, mußte zurückgelassen werden. Keith soll sich den feindlichen Kanonen so bloßgestellt haben, daß man glauben konnte, er suche den Tod, und sein Adjutant, der Hauptmann von Cocceji, sagte scherzend: „Verwünschtes Metier, Adjutant eines Generals zu sein, der sich todtschießen lassen will!" Am 22. Juni erreichte Keith mit seinen Truppen Budyn, und gab dem Könige von hier aus Bericht über den Abzug von Prag und die stattgehabten Gefechte, wobei er die tapfre Führung Schmettau's und Winterfeldt's, so wie die Haltung der Truppen bestens rühmte. Vom Könige empfing er aus Alt-Bunzlau vom 23. Juni folgendes eigenhändige, dann aber auch noch zweimal von der Hand des Kabinetsraths Eichel ausgefertigte Schreiben, das auch dreifach, trotz der österreichischen Streifpartheien, glücklich anlangte: „Mon cher maréchal. Je n'ai point reçu de nouvelles de ce qui se passe chez vous, si non que j'apprends que le pont de Podbaba a été pris par l'ennemi; il y a 40 escadrons en chemin pour vous joindre; si le pont était fait, la jonction serait prochaine, si non, il faut que toutes ces troupes passent par Leitmeritz pour vous atteindre, ce qui serait bien long. On dit — c'est d'un hussard que je l'ai appris — que votre arrière-garde avait été entamée. Sans pont je ne puis vous porter aucun secours, ce qui me met dans un cruel embarras. Adieu. Federic. —

L'ennemi a garni tous les devants de Nimbourg de pandours et de hussards, de sorte qu'il est impossible d'avoir de ses nouvelles certaines; je crains que Nadasdy ne passe à Prague, et je suis hors d'état de vous renforcer, si le pont ne se rétablit pas." Am 21. Juni schrieb der König aus Brandeis: „Le camp que nous avons découvert semble être celui de Nadasdy, il n'en est pas moins sûr que l'ennemi est du côté de Kostelets. La garnison ou armée de Prague n'a pas bougé de la ville, hors 6 régiments d'infanterie qui campent du côté du Ziska. La cavalerie, hussards et pandours de la ville avec un renfort de 2000 chevaux campent au Weissenberg. Il est fort difficile de deviner les projets des ennemis; s'ils ont envie de nous faire sortir de la Bohême, ils se mettront ensemble contre l'une de mes deux armées, et c'est à moi à me joindre contre eux, une bonne journée pourra remettre mes affaires; peut-être ne feront ils rien jusqu'à ce que leurs troupes de l'empire commencent à agir, pour m'obliger de détacher et m'affaiblir davantage, je ne sais pas quel parti ils prendront; cela deviendra très-difficile pour moi, mais avec un camp fort d'un côté et un corps qui agira offensivement il faudra tâcher de se tirer d'affaire et tenir la Bohême le plus longtems que l'on pourra, trainer la guerre en longueur pour épuiser la bourse de nos ennemis. Adieu. Je serai demain à Melnik où vous pourrez m'envoyer mes lettres, car 40 escadrons de cavalerie sont entre moi et Leitmeritz, moyennant quoi nous n'avons rien à risquer pour notre communication. Federic."

Keith bezog am 26. Juni ein Lager zwischen Lowositz und Leitmeritz, und berichtete dem König, wie er genöthigt gewesen, Budyn zu verlassen; das ganze Land sei von Panduren überschwemmt, die Verbindung mit Sachsen unterbrochen, Leitmeritz, wo die Magazine, Aussig, wo die Kriegskasse sich befinde, sei nur schwach besetzt und vom Feinde umringt; auch habe sich das Unglück ereignet, daß der General von Manstein, der Marquis de Varennes und viele andere verwundete Offiziere, die mit 100 Mann Bedeckung nach Sachsen zogen, von 1000 Kroaten überfallen und nach tapfrer Gegenwehr gefangen oder zusammengehauen worden. Im Allgemeinen jedoch hält er dem Könige folgende tröstliche Betrachtung vor: „Votre Majesté a encore une belle armée, elle a des ressources dans son génie que les autres n'ont certainement pas, et si personne ne s'en mêle que les Autrichiens, sans être prophète, je puis répondre que ce petit échec sera réparé, mais je crains, Sire, la réflexion qu'elle fait elle-même, je crains qu'ils temporiseront jusqu'à ce que leurs alliés agissent d'autre côté, auquel cas il est certain que sans alliés, sans ressources que dans ses propres forces, il est presque impossible qu'elle puisse résister aux forces de toute l'Europe combinées contre elle, mais fort souvent quand les affaires paraissent les plus désespérées les changements les plus inopinés arrivent, je ne puis encore croire que la France souhaite sérieusement l'agrandissement de la maison d'Autriche et la décadence de la vôtre, mais si cette ressource même manquait, une bataille gagnée rétablira encore les affaires, peut-être cette lueur de fortune les tenterait de descendre dans les plaines, et si cela leur arrive ils pourraient payer bien cher ce petit avantage qu'ils viennent de remporter."

Friedrich tadelte gleichwohl — aus Gastorf am 26. Juni —, daß Keith ihn nicht im Lager von Budyn erwartet hatte, die Panduren und Kroaten, meinte er, seien von keiner Bedeutung. Jetzt eilte er aber sich mit Keith bei Leitmeritz zu vereinigen, ging daselbst über die Elbe, und traf am 27. Juni mit 14 Bataillons und 7 Kürassierregimentern im Lager ein. Er hatte vorausgesetzt, die Hauptmacht der Oesterreicher unter dem Prinzen Karl von Lothringen würde Keith nachfolgen, allein sie warf sich auf die von Kollin gekommenen Truppen, die sich gegen die Lausitz hin zurückzogen, erst unter dem Herzog von Bevern und vom 29. Juni an unter der Führung des Prinzen von Preußen, denn endlich hatte der König diesem, auf dessen oft und dringend ausgedrückten Wunsch, einen solchen Oberbefehl anvertraut. Die Bewegungen geschahen jedoch äußerst langsam. Der König blieb im Lager bei Leitmeritz bis zum 20. Juli, an welchem Tage er endlich mit 20,000 Mann nach der Lausitz aufbrach, um den Prinzen von Preußen zu unterstützen. Keith behielt nur 16,000 Mann, und wartete auf weitere Befehle des Königs. Dieser schrieb ihm aus Rollendorf am 24. Juli: „J'ai reçu des nouvelles positives, que mon frère est à Zittau, je compte à chaque pas que je ferai d'en apprendre davantage; il semble que mes officiers veulent se surpasser à qui fera le plus de sottises, j'ai envoyé 2 bataillons à Tetschen pour amener le bagage de Jagow, il vient d'arriver lui-même, je le mettrai aux arrêts pour avoir évacué un endroit sans mon ordre. Ma marche a fort bien été et je n'appréhende rien a l'avenir, je prévois que j'aurai de manoeuvres difficiles à faire et qu'il faudra payer de résolution, mais je suis déterminé à tout, et résolu à ne rien épargner, avec cela on fait du chemin. Adieu, mon cher maréchal. Federic." Am 25. aber sandte er ihm aus Goda den Befehl, Böhmen zu räumen, und nach Sachsen zurückzugehen, mit umständlicher Weisung zu jeder Anstalt und Maßregel. Keith versprach aus dem Lager bei Linay am 27. Juli die genaueste Befolgung der Befehle des Königs. Dieser schrieb seinerseits am 27. aus Pirna: „Mon cher maréchal. L'expérience me fait assez prévoir que dès que j'aurai passé l'Elbe il me sera impossible de vous faire parvenir mes lettres. Ceci m'oblige de vous instruire d'avance de ce que je souhaite que vous fassiez. Je laisse ici le pont de pontons pour que vous puissiez passer la rivière dès que vous le trouverez à propos. Si rien ne change dans la position de mon frère, vous pourriez marcher d'ici par Stolpe sur Bischofswerder et de là sur Bautzen; si mon armée est à *Löbau* ou à *Bernstädtel* vous pourrez faciliter notre communication, et en quelque tems que vous marchiez pour nous joindre, il faut apporter sur des chariots de paysans pour neuf jours de pain pour toute l'armée, de l'eau de vie et des boeufs. Comme nous pourrions aussi avoir besoin de pontons vous pourrez en prendre avec vous d'ici une vingtaine pour faciliter les expéditions. J'ordonnerai à Finck, qui est blessé à Dresde, de vous avertir de tout ce que l'on peut apprendre de la Lusace. Je ne saurais vous prescrire rien de fixe, parcequ'entre ci et le tems que vous arriverez ici bien des choses peuvent changer. Que vous marchiez par ce pont ici ou par le pont de Dresde, c'est à vous à en décider selon les règles de la sûreté. Quoiqu'il arrive, le principal point sera, de marcher en Lusace pour assurer nos vivres, dont *Retsow aura soin*, et de nous joindre avec vos troupes en cas que cela soit nécessaire; il serait difficile jusqu'au moment présent d'entrer sur tout ceci dans un plus grand détail, c'est à vous à vous régler de vous même et à prendre votre parti, si des événemens arrivent que l'on ne saurait prévoir. Je suis avec bien de l'estime, mon cher maréchal, votre fidèle ami Federic." Und Abends schrieb er auf's neue: „J'apprends dans ce moment que mon frère est marché à Bautzen, ceci vous oblige de passer par Dresde pour nous joindre; il nous faut trente pontons que vous aurez la bonté de nous mener et que je ferai avancer sur Dresde, voilà tout ce que je vous peux dire. Si je ne me hâte de marcher je ne regagnerai plus mon frère, je crois qu'ils iront jusqu'à Berlin. Adieu, Federic."

Friedrich vereinigte sich am 29. Juli bei Bautzen mit den Truppen seines Bruders, fand die Sachen in schlechtem Zustande, und sandte Keith den Befehl, sich mit seinen Truppen ebenfalls heranzuziehen, während der Prinz Moritz von Dessau mit 10,000 Mann bei Cotta stehen blieb, um Sachsen gegen Böhmen hin zu sichern. Der König schrieb an Keith aus Bautzen vom 30. Juli: „Dès que vous arriverez ici, vous **laisserez** 6 à 8 bataillons campés avantageusement sur les hauteurs pour couvrir la ville. Vous prendrez avec vous tout le pain qui est cuit, et vous me suivrez. J'ai trouvé ici les affaires en grande confusion, ou j'y remédierai ou j'y périrai; faites toute la diligence possible (qui se compromète avec le bon état des troupes) pour me joindre, n'oubliez pas les pontons. Et soyez persuadé de mon estime. Fr." Und aus Weißenberg am 1. August: „Je suis bien aise, mon cher maréchal, de ce que vous êtes arrivé le 31 à Cotta;

je dois vous avertir d'avance que la plus grande difficulté que je rencontre consiste dans le manque de farine, faites vous et Retzow l'impossible pour y remédier, il ne faut rien épargner, ni les chevaux de la ville ni les chevaux de la cour; dès que j'aurai pour toutes mes troupes neuf jours de pain en avance je commencerai mes opérations, il s'agit ici du tout pour le tout, il faut que Retzow se surpasse, il n'y a rien de désespéré ici, pourvu que j'aie des vivres, j'espère de vaincre les autres difficultés quelque fortes qu'elles soient. Lisez ma lettre à Retzow pour qu'il sache que le sort de l'état dépend de son opération; j'entrerai dans de plus grandes explications dès que je vous saurai arrivé à Bautzen. Je vous embrasse de tout mon coeur. Federic. Vous pouvez laisser Meyer au prince Maurice." Das Vorrücken Keith's war von den Verpflegsanstalten abhängig, und diese verursachten große Schwierigkeiten und einen Zeitverlust von vierzehn Tagen. Der König schrieb auf's neue aus Weißenberg am 8. August: „Vous avez très-bien deviné mon intention, mon cher maréchal, je suis du sentiment d'Homère, qui dit *le pain fait le soldat*. Je ne puis entreprendre cette opération décisive avant que d'avoir arrangé mes vivres, ce qui est la base de toute expédition militaire. J'attendrai donc que Retzow et Goltze m'ayent fourni ce qu'il me faut. Mais je dois vous dire en même tems que les desseins des ennemis me pressent et que ce sera donc le hazard qui décidera si nous serons prévenus ou s'ils nous préviendront. Je n'entre dans aucun détail, dès que vous arriverez à Bautzen vous en saurez davantage, et vous recevrez en même tems l'ordre de bataille, que Winterfeldt vous donnera. Adieu mon cher maréchal. Je vous embrasse. Federic. Vous voudrez bien dire encore à Retzow que je compte cette expédition de dix jours, du jour que vous marcherez de Bautzen, et comme votre corps et le mien doivent incontinent repasser par Dresde, il sera bien d'y faire préparer du pain pour neuf jours pour nous autres, afin que de là nous puissions commencer une nouvelle entreprise dont il est informé, et

qu'à Torgau de même tout se prépare dont nous pourrons avoir besoin en tems et lieux." Und an demselben Tage nochmals: „Mon cher maréchal. J'apprends dans le moment l'armée autrichienne est marchée à Löbau, qui n'est qu'à cinq quarts de mille de ma position, et à trois petites milles de Bautzen; je n'aurai pas le **tems** d'attendre la fin des longs arrangemens de Retzow, il faudra faire l'impossible pour arranger toutes les affaires en diligence, **car** l'approche de l'ennemi m'obligera d'accélérer mes mesures. Faites donc tout ce qui sera humainement possible pour accélérer vos arrangemens. Adieu. Federic."
Und Abends **um 7 Uhr** den dritten Brief, der wieder beruhigend lautet: „Je viens d'une demi mille de Löbau où j'ai été reconnaître, et je n'y ai pas vû ombre d'armée ni de campement, il n'y a à Löbau que 1000 hussards au plus, et peut-être 600 pandours, de sorte que rien n'altère nos positions; vous pouvez rester tranquille **dans** votre camp jusqu'au tems que ces transports éternels **de** farine seront arrangés. Je reçois dans ce moment votre lettre, je vous félicite de votre belle prise, et je vous exhorte à continuer de même, nous avons aujourd'hui **pris 15 de** ces drôles dont vous n'en voudriez pas un pour tournebroche dans votre cuisine. Je vous embrasse. Federic."

Mittlerweile rückten die Anstalten vor, und Keith hoffte in wenigen Tagen zum Könige zu stoßen, der die Oesterreicher durch eine Schlacht nach Böhmen zurückwerfen, und dann eiligst gegen die Franzosen aufbrechen wollte, denen er schon längst hätte entgegen rücken sollen. Am 10. August schrieb Friedrich an Keith, eigenhändig wie fast immer: „J'approuve fort le projet que vous avez, mon cher maréchal, de marcher au devant du convoi; pour du pain il n'y en a pas à Bautzen, et vous ne devez pas espérer d'en tirer de là. Notre convoi a marché sur Königsbrück, on assure qu'il pourra être demain à Bautzen. Vous prendrez bien vos dimensions sur tout ceci. Le prince de Bevern enverra 6 bataillons du côté de Königsbrück et avec cela si tous les Nadasdy de l'univers s'en mêlent ils ne troubleront pas nos arrangemens. Adieu mon cher maréchal, je vous embrasse. Federic."

Merkwürdig ist ein Brief, den Friedrich am 11. August an Keith schrieb, und der seine ganze Lage und Stimmung so geistreich als vertraulich ausspricht: „Quoique le convoi arrive un jour plus tard, mon cher maréchal, j'avoue pourtant que je suis bien aise qu'il arrive en sûreté, c'est la base de toutes nos entreprises, et sur quoi je fonde la dernière espérance de l'état. Je me flatte que les premiers chariots arriveront aujourd'hui, et que les derniers viendront demain au matin. L'ennemi continue à replier tous ses postes avancés, il ne garde que celui de Görlitz; il n'est pas difficile de faire ce court et simple raisonnement: Le roi de Prusse a beaucoup d'ennemis, il rassemble toutes ses forces en Lusace, donc il veut encore essayer ses forces contre les nôtres avant de se tourner contre ses autres ennemis; Léopold Daun, sans un grand effort, et sans être un savant dialecticien a fort bien pu combiner ce petit nombre d'idées dans sa lourde tête; et je crois qu'incessamment il se mettra à arranger son canon, que j'espère que nous l'obligerons de déranger quelque fois encore; je suis sûr qu'il choisit son projet de bataille, et qu'il a là-bas quelque bonne vieille, qui lui en fournit, le prince Charles boit, mange, rit et ment, les fanfarons de là-bas se partagent nos dépouilles, et l'on n'est embarrassé à Vienne que de trouver une prison pour m'y mettre. — O qu'il sera doux de bien frotter cette engeance arrogante et superbe, o que pour l'avantage de l'humanité ce sera un bonheur d'humilier ces tyrans barbares, ennemis de toute liberté, qui ne respectent la bonne foi qu'autant qu'ils y trouvent leur avantage, qui ne sont doux que par crainte, et toujours cruels par inclination, qu'il sera glorieux pour nous de délivrer l'Allemagne par une seule victoire du joug que ses oppresseurs lui préparent, surtout si on peut lui rendre la vue que ces mêmes oppresseurs lui ont fascinée par leurs artifices! Quelque soit le succès de nos entreprises, il est toujours beau d'oser tenter de sauver sa patrie, lorsqu'il n'y a plus personne qui se présente pour la défendre; ce sera par nous qu'elle subsistera encore; ou ce sera avec nous que périra la liberté et son existence. Adieu mon cher maréchal. Le tems approche où nous nous verrons et je vous en dirai davantage. Federic."

Am 12. August erfolgte bei Bautzen endlich die Vereinigung Keith's mit Friedrich, und dieser setzte gleich am folgenden Tage seine Truppen in Bewegung, um eine vortheilhafte Gelegenheit zum Angriff gegen Daun auszufinden. Allein Keith, der schon einige Zeit am Blasengries gelitten, und sich nur hingehalten, erkrankte stärker, und mußte zurückbleiben. Der König schrieb ihm am 13. freundlichst: „Restez à Bautzen, mon cher maréchal, si vous êtes malade; Il n'y a ici ni commodité ni secours, nous marchons dans deux jours. Si votre mal empire, où vous laisserons-nous? Je souhaite de tout mon coeur que vous vous remettiez bientôt. Adieu. Federic."

Der König wünschte dringend eine Schlacht zu liefern, er rückte am 17. August mit allen Truppen gegen die Stellung Daun's bei Eckartsberg, fand sie aber zu fest, um den Angriff zu wagen; die beiderseitigen Heere blieben einander gegenüber, und wechselten Kanonenschüsse. Auch Winterfeldt, der am 18. mit einer Truppenabtheilung auf Hirschfeld entsendet wurde, um den rechten Flügel des Feindes zum Treffen zu reizen, kehrte unverrichteter Sache zurück. Doch wollte der König sein Vorhaben noch nicht aufgeben. Am 20. August machten die Truppen neue Bewegungen, der König, am frühen Morgen zu Pferde, begegnete Keith, der wieder genesen war und fragte ihn, indem er ihn begrüßte: „Wie wird es gehen?" Keith erwiederte: „Wenn Ew. Majestät den Ruhm des Feldmarschalls Daun vermehren wollen, das wird sehr gut gehen." Worauf der König weiter ritt. Alle seine Generale waren gegen den Angriff, sie sahen den Untergang des Heeres vor Augen, nur Winterfeldt soll den König angereizt haben, und als am Abend der Prinz Heinrich von Preußen den König in einer lebhaften Unterredung endlich bewog, von dem Wagniß abzustehen, war die

Freude allgemein. Nachdem der König zwölf Tage in unfruchtbaren Bemühungen verloren, ließ er den Herzog von Bevern und Winterfeldt zur Beobachtung des Feindes mit einem Theile des Heeres in der Lausitz, und brach mit dem andern am 25. August in kleinen Märschen nach Dresden auf, wo er am 30. eintraf. Keith folgte ihm.

Die Gefahr von den Franzosen und Reichstruppen wuchs mit jedem Tage, es war die höchste Zeit ihnen entgegen zu gehen. Der König schrieb am 31. August aus Lommatzsch an Keith: „— Ma marche ne devait pas se différer d'un jour, elle a été très à propos selon mes nouvelles, je vous écrirai demain pour la marche du 5. J'ai cassé 12 baquets ce qui me cause un grand embarras; si je n'avais que celui-là je rirais cependant bien, mais il y a tant d'autres choses dont il faut se tirer, qui sont plus sérieuses et plus de conséquence; cependant j'espérerai jusqu'à ce qu'il ne me restera plus aucune espérance. Adieu. Federic." Keith war mit seinen Truppen immer um einen Marsch hinter dem Könige zurück, sie litten unsäglich durch das schlechte Wetter bei verdorbenen Wegen und Mangel an Vorspann, sie hatten ein heruntergekommenes Ansehen, und über 1000 Mann binnen drei Tagen an Ausreißern verloren. Keith selbst war noch immer krank, und konnte zwar zu Pferde sein, doch griffen die Schmerzen seinen Kopf an, er fand, daß seine Befehle weniger bestimmt waren, und daß er die gegebenen bisweilen vergessen hatte. Der König schrieb am 4. September an Keith aus Grimma: „Je vous envoie, mon cher maréchal, vos quartiers de demain, vous avez déjà les routes; les pontons seront jettés à Höfchen, le 6 vous serez un jour de repos pour rassembler les équipages d'artillerie; demain je marche à Rötha, où vous pourrez me trouver. Retzow ne m'écrit pas le mot de ce qu'il veut faire de nos chariots, je les ai avec moi jusqu'à ce que je sache s'il veut que je les envoie à Torgau ou ailleurs. Si la crue des eaux continue il vous faut 26 pontons, si les eaux baissent 22. Il y a un gué tout près, s'entend quand l'eau est basse, où du bagage peut passer. Adieu. Federic."

Und am 8. aus Ressa: „En arrivant ici j'apprends avec certitude que les Autrichiens ont fait rompre le pont de Weissenfels, je crois qu'ils en feront autant des autres, pourquoi vous voudrez mener 30 pontons avec vous qui suffisent pour deux ponts. Aujourd'hui personne n'a montré le nez; je crois que messieurs de l'empire ne sont pas encore arrangés et que pour gagner du tems ils voudraient me disputer le passage de la Saale. Adieu. Federic."

In Braunsroda angekommen, erfuhr der König, daß der Feind sich zurückgezogen habe; die Aussicht ihn zu einer Schlacht zu bringen, verschwand auch auf dieser Seite, und Friedrich sagt in seinem Schreiben an Keith vom 11. September: „Dans ce moment je reçois des avis qui se confirment de tous les côtés, que l'ennemi a levé son camp d'Erfort et qu'il est marché à Eisenach, où je ne le suivrai pas, ceci m'oblige de changer mes dispositions. Voici vos marches, mon cher maréchal, pour 3 colonnes jusques à Buttstädt, où vous camperez —— Pour moi, voyant qu'il n'y a rien à faire dans le grand, je vais travailler dans le petit, et j'espère de faire du bruit avec mon avant-garde si ce n'est pas autre chose. Vous aurez un camp stable à Buttstädt. Voilà tout ce que je peux vous écrire pour le présent. Adieu. Federic." Dies bestätigt sich in dem Briefe aus Erfurt vom 13: „Mon cher maréchal. L'ennemi fuit, il a abandonné cette ville, de sorte qu'il ne tiendra plus contre nous. Les troupes de l'Empire fuyent impitoyablement. Ceci me fait changer de disposition. Vous, Forcade, le général Retzow, et le régiment de Forcade, avec les bataillons de Retzow, viendront ici en deux marches. Les autres 10 bataillons d'infanterie marcheront avec le prince Maurice selon l'instruction que je lui en ai donnée vers Leipzig, et vos trois bataillons me mèneront ici le reste du gros canon. Adieu, mon cher maréchal, je vous embrasse. Les canons autrichiens peuvent rester à Naumbourg. Federic."

Der Herzog von Richelieu war inzwischen mit einem

starken französischen Heere nach Magdeburg und Halberstadt
vorgebrungen, und der König hatte den Prinzen Ferdinand
von Braunschweig mit 5 Bataillons und 7 Schwadronen
dorthin entsendet; den Prinzen Moritz von Dessau dagegen
ließ er mit 10 Bataillons und 10 Schwadronen nach Leipzig
zurückgehen, und er selbst folgte am 29. September nach
Buttstädt. Von hier schrieb er am 8. Oktober an Keith, er
solle an den Herzog von Richelieu sehr artig schreiben, wie
er mit Leidwesen vernommen, daß die französischen Kriegsgefangenen in Magdeburg sich beklagten, und wie er wünsche,
Richelieu möchte selber einen Beauftragten abschicken, der für
sie sorge; der Wille des Königs sei, daß sie auf's beste gehalten würden. Der König schrieb, er habe seine besonderen
Gründe hierbei; er wünschte nämlich, mit Richelieu eine
nähere Verbindung zu unterhalten, und hiezu einen schicklichen
Vorwand zu haben; er hatte schon den Obersten von Balbi
heimlich, unter dem Namen eines Amtmanns Eickstedt, an
Richelieu scheinbar mit Friedensanträgen, heimlich aber mit
großen Geldsummen, abgeschickt, und erlangte dadurch, daß
dieser wirklich eine Zeitlang unthätig blieb. Keith mußte
seinen Brief erst dem Könige zur Einsicht senden, der ihn
billigte und dann abgehen ließ.

Von der Lausitz her drang mittlerweile eine österreichische
Schaar unter dem General Grafen Hadik gegen die Mark
vor, und bedrohte Berlin. Der Prinz Moritz von Dessau
eilte mit seinen Truppen nach Torgau, und der König, der
mit dem Heere bei Naumburg über die Saale zurückgegangen
war, folgte ihm nach. Keith hielt mit einigen Bataillons
noch Leipzig besetzt, und empfing hier folgende Zeilen des
Königs vom 18. Oktober aus Torgau: „Mon cher maréchal. J'ai reçu votre lettre et suis bien aise que tout
soit tranquille de votre côté, j'apprends que ce n'est
que Hadik qui est marché vers Berlin, et en ce cas je
laisserai peut-être un corps de 5 on 6 bataillons à
Torgau, et me réglerai sur les circonstances. Vous aurez,
j'espère, attention sur Leipzig et Halle. Etant votre
fidèle ami. Federic."

Keith meldete dem Könige am 22. Oktober, der Feind

rücke gegen Leipzig an, Franzosen und Reichstruppen; es schien unmöglich, die Stadt gegen die Uebermacht zu halten. Friedrich aber antwortete am 23. aus Großwitz: „Vous ne serez point attaqué par ces gens à Leipzig, ils craignent de ruiner la ville; mais pusqu'ils s'enhardissent à présent, je suis flatté que marchant à eux cela en viendra à une bataille qui m'en débarrassera." Uebrigens verhieß der König baldige Hülfe, Prinz Ferdinand von Braunschweig rückte über Halle heran, und er selbst warte nur auf den Prinzen Moritz von Dessau, um dann ebenfalls auf Leipzig zu marschiren. Keith versprach, sich zu halten, wiewohl er nicht verhehlte, daß er im Fall eines ernsten Angriffes verloren sei, da der Platz kaum noch einige Befestigung habe, und alles zur Vertheidigung fehle, sogar Patronen. Schon am 24. October erschienen österreichische Husaren, gegen welche Keith einige Mannschaft ausrücken ließ, die drei Stunden lang mit ihnen scharmützelten. Noch am nämlichen Tage folgte eine feindliche Abtheilung von mehr als 8000 Mann, und forderte die Preußen im Namen des Prinzen von Hildburghausen, der das Reichsheer befehligte, zur Uebergabe auf. Mit allem, was Keith noch in der Eile aus Halle, Merseburg und Weißenfels zusammengebracht, betrug seine Stärke kaum 4000 Mann; der Prinz von Hildburghausen und der Prinz von Soubise hatten schon in Naumburg am 22. erfahren, daß die Zahl nicht größer sei, und viel über diese „Heeresmacht" gespottet, sie erwarteten kaum einen Widerstand. Allein Keith ließ durch den Kommandanten der Stadt antworten, er werde sich bis auf den letzten Mann vertheidigen, und in eignen Namen setzte er hinzu: „Der Prinz von Hildburghausen wisse, daß ich von Geburt ein Schotte, durch Neigung und Pflicht ein Preuße, und daß ich die Stadt so vertheidigen werde, daß weder die Schotten noch die Preußen sich meiner schämen dürfen. Der König, mein Herr, hat mir befohlen den Platz zu halten, und ich werde ihn halten." Am nächsten Morgen in der Frühe beschied er den Rath der Stadt zu sich, und hielt ihm folgende Anrede: „Ich muß Ihnen, meine Herren, anzeigen, daß wie der Prinz von Hildburghausen eine Aufforderung, ihm die Stadt zu übergeben, zugeschickt hat, welches ich aber zu thun gar nicht willens bin. Er drohet im Weigerungsfall zu den äußersten Mitteln zu schreiten. Er giebt mir also das Beispiel, ebenso zu verfahren, und ihm muß man das Unglück zuschreiben, dem Ihre Stadt sich ausgesetzt sieht. Wann Sie dasselbe abwenden wollen, so rathe ich Ihnen, zu ihm zu gehen und ihn zu bewegen, daß er um Ihrer selbst und aller Einwohner willen die Stadt schone, weil ich sonst, auf die erste Nachricht seines Angriffs, die Vorstädte abbrennen, und wenn auch dieses seinen Vorsatz nicht ändern sollte, noch viel weiter gehen und die Stadt selbst nicht schonen würde." Die Abgeordneten fanden bei dem Prinzen kein Gehör, höchstens wolle er zugestehen, daß die Preußen ungehindert abzögen. Da Keith auch eine zweite Aufforderung und dies Anerbieten schnöde verwarf, so ergrimmte der Prinz, und ließ ihm sagen, wenn Leipzig angezündet würde, so werde er dafür Potsdam und Berlin in Asche legen. Keith lachte der Drohung, und traf alle Anstalten zur Vertheidigung, ließ Gräben ziehen und Brustwehren aufwerfen, und seine Husaren und Jäger mit dem Feinde scharmützeln. Friedrich schrieb an Keith aus Eilenburg am 25. Oktober: „Soyez tranquille, le Hildbourghausen ne vous mangera pas, j'en réponds!" Und Keith antwortete hierauf am 26.: „Je viens de recevoir la lettre où Votre Majesté me marque qu'elle amène de la poudre, de l'artillerie et tout ce qu'il faut; quand j'aurai cela, celui qui voudrait me manger me trouverait peut-être un morceau de très-dure digestion."

Der König traf schon am 26. Oktober bei Leipzig ein, und trieb die feindlichen Posten sogleich zurück, am 27. kam auch der Prinz Moritz von Dessau, und am 28. der Prinz Ferdinand von Braunschweig, und nun wich der Feind eiligst über die Saale. Nach kurzer Rast folgte der König ihm nach Weißenfels, während Keith, durch 2 Dragonerregimenter verstärkt, einen Versuch auf Merseburg machen sollte. Der König schrieb ihm aus Weißenfels am 31. Oktober: „Nous avons fait 4 à 500 prisonniers, mais quoique nous soyons venus vers le pont presque en même tems que l'ennemi, l'ayant goudronné d'avance, ils y ont mis le feux sans qu'il ait été possible de l'éteindre, il y a une arche de 80 pieds qui nous empêche de le refaire. L'ennemi s'assemble ici vis-à-vis de moi, je lui ferai toutes les démonstrations comme si je voulais refaire le pont. Je vois ici de ma fenêtre toute sa cavalerie en bataille. Je vous envoie deux régiments de dragons; si vous pouves entrer à Mersebourg, j'espère que cela menera pourtant encore à quelque chose. Faites m'avertir ce soir, mes hussards et moi-même nous tâcherons de vous joindre pour que demain, s'il y a moyen, nous leur tombions sur le corps et finissions une bonne fois nos affaires de ce côté-ci. Adieu, je vous embrasse. Federic." Am 1. November wiederholte der König seine Weisungen, er schrieb: „Si vous pouves passer à Mersebourg et le prendre, c'est un coup décisif; si cela est impossible, il faut aller à Halle, et avertir la garnison de Wittenberg qu'elle soit sur ses gardes. Je marcherai aujourd'hui avec une partie de mon monde vers Mersebourg pour être plus à portée. Voilà vraiment une chienne de guerre où l'on ne peut avancer d'aucun côté quoiqu'on fasse. Federic." In seiner Geschichte des siebenjährigen Krieges rühmt der König, daß Keith, als er Merseburg vom Feinde besetzt gefunden, gleich gewußt was zu thun sei, seine Richtung auf Halle genommen, dort die Franzosen vertrieben und die Brücke über die Saale hergestellt habe. Aus den urkundlichen Zeugnissen ergiebt sich aber, daß der König ihm den Marsch anbefohlen. Dagegen war er mit der Ausführung unzufrieden, und schrieb am 2. November: „Ce n'est point du tout mon intention, monsieur, de passer la Saale à Halle, à moins que l'ennemi ne marche de ce côté-là. Ils ont encore un corps à Naumbourg, qui, si je marchais à Halle, irait droit à Leipsig et même à Torgau. — Surtout il faut être ensemble. Je vous avoue que votre marche n'a pas été à mon gré." — Aber der Uebergang der Reiterei Keith's bei Halle bewog den Prinzen von Soubise, sogleich die Saale zu verlassen. Nun schrieb der König noch an demselben Tage wieder an Keith, Merseburg sei vom Feinde verlassen, und die Brücke bei Weißenfels werde am

4 Uhr fertig sein, dann wolle er sogleich über die Saale gehen; er fügt hinzu: „Pour moi j'agirai à la pandoure, et dès que j'aurai passé la Saale, je tâcherai de couper leurs convois de Freibourg. Le pont de Mersebourg ne pourra pas se refaire si vite, ainsi vous ne devez pas compter de pouvoir passer là. Si vous croyez de votre côté pouvoir faire un bon coup, je parlerai au prince Maurice, qui en ce cas vous pourra suivre, sinon, il faut s'assembler tout-à-fait à Weissenfels et couper ces gens de l'Unstrut. Adieu, mon cher maréchal, je vous embrasse." Keith antwortete aus Halle auch noch desselben Tages, und berichtete seine Anstalten, sowie alles was er vom Feinde erkundet, dessen Lager von den Thürmen Halle's gesehen wurde.

Früh am 3. November ging der König bei Weißenfels über die Saale, der Prinz Moritz von Dessau aber und das Keith'sche Fußvolk bei Merseburg, die sämmtlichen Truppen rückten in der Richtung von Roßbach vor. Der König schrieb einen Zettel an Keith: „Je passe la Saale et marche à Kaina, il faudra nous joindre et tomber en force sur l'ennemi, une bataille décidera le tout. Federic." Am 4. standen die Preußen im Angesichte des Feindes, und die Husaren drangen sogar in das Lager desselben ein. Der König beschloß, am folgenden Tage anzugreifen. Allein der Prinz von Soubise hatte während der Nacht sein Lager verändert, und eine neue festere Stellung genommen. Zum Glück verließ er sie, um das kleine preußische Heer völlig einzuschließen, das ihn aber im Marsch überfiel, und schmachvoll in die Flucht warf.

Die am 5. November gelieferte Schlacht von Roßbach haben wir in der Lebensgeschichte von Seydlitz ausführlich erzählt. Die preußische Reiterei verrichtete hier ihre größten Thaten; aber auch das Fußvolk, sofern es an der Schlacht Theil nahm, focht mit heldenmüthiger Tapferkeit. Keith kam mit dem zweiten Treffen, aus nur 5 Bataillons bestehend, dem Feinde zuvor, und besetzte das Dorf Reichertswerben. Als der König sah, wie sorglos der Feind vorrückte, ungesichert in seiner Flanke, sagte er zu Keith: „Mon cher Keith, ces gens sont à nous, ils nous prêteront le flanc." In der That erlitten sie bald das wirksame Feuer des wohlaufgestellten preußischen Geschützes. Noch gewaltsamer aber fiel Seydlitz auf ihre Spitze mit seiner Reiterei, und warf die anrückenden Schaaren auf sich selber zurück.

In Verfolgung des Feindes begriffen, schrieb der König am 7. November aus Freiburg an Keith: „Nous avons fait le 6 des ponts sur l'Unstrut. On a fait beaucoup de prisonniers en marche, nous sommes avec l'avantgarde auprès de l'Eckartsberge, l'ennemi était intentionné d'y camper hier, mais sur notre arrivée il s'est d'abord remis en marche; ce matin nos hussards ont poussé jusqu'à Buttstädt; on fait continuellement des prisonniers, et nous ne cesserons de les talonner que vers Erfort. Federic. Nous avons encore pris un étendard et 6 canons à l'ennemi. Il faut envoyer ce bulletin à Mersebourg, de là à Leipsig, Magdebourg et Berlin, Torgau." Und bald nachher, ohne Orts- und Tagesangabe: „L'ennemi, mon cher maréchal, vous épargnera des marches. Leur fuite est si précipitée que la tête est aujourd'hui à Erfort. Nous faisons beaucoup de prisonniers. Envoyez des détachements par votre gauche le long de la Saale, et vers Querfort, je sais que vous trouverez là des fuyards et des vivres de l'armée française, et répandez le bruit que toute l'armée va marcher par le Mansfeld à Halberstadt. Il faut qu'on le sache dans mon pays, cela fera faire tout le monde. Adieu." Keith antwortete aus Freiburg gleichfalls am 7. November: „Sire, je viens de recevoir les bonnes nouvelles dont il plaît à Votre Majesté de m'honorer, et je prends la liberté de la féliciter sur les suites glorieuses et profitables de sa victoire. On ne vous fera pas du moins les reproches qu'on fit autrefois à Hannibal; car jamais on n'a poussé si vivement une poursuite. Pendant que Votre Majesté fait des prisonniers, je les achète aux paysans qui m'en amènent à tout moment. Mais comme Votre Majesté avance beaucoup, il me paraît que je suis bien en arrière, et si elle juge à propos, je pourrais m'avancer jusqu'à Punscheran ou aux environs pour être plus à portée. Je tiens les troupes toutes prêtes à marcher sur le signal que je leur ai marqué de trois coups de canon du château d'ici. J'attendrai ses ordres sur ceci. Je ne manquerai pas, Sire, d'envoyer copie de la lettre de Votre Majesté à tous les endroits qu'elle m'ordonne."

Keith verfäumte nicht, auch seinen Bruder Lord Marischal, der damals als Gouverneur von Neuchatel in der Schweiz lebte, von den großen Siegeserfolgen zu benachrichtigen. Erfahren wir aus seinem Briefe auch keine neue Thatsachen, so ist derselbe doch für seinen Geist und seine Gesinnung bezeichnend, und darf in einer seinem Andenken gewidmeten Schrift nicht fehlen. Er schreibt aus Merseburg am 9. November: „As I knew that Weideman had written to you, my very dear brother, the day after the battle, and that, consequently, you had been made acquainted with my health and safety, I thought you would pardon me, if I delayed a little writing to you. We have honoured the late affair with the name of a battle, though it was really nothing but a rout. The enemies wished to attack us, but we were beforehand with them. By the rapidity of our movements we were enabled to attack them in flank, while they were marching. Their cavalry sustained the first shock, but was soon overthrown. Their infantry did not do its duty well, bud fled precipitately, after three or four discharges from our battalions on its flank. After this it was, in fact, only a flight, and a pursuit, which lasted till dark night. You may judge by this, that the loss has not been great. On our side about 100 men killed, and 235 wounded. The enemy may have lost 1000 men killed, but we have taken at least 4000 prisoners; and if the darkness had not favoured them, their army must have been entirely destroyed; for we drove them from within a league of Mersebourg to the river Unstrutt; where there is only a single bridge, over which they defiled during the whole night, in order to place themselves in safety. We have taken more than 60 pieces of their cannon, many standards and colours; and generals, dukes, marquises, and **counts,** in plenty. We have especially taken a great many of the Swiss, who do not seem to be such *good runners* as the French. Such was generally our battle. When I have read the accounts of it, which will be printed, I will erase all the falsehoods on both sides, and thus make for you a true account, which will be only for yourself and for our good chancellor; for one does not write the truth for the public. Prince Henry is wounded with a musket ball in the shoulder, but as he has no bones broken there is no danger. Be assured that this family can never last, if the war continues; they expose themselves too much. The king was, the other day, in a place of greater danger than any of his generals. For this time he escaped, but the next he may not be equally fortunate; and a catastrophe may happen, the very thought of which makes me tremble. Adieu, my dear brother. My health is still good, in spite of the fatigues we undergo."

Später begehrte Lord Marischal von seinem Bruder einige genauere Angaben über den Verlauf der Schlacht in der guten Meinung, daß der Prinz von Soubise einigermaßen gerechtfertigt werden könnte, denn es schien unbegreiflich, daß dieser Anführer, den man seines Faches doch sonst kundig wußte, einzig durch seine Fehler ein so großes Verderben sollte verschuldet haben. Aber Keith wollte sich auf diese Untersuchung nicht einlassen, sondern erwiederte, er liebe nicht Andere zu kritisiren, und sei nicht berufen über ihre Fehler abzusprechen, allerdings aber glaube er, daß die französischen Generale deren gemacht, namentlich den, ihre linke Flanke bloßgegeben zu haben. Diese Bescheidenheit im Urtheil und Ausdruck, welche nicht unbekannt blieb, wurde dem Schreiber besonders in Frankreich hoch angerechnet. —

Friedrich war aber dergestalt umdrängt von Feinden, daß **der** unerhörteste Sieg ihm nichts half, wenn nicht alsobald ein neuer auch auf anderer Seite folgte. Ein starkes österreichisches Heer gewann in Schlesien die Oberhand, und Schweidnitz wurde von ihm belagert. In einem Brief aus

Naumburg vom 16. November an Mitchell schildert Keith den Zustand der Dinge wie folgt: „The suite of our last battle seems every day more considerable. Never was there such an absolute dispersion of an army. Some of them are already at Gutingen, others at Northausen, their cavalry at Mulhausen; the army of the empire is passed Saalfeld, directing their march to Franconia; the queen of Hungary's troops, and Loudon, with his pandours, is gone to Egra; in a word, to follow them, you must take the general mappe of Germany, otherwise you will never find where they are. The whole country is full of their arms; a musquet was ordinarily sold for six or eight gros, sometimes a loaf of bread, for the poor devils were dying of hunger, which wou'd certainly have happen'd to us if the king had taken the resolution to abandon Silesia, and to have acted on this side; nor he cou'd not, because of his magazines; he might have remained unactive near Magdebourg, that is all he cou'd have done, for the French have taken away all the horses and carts, with which he cou'd have advanced his magazines, in case of marches. On all this frontier he cou'd neither have lived nor followed the enemy, for I cannot even subsist with the few troops I have with me. For my own part, I see nothing he could do but what he has done. Perhaps he may not succeed, but certainly he acts as every general wou'd do in his case. I do not yet believe that the Austrians will take Schweidnitz. It's true I do not know the fortifications, but major-general Seers, who fortify'd it, commands in it, and the garrison must be at least 5000 men, besides it's an odd time of year to open trenches. If they have two or three days hard frost, I defy them to work in the ground. They tell me besides, that their bombs are all directed against the houses of the town, which, if it be true, is a plain sign that their intention is to ruine the magazin, not to take the place, for if they destroy the houses, where will their garrison live during the winter if they should take it? In the sieges I have seen, the gunners were never allowed to fire at the houses, and I have already given you the reason. I begin my march to-morrow, and shall be at Chemnitz the 20th. If you cou'd send me there either Dutch or Leipsig gazettes, I shou'd be much obliged to you, for I shall soon lose sight of the rest of the world for some time, and it will be only at Chemnitz that I can have the happiness to hear of my friends." — Der König ließ den Prinzen Heinrich von Preußen mit 15,000 Mann zur Beobachtung der Franzosen an der Saale zurück, brach mit 19 Bataillons und 28 Schwadronen am 16. November von Leipzig nach Schlesien auf, und am folgenden Tage setzte Keith sich von Merseburg in Marsch, um mit 4000 Mann durch das Erzgebirge in Böhmen einzufallen, auf der Straße von Prag vorzurücken, eine Scheinbewegung gegen Saaz zu machen, und überall das Gerücht zu verbreiten, daß die ganze Macht der Preußen sich gegen Prag wende. Auf diese Bewegung würden die Oesterreicher, so hoffte der König, aus der Lausitz nach Böhmen zurückgehen, und ihm den Marsch nach Schlesien freigeben. Keith drang ohne Schwierigkeit nach Leitmeritz vor, nahm daselbst beträchtliche Magazine, und erweckte leicht die Meinung, daß seine Truppenschaar nur die Vorhut einer großen Heeresmacht sei, indem niemand glaubte, daß ein Feldmarschall einen Streifzug unternähme. Sein Briefwechsel mit dem Könige wurde während dieser Zeit in Ziffern geführt. Friedrich hatte zwar seinen Marsch glücklich fortgesetzt und die noch übrigen österreichischen Schaaren aus der Lausitz verdrängt, aber in Görlitz die Uebergabe von Schweidnitz, in Naumburg am Queiß die Niederlage des Herzogs von Bevern erfahren, und seine Sachen standen höchst gefahrvoll. Indeß rückte er getrost gegen das große feindliche Heer weiter, und gelangte am 28. November nach Parchwitz, nahm die geschlagenen Truppen am 2. Dezember daselbst auf, und schrieb am 3. ebendaher an Keith: „J'ai reçu, mon cher maréchal, votre lettre du 28 du passé, et applaudis parfaitement à tout ce que vous marquez avoir fait et entrepris jusqu'à présent à votre expédition, comme aussi aux mesures que vous avez prises. Quant à notre situation

dans ce pays-ci, vous pénétrerez aisément qu'elle doit
être difficile et embarrassante au suprème degré par les
malheureuses et en partie lourdes fautes que quelques-
uns de mes généraux ont commises avant mon arrivée.
J'espére cependant de tout redresser en peu à l'aide de
Dieu, quoique ma tâche soit une campagne de bien des
difficultés, de peines et de hasards, que j'espère cependant
tous surmonter heureusement. Federic." Keith meldete
aus Postelberg am 28. November, daß er die Brücke bei
Leitmeritz und alle sonstigen Elbübergänge habe zerstören lassen,
und daß alle Welt glaube, der Zug gehe auf Prag, mußte
aber schon am 29. berichten, er könne sich in der Ebene
nicht länger halten, da Habik und Marschall mit ihren bisher in
der Lausitz gestandenen Truppen heranzögen, und er dieser Uebermacht nicht gewachsen sei. Der Zweck seines Einbruchs in Böhmen war ohnehin vollständig erfüllt, der Feind von dem Zuge des
Königs abgelenkt, ein Theil von Böhmen gebrandschatzt, und
das ganze Land in Furcht gesetzt. Er ging daher am 30. November nach Kommotau zurück, von hier nach Marienberg,
und nachdem er die Zugänge des Erzgebirges verwahrt und
besetzt gelassen, nahm er am 5. Dezember sein Hauptquartier
in Chemnitz. Noch an demselben Tage schrieb er von hier
an seinen Bruder: „I am returned this morning from
my course into Bohemia. My campaign has been very
short, and yet I am very well contented with it; having
executed every thing I had proposed to myself, both by
destroying several large magazines belonging to the enemy,
and also by drawing a corps of from 14,000 to 16,000
men of the enemy towards my side, by which I have
delivered the king from them, and thus favoured his
projects on Silesia. I can say, with truth, that this
campaign has been a virgin one; for on my side there
has not been a drop of blood spilt, and very little even
on that of the enemy; but they were in a dreadful fright
at Prague, for, from the moment I passed the Egra at
Budyn, the inhabitants fled from the town. My march
had also been a pretty rapid one. I set off from beyond
Mersebourg, on the 17th of last month. I have been

within four miles of the walls of Prague, and now, here I am come back again. I can, at the same time, assure you, that the troops are not more fatigued, than if they were just come out of winter quarters."

An dem Tage, wo Keith dies schrieb, gewann Friedrich die Schlacht von Leuthen, ein Sieg in seiner Art ebenso einzig wie der von Roßbach. Friedrich gab sogleich an Keith Nachricht von der Wendung der Dinge, er schrieb: „Les Autrichiens sont battus. Je marche pour leur couper tout-à-fait la retraite, et s'il plaît à Dieu, mettre fin à la guerre; je crois que cela vous assurera dans la Bohême et que peut-être vous pourriez par la suite tenter sérieusement la surprise de Prague, où de mon su il y a peu de monde et beaucoup de nos prisonniers. J'ai beaucoup à faire. Adieu. Fr." Die hier ausgesprochene Zumuthung, Keith möge sich jetzt in Böhmen halten, und wohl gar Prag überrumpeln, zeigt auf merkwürdige Weise die Anstrengung des Muthes, zu welcher Friedrich sowohl sich selbst als auch seine Untergebenen zu spannen wußte. Die Weisung kam schon zu spät, hätte aber ohnehin keines Falles ausgeführt werden können.

Prinz Heinrich von Preußen theilte am 14. Dezember in einem Schreiben aus Leipzig die näheren Nachrichten, die er über die Schlacht von Leuthen erhalten hatte, freundlichst an Keith mit; dieser aber schrieb aus Chemnitz am 15. Dezember seine Glückwünsche an den König, und am 16. folgenden Bericht an seinen Bruder: „My dear brother. We give battles here, as elsewhere people give operas; there have been three in the last month, of which we have lost one and gained two; but the last appears to me decisive in our favour. I can assure you, that from all the accounts I have seen, the loss of the enemy has been immense. Cannons, equipages, all is taken; and in troops, either killed, taken prisoners, or deserted, they must have lost, at least, 20,000 men. There are, besides, 9 battalions, and many wounded, shut up in Breslau, who it is impossible should escape from us. Luchesi is among them, who was wounded in the first battle, lost by the prince of Bevern;

but which was not very fatal on our side, as our killed and wounded did not exceed 1800 men. General Zieten is still employed in pursuing the Austrians, and has written word to the king, that he has found the greater part of their heavy artillery near Strehlen, and taken possession of it; but we do not yet know whether it is that belonging to their army, or that which they made use of at the siege of Schweidnitz. In short, the victory is complete; and costs us, as I hear, about 4000 men."

Inzwischen waren die Oesterreicher gegen das Erzgebirge stärker angedrungen, und Keith hatte dem Könige gemeldet, er würde genöthigt sein, nach Leipzig zurückzugehen. Hierauf antwortete Friedrich aus dem Lager bei Breslau am 17. Dezember, dieser Entschluß nach Leipzig zurückzukehren, sei durchaus tadelhaft, wolle Gott er sei noch nicht ausgeführt, Keith solle doch den feindlichen General von Marschall nicht fürchten, derselbe werde ihm nichts anhaben; zuletzt heißt es in Betreff jenes Zurückgehens: „Ce malheureux dessein me serait juger que la tête vous eût tournée comme elle a tournée autrefois aux gens ici, et par où vous ruinerez et gâterez absolument mes affaires, qu'à peine j'ai remis en bon train. Mon Dieu, que je suis malheureux d'avoir à combattre partout tant de travers! — — Vous ne devez plus prendre des résolutions aussi timides que funestes pour moi." Zugleich wiederholt der König den schon ertheilten Befehl, in Sachsen die größtmöglichen Lieferungen und Kriegssteuern auszuschreiben, alles übrigens in bester Ordnung, mit Zuziehung der Landesbehörden, und selbst der Stände. Nur zu Einer Ausnahme bewegen den König der Haß und Schaden, die er fortwährend von Seiten des sächsischen Ministers Grafen von Brühl erfährt; dieser hat in der Gegend von Leipzig oder Rossen zwei oder drei Güter, auf diese soll Keith den Oberstlieutenant von Mayr mit seiner Freischaar schicken, dort nach Belieben zu hausen, jedoch in eignem Namen, und ohne daß der König darum zu wissen scheine.

Keith verließ das Erzgebirge nicht, und führte des Königs Befehle pünktlich aus. Friedrich nahm dem Feinde am 19. Dezember auch Breslau wieder ab, und schrieb an Keith am 21. von daher: „Tout ceci va plus loin que je ne l'ai cru. Vous pouvez compter que cette expédition coute à l'ennemi plus de 42,000 hommes, et si cela ne mène pas à la paix, jamais les succès de la guerre n'y achemineront." Uebrigens billigte er vollkommen Keith's Aufstellung und Vertheilung der Truppen. Da die Jahreszeit so weit vorgerückt war, so dachte man nun ernstlich an Winterquartiere. Der König wollte in Schlesien bleiben, und ging nach Breslau um auszuruhen, Keith sollte seine Truppen in Sachsen überwintern lassen, und sein Hauptquartier in Dresden nehmen. Erst am 16. Januar 1758 kam Keith hier an, wo er bis zum Ende des März blieb, und aus Sachsen alle möglichen Hülfsmittel für den Dienst des Königs ziehen mußte, außer vielen Packknechten und Pferden auch 6000 Rekruten, welche in die preußischen Regimenter vertheilt wurden.

Friedrich sah seine Hoffnung, daß seine Siegserfolge das Ende des Kriegs herbeiführen könnten, bald entschwunden, und erkannte, daß der nächste Feldzug nur erhöhtere Anstrengung aller Kräfte forbern würde. Er schärfte daher die schon gegebenen Befehle, Geld und Rekruten aus den besetzten Ländern zu ziehen, wiederholt ein, und Keith, wiewohl an heftigen Anfällen von Asthma daniederliegend, traf zu diesem Zwecke die nöthigen Maßregeln. Am 30. Januar sagte der König ihm in der eigenhändigen Nachschrift eines Kabinetschreibens: „Il nous faut de l'argent, mon cher maréchal, et je vous prie de vous recorder sur votre politesse russe pour nous en procurer, car il ne faut plus ménager personne. J'attends la mi-février, après quoi je serai obligé de vous parler nécessairement, il ne s'agira que du lieu, et de l'état de votre santé, dont je vous prie de m'informer. Federic." Am 3. Februar sandte der König ihm die Denkmünze, welche er auf den Sieg bei Leuthen hatte schlagen lassen, indem die Oesterreicher dasselbe auf Anlaß der Schlacht von Kollin gethan hatten, und zwar in sehr übermüthiger und trotziger Art; die preußische Denkmünze war jedoch einfach, und Friedrich schrieb, er halte sich versichert, Keith werde ihm dabei keine Prahlhaftigkeit schuld geben, sondern nur die Absicht, den Oesterreichern Gleiches mit Gleichem zu erwiedern. Keith, so wie auch Finck, Hülsen, Grabow und Lehwaldt, erhielten die Denkmünze in Gold, dagegen Dohna, Kanitz, Prinz von Holstein, und Andere, in Silber. Auf den Bericht des immer noch kranken Keith, daß bittre Klage geführt worden über die Plünderung des dem Grafen von Brühl gehörigen Schlosses zu Nischwitz, wo nämlich der Oberst v. Mayr im Vorbeimarschiren nach verborgnen Waffen habe suchen lassen, bei welcher Gelegenheit aber die eignen Bauern des Grafen mit der Freischaar gewetteifert, erwiederte der König am 8. Februar: „S'il y a eu du tapage au château de Nischwitz quand le colonel Mayr en passant auprès de cette terre est entré dans la maison pour chercher des armes y cachées, cela ne fait rien, dans un temps où presque toute l'Europe se ressent des inconvénients de la guerre, il n'est pas extraordinaire que le comte de Brühl en ressente aussi quelque chose pour sa part." Wenige Tage später aber bespricht der König ein wichtigeres Unternehmen mit Keith, und zwar, dem schlimmen Gegenstande gemäß, in Ziffern. Die Oesterreicher haben große Magazine in Töplitz und Kommotau, es wäre „interessant," unternehmende Leute zu finden, die sie in Brand steckten. Wenigstens das in Töplitz solle man versuchen anzuzünden, und einige mordbrennerische Waghälse möchten wohl für große Geldbelohnung zu gewinnen sein. Keith sendet wirklich einen Mann nach Böhmen, Finck seinerseits auch einen, die Oertlichkeit zu erkunden, allein die Sache erweist sich allzu schwierig, und muß unterbleiben.

Es kann uns nicht wundern, den König in Aussicht eines neuen furchtbaren Feldzuges, der ihn zu erdrücken drohte, verzweifelte und auch gehässige Mittel aufbieten zu sehen, da er in seinen Bedrängnissen alle Hülfe aus sich selber nehmen mußte, und namentlich das ihm verbündete England bei weitem nicht leistete, was er von dieser Macht erwarten durfte. Der englische Gesandte Sir Andrew Mitchell, welcher den König in Mühen und Gefahr treu begleitete, that alles was in seinem Vermögen stand, ein entschiedneres

Auftreten von seinem Hofe zu erwirken, sah aber seine Vorstellungen wenig fruchten. Keith, der mit dem Landsmanne um so leichter vertraut geworden war, als sie beide benselben Eifer hatten, schrieb hierüber den 10. Februar an Mitchell nicht ohne Bitterkeit: „It seems that the English, after having drunk, in honour of Frederick, a dozen bottles of ale on his birthday, suppose they have fulfilled whatever service such an ally could require. They prefer paying with their money than with their lives. What a shameful opinion must not the world entertain of them! And their heads with all this are not better than their hearts. For ten thousand men would in this year perhaps have saved what in the next the whole power of Great Britain will find impossible to do. As soon as Prussia is ruined, it will be the turn of England. Should things succeed better than I expect, we shall have saved the English, instead of their saving us." Ueber seine Gesundheit und Stimmung sagt er: „My health is, I think, rather worse than better; any change will be agreeable to me, for it is much better not live than live in the manner I do. After sixty years' experience, my curiosity as to life ought to be satisfyed, and it really is so. I have seen most of the vicissitudes and phenomenes that happen in this world, and should I live a hundred years more, I shall only see the repetition of the same thing. I'm not sorry to see a pupet-show once, but to be obliged to see it every day, would not be tolerable. Adieu dear Mr. Mitchell; depend on it there is not one in the world esteems you more than I." Als die englischen Minister, denen Mitchell's Ansichten und Bemühungen unbequem wurden, ihn deßhalb abberufen wollten, schrieb Keith am 20. März ihm ohne Rückhalt: „The Englisch ministers are mad to call you off. They are afraid of any body who acts with zeal and sincerity, and prefer people who flatter their inactivity and value their favour more than Prussia's welfare. Poor England! What is to be expected from a government which dares not employ the honest man

for fear the difference between them and him might too
clearly be brought to light!" —

Durch Winke aus England von dem Freund und Verwandten Lord Galloway angeregt, besprach Keith in seinen Briefen an Mitchell mit diesem die Möglichkeit einer Aussöhnung beider Brüder mit der englischen Regierung; Friedrichs empfehlendes Fürwort bei dem Könige von England schien dazu der geeignete Weg. Allein bevor diese Verwendung geschähe, sollte der Erfolg gesichert sein. „For notwithstanding the inclination — sagt er — both my brother and myself may have of seeing in our old age our native country, yet I know, he, as well as myself, wou'd forget it for ever, rather than be an occasion that the king should think his recommandation despised. If you have any friend in England, to whom you cou'd open yourself on this subject, and who could let you know if there was any hopes of succeeding in such an attempt, you wou'd do me the most singular service to communicate to him what I have wrote to you, and at the same time you may assure him, that I make no doubt of procuring the strongest recommendations from the king, my master, in favour of my brother, providing he thinks it may not be disagreeable to your master; for I'm sure neither of us wou'd chose to go home under a cloud of suspicion and disdain, and I shou'd be sorry to raise a debate in the senate whether we shou'd be buried by a grave-digger of Aberdeen or of Berlin." Später schreibt er, die Umstände schienen ihm für jetzt nicht so günstig, als Lord Galloway sie glaube, und es möchte besser sein, abzuwarten, daß die Sachen reifer würden. Keith erlebte dies nicht; seinem Bruder aber wurde im folgenden Jahre durch die Fürsprache des Königs das ersehnte Glück, in sein Vaterland ehrenvoll heimkehren zu dürfen; doch machte er dort nur einen Besuch, und kehrte dann für immer nach Preußen zurück.

Gegen Ende des März erinnerte der König wiederholt, wie nöthig es sei, daß er mit Keith mündliche Rücksprache hielte, und diese sollte nun in Grüssau Statt finden. Keith übergab deßhalb am 27. März seine Befehlsführung dem Prinzen Heinrich von Preußen, und fand sich am 6. April in Gesellschaft des englischen Gesandten Mitchell in Grüssau beim Könige ein. Hier setzte dieser seinen Plan für den bevorstehenden Feldzug auseinander; er wollte zuvörderst in Schlesien durch die Wiedereroberung von Schweidnitz alles auf guten Fuß setzen; dann einen Zug nach Mähren machen um Olmütz einzunehmen, wodurch er die Oesterreicher auf dieser Seite festzuhalten und bei Wiedergewinnung dieses Platzes lange zu beschäftigen hoffte, während er selbst dadurch Zeit und Freiheit fände, gegen die Russen zu ziehen, welche im vorigen Jahre nur geringen Antheil am Kriege genommen hatten, dieses Jahr aber nach Pommern und Brandenburg vorzudringen drohten. Keith mißbilligte diesen Plan, er glaubte, der König nehme beide Unternehmungen zu leicht, sowohl die gegen Olmütz, als die gegen die Russen, er hielt für das Nöthigste, sich gegen diese letzteren zu wenden, und im Ganzen mehr vertheidigungsweise zu verfahren. Keith achtete die russischen Truppen, im Widerspruche mit dem Könige, er hielt sie an Zucht und Abrichtung den preußischen wenigstens gleich, und sah mit Betrübniß und Verdruß, daß der König nur über sie spottete, und in den schlechtesten Ausdrücken von ihnen sprach. Allein der König ließ seine Einrede gelten, er wollte angreifend verfahren, und die Russen zuletzt bedenken. Dabei scherzte er mit Keith über dessen gute Meinung von dieser „canaille", die ihm selber doch so übel mitgespielt habe!

Keith kannte zu gut die Art des Königs, und hatte auch ein zu festes Herz, um auf solche Scherzreden viel Gewicht zu legen. Ihn bedrängte in diesem Augenblick ein ernsteres Leid, er hatte neue Anfälle von Asthma, und dabei Fieber. Der König, der vor allem Schweidnitz rasch bezwingen wollte, war über Keith's Unwohlsein sehr betroffen, und schrieb ihm gleich am 8. April: „Je suis fort embarassé pour ce siege; si vous pouvez vous en charger, vous me rendrez un grand service qui ajoutera encore à la reconnaissance et à l'estime que j'ai pour vous. Foderic." Keith antwortete am 9. April aus Landeshut mit bittern Klagen, daß sein Fieber

immer anbaure, und fügte hinzu: „Je n'ai d'autre ambition que de servir Votre Majesté, je laisserai aux autres avec plaisir le commandement, et si je puis être utile à quelque chose à mon maitre c'est là l'honneur auquel j'aspire."
Am 11. blieb das Fieber aus, und gleich fragte er an, ob er kommen solle? Der König aber hatte schon andere Anstalt getroffen, und antwortete, Keith solle sich fürerst noch schonen.

Schweidnitz ergab sich schon am 15. April, und der König bekam nun freie Hand für die Unternehmung nach Mähren. Er brach mit seinem Heere nach Neiße auf, und theilte dasselbe hier in zwei Heerzüge, deren einer, unter Friedrichs eigner Führung, nach Troppau, der andere, unter Keith's Oberbefehl, nach Jägerndorf marschirte. Der König überließ es Keith, den Marsch nach eignem Ermessen einzurichten, und bezeigte sich in einem Schreiben aus Troppau vom 30. April sehr zufrieden mit den Anordnungen, welche Keith getroffen, besonders mit der Erleichterung, die er den Truppen verschafft hatte. Der Feind wich überall zurück, und beide Heerzüge rückten am 3. Mai über Gibau und Sternberg gegen Olmütz. Daun, der geflissentlich durch Scheinbewegungen Zieten's und Fouqué's in der Meinung bestärkt worden war, die Absicht des Königs sei auf Böhmen gerichtet, war glücklich überlistet; doch mußte man sein unverzügliches Heranrücken erwarten, und der König hielt sich mit dem größern Theile des Heeres bereit, ihm entgegenzutreten. Der König ging am 12. Mai bei Littau über die March, und nahm ein Lager bei Proßnitz.

Keith war bestimmt, bei der Belagerung von Olmütz den Oberbefehl zu führen, ihm wurden zu diesem Zwecke 16 Bataillons und 12 Schwadronen überwiesen, im Ganzen kaum 6000 Mann. Als er am 21. Mai vor Olmütz ankam, hatte der König bereits die Einschließung angeordnet, und da Keith wieder starkes Fieber bekam und zu Bette liegen mußte, so hatte Fouqué statt seiner die weitern Anstalten zu führen, der Oberst von Balbi aber leitete die Arbeiten der Ingenieurs; beide Unterbefehlshaber waren eigensinnig, und gehorchten Keith nur ungern. Dieser genas nach ein paar Tagen, und nachdem er die Lage der Dinge näher besichtigt, mußte er dem Könige klagen, daß er zu wenige Truppen habe, daß der Pulvervorrath gering sei, daß es an Arbeitern und Werkzeugen fehle, die Besatzung weit stärker als die Belagerer sei, und noch immer offne Verbindung nach außen habe. Jedoch eröffnete er die Laufgräben am 27. Mai, und ohne allen Verlust. Er schildert den Hergang in einem Briefe vom 28. an seinen Bruder: „We opened the trenches before Olmütz last night, at 500 yards from the place, without losing a single man, the governor not having perceived what we were about till it was daylight, by which time we were already covered with our works. All this morning he has been firing, but not vigorously, and almost entirely with small cannons. If he does not increase his fire, I reckon in three days on being able to bring to bear upon the place 24 great guns, and 16 mortars. If we are lucky, I hope in four or five days more to extinguish a great part of his fire; for having the advantage of the ground over him, we see the inside of several of his works. On his side he does not spare labour. I see from the top of the house I am living in, that he is opening a battery on our right, in an island that you will see on the other side of the river. We must therefore plant one to oppose him. Adieu, my dear brother!"

Der König antwortete auf Keith's Klagen aus seinem Lager bei Proßnitz am 31. Mai eigenhändig: „Je vous assure, mon cher maréchal, que je suis aussi fâché que vous que mes bataillons ne se trouvent pas complets, mais que ce n'est pas ma faute, il faut considérer leur valeur intrinsèque, et non pas leur nombre, voilà tout ce que je puis vous dire, et que beaucoup de choses sont faisables et possibles quand on les entreprend. Je suis votre fidèle ami Federic." Aber der Befehlshaber der Festung, General von Marschall, ein sechsundsiebzigjähriger Greis, kriegserfahren und unerschrocken, gebot über eine zahlreiche und tapfre Mannschaft, hatte Vorräthe in Ueberfluß, zog nach Belieben Lebensmittel und Verstärkung an sich, und erschwerte den Belagerern jeden Fortschritt.

Friedrich, schon beunruhigt durch Nachrichten vom Heranziehen Daun's, wollte durchaus, daß die Festung schärfer angegriffen würde, äußerte wiederholt seine Unzufriedenheit mit den Ingenieurs und der Artillerie, und gab genau im Einzelnen an, was man thun solle, und wie man alles beschleunigen könne. Am 4. Juni schrieb er an Keith: „L'ennemi, à ce que j'apprends, veut se mettre en beaucoup de corps, et l'on m'assure que monsieur de Daun détache de l'infanterie à Wischau; si cela est, c'est la disposition de monsieur de Bourgogne au siège de Lille, qui apparemment réussira à ses imitateurs aussi mal qu'elle lui réussit alors. Fr." Zum Unglück wurden die Häupter des Ingenieurwesens und der Artillerie uneinig, und wetteiferten in Pedanterei und Eigensinn, die Arbeiten rückten nicht vor, der König schrieb: „mes affaires en souffrent prodigieusement", und wurde täglich ungeduldiger, aber die Sachen blieben unverändert. Keith bekam wieder vier Tage das Fieber, und Fouqué befehligte unterdeß. Am 11. machte der König seinem Unmuthe in folgenden bittern Worten Luft: „Tout ce que Balbi écrit, mon cher maréchal, n'est que du verbiage qui doit servir de manteau à l'ignorance et au peu d'expérience des ingénieurs. Je réponds 1mo que la batterie de la droite est nécessaire et qu'elle s'achève, 2do que la grande batterie est inutile, parce qu'elle est trop éloignée de la place, 3^{tio} que, si les ingénieurs approchent de la place, ils se tireront, en avançant, de tous les feux collatéraux, et que l'on ne se moque pas de moi en débitant des sottises, mais qu'il faut de bons argumens pour me vaincre; quoi, n'est-ce pas une honte, il y a 15 jours que la tranchée est ouverte et nous ne sommes pas encore au glacis, ah! que si Cochorn et Vauban ressuscitaient, qu'ils honoreraient d'un bonnet d'oreilles d'âne ceux qui dans ces tems modernes se mêlent de leur métier! Adieu, mon cher maréchal. Je vous embrasse. Federic."

Aber alles ging in diesem Unternehmen schlecht. Die Lebensmittel wurden im Lager selten, und übermäßig theuer, der Dienst wegen der wenigen Mannschaft unerträglich hart, und das Ausreißen der Soldaten nahm überhand; zu 20 und 30 Mann liefen jede Nacht in die Festung, welche das Feld offen und an nichts Mangel hatte. Zum Unglück wurde auch Fouqué am 14. Juni durch eine Kanonenkugel am Schenkel gequetscht und auf einige Zeit dienstunfähig. Friedrich antwortete auf diese Nachricht an demselben Tage aus Klein-Latein: „Je suis très-fâché, mon cher maréchal, de l'accident arrivé au général Fouqué, j'espère pour le bien de l'armée qu'il ne sera pas dangereux, une contusion n'est pas létale, je lui envoie mon chirurgien qui est tout ce que je peux faire; et en même tems je ferai venir le général Marwitz, il ne remplacera pas Fouqué, mais voilà tout ce que je peux faire pour vous, nous n'avons pas des lieutenants-généraux par douzaine et je n'en ai pas à vous en envoyer d'autre." An demselben Tage schrieb Keith an Lord Marischal nach Neuchatel über den Stand der Sachen wie folgt: „I have received my dear brother's letter of the 4th of May, and have shewn it to the king, who was much pleased with the part relating to the canton of Berne. The taking of Schweidnitz dit not exactly occur in the way that it is reported. There was neither a breach, nor a piece of the wall fallen down; but a deserter gave information, that the soldiers, who where placed to guard a certain fort, were all below in the casemates, on account of the quantity of shells which we threw there. The resolution was, in consequence, taken to scale that part, which was done without resistance. The entrance of the casemates was then taken possession of, and those within were obliged to beg for quarter. The possession of the fort remained to us; upon which the town, of which all the strength consists in the forts which surround it, capitulated. We found 51 Austrian cannons in it, besides those we had ourselves left there. I wish I could also give you an account of the taking of Olmütz; but the baron de Marschall, who commands there, does not approve of my doing this immediately. He is a very brave old man, seventy-six years old, dexterous and experienced in this kind of warfare. He is in a very good place, provided with every thing

that he wants, and having, at his disposal, all the
cannons and ammunition destined for the siege of Neisse,
provisions in great abundance, and an old engineer
named M. de Rochepine, who assists him admirably in
his defence. His garrison consists of 18 battalions, and
3 squadrons of dragoons, but there are a good many
recruits among them. I see, that, for the services of
danger, he trusts principally to 6 Hungarian battalions,
who are with him; for in the three sorties he has made,
hardly any one but Hungarians have appeared. In the
last he has given them a good dose of *aqua magna-
nimitatis*, as Lascy used to call it. They were all drunk,
and in this state rushed into our batteries, and nailed
up 6 pieces of cannon and three mortars, but so ill,
that four hours afterwards all of them went off as well
as before. Our people killed 100 of their soldiers, and
5 officers, with their bayonnets; and we took an officer
and 47 men prisoners. The deserters assure us, that,
with the wounded, they have lost 300 men, out of the
1200, of which the sortie consisted. In consequence for
the last three days they have attempted nothing. I tell
you nothing of prince Henry and prince Ferdinand of
Brunswick, because they are nearer you than us. All
that we know is, that they are both in motion, to try
and execute the projects they have concerted with the
king. I am much obliged to you for all the good things
you send me. I can only send you *plans* in return.
By that of Olmütz you will see how far we are advanced;
and as Weideman did not send you that of Schweidnitz,
I have begged Balbi to make me one, which I will send
you in my next letter. Many compliments to mademoiselle
Emété. You never tell me any thing of Ibrahim and
Stepan. I should be glad to hear if they are still with
you, and if they behave well. I believe I have already
told you, that Motscho was not with me at the affair
of Rossbach. He was then ill of a fever at Leipsig.
I like him very much; he is exceedingly attached to me;
and as he gets older, he becomes more steady. — The

king, who covers our siege, came yesterday to see our
lines, and to receive a hundred or two cannon shots.
Lieutenant general Fouqué received a contusion on his
thigh from a twelve-pounder; but it is not a dangerous
wound. I see that the king will be glad to receive
letters from you from time to time. You can send them
inclosed in those to me. Adieu, my dearest brother. The
Swiss officer's remedy against danger made me heart-
ily, and the king also. Fermor and Browne have not been
recalled. You know the Russian generals sufficiently well,
to be aware, that they are not anxious for commands, where
blows may be expected, so, probably, they will remain."

Am 18. Juni, welchen Tag der König, im Andenken an
Kollin, als „ce jour funeste" bezeichnet, schrieb er dreimal
eigenhändig an Keith, dem er eine Menge Vorschriften ertheilte, und darunter auch eine Anweisung, wie die ungeschickten Sappeure zu unterrichten seien. Am 19. fügt er
zu dienstlichen Befehlen eigenhändig hinzu: „On me mande
de Berlin la mort de mon frère, jugez de mon chagrin.
Il faut que les officiers mettent un crêpe." Worauf
Keith erwiedert: „Les exemples que j'ai vu de la sensibilité
de Votre Majesté, non seulement sur la perte des parents,
mais même de ceux qu'elle honorait de son amitié, me
fait sentir combien la mort de monseigneur le prince de
Prusse lui sera de la peine. Dieu nous conserve Votre
Majesté, il faut que nous supportons les autres pertes
avec fermeté." Diese Ausdrucksweise ist so bezeichnend für
den König als für Keith, der zugleich schmeichelhaft und
freimüthig in Kürze das Richtige zu sagen weiß.

Aus dem Lager von Smirschitz schreibt Friedrich am
21. Juni, daß Daun ihn schwerlich angreifen werde, denn
seine rechte Flanke sei völlig gedeckt, die linke anzugreifen
aber müßte Daun sich sehr bloßgeben. Jedoch stieg seine Un-
geduld, die Belagerung nicht vorrücken zu sehen, auf's höchste,
die Fehler, welche immerfort begangen wurden, die er ein-
sah und doch nicht ändern konnte, erbitterten ihn, und am
23. Juni schrieb er im Zorn an den Obersten von Balbi:
„Le colonel Müller vient ici me faire un conte bleu de

vos batteries, je n'y entends rien, et je crois que vous
autres vous vous noyerez dans votre propre crachat; je
ne peux point examiner d'ici vos batteries; il me dit
ultérieurement, que parceque cette nuit passée il y avait
eu quelques coups de canon de mon côté, que vous
aviez fait revenir les travailleurs à leurs régimens, cela
est pitoyable, enfin, il faut que vous vous tiriez d'affaire
do l'autre côté et que vous n'écoutiez pas toutes les
contes des vieilles femmes. Je ne sais ce que c'est que
votre batterie, vous l'avez fait faire, et si elle est fait
de travers, c'est votre faute. Fr." Gleich darauf schrieb
er an Keith: „— Vous direz, s'il vous plait, à messieurs
les ingénieurs, qu'au lieu d'une belle couronne civique ou
rurale je leur prépare un beau bonnet d'âne, dut-il
m'en couter les oreilles de mon meilleur mulet. Federic."

Daß diese Vorwürfe, wenn sie auch Keith nicht treffen
sollten und konnten, ihm doch unangenehm vorüberstreiften,
läßt sich wohl mit Gewißheit annehmen. Auch er klagte
bitter über den langsamen Gang der Arbeiten, und meinte,
dergleichen habe er noch nicht erlebt. Den Ingenieuren
mißtrauend, begab er sich selbst an die Spitze der Sappe,
und fand mit Erstaunen, daß sie nicht, wie jene vorgegeben,
schon am Fuße des Glacis, sondern noch 20 bis 30 Schritt
davon sei. Allein Keith beschwert sich in allen seinen Berichten stets nur über die Sache, nie klagt er bei dem
Könige die Personen an, noch sucht er das bisherige Miß-
lingen den Untergebenen aufzubürden, obwohl er wissen mußte,
daß diese mancherlei Abneigungen gegen ihn hatten, und seine
Befehle nicht stets willig ausführten. Das hauptsächlichste
Uebel kam auch in der That nicht von den Befehlführern
her, sondern lag in den Anordnungen des Königs selber,
der das Unternehmen zu leicht geschätzt, und weder genug
Truppen, noch auf gehörige Dauer Schießbedarf und Lebensmittel mitgenommen hatte, sogar an Bomben fing es schon
an zu fehlen.

Zwar hatte Friedrich eine bedeutende Zufuhr aus Schlesien
anbefohlen, und diese war über Troppau schon unterwegs;
allein der Feind suchte sie abzuschneiden, und seine Schaaren

beherrschten das Feld. Zieten war deßhalb mit bedeutender Truppenmacht auf dem Wege von Troppau vorgesandt, und der König schien wenig besorgt; er schrieb am 25. Juni an Keith: „Hier sur les 5 heures nous avons entendu un terrible feu de canon à Olmütz, nous avons tous cru que l'ennemi avait tenté une sortie, mais comme aucunes nouvelles n'en sont venues, je m'imagine que Dieskau a voulu se divertir aux dépens des ouvrages d'Olmütz. J'envoie en même tems au général Zieten pour l'avertir de rester là-bas jusqu'à l'arrivée du secours de Troppau, ce qui sera après-demain. Ici tout est tranquille, et vous pouvez l'être tout-à-fait pour ce qui nous regarde. Adieu, mon cher maréchal, je vous embrasse. Federic." Keith meldete seinerseits am 27., daß die Spitze des Wagenzuges an diesem Tage nach Gibau gelangen werde, und er deßhalb den Obersten Werner mit einer starken Truppenschaar dorthin geschickt habe, um 50 Wagen mit Bomben auf das schnellste herbeizuholen, und auch Briefschaften und Kouriere für den König in Empfang zu nehmen. Friedrich dankte für die Nachricht, und sandte den Quartiermeisterlieutenant von der Marwitz, um nach Keith's Befehlen mit Retzow die genauere Einschließung von Olmütz auf der anderen Seite anzuordnen. Am 28. Juni jedoch wurde der König besorgter, und befahl, Keith solle noch zwei Bataillons zu Zieten stoßen lassen, er schrieb außerdem: „L'ennemi a fait un mouvement, il a passé le défilé de Predlitz et s'est mis entre Nesnitz et nous, je crois que son intention est de détacher par sa droite du côté de Prerau, j'y serai attentif, en même tems je serai bien aise d'apprendre de vous que le convoi soit arrivé; car je crains toujours qu'il n'y soit arrivé quelque chose. Je ne puis donc rien vous dire de positif avant demain matin que je verrai plus clair dans les mouvemens de l'ennemi. Adieu, mon cher maréchal, je vous embrasse. Fr." Am 29. Juni versicherte der König guten Muthes: — „Si l'ennemi veut me forcer de combattre, c'est moi qui lui donnera le terrain qui m'est convenable, ainsi ne soyez pas en peine de moi s'il s'agit de bataille."

Inzwischen war der Zufuhr, die noch immer ausblieb, auch Retzow mit einer Schaar entgegengesandt worden, der aber gegen den überlegenen Feind nichts unternehmen, sondern nur melden konnte, der Zug sei hinter Domstädtel aufgefahren, Zieten wolle in der Tagesfrühe des 30. aufbrechen, um durch Domstädtel nach Gibau zu gelangen; der Feind jedoch sei überall nahe, und am stärksten auf der rechten Flanke des Zuges. Noch in der Nacht sandte Keith einen seiner Adjutanten, den Hauptmann von Schwerin, aus, um Nachrichten von der angstvoll erwarteten Zufuhr einzuziehen, auf der jetzt wirklich alles Heil beruhte. Aber am 30. hatten die Oesterreicher unter Laudon und Saint-Ignon mit 25,000 Mann den Wagenzug in den Engwegen von Domstädtel auf's neue angegriffen, ihn auseinander gesprengt, und den größern Theil, nebst der Schaar von Zieten, welche vergebens gegen die Uebermacht kämpfte, auf den Weg nach Troppau zurückgeworfen.

Bei der Nachricht von diesem Unfall mußte der König erkennen, daß die Belagerung von Olmütz aufzuheben sei; er schrieb gleich am 1. Juli aus dem Lager von Smirschitz an Keith: „Mon cher maréchal, il faudra incessamment faire revenir le général Retzow, puisque j'apprends que le général Zieten s'est retiré vers Troppau. Je crois dans la situation présente qu'il faudra renoncer à notre siège, l'ennemi est marché à Kremsir et de là il marchera demain à Prérau, faites donc d'abord revenri Retzow, car après ce terrible contretems je ne vois plus jour à prendre Olmütz, et comme les difficultés pourrainet aller en augmentant, je vous dirai sous le sceau du secret que je crois le meilleur parti pour nous sera de marcher à Königgratz, d'y prendre le magasin des Autrichiens, et de faire revenir à moi par Neisse les bataillons et régimens qui se sont retirés par Troppau. Pensez-y-bien, car il faudra retirer notre canon, emporter la farine que l'on pourra, ainsi que les fours, et quand je saurai votre avis sur tout ceci je prendrai mon dernier parti. Voilà ce que je vois de mieux et de plus certain, il vaut mieux prendre un parti désagréable que de n'en prendre point, ou d'attendre les extrémités. Répondez-moi, s'il vous plaît, et écrivez en au général Retzow. Adieu, mon cher maréchal, je vous embrasse. Federic. Und in einem zweiten Schreiben von demselben Tage ordnete er den Aufbruch folgendermaßen an: „Il faut marcher demain, mon cher maréchal, vous n'avez qu'à tout dire à Retzow et prendre avec lui les meilleurs arrangemens. Je compte de partir avec vous à-peu-près en même tems. Votre colonne peut passer par Littau. — — Il faut marcher le second jour à Müglitz, moi je serai le second à Mährisch-Tribau où je vous attendrai le troisième qui sera le 4 du mois. Je ferai garnir d'avance le défilé de Schönhengst, et alors nous pourrons poursuivre tranquillement notre marche à Königgrats, prendre le magasin de l'ennemi et aviser à ce qu'il y aura à faire. Adieu, je vous embrasse, Federic. Si vous voulez de la cavalerie je vous en enverrai." In einem dritten Schreiben vom 1. Juli gab er eine Vorschrift, die dadurch merkwürdig ist, daß er sie nothwendig machen konnte; sie lautete: „Il faut bien imprimer à tous les officiers de notre armée que personne ne fasse le découragé, et que si quelque officier fait la grimace, ou dit que tout est perdu, qu'il sera mis à la forteresse avec cassation, s'il ne fait bonne mine et n'encourage les soldats; cela évitera beaucoup de désertion et diminuera considérablement les malheurs auxquels nous serions sans cela à coup sûr exposés. J'ai ordonné dans ce moment même que l'on vous envoye des chevaux. Adieu. Wopersnow vous enverra mes dispositions dont vous pourrez vous servir après-demain de Littau à Müglitz. Federic."

Keith hob in der Nacht vom 1. zum 2. Juli die Belagerung auf, ohne anderen Verlust, als 5 Mörser und eine vierundzwanzigpfündige Kanone, deren Lafetten zerschossen waren. Er hatte die Pferde der Reiterei zur Fortbringung des Geschützes zu gebrauchen versucht, aber davon wieder abstehen müssen. Der König, welcher gleichzeitig sein Lager bei Smirschitz verließ, zog mit seinen Truppen über Konitz nach Tribau, Keith mit den seinigen über Mitglitz und Littau ebendahin, beide unverfolgt von Daun, der mit seinem errungenen Gewinn zufrieden ihnen nur seine leichten Truppen nachsandte. Keith wurde in Tribau wieder von heftigem Asthma befallen, und mußte während zweier Rasttage daselbst das Bette hüten; Fouqué besorgte das Einzelne der Anordnungen. Der König, anstatt nach Schlesien zu gehen, wie Daun erwarten mußte, nahm den Weg nach Böhmen, gelangte ohne Schwierigkeit nach Leitomischl, und über Hohenmauth am 11. Juli nach Königingrätz, wo er ein festes Lager nahm. Keith folgte mit seinen Truppen, die er in drei Schaaren getheilt hatte dorthin nach; er führte alles Belagerungsgeschütz und alles Gepäck, alle Kranken und Verwundeten, und alle Vorräthe, sowohl der eignen Truppen als der des Königs, in langen Wagenreihen mit sich. Beim Wiederaufbruche von Tribau führte Retzow die letzte Schaar, und Fouqué hatte auch sie mit Fuhrwerk schwer belastet, und ihr den 8. Juli zum Abmarsch angesetzt, während die erste und zweite Schaar, ebenfalls mit ihren Wagenzügen, jede um einen Tag voraus waren. Der General von Lascy suchte Retzow'n abzuschneiden, und besetzte die waldigen Höhen von Krenau, weßhalb Retzow nun schon am 7. aufbrach, den Feind am 8. Juli zurückwarf, und durch einen Nachtmarsch glücklich nach Zwittau gelangte. Hier sagte Keith, der noch krank daniederlag, bei Meldung dieser Vorgänge: „Je félicite le général Retzow de s'être si bien tiré d'affaire. J'ai prévu les inconvéniens qui résulteraient de la disposition donnée à Tribau, qui je vous assure n'a pas été de mon aveu. J'avoue que je vous comptai perdus, si le maréchal Daun avait témoigné autant de vigueur que ses généraux ont montré de sagacité." Retzow setzte darauf seinen Marsch mit Eifer und Vorsicht fort, vom Feinde gedrängt, warf er sich auf eine frei Nebenstraße, und gelangte so ohne den geringsten Verlust gleichzeitig mit der zweiten Schaar nach Leitomischl, wo Fouqué ihn verwundert anrief: „Eh! d'où venez-vous donc?" jener aber kurz erwiederte: „Par le grand chemin!"

Nach einem Ruhetage bei Leitomischl zog Keith mit seinen Truppen über Hohenmauth gegen Politz. Retzow führte jetzt die Vorhut, fand am 11. Juli die dortigen Höhen vom Feinde stark besetzt, und mußte sich am 12. abermals durchschlagen. Während des Gefechts fuhren die Wagenzüge stets weiter, und Retzow, der die Generale Laudon und Sallis-Ignon mit 10,000 Mann gegen sich hatte, leistete der Uebermacht glücklich Widerstand. Als seine Küraffiere vom Feinde geworfen waren, fiel der Lieutenant Korbshagen, der Befehle des Königs an Keith zu überbringen hatte und zufällig hier eintraf, mit seiner Bedeckung von 50 Husaren der feindlichen Reiterei in die Flanke, und diese wurde wieder zurückgetrieben. Nun kam auch Keith, jetzt wieder zu Pferde, mit seinen Truppen herbei, und griff das feindliche Fußvolk an, welches noch die Höhen besetzt hielt, aber bald weichen mußte. Einem General, der sich bei diesem Gefecht sehr ungeschickt und nach Keith's Meinung nicht herzhaft genug benahm, schickte dieser durch einen Adjutanten den Gruß, „qu'il pouvait être une bonne chose, mais qu'il n'était pas un homme", was der Adjutant, wie Kalkreuth erzählt, große Mühe hatte, dem General deutsch auszudrücken.

Die Vereinigung Keith's mit dem Könige war nunmehr glücklich erfolgt, und seine Truppen schlossen sich dem Lager bei Königingrätz an. Von hier schrieb er an seinen Bruder den gedrängten Bericht von diesen Vorgängen, welche unsere Leser in seiner eigenthümlichen Darstellung gern nochmals überblicken werden. Der Brief ist vom 14. Juli, unmittelbar nach Keith's Ankunft geschrieben und lautet: „You must have already heard, by the newspapers, of the raising of the siege of Olmütz; but as I am persuaded, that many false circumstances will have been added to the detail of that event, I am going to relate the whole transaction to you, with that accuracy, which you know I always adhere to. I must first allow, that we had by no means a true idea of the strength of the place or of the garrison; and that, consequently, we had not brought with us enough ammunition to take it. This obliged the king to order a great convoy from Silesia, under an escort of 8 battalions of infantry and of about 1100 horses. The enemies, who perceived that every thing depended upon the arrival of this convoy, and who, being in their own country, were well informed of every step we took, collected several small bodies of men, which had already been posted in the mountains behind us, with the view of cutting off our communication with Silesia. With these they attacked our convoy on the 27th of june, but were repulsed with the loss of 200 or 300 men. As soon as I heard of this I sent lieutenant-general Zieten, with 5 battalions of grenadiers, (not very strong ones, I allow) and 3 regiments of cavalry and hussars, to meet the convoy, which was already within three leagues of us. The day after (the 28th), the attack was recommenced by the enemies, with the same troops as the day before. But while Zieten was occupied in repulsing them both in front and rear of the convoy, for they had attacked both parts at once, general Saint-Ignon arrived with 4000 grenadiers and 3000 dragoons, and fell upon the centre; so that our forces and convoy were divided into two parts, one of which arrived at the camp, but the other was destroyed; and Zieten, who was in the rear, was obliged to return to Troppau, with whatever scattered troops he could collect. You will readily perceive, that after the loss of our ammunition it was impossible to take any other part, than that of raising the siege, which we did on the morning of the 2d of july. I was obliged to leave a single cannon and 5 mortars behind us, which are the only trophies the enemy has to boast of; for I brought away with me all the sick and wounded, except 22, who were actually dying. — As soon as the siege was raised, the king resolved to quit Moravia, as all the provisions in it, both for men and horses, had been consumed, during the two months we had been there. He determined to march into Bohemia, where we hoped to find a fresh country. We arrived here without any difficulty from the enemies, except that the day before yesterday Laudon and Saint-Ignon, with a corps of 10,000 men, wished to make an attack upon the baggage of the troops under my command. Instead of succeeding, however, they left behind them about 500 dragoons, either killed or taken prisoners, and only got possession of 4 or 5 carts of flour. My health has been very feeble ever since the month of april. The fever pursues me, but I cannot tell you what sort of fever it is, as there is nothing regular about it. The gout also takes its part, and at one time fixed itself in my right foot; but it has since risen into the body, where it gives me great pain. I have need of repose, but our situation does not permit me to hope for it for some time, so I must drag myself along as well as I can. Adieu, my dearest brother. I will try to send you news of myself, as often as I can."

Bei Königingrätz blieb das Heer am Zusammenflusse der Elbe und des Adler stehen, und eröffnete sich zuvörderst die Verbindung mit Schlesien, wohin Fouqué die Kranken und Verwundeten, sowie das überflüssige Geschütz und Gepäck zurückleitete. Laudon drohte dies zu hindern, und legte sich mit 4000 Mann in den Wald von Opotschna, allein der König rückte mit einigen Truppen dorthin vor, vertrieb den Feind, und nahm bei Opotschna eine Stellung, welche den Zug Fouqué's nach Glatz sicherte. Da jedoch in dieser Zeit auch Daun, der langsam und beschwerlich nachgefolgt war, wieder näher kam, und seine Vortruppen jenseits der Elbe schon umherstreiften, so wurde Keith besorgt, und warnte den König, Daun könnte eine Schaar bei Smirschitz über die Elbe senden, und ihn von dem Hauptlager abschneiden; allein der König, wieder im Gefühl seiner Ueberlegenheit, schrieb ihm am 19. Juli zurück: „Non, mon cher maréchal, il n'est point question de me couper de l'armée par Smirzitz; Daun a coupé un convoi, mais il ne coupera plus rien; je vois que vous n'êtes pas au fait du terrain. Si je ne couvre ici la farine, Fouqué pourrait en souffrir; mais cela fait, je prends le camp de Zwol, jusqu'à nouvel ordre, ou que les Barbares ne m'obligent de retourner en Silésie ou que j'aie occasion de battre notre homme dans vos environs. Adieu, mon cher maréchal, je vuso

souhaite une prompte reconvalescence et vous embrasse.
Federic." Keith benachrichtigte darauf den König, daß Daun
jenseits der Elbe sein Lager zwischen Dobranitz und Libitschau
abstechen lasse, und in den nächsten Tagen eintreffen werde,
worauf der König sogleich die Hoffnung faßt, ihm eine Schlacht
zu liefern; er antwortet aus Opotschna am 21. Juli: „Mon
cher maréchal. Je suis charmé de savoir l'ennemi entre
Dobranitz et Libitschau, nous pourrons dans le terrain
qu'il a à parcourir engager une affaire avantageuse,
rien ne pourrait nous arriver de plus à propos dans
les circonstances où nous nous trouvons, je travaillerai à
rassembler ici tout ce que je pourrai de Fouqué joint
au corps de Lattorf et au mien pour donner sur l'ennemi
en force, je me flatte que cela pourra avoir lieu le 24
ou 25 de ce mois. Adieu, mon cher maréchal. Je vous
embrasse. Federic." Daun kam den 22. mit dem Heere
bei Libitschau an, und Friedrich kehrte an demselben Tage
von Opotschna nach Königingrätz zurück. Aber Daun wollte
sich auf keine Schlacht einlassen, und nahm seine Stellung
so gut, daß er keine Blöße gab.

Da Friedrich seine Zeit hier nutzlos verloren sah, und
auf anderer Seite seine Angelegenheiten hart bedrängt wurden,
so brach er am 25. Juli mit allen seinen Truppen auf, und
führte das Heer in langsamem Zuge über Politz und Friedel
nach Schlesien zurück, wo dasselbe zwischen Grüssau und
Landshut sein Lager nahm. Inzwischen waren die Russen
unter dem General Fermor gegen die Oder vorgerückt, und
bedrohten Küstrin. Der König traf alle Anordnungen zur
Vertheidigung Schlesiens, und brach am 11. August mit
14,000 Mann Kerntruppen gegen den neuen Feind auf.
Die Anfälle von Asthma, denen Keith bisher wiederholt erlegen war, und aus denen er sich immer zu früh und gewaltsam
herausgerissen, hatten durch diese Unnachgiebigkeit sich nur
verschlimmert, und ein neuerdings hinzugetretenes Fieber
nöthigte ihn, jetzt andauernd im Zelte zu liegen. Er konnte
daher nicht daran denken, mit dem Könige zu ziehen, und eben
so wenig vermochte er den Oberbefehl in Schlesien zu führen;
dieser wurde dem Markgrafen Karl von Brandenburg über-

tragen. Keith sagte beim Abschiede dem Könige noch, um die Russen zu besiegen, müsse man sie, gleich einer hartnäckig vertheidigten Festung, erst durch Kanonenfeuer erschüttern, dann mit Gewehrfeuer nahertücken, endlich mit Bajonet und Säbel wiederholt einstürmen, und endlich — ihnen den Abzug nicht schwer machen. Der König empfahl ihm herzlichst, für seine Genesung bestens Sorge zu tragen. Keith ließ sich nach Breslau bringen, wo er jedoch nur kurz verweilte, sondern nach einiger Besserung erschien er wieder im Feldlager bei Grüssau, und übernahm auf's neue die Befehlführung.

Nach angestrengtem elftägigen Marsch erreichte der König sehr den Russen entgegenstehenden Truppen, vereinigte sich mit ihnen, und lieferte am 25. August die Schlacht von Zorndorf, in welcher er den Feind, nach hartnäckigem Widerstande, doch endlich siegreich überwältigte. Inzwischen hatte auch Daun gegen Schlesien nur Beobachtungstruppen stehen lassen, war mit der Hauptmacht nach Sachsen aufgebrochen, und hatte sogar schon 8000 Mann unter Laudon durch die Lausitz gegen die Mark vorgeschoben, um den Russen die Hand zu bieten. Der Prinz Heinrich von Preußen, welcher ein kleines Heer in Sachsen befehligte, war zu schwach, um dem Feinde allein zu widerstehen. Keith und der Markgraf Karl von Brandenburg verließen am 20. August das Lager bei Grüssau, und zogen über Hirschberg und Langenau nach Löwenberg, wo sie am 23. bei Baßwitz ein Lager nahmen. Hier empfing Keith am 27. die Nachricht von dem Siege bei Zorndorf durch einen vom Könige abgefertigten Offizier, der gründlich die näheren Vorgänge der Schlacht erzählen mußte. Keith hörte die Schilderung ruhig an; so oft aber die hartnäckige Tapferkeit der Russen erwähnt wurde, sagte er für sich hin „cette canaille!" und der Offizier, welcher den Bezug dieses Wortes nicht kannte, sagte dem Könige unbefangen wieder, der Feldmarschall habe immer nur gesagt: „cette canaille!" Keith schrieb aber dennoch von Herzen glückwünschend an den König, der ihm darauf aus Blumberg am 2. September antwortete: „Mon cher maréchal. Je vous remercie de la part que vous prenez à la victoire que mes troupes ont emportés sur les Russes, ces gens ne valent pas les Autrichiens, ils n'entendent rien à la guerre, ils ne sont que féroces et barbares. Adieu mon cher maréchal, je crois de vous revoir bientôt, en attendant je vous embrasse de tout mon coeur. Fr."

Friedrich selbst eilte nun mit denselben Truppen, die er nach Zorndorf geführt hatte, nach Sachsen seinem Bruder zu Hülfe, und auch Keith und der Markgraf Karl hatten schon Befehl, mit ihren Truppen zu dem Könige zu stoßen; während dieser über Müllrose, Lübben und Elsterwerda vorrückte, zog Keith über Bunzlau, Sprottau, Sagan, Muskau, Spremberg und Senftenberg, und am 9. September vereinigten sich beide Heerestheile bei Großenhain. Einige Gefechte, welche die Keith'schen Truppen unterwegs, am 30. August bei Bunzlau, am 2. September bei Priebus, und am 6. bei Spremberg, mit den feindlichen Streifparteien zu bestehen gehabt, waren durch die Generale Werner und von Möhring zum Vortheil der Preußen entschieden worden; doch wurde bei Spremberg der Hauptmann von Schwerin, Keith's Adjutant, tödtlich verwundet, an dessen Stelle er bald nachher den Hauptmann von Gaudi, nachmals berühmt als General und Schriftsteller, zum Adjutanten erhielt.

Der König besprach sich am 10. September mit Keith in Groß-Dobritzsch, und am 12. mit dem Prinzen Heinrich; seine Absicht war, die Oesterreicher zu einer Schlacht zu bringen, und sie nach Böhmen zurückzuwerfen. Der König ging über Dresden voraus, und nahm ein Lager bei Schönfeld, wohin Keith am 13. folgte. Daun's Vortruppen waren überall zurückgedrängt worden, er selbst aber stand hier in fester Stellung unangreifbar dem Könige gegenüber, und sein Lager dehnte sich von Lohmen über Stolpen bis gegen Bischofswerda hin. Laudon hielt in der linken Flanke der Preußen mit einer ansehnlichen Schaar Radeberg besetzt, wurde aber von Retzow, den der König gegen ihn absandte, am 16. mit Verlust vertrieben und auf Arensdorf und Fischbach zurückgedrängt. Aber auch hier wollte der König ihn nicht stehen lassen, er ging mit einigen Truppen ihm in die linke Flanke, während die rechte von Retzow umgangen wurde, und der Prinz Franz von Braunschweig in der Fronte auf

ihn anrückte; die Bewegungen geschahen nicht in gehöriger
Uebereinstimmung, sonst wäre Laudon verloren gewesen, doch
gelang ihm nur mit beträchtlichem Verluste sich durch die
Waldung auf Daun zurückzuziehen. Der König schrieb am
25. September aus Schönberg an Lord Marischal über seine
Lage voll munteren Aergers: „J'ai été arrêté jusqu'à présent
par les postes de ces gens là. L'on dirait que le mont
Caucase, ou le Pic de Ténériffe, ou les Cordillières ont
enfanté les généraux autrichiens, dès qu'ils voient une
montagne ils sont dessus; ils sont amoureux des rochers
et des défilés à la folie, cela rend la guerre pénible et
longue, ce qui ne me convient ni l'un ni l'autre." Am
26. September zog Friedrich mit seiner Hauptstärke nach
Hanswalde, und schrieb an Keith, da Laudon zurückgehe, so
solle er das Lager, wo Retzow gestanden, einstweilen beziehen,
am 27. aber zu ihm stoßen. Friedrich nahm darauf den
28. sein Lager bei Rammenau, und Keith vertrieb am 29. den
Feind aus Bischofswerda. Von hier schrieb er am 1. Oktober im Auftrage des Königs an Daun, um Beschwerde
zu führen, daß die Oesterreicher aus Schlesien mehrere Ver-
waltungsbeamte als Gefangene mit fortgeschleppt, und da
dies wider Kriegsgebrauch, so verlangte er die Freilassung
derselben, worauf Daun am 2. Oktober aus Stolpen artig
antwortete: daß er befohlen, die verlangte Freilassung sogleich
zu bewirken.

Für seine rechte Flanke mehr und mehr besorgt, verließ
endlich Daun am 5. Oktober in der Nacht die Stellung von
Stolpen, und zog am 7 in die noch festere auf den Höhen
von Kittlitz, mit dem linken Flügel an die waldigen Berge
bei Hochkirch, mit dem rechten an den Stromberg angelehnt.
Der König hatte schon am 1. Oktober Retzow mit 14 Bataillonen und 30 Schwadronen nach Bautzen, und darauf
mit der Hälfte dieser Mannschaft nach Weißenberg vorgesandt;
am 6. rückte er selbst mit der Hauptstärke nach Bautzen,
von wo er an Keith schrieb, daß er seine Angriffsbewegungen
zu beginnen denke, dann aber hinzufügte: „Je suis informé
de tout ce qu'il est possible d'apprendre, à moins que
d'avoir eu une conférence sécrète avec Daun, qui peut-

être en aurait dit davantage. J'ai bonne espérance, mais il faut battre le fer tandis qu'il est chaud." Durch diese Aeußerungen der Zuversicht wird Retzow's Angabe bestätigt, daß der König in Daun's Hauptquartier eines Kundschafters sicher gewesen sei, der ihm allerdings die zuverlässigsten Nachrichten ertheilt, aber darauf, unglücklicherweise entdeckt, und gezwungen zu falschen Meldungen, ihn nur um so mehr in's Verderben geführt habe.

Retzow hatte die in Bautzen gebliebene Hälfte seiner Truppen nun wieder an sich gezogen, und hielt fortwährend die Stellung von Weißenberg besetzt, und dadurch die Straße nach Görlitz und Schlesien offen. Den Stromberg mitzubesetzen, reichte seine Mannschaft nicht hin, er hätte die Stellung von Weißenberg dann aufgeben müssen, denn zwischen dieser und dem Stromberge floß in steilen Ufern tief eingeschnitten das Löbauer Wasser und gestattete kaum eine Verbindung zwischen beiden Höhen. Weil aber von dem Stromberge die ganze Gegend weithin zu überschauen war, so hatte Retzow einen Beobachtungsposten dort aufgestellt. Als jedoch Daun sein Lager bei Kittlitz nehmen, und seinen rechten Flügel hinter dem Stromberg anlehnen wollte, vertrieb er den preußischen Posten, und besetzte nun den Berg mit hinreichender Macht. Retzow erkannte, daß Daun sich in seiner neuen Stellung behaupten wollte, und keinerlei Anstalten zum Abzuge machte; seine täglichen Berichte an den König bestätigten diese Meinung durch immer neue Gründe, welche dieser jedoch nie gelten ließ, sondern immer behauptete, der Feind gehe zurück, oder mache Anstalten dazu.

Keith folgte dem Könige am 9. Oktober nach Bautzen, und am 10. rückte dieser vor, und nahm sein Lager bei Hochkirch, dicht vor der Stellung Daun's. Sein Hauptquartier war in Rodewitz. Das eigentliche Lager des Königs hatte nur geringe Ausdehnung. Auf der Höhe von Hochkirch stand der rechte Flügel zusammengedrängt, in der Flanke gesichert durch eine Batterie von 15 Kanonen, rechtshin am Fuße des Abhanges durch Birkengebüsche, in denen preußische Freibataillone lagen. Von jener Anhöhe linkshin erstreckte sich die Linie in zwei Treffen auf geringeren Abhängen über

Robewitz hinaus, längs der ganzen Front durch einen geringen, aber tief eingeschnittenen Bach gedeckt, den aber der linke Flügel überschritten hatte, um jenseits desselben zwei vortheilhafte Höhen zu besetzen, auf denen, den Dörfern Tschorna und Lauske gegenüber, starke Batterieen aufgeführt waren. Dieser Flügel stand in Verbindung mit der jenseits des Löbauer Wassers vorgerückten Truppenschaar Retzow's, welche auf der Höhe von Weißenberg in der rechten Flanke der Oesterreicher stand. Die Stellung wäre fest genug gewesen, hätte der Feind nicht eine vortheilhaftere und höhere gehabt, in der rechten Flanke, gegen Weißenberg hin, durch den starkbesetzten Stromberg, in der Mitte durch unangreifbare steile Abhänge gesichert, in der linken Flanke an das Hochgebirge gelehnt, dessen Schluchten und Waldungen Laudon mit seinen Schaaren besetzt hatte; der linke Flügel der Oesterreicher gewann hiedurch eine entschiedne Ueberlegenheit über den gegenüberstehenden preußischen, der gleichsam unter den Kanonenschüsse von jenen, und dabei der Umgehung offen stand.

Einen Versuch Laudon's am 10. Oktober in dem Engwege von Jenckwitz, den die leichten Truppen gegen das preußische Gepäck unternahmen, schlug Keith durch einige Regimenter, denen zur Unterstützung auch der König eine Schaar ausrücken ließ, mit bestem Erfolge zurück. Doch ließ dieses Unternehmen schon deutlich das Hauptgebrechen erkennen, an welchem die genommene Stellung litt, nämlich daß die Waldgebirge den Oesterreichern stets offne Ausgänge in die Flanke und in den Rücken der Preußen barboten.

Am 11. Oktober schrieb der König an Keith: „Je suis bien aise, mon cher maréchal, de ce que vous vous portez mieux. Le convoi qui est en chemin fait la base de toutes mes espérances, il faut, comme vous vous le proposez, tout employer pour qu'il arrive avec sûreté à Bautzen, j'ai des nouvelles de Dresde que des fausses alarmes ont retardé son départ le 8 mais que le 9 à midi tout s'est mis en train, je pense donc qu'à présent vous en avez sûrement des nouvelles et que demain tout arrivera à bon port à la boulangerie. L'ennemi a retiré de mon voisinage les postes avancés, signe certain que les généraux voyent à quoi tendent mes mouvemens et qu'ils se préparent à nous prêter le collet. Ni plus ni moins, et quelque difficile que soit l'aventure il en faut tenter le succès. Je ne peux ni ne veux m'expliquer par écrit, mais comme nous nous verrons bientôt je vous dirai le reste verbalement. Adieu, mon cher maréchal, je vous embrasse. Federic."

Als Keith am 12. Oktober im Lager zu Hochkirch angelangt war, erstaunte er, daß der König diese Stellung habe wählen können, so nahe dem Feinde und so bloßgestellt besseren Angriffen. Er sagte zu den Offizieren die ihm entgegengeritten kamen: „J'ai vu beaucoup de camps dans ma vie, mais jamais un pareil, ni en réalité, ni en peinture." Schon der Quartiermeisterlieutenant von der Marwitz, überzeugt von der Gefahr, hatte sich geweigert, hier das Lager abzustecken, und war deßhalb in Haft gesetzt. Auch andere Generale machten dem Könige Vorstellungen, allein ganz fruchtlos. Keith sagte gradezu: „Convenez, Sire, que si les généraux autrichiens nous laissent tranquilles dans le camp que nous occupons, ils méritent d'être pendus." Der König erwiederte witzig: „Il faut espérer, qu'ils auront moins peur de la potence, que de nous autres." Keith muß bald die Ansicht des Königs mehr haben gelten lassen, denn in seinem Briefe vom 12. Oktober an Lord Marischal drückt er keinerlei Besorgniß aus, vielmehr hat auch er nun die Ueberzeugung, daß Daun an keinen Angriff denke, sondern bald völlig nach Böhmen werde zurückgehen müssen. Dieser denkwürdige Brief, das Letzte, was Keith geschrieben hat, darf hier nicht fehlen, und dieser letzte Ausdruck seiner Heldenseele, von dem Orte her, wo er sie zwei Tage später aushauchte, geschrieben, lautet wie folgt: „I received, two days ago, two letters from my dearest brother; one of the 10th of august, the other of the 10th of september. In one of them there was a letter for the king, which I delivered immediately. You see, by the newspapers that the Russians continue always to claim for themselves

the victory in the late battle. I wish them, with all
my heart, such another victory; for you may rest assured,
that their loss in that one was at least 25,000 men,
I must, however, do them justice; they fought very well,
especially their infantry, which threw the kings left wing
into the greatest confusion, and was the cause that the
victory was not more decisive. But if they gained the
battle, why have they profited so little by it? since,
instead of advancing, they have retreated behind Stargard;
though the king was obliged to return here, with all the
troops which had marched with him. It was, indeed,
time that he should do this, for prince Henry began to
be very much pressed by the two armies of Daun and
the prince of Deuxponts. He is now in a better situation,
for the king has obliged marshal Daun to quit his
position of Stolpen, and, consequently, his communication
with the Elbe, and to retire towards Zittau, where we
have pursued him step by step, but without ever having
had an opportunity of engaging a combat. He remains
always among the mountains, and encamps in places so
inaccessible, that it would be the greatest act of rashness
to attack him. And it is only by secret marches, that
one can draw him out from his position. It was by a
march of this kind that we turned his right flank, and
thus obliged him to abandon his camp at Stolpe. Now
the devil has sent him to the top of the hill near Löbau,
and we must try and contrive some means of drawing
him out from thence, or he will stay there till the snows
drive him away. It is true, that this would not be a
peculiarly great evil, for we are now placed so, that he
cannot receive any thing from Saxony, and that he is
obliged to bring all his provisions etc. from Bohemia,
which is behind him. One sees clearly that his intention
is not to give battle, but that he wants to live as long
as he can at the expense of Saxony, and to save Bohemia for his winter quarters. On our side we wish
to prevent his foraging in Saxony, because we mean to

winter there. Here you have the secret of the rest of this campaign, which, according to all appearance, cannot be long; for it is already as cold as if we were in the month of december, on account of the nearness of the mountains, from whence, by the way, it is not possible to draw this tiresome man, in spite of all he must suffer there. For we see, by the desertion, that he must suffer a great deal; for in a single night we have had a 150 deserters come to us from his army, and not a day passes, that there do not come 30 or 40. Make many compliments from me to the dear chancellor. I am as anxious for peace as he can be; for my health can no longer sustain the fatigues of war, especially in the way we are now obliged to make it, against so many enemies, whom we are forced each campaign to run after, from one end of Germany to the other."

Der König scheint die Schwäche seines Lagers, welches zu Filtzen des österreichischen von diesem aus völlig überschaut wurde, und auf der rechten Flanke fast mit diesem zusammenstieß, wohl eingesehen zu haben, allein er verließ sich auf seine Nachrichten, und wollte zeigen, daß er den Feind verachte und herausfordere. Noch am 13. Oktober Nachmittags hatten ihn mehrere seiner Generale, auf die Kunde von Bewegungen im österreichischen Lager, zur Vorsicht aufgefordert, und Zieten sich die Erlaubniß erbeten, seine Reiterei nicht absatteln zu lassen. Der König ließ auch wirklich schon einige Truppen ausrücken, allein da die Oesterreicher ruhig blieben, so glaubte er, es sei keine Gefahr, zog die Truppen wieder ein, und befahl nun ausdrücklich, die Reiterei solle absatteln, worauf Zieten, um nicht ungehorsam zu sein, dies zwar geschehen ließ, aber gleich nachher wieder zu satteln befahl. Auch dachte der König hier nicht lange zu verweilen, er hoffte durch Vordringen in Daun's rechte Flanke diesen auf's neue zum Rückzuge zu nöthigen. Deshalb äußerte er sein Mißfallen, daß Retzow von Weißenberg aus nicht auch den Stromberg besetzt hatte, der jetzt im Besitze der Oesterreicher deren rechte

Flanke sicherte. Er sandte ihm daher nun den Befehl, eine Stellung auf dem Stromberge zu nehmen, allein Retzow erwiederte, das sei jetzt unmöglich, er würde seine ganze Mannschaft aufopfern und dennoch den Zweck nicht erreichen; der König sandte zum zweitenmale, mit dem Zusatze, Retzow hafte mit seinem Kopfe für die Ausführung, worauf dieser ihm sagen ließ: „Ich lege meinen Kopf dem Könige zu Füßen, und rette mein Gewissen; ich würde mich versündigen, so viele brave Leute hier dem Tode zu weihen, bei der Ueberzeugung, daß kein Nutzen dabei sein kann." Eine dritte Botschaft meldete Retzow'n des Königs Unwillen, und gab ihm Haft. Aber den Angriff des Strombergs gab der König nun gleichwohl auf; vielmehr beschloß er, sobald die Zufuhren von Mehl und Brot eingetroffen sein würden, die sich aber unglücklicherweise um vierundzwanzig Stunden verspäteten, mit seinem Heere aufzubrechen und bei Weißenberg in die Stellung Retzow's zu rücken, diesen aber weiter in die rechte Flanke der Oesterreicher über Reichenbach vorzuschieben. Die Oesterreicher kamen dieser Ausführung zuvor.

Daun sah mit Verwunderung, wie verwegen Friedrich ihm unter den Augen lagerte, und wie durch Nichtbeachtung aller Blößen er den Gegner gleichsam geringschätzte und herausforderte; allein es bleibt zweifelhaft, ob er aus eignem Antriebe zu rechter Zeit etwas dagegen würde gethan haben. Seine Generale aber, besonders Lascy und Laudon, drangen lebhaft in ihn, die trotzige Tollkühnheit zu bestrafen. „Wir verdienen, vom Feldmarschall an, alle kassirt zu werden, wenn wir diese Herausforderung nicht annehmen," hieß es im österreichischen Lager. Endlich, nachdem er alles sorgsam erwogen und geprüft, entschloß Daun sich zum Angreifen. Der Plan dazu wurde mit Ueberlegung entworfen, und die Ausführung in größter Stille mit Eifer vorbereitet. Um den König zu täuschen, ließ Daun neue Batterieen errichten, besonders auf seiner linken Flanke alle Schluchten und Zugänge durch Verhaue wahren, und indem er diese Vertheidigungs-Anstalten traf, nährte er zugleich die Vermuthung, er denke an Rückzug. Die sichtbare Arbeit an den Schanzen und Verhauen deckte aber andere Anstalten, welche hinter die-

sem Vorhange Statt fanden. Dann ließ Wege durch die
Bergwaldung hauen und in Stand setzen, um mit Truppen
und Geschütz ungehindert vorrücken zu können. Dann zog
er unbemerkt seine Hauptstärke auf den linken Flügel, ordnete
sie in drei Truppenzüge, außer der besondern Schaar Laudon's,
welche er ansehnlich verstärkte, diese sämmtlichen Züge traten
am 13. Abends nach eingetretener Dunkelheit ihren Marsch
an, gingen auf den bereiteten Wegen durch die Wälder und
hinter den Bergen linkshin bis zum Fuße derselben, und
standen vor der Morgenfrühe in der rechten Flanke und zum
Theil im Rücken der Preußen zum Angriffe bereit. Damit der bei solchem Nachtmarsch unvermeidliche Lärm
nicht vernommen würde, mußten die Arbeiter an den Verhauen die ganze Nacht fortfahren Bäume zu fällen, und
dabei einander anrufen, schreien und singen. Sogar der
Umstand, daß die Oesterreicher in den letzten Tagen so viele
Ausreißer gehabt, wurde mit List benutzt, und während der
Nacht kamen deren schaarenweise bei den preußischen Vorposten an, so daß diese auf manchen Punkten ganz in der
Minderzahl waren, und im entscheidenden Augenblicke von
den verstellten Flüchtlingen leicht übermannt werden konnten.
Ein dichter Nebel deckte die ganze Landschaft, und begünstigte
die Angreifenden.

Als die Thurmuhr von Hochkirch — berichtet Archenholz —
5 schlug, fielen die ersten Schüsse, und die preußischen Freibataillone in dem Birkengebüsch von der rechten Flanke sahen
sich angegriffen. Man war gewohnt, daß die Panduren und
Husaren mit diesen plänkelten, und ein Gefecht auf den Vorposten schien nicht beachtenswerth. Allein bald waren die
Freibataillone zurückgedrängt, und das Gewehrfeuer entzündete sich in größerer Ausdehnung. Bald begann auch
das Feuer aus dem groben Geschütz. Drei Grenadierbataillone
des preußischen rechten Flügels wurden aufgeschreckt, griffen
eiligst zu den Waffen, und wollten gegen den Feind vordringen, allein augenblicklich sahen sie diesen von allen Seiten
aus dem Nebel hervortreten, und sich selbst von vorn und
zugleich im Rücken angegriffen, sie wurden großentheils aufgerieben, und nur einer kleinen Zahl gelang es sich durch-

zuschlagen. Das tapfre Regiment Forcabe warf sich dem
Feinde entgegen, trieb ihn eine Strecke zurück, wurde aber
ebenfalls in Flanke und Rücken genommen, und mußte hinter
Hochkirch Schutz suchen. Die Batterie auf der Höhe von
Hochkirch wurde von einem Bataillon tapfer vertheidigt, doch
von allen Seiten überwältigt mußte es das Geschütz dem
Feinde überlassen, der sogleich einige Kanonen umkehrte, und
das preußische Lager daraus beschoß. Alles raffte sich hier
aus dem Schlaf empor, und die Truppen, zum Theil nur
halbbekleidet, standen rasch im Gewehr. Der König selbst
erschien zu Pferde, ordnete die Regimenter und gab Befehl
zum Vorrücken, allein die Niederlage seiner Grenadiere und
der Verlust der Batterie zeigten genugsam, daß dem Feinde
der Ueberfall völlig gelungen und mit ganzer Macht unternommen sei. Laudon mit seiner Reiterschaar war über
Steindörfel vorgedrungen, griff die Stellung der Preußen
im Rücken an, und stieß erst nach einiger Zeit auf die
preußische Reiterei, welche Zieten etwas spät heranführte,
weil er ungeachtet seiner Besorgnisse in tiefen Schlaf gesunken
war. Daun selber befehligte den Angriff gegen Hochkirch,
die ganze Kraft des österreichischen Fußvolkes war hierher
gewendet. Noch befand sich das Dorf in den Händen der
Preußen, aber die österreichischen Grenadiere drangen rechts
und links desselben vor.

Bei dem ersten Lärm war Keith, der mit dem Prinzen
Franz von Braunschweig in einem Bauerhause zu Pommeritz
im Quartiere lag, rüstig zu Pferde gestiegen und begleitet
von seinem Adjutanten, dem Hauptmann von Gaudy, seinem
Läufer und John Tebay, einem jungen Engländer, der als
Freiwilliger stets ihm zur Seite war, nach dem Kampfplatze
geeilt, hatte die Ueberbleibsel der geschlagenen Bataillone rasch
gesammelt und sie auf's neue gegen Hochkirch vorgeführt;
da diese Angriffe mißglückten, so ließ er durch seinen inzwischen herzugekommenen Adjutanten Hauptmann von Coceeji,
das Regiment Itzenplitz herbeiholen, welches muthig anstürmte,
aber von dem feindlichen Geschütz größtentheils niedergestreckt
wurde. Keith's Pferd wurde sogleich verwundet, er selber bekam einen Flintenschuß in den Unterleib, wollte aber das

Schlachtfeld nicht verlassen, sondern gab die nöthigen Befehle und ermunterte die Truppen. In diesem Augenblick erschien der Hauptmann von Anhalt abseiten des Königs, um von Keith über den Stand der Sachen auf dem rechten Flügel Nachricht einzuholen; Keith, im Vollgefühl des schweren, und nur mit großen Opfern durchzuführenden Kampfes, erwiederte kurz: „Sagen Sie dem Könige, daß ich diesen Punkt, damit die Armee sich sammeln könne, bis auf den letzten Mann halten werde. Adieu, wir sehen uns nicht wieder." Der Kriegsminister General von Boyen hat in seiner Jugend den alten Generallieutenant von Anhalt diese empfangene Antwort noch erzählen hören. Nachdem sich die Trümmer des Regiments Itzenplitz an das nächststehende Regiment Kannader angeschlossen hatten, setzte sich Keith an die Spitze desselben, und rückte etwas rechts vom Dorfe kühn gegen den Feind. Dem stürmenden Anfall wichen die österreichischen Grenadiere, und auf's neue stauden die Preußen auf der Höhe, unfern ihrer verlorenen Batterie. Zugleich kam die preußische Reiterei aus dem zweiten Treffen von Pommeritz hervorgesprengt, hieb mit Wuth in das feindliche Fußvolk ein, warf eine ganze Linie in die Flucht, und machte sogar viele Gefangene. Aber die Oesterreicher stürmten in frischen Schaaren heran, sie waren augenblicklich den Angreifenden wieder in Flanke und Rücken, und ihr Geschütz warf Kartätschenhagel. Keith war mit seiner gelichteten Schaar bald umringt, sie mußte sich in mörderischem Feuer mit dem Bajonet durchschlagen, und verlor hiebei, nahe dem Dorfe, ihren Anführer; Keith empfing gegen 9 Uhr einen zweiten Schuß in die Brust, und eine Kanonenkugel warf ihn vom Pferde; sprachlos sank er in die Arme seines Läufers und Teban's; anfangs betäubt, doch bald erholt, wollte Teban seinen Herrn wieder auf's Pferd heben, aber dieser sank zusammen, und blieb, da die allgemeine Flucht seine Getreuen gewaltsam fortriß, unter Todten und Verwundeten liegen, über welche die feindliche Verfolgung achtlos hineilte. Die preußische Reiterei rechts von Hochkirch stieß auf das Kartätschenfeuer der Batterieen Laudon's und wurde durch dessen Reiterei von Steindörfel her in Flanke und Rücken genommen, so mußte sie denn mit großem Verlust ebenfalls weichen. Ein finstrer Nebel verdunkelte den schwachen Mondschein, und mehrte die Unsicherheit des Kampfes und die Verwirrung der Truppen.

Doch Hochkirch stand nun in Flammen und leuchtete weit umher. Der Major von Lange, der sein Ehrenwort gegeben, das Dorf lebend nicht zu verlassen, zog sich mit seinem tapfern Bataillon auf den Kirchhof zurück, der in der Mitte des Dorfes hochgelegen und ummauert eine feste Stellung bot; hier vertheidigte er sich mit ausdauerndem Heldenmuthe eine geraume Zeit gegen mehr als 14 Bataillone, welche Daun nach und nach anrücken ließ. Als Lange getödtet und sein Bataillon fast aufgerieben war, versuchte der Rest noch sich durchzuschlagen, was jedoch nur wenigen gelang.

Der König, mitten im heftigsten Feuer Befehle gebend und Meldungen empfangend, ließ jetzt, nachdem es Tag geworden, aus Rodewitz die Brigade seines jungen Schwagers, des Prinzen Franz von Braunschweig, zu neuem Sturme heranrücken. Der Prinz, als er den Befehl erhielt, stutzte anfangs, und fragte, ob denn der König wisse, daß er durch seinen Abmarsch eine unausfüllbare Lücke lasse? Dann aber, von heitrem Muthe beseelt, rief er seiner Mannschaft in österreichischer Sprechweise munter zu: „So wollen wir sie denn halt wieder wegjagen!" Mit ihm stellten sich der Markgraf Karl von Brandenburg und der Prinz Moritz von Dessau an die Spitze dieses Angriffs, der auch soweit gelang, daß Hochkirch nochmals genommen, und sowohl das Fußvolk als die Reiterei des Feindes geworfen wurde, allein dessen Unterstützung war schnell zur Hand, die Preußen sahen sich auf's neue im Rücken angegriffen, und mußten Hochkirch wieder verlassen, dem Prinzen Franz riß eine Kanonenkugel den Schädel weg, den Prinzen Moritz trafen zwei Kugeln in den Leib, und die Truppen wichen in Unordnung zurück. Einen letzten Versuch machte der König selbst, an der Spitze von 7 Bataillonen, auch diese drangen links von Hochkirch vor, und warfen den Feind eine Strecke zurück, erlagen aber bald denselben Nachtheilen, welchen die anderen Versuche erlegen waren, und der König sah ein, daß er an den Rückzug denken müsse.

Er gab dem Major von Möllendorf den Befehl, mit seinem Bataillon im Rücken die Anhöhen von Dresa zu besetzen, wohin schon ein starker Zug feindlichen Fußvolkes im Anmarsche war, um sich auf die Rückzugslinie zu stellen. Nachdem er den Andrang aus der Mitte der feindlichen Schlachtordnung durch Besetzung der Höhen von Külpritz und Riethen gehemmt, nahm der König mit seinen noch übrigen Truppen eine neue Aufstellung in der Linie von Dresa, Pommeritz und Külpritz, ließ die Reiterei seines linken Flügels von Seydlitz geführt in der Ebene bei Belgern aufmarschiren, während die Reiterei des rechten unter Zieten die feindliche auf dieser Seite zu hemmen strebte. Der König stand auf's neue schlagfertig, das Geschütz feuerte unablässig, und da Retzow von Weißenberg her erwartet wurde, so schien noch nicht alles verloren.

Inzwischen war auch Daun's rechter Flügel, nachdem er vorschriftsmäßig den Erfolg des linken abgewartet, gegen 8 Uhr unter dem Herzog von Aremberg zum Angriff geschritten. Der Widerstand weniger Bataillone, welche die Höhen und Engwege tapfer vertheidigten, hielt hier den Feind geraume Zeit auf, bis sie endlich der Uebermacht weichen mußten, wobei auch auf dieser Seite die große Batterie auf der Höhe von Lauske nicht zu retten war. Aber auch Retzow hatte einen Angriff zu bestehen, denn während er, der auf die Nachricht von der begonnenen Schlacht eigenmächtig die Haft verlassen, sich anschickte, dem Könige zu Hülfe zu eilen, rückte der Feind unter Anführung des Prinzen von Durlach ihm in die linke Flanke vor; da er dessen Angriff, der sich mit frischen Truppen stets wiederholte, dreimal zurückschlagen mußte, so verzögerte dies seinen Abmarsch, und er konnte dem linken Flügel des Königs nicht zu rechter Zeit Hülfe leisten. Doch sandte er einen Theil seiner Truppen sogleich, und folgte mit den übrigen in möglichster Eile; sie gingen über das Löbauer Wasser in verschiedenen Abtheilungen zurück, und nach einigen tapfern Gefechten und geschickten Bewegungen langten sie glücklich bei dem Könige an, der nun den Rückzug antrat, und ohne neuen Verlust, vom staunenden Feinde

unverfolgt, sein Lager auf den Höhen hinter Kredwitz und
Klein-Bautzen nahm.

Das war die Schlacht von Hochkirch am 14. Oktober
1758, in welcher Keith fiel. Außer ihm blieben der Prinz
Franz von Braunschweig, und der General von Geist; fast
alle Generale, wie auch der König selbst, waren von Kugeln
getroffen, dem Könige ein Pferd unter dem Leibe getödtet;
das preußische Fußvolk hatte von beinahe 24,000 Mann
gegen 9000, die Reiterei von etwa 9000 Mann kaum 300
Mann verloren; aber 100 Kanonen, 28 Fahnen und 2
Standarten, nebst allen Zelten und dem größten Theile des
Gepäcks waren die Siegesbeute des Feindes. Die Oesterreicher, gegen 50,000 Mann stark, verloren an Todten und
Verwundeten über 6000, an Gefangnen etwa 700, unter
denen der General Blirleschi war, und an Ausreißern über
2000. „Daun hat uns einen glücklichen Streich gespielt, —
sagte Friedrich —, aber da er uns aus dem Schach gelassen,
ist das Spiel nicht verloren." Er rüstete sich ungesäumt
zu neuen Kriegsunternehmungen.

Der Leichnam Keith's lag geplündert und nackt, nur von
einem Kroatenmantel bedeckt, unter den Schaaren von Todten,
welche den Boden um Hochkirch bedeckten, und wurde mit
einigen andern in die Dorfkirche gebracht, wo Daun mit
mehreren seiner Generale auf einen Augenblick eintrat, und
Lascy, den Mantel aufhebend, mit Bewegung ausrief: „Es
ist meines Vaters bester Freund Keith!" Die Kniewunde,
welche Keith bei Olschaloff bekommen, trug dazu bei ihn zu
erkennen. Daß jetzt ein Kroat in Keith's Uniform erschienen
sei, und bezeugt habe, er habe sie dieser Leiche ausgezogen,
und ihr dafür seinen Mantel übergeworfen, klingt verdächtig
und wie nachträglich ersonnen, um die Sicherheit zu vermehren, denn es fanden allerdings Zweifel Statt, und Kalckreuth sagt, obgleich eine Leiche als die des Feldmarschalls
Keith begraben worden sei, so bleibe es doch ungewiß, ob es
die seinige gewesen. Lascy jedoch war in gutem Glauben
und weinte bei dem Anblick, denn er war in jungen Jahren
eine Art Zögling von Keith gewesen; auch Daun und die
übrigen Generale nahmen an der Rührung Theil, und Daun

ordnete ihm am 15. Oktober ein feierliches Begräbniß mit allen Kriegsehren an, unter dreimaliger Abfeuerung von 12 Kanonen und des Kleingewehrs zweier Regimenter. Als der König am nächsten Tage die Bitte, den Todten mit kriegerischen Ehren zu bestatten, an Daun gelangen ließ, konnte dieser mit Befriedigung antworten, er habe schon aus eignem Antriebe diese Ehrenpflicht erfüllt.

Dem Könige ging der Tod Keith's sehr nahe; sein Vorleser De Catt sagt in seinem Tagebuche, er sei am 14. Nachmittags zum Könige gerufen worden, der über die verlorne Schlacht ganz gefaßt mit ihm gesprochen, und fügt hinzu: „Il donna beaucoup de regrets à la mort du maréchal Keith, qu'il loua extrêmement pour ses grands talents militaires, ses connaissances et sa dextérité dans les affaires politiques." Und am 18. Oktober sagte Friedrich zu De Catt: „Vous me voyez affligé. J'ai bien pleuré pour le cher maréchal. Je le regrette au-delà de l'expression." So schrieb er auch an Voltaire: „Vous avez grande raison de regretter le maréchal Keith; c'est une perte pour l'armée et pour la société." Vor allem aber eilte er den Bruder von dem unersetzlichen Verluste, den sie beide durch diesen Todesfall erlitten, zu benachrichtigen, und ihm die innige Theilnahme auszudrücken, die er in doppeltem Bezug empfand. Lord Marischal konnte nicht härter getroffen werden, der Bruder war ihm zugleich der innigste Freund. Sehr nahe lag es, im Schmerze den König anzuklagen, daß seine Unvorsichtigkeit und sein Eigensinn den Tod des Bruders verschuldet habe; jedoch kein Schatten eines solchen Vorwurfs erhob sich, im Gegentheil widersprach Lord Marischal jedem Tadel, der gegen den König in dieser Hinsicht vielfach laut wurde; er schrieb einem Freunde hierüber: „Dans cette dernière affaire, où une aile de l'armée prussienne a été surprise, je ne puis douter que la faute ne soit venue de celui qui commandait à cette aile; et non pas du roi, qui par ses lettres me faisait voir qu'il n'était nullement dans une sécurité qui put donner occasion à une surprise. Il m'écrit du 4 Octobre: „Jusqu'à ce que la neige tombe, j'ai à danser sur la corde." Voilà comme il regarde le métier de général d'armée. — Il me faisait entendre qu'il aurait donné la moitié de sa gloire pour un peu de repos." An Maupertuis schrieb Lord Marischal nach Basel, anstatt aller sonstigen Angaben, welche jener gewünscht hatte, die vier Worte: „Probus vixit, fortis obiit." An Madame Geoffrin aber späterhin: „Mon frère m'a laissé un bel héritage. Il venait de mettre à contribution toute la Bohème, à la tête d'une grande armée; et je lui ai trouvé soixante et dix ducats."

Im Dezember 1758 widmete der König aus der Winterruhe zu Breslau dem Lord Marischal die poetische Epistel über den Tod seines Bruders, voll ernster kühner Gedanken und voll Wärme des Gefühls. Im Januar 1759 aber ließ er die Leiche Keith's von Hochkirch nach Berlin abholen, wo sie am 3. Februar in der Garnisonkirche unter großen kriegerischen Ehren feierlich beigesetzt wurde. Ein Vetter des Feldmarschalls, Robert Keith, welcher sein Generaladjutant in Rußland gewesen, und jetzt als Oberst in dänischen Diensten stand, erschien dabei als nächster Leidtragender.

Keith starb im drei und sechzigsten Lebensjahre; er war von mittler Größe, dunkler Gesichtsfarbe, schwarzbraunen Haaren, starken Augenbrauen, entschlossenem Ausdruck, und doch edlen und milden Zügen. Sein vornehmes, festes Wesen gebot Ehrfurcht, während es zugleich Zutrauen einflößte. Sein ursprünglich starker und gewandter Körper hatte durch die Kriegsanstrengungen in Rußland gelitten, in seinen letzten Jahren befiel ihn öfters Kränklichkeit, die seinen Zügen einen weichen Ausdruck muß gegeben haben, denn Alle, die ihn gekannt, schildern ihn als einen sanften, liebenswürdigen Greis. Er liebte nicht Ueppigkeit und Pracht, hielt aber einen ansehnlichen Haushalt und zahlreiche Dienerschaft, die er stets gütig und liebreich behandelte, und deren Dienste er persönlich fast gar nicht in Anspruch nahm, indem er am liebsten selber that, was er hätte befehlen müssen. Er hatte sich nie verheirathet, hinterließ aber eine ihm nicht angetraute Freundin, die schon erwähnte Eva Merthens aus Finnland; sie war schön, von stattlichem Wuchs, und hatte bei großem

Verstand und muthigem hohen Sinn ein sehr einnehmendes
Wesen. Sie sprach das Deutsche nicht geläufig, aber drückte
sich vortrefflich im Französischen aus, las den Tacitus
lateinisch, und hatte überhaupt ihren Geist sehr gebildet.
In Friedenszeiten brachte Keith seine Abende gewöhnlich mit
ihr zu, wo denn auch einige Freunde stets willkommen waren;
im Feldlager besuchte sie ihn bisweilen, und war ihm
bei Krankheitsleiden, z. B. während des Sommers 1758
vor Olmütz und in Schlesien, eine treue Pflegerin. Um
andere Frauen war er wenig bekümmert, und liebte deren
Gesellschaft nicht, wie denn auch sie hinwieder wenig auf
ihn achteten. Nach Keith's Tode kam Eva Merthens in
gerichtlichen Streit mit Lord Marischal, der die Erbschaft
seines Bruders ansprach; es handelte sich weniger um Geld
und Gut, dessen wenig vorhanden war, als um werthvolle
Gegenstände des Andenkens. Das militairische Testament
lautete zu Gunsten der Freundin, der König ließ der ge=
richtlichen Verhandlung ihren freien Gang, und Lord Mari=
schal erhielt nur einen Antheil an dem geringen baaren Gelde,
das sich vorfand, zufolge seiner bereits angeführten Aeußerung
siebzig Dukaten. Eva Merthens heirathete später den Schloß=
hauptmann von Reichenbach in Stralsund, und lebte mit
ihm in zufriedner Ehe. Das Andenken Keith's aber blieb
ihr stets in höchstem Werthe, sein schönes von Pesne ge=
mahltes Brustbild wollte sie sogar dem Könige, der große
Summen dafür bot, nicht überlassen. Sie stand in allge=
meiner Achtung, und genoß auch bei den höchsten Personen
eines guten Ansehens, besonders bezeigte der Prinz Heinrich
von Preußen ihr große Aufmerksamkeit und schrieb ihr die
ehrenvollsten Briefe, die aber so wie zahlreiche Briefe desselben
und des Königs selber an Keith, auf ihr Geheiß verbrannt
worden sind. Sie erreichte ein hohes Alter, und bei fort=
gesetzter Abhärtung — sie pflegte im Winter eiskalt zu
baden — blieb sie stark und munter bis zuletzt, besonders
werden ihre kräftigen Augen gerühmt, deren Blick mächtig
einzudringen schien. Sie starb erst im Jahre 1811 am
15. Oktober zu Stralsund, und hat also noch die großen

Wechsel der preußischen Zustände erlebt. Von den Kindern Keith's finden wir keine weitere Nachrichten; doch wird behauptet, daß noch heute Nachkommen des Feldmarschalls in Berlin leben.

Die strenge Rechtlichkeit und freundliche Menschenliebe Keith's sind von allen Zeitgenossen anerkannt und gerühmt worden; diese Eigenschaften stammten aus einem großen und freien Herzen, einem ursprünglichen edlen Triebe, der auch seinem Heldenmuthe zum Grunde lag; was Erziehung und gereifte Vernunft dabei gethan, kann nur beiher in Betracht kommen. Als er im November 1757 in Böhmen einrücken sollte, schrieb er an Mitchell, er werde das Land ganz nach der Art behandeln, wie der Marschall Richelieu sich in Hannover benehmen werde, und die hannöverschen Minister möchten dies nur den Marschall wissen lassen, denn die ganze Welt solle erfahren, daß er selber nur durch den äußersten Zwang dahin gebracht werden könne, den Krieg in einer Weise zu führen, die seiner Gemüthsart und Gewohnheit so völlig entgegen seien. Sein Benehmen war stets höflich und zuvorkommend, und die Art, wie er dabei die eigne Würde bewahrte, trat nie der Würde der Anderen zu nah, sondern erhob diese vielmehr durch Freundlichkeit. Allerdings erfüllten ihn Stolz und Ehrgeiz, aber zunächst für das eigne Bewußtsein, das ihn für den äußern Schimmer fast gleichgültig machte. So war ihm auch die Tapferkeit angeboren, eine Bedingung seines Daseins, jede Beimischung von Todesfurcht würde sein innerstes Wesen zerstört haben; sein Nichtachten der Gefahr, seine Kaltblütigkeit und Ruhe, wirkten als mächtiges Beispiel, und flößten auch Anderen Muth und Zuversicht ein. Von seiner Tüchtigkeit überzeugt, und fern jeder Eitelkeit und Prahlerei, zeigte er weder Eifersucht, wenn Andere gerühmt, noch Empfindlichkeit, wenn er getadelt wurde; wir sehen ihn während seiner langen Laufbahn nie bemüht, bei mißlichen Vorgängen sich herauszureden, seine Verantwortlichkeit zu mindern, oder sein Verdienst hervorzuheben. Diese stolze, freie Abgeschlossenheit, dieses kraftvolle Beruhen auf sich selbst, machte ihn unter den Generalen Friedrichs, wo Ränke des Ehrgeizes und kleinliche Eifersucht so häufig waren, zu einer ganz eigenthümlichen Gestalt. Im Heere war er eigentlich nicht geliebt, die Generale und Offiziere sahen stets den Ausländer in ihm, den Soldaten blieb er fremd, da er nicht genug Deutsch konnte, um mit ihnen zu reden, aber sie folgten freudig seinem Befehl und Beispiel.

Seine Kriegslaufbahn war in der That von eigner Art. Leidenschaftlich seinem Vaterlande angehörig, und für dessen Sache die Waffen ergreifend, sieht er bald einzig diese Richtung verschlossen, und dafür jede andere aufgethan. Für oder wider fast alle größern Staaten Europa's hat er den Degen geführt; der vornehme Schotte wurde zum abentheuernden Glückskrieger, und erhob sich durch eigene Kraft auch hier zu den Kreisen, welche daheim die Geburt ihm angewiesen hätte. Die höchste Stufe des Dienstes, die vollste Beruhigung des Daseins, und vor allem sein Tod, machen ihn zuletzt entschieden zum Preußen, und als solcher lebt er fortan unter den ruhmwürdigsten Helden dieses Namens.

Der lebhafte, aufmerksame Geist, den er von der Natur empfangen hatte, folgte mit Leichtigkeit den mannigfachsten Richtungen, auch dem betrachtenden Nachdenken, welches in jener Zeit Philosophie genannt wurde, und das aus Ueberlieferungen und Vorurtheilen zu freiem Ueberblicke der Welt und des Lebens aufzusteigen strebte. Dies war nur eine andere Art von Tapferkeit, eine Kühnheit der Gedanken, die auch hier dem Tode frei in's Auge blickte. Keith und sein Bruder gehörten zu den Aufgeklärten ihrer Zeit, als reine Gottesgläubige den kirchlichen Bekenntnissen fremd, deren Vielfachheit schon und Entgegensetzung sie alle verwerflich zu machen schien. So stand ihnen zwar die christliche Lehre sehr hoch, aber diejenigen, welche sich nach ihr nannten, dünkten ihnen oft am meisten entfernt von ihr. So sagte Keith einmal in Böhmen, beim Anblicke soldatischer Verwüstungen: „Il faut avouer, Sire, que ces chrétiens sont une grande canaille." Auch über die Satzungen des Staats und der Gesellschaft hatte sich der Blick der Brüder erhoben, doch ohne sich den Formen derselben entziehen zu wollen, ober die Vortheile zu verschmähen, die ihnen von daher zuflossen; der Stolz ihrer Abstammung war ihnen tief eingewurzelt, und wenn auch in Aeußerungen oft verläugnet, doch in Gewohnheiten kaum zu überwinden.

Von den gelehrten Kenntnissen Keith's dürften die Schriftsteller wohl zuviel gesagt haben. Allerdings hatte er in der Jugend eine gute Grundlage gewonnen, selbst in den alten Sprachen, und war auch späterhin beflissen, seine Kenntnisse zu erweitern, besonders im Kriegsfach, und hielt Wissenschaft und Geistesbildung jeder Art in hohen Ehren. Allein dies alles entsprach mehr den Bedürfnissen eines hochstehenden Mannes, der an jenen Zierden der Welt Antheil nimmt, ohne selbstthätig in ihnen wirken zu wollen. Daß er in Leipzig mit Gottsched von griechischen Dichtern sprechen konnte, und durch seine Kenntniß diesen Gelehrten in Verwunderung setzte, mag im Augenblicke mit Recht von großer Wirkung gewesen sein, jedoch die gewöhnlichste Schulerinnerung mochte dazu ausreichen. Das Talent für Sprachen scheint nicht groß in ihm gewesen zu sein; die Muttersprache blieb ihm die bequemste, und in dieser sprach und schrieb er seinem Bruder, doch hatte er auch hierin bei beschränkter Uebung manches vergessen, und Lord Dover gesteht, daß er bei den englischen Briefen, die er von Keith mitgetheilt, einige Nachhülfe angewendet habe. Seine Umgangssprache war die französische, die er gewiß mit Leichtigkeit gebrauchte, aber im Schreiben weder mit Fülle noch mit Eleganz, Lord Marischal übertraf ihn darin weit. Daß er weder Russisch noch Deutsch gelernt, ist aus mancherlei Anzeigen gewiß, etwa ein paar Ausdrücke abgerechnet, die das Kriegsleben aufnöthigt. Geschrieben hat er, soviel uns bekannt, nur einige militairische Denkschriften, einen Abriß seines früheren Lebensgeschicks, Briefe, und endlich dienstliche Berichte während des Krieges, die letzteren immer möglichst kurz und klar, ohne alle Ausschmückung; auch seine Handschrift war klar in schönen runden Zügen, angenehm für das Auge und leicht zu lesen. War er demnach weder Gelehrter noch Schriftsteller, so konnte er doch mit Recht ein kenntnißreicher Mann heißen. Sein

Wiffen war vorzugsweife ein aus dem Leben geschöpftes, reich an vielartiger Anschauung und Erfahrung, und da er unterrichtet genug war, diefen Stoff auszubilden, und fein freier Geift diefen beherrschte, so darf es nicht wundern, daß fein Gespräch anziehend und belebend war, und der König immer feine Unterhaltung fein und gediegen fand.

Aus der Vereinigung diefer Lebenskunde und des zuverläffigen Karakters, den er überall dargethan, geht auch das Talent für politische Geschäfte und für diplomatische Verhandlungen hervor, welches er vielfältig bewiefen hat; Kaltblütigkeit und Scharfblick find in diefem Gebiete nicht weniger als im Kriege die entscheidenden Eigenschaften, und listenreiche Ränke und glänzende Vielthätigkeit oft nur hinderlich dabei; eine gewiffe Abgeschloffenheit, die sich einseitig auf bestimmte Zwecke richtet und nie den allgemeinen Lebenseindrücken hingiebt, dient gleicherweise den Aufgaben des Krieges und der Diplomatik.

Als ein besondrer Zug feiner Persönlichkeit ist der Humor zu erwähnen, der ihn durch alle Lebensumstände begleitete. Ein Theil davon mag als Erbtheil feiner Landsleute gelten, aber ein Theil war auch in ihm ursprünglich, und mit jenem zu einer neuen Eigenart verschmolzen. Die Schärfe diefes Humors liebte sich in wunderlichen Ausdruck und seltsame Bilder zu kleiden, sie war also da, und auch wieder nicht da, wie ein Schwert, das man in die Scheide steckt, und also nicht nothwendig mörderisch, wie etwa die satirischen Worte des Königs, die gleich in's Fleisch drangen. Keith's Humor- und Witzworte waren berühmt, und wurden oft angeführt; man nannte sie wohl seine Lakonismen, aber sie waren nicht immer kurze Sprüche, sondern bisweilen auch ausgeführte Redewendungen. Manche kamen aus dem französischen Kreise, dem sie zunächst angehörten, auch deutsch übersetzt in Umlauf. Wir haben einige solcher Worte mitgetheilt; eine große Zahl derselben ist untergegangen, oder längst von seinem Namen getrennt; eine vor vierzig Jahren noch vorhandene Sammlung hat sich verloren.

Sein Verhältniß mit dem Könige ist nie getrübt worden; nur in wenigen Fällen konnte die Strenge des Dienstes und die Schwierigkeit der Kriegssorgen ein lebhaftes oder hartes Wort hervorrufen, das aber in Keith nie Groll erweckte, und bei dem Könige sogleich wieder den Ausbrüchen des Vertrauens und der Zärtlichkeit wich. Von Friedrichs Mißlaune hatten alle seine Generale zu leiden, er aber nicht minder von ihrer Empfindlichkeit und Eifersucht, nur Winterfeldt und Keith machten eine Ausnahme, und am wenigsten wurde Keith dem Könige durch Unzufriedenheit und Ansprüche beschwerlich; er vertrug sich mit seinen Nebengeneralen, gehorchte und befehligte mit gleichem Eifer, und führte die kleinste Schaar so willig wie ein ganzes Heer. Mit Schwerin stand er in freundschaftlichem Vernehmen, Schmettau war ihm ergeben, Winterfeldt genoß seine Achtung, Seydlitz und Zieten scheinen ohne nahen persönlichen Bezug mit ihm geblieben zu sein. Als eigentlicher Widersacher von Keith wird nur der Prinz Moritz von Dessau genannt, der ihm bei dem Könige heimlich zu schaden suchte; doch dieser entschieden tapfre, aber sonst ungeschlachte und verwahrloste Prinz, der nicht französisch konnte und deutsch nur stotterte, hatte schon deßhalb mit Keith wenig Verkehr, und als er einst in Dresden, in einem Anfall von Verstellung oder Laune diesem die eifrigste Unterwürfigkeit bezeigte und ihm sogar die Schabracke küßte, antwortete Keith nur lächelnd mit einer Handbewegung und den deutschen Worten: „Gutte, gutte!" was Kalckreuth als: „Gehe nur, ich traue Dir nicht!" auslegt.

Lord Marischal überlebte seinen Bruder noch viele Jahre. Er versuchte in Schottland zu leben, kehrte aber bald zu dem geliebten Könige zurück, und starb in Potsdam am 28. Mai 1778 im sechsundachtzigsten Lebensjahre. Er hatte seine und seines Bruders Lebensereignisse, besonders die auf Schottland bezüglichen, niedergeschrieben, und die Handschrift dem Sekretair Engelbrecht übergeben, der bei Keith, während dieser Gouverneur von Berlin war, in Diensten stand; er stellte ihm frei, den Aufsatz in Druck zu geben, forderte ihn aber später doch zurück. Engelbrecht, in der Folge Geheimer Finanzrath in Berlin, meinte, Lord Marischal werde die Schrift nach seiner Aussöhnung mit England wohl verbrannt haben. Der Sekretair Keith's während des siebenjährigen Krieges, Weidemann, hat ein Tagebuch seiner Feldzüge verfaßt, welches in Abschriften noch vorhanden ist.

Gleim hat in seinen Liedern eines preußischen Grenadiers den Namen Keith mit Ruhm genannt, der Geheimrath Formey in der Akademie der Wissenschaften zu Berlin im Jahre 1760 seine Lobrede vorgetragen. Mit Zustimmung Lord Marischal's ließ Sir Robert Murray Keith, englischer Gesandter in Wien, dem Feldmarschall in der Kirche zu Hochkirch im Dezember 1776 ein Denkmal errichten; auf einem Fußgestell von grauem Marmor steht eine Urne von weißem Marmor, an welcher zwei trauernde Genien ruhen, die Zeichnung ist von dem berühmten Oeser, die folgende Inschrift aber, goldne Buchstaben auf schwarzem Grunde, von dem Philologen Ernesti: „Jacobo Keith, Guilelmi Comitis Marescalli Hereditarii Regni Scotiae et Marine Drummond filio, Friderici Borussorum Regis Summo Exercitus Praefecto, Viro antiquis moribus et militari virtute claro, qui, dum in proelio non procul hinc inclinatam suorum aciem mente, manu, voce et exemplo restituebat, pugnans ut heroas decet, occubuit d. XIV. Octobris, anno MDCCLVIII." Sir Robert Murray Keith hatte zwei andere Inschriften, die man ihm dargeboten, als zu lang und schwach verworfen, und seine Wiener Freunde Baron von Hagen und Abt Metastasio aufgefordert, ihm etwas Mannhaftes und Nachdrückliches zu liefern, was aber entweder nicht erfolgte, oder dem Entwurfe von Ernesti nachstehen mußte.

In seinem letzten Lebensjahre noch ließ der König das Standbild Keith's auf dem Wilhelmsplatz in Berlin errichten; dasselbe wurde von dem Bildhauer Tassaert in Marmor angefertigt, und am 5. Mai 1786 feierlich aufgestellt, als vierte Bildsäule zu den schon eben dort errichteten Bildsäulen von Schwerin, Winterfeldt und Seydlitz. Das durch den Prinzen Heinrich von Preußen im Jahre 1790 zu Rheinsberg den preußischen Helden errichtete Denkmal erwähnt die Rechtschaffenheit, die Kenntnisse und den Heldenruhm Keith's mit großer Auszeichnung.

Bernhard Rode hat dem Ruhme preußischer Helden, namentlich Schwerin's, Winterfeldt's, Keith's und Kleist's, vier allegorische Gemählde gewidmet, und der Garnisonkirche zu Berlin geschenkt; das für Keith bestimmte wurde daselbst im Jahre 1774 aufgestellt, und zeigt Keith's Brustbild und Namen auf einer Urne, welche der Genius des Ruhms mit Lorbeerzweigen kränzt.

Ein schönes Brustbild Keith's, für seine Freundin Eva Merthens im Jahre 1755 von dem Hofmahler Anton Pesne auf Leinwand in Oel gemahlt, befindet sich wohlerhalten im Besitze des Herrn Präsidenten Heuer zu Potsdam.

Zwei gute Gemählde Lord Marischal's und Keith's von Francesco Trevisani gemahlt, sind das eine in Craigston, das andere in Keith-Hall aufbewahrt.

Hans von Held.

Hans Heinrich Ludwig von Held wurde geboren am 15. November 1764 in Auras an der Oder unweit Breslau. Sein Vater, aus dem Herzogthume Mecklenburg-Strelitz gebürtig und dort begütert, verließ den herzoglichen Hof, wo er bis dahin Page gewesen, und begleitete einen Prinzen dieses Hauses nach Potsdam, wo beide in den Kriegsdienst König Friedrichs des Zweiten traten, der so eben den Thron bestiegen hatte. Er focht mit Auszeichnung in den bedeutendsten Schlachten der beiden schlesischen Kriege und des siebenjährigen Krieges mit, gerieth zwar bei Maxen als Hauptmann des Infanterieregiments von Zastrow in österreichische Gefangenschaft, wurde aber bald ausgelöst, und sogleich wieder im Felddienste gebraucht. Seine Redlichkeit, Ordnungsliebe, sein fester Muth und Grabsinn, waren allgemein bekannt und geehrt, doch diese Eigenschaften führten nur um so leichter dahin, daß er bald nach dem Hubertsburger Frieden wegen einer Widrigkeit mit dem General von Tauentzien, den Abschied nahm. Er war mit einer Tochter des Obersten von Haack, des Kommandanten der Festung Glogau, verheirathet, und wahrscheinlich um dieser Verbindung willen blieb er in Schlesien. Gegen ein Unrecht, an welchem hohe Vorgesetzte Theil hatten, war damals nicht leicht Abhülfe zu finden, und der Rechtschaffene trug sein Geschick mit der Stärke und dem Trotze seines vorwurfsfreien Innern. Eine solche Aufgabe aber kann schwerlich ohne einigen Unmuth erfüllt werden, und erzeugt in edlen Seelen eine reizbarere Empfänglichkeit für Recht und Wahrheit; diese Stimmung scheint sich von dem Vater früh auf seine Söhne übertragen zu haben, die er selbst unterrichtete, und die er in tüchtiger Weise, den einen für den Kriegsdienst, den anderen für die Studien heranzubilden hoffte. Sein zu früher Tod erschwerte den Hinterbliebenen diese Laufbahnen, aber änderte sie nicht.

Der ältere dieser Söhne, Hans von Held, nachdem er eine höhere Schule in Züllichau eine Zeitlang besucht hatte, kam mit sechzehn Jahren als Alumnus auf das Joachimsthal'sche Gymnasium nach Berlin, wo er vier Jahre unter dem großen Schulmanne Meierotto vorzüglich den klassischen Studien mit großem Fleiß oblag, und seinen Geist mit der Kraft und Anmuth der Alten so glücklich erfüllte, daß der Trost und die Freude solches Besitzes ihn auf seiner ganzen Lebensbahn begleiteten.

Mit dem besten Zeugnisse, in welchem auch die Anmuth der Sitten gerühmt wird, verließ Held im Frühjahr 1784 das Gymnasium, und bezog die Universität zu Frankfurt an der Oder, um das Studium der Rechte und der Staatswirthschaft zu beginnen. Die deutschen Universitäten strebten in jener Zeit aus dem Zustande der Pedanterei und Rohheit, in welche sie versunken waren, mit frischem Geist empor, aber Frankfurt stand hierin noch sehr zurück, die Studenten führten ein wildes Leben; und die ankommenden Neulinge wurden gewaltsam in dasselbe mit fortgerissen. Held, in strengen Grundsätzen erzogen, mäßig und ehrbar, fand kein Gefallen an dem wilsten Treiben; aber Feuer und Muth der Jugend forderten ihre Rechte, und wenn Rauflust und Schlemmerei ihn ungereizt ließen, so reizten ihn um so stärker die Anlässe, wo Freundschaft und Verbrüderung zu Kämpfen und Wagnissen verpflichteten, wo die Genossenschaft ein edler Eifer zu befeuern schien. Die meisten Studenten hielten sich in Landsmannschaften zusammen, Verbindungen der natürlichsten Art, und denen über die Universitätsjahre keine Dauer zu geben war. Daneben aber bildeten kleinere auserwählte Schaaren sogenante Orden, welche ihren ernsteren Zwecken auch für das spätere Leben dauernde Bedeutung beilegten. Unstreitig befand sich in diesen Orden, der strebsamere, kräftigere Theil der Universitätsjugend, derjenige Theil, der sich zu kühneren Vorsätzen, zu freierem Lebensblick erheben konnte. Durch einen dieser Vereine, durch den Konstantisten-Orden,

wurde auch Held aufgezogen, und erwies sich bald als eines
der feurigsten Mitglieder desselben. Von Halle ungefähr im
Beginn der Siebzigerjahre des achtzehnten Jahrhunderts
ausgegangen, zählte der Orden daselbst und auf anderen
norddeutschen Universitäten einige hundert Mitglieder, unge-
rechnet diejenigen, die schon dem bürgerlichen Leben angehörten. Ebenso hatten sich die Amicisten von Jena her
verbreitet, und dieser Orden stand mit dem der Konstantisten,
je nach Umständen und Anlässen, bald in Gemeinschaft, bald
in Hader; der Wetteifer diente jedoch meist nur, die Bande
der Vereinigung in jedem derselben straffer anzuziehen. Held
wurde schnell ein leidenschaftlicher Konstantist, befeuerte die
Mitglieder, warb deren neue, dichtete Lieder für die Zusam-
menkünfte, trat ritterlich für die Ehre und das Ansehen des
Bereins zum Waffenkampfe vor, und bewirkte mit Hülfe
einiger Freunde eine zweckmäßige Reform und neue Fassung
der Gesetze des Ordens. Wenn er dabei die Studien nicht
vernachlässigte, so war dies wohl selbst eine Folge des erhöhten Antriebes, den der Verein in einem solchen Gemüth auch für das Fortschreiten in den Wissenschaften entzündete.

Held vertauschte im folgenden Jahre 1785 Frankfurt
mit Halle, und die Zahl der Konstantisten wuchs nun bedeutend an; der nachmalige preußische Gesandte in München
Johann Emanuel Küster wurde von Held angeworben, der
nachherige Geheime Kabinetsrath Albrecht, der Professor
Kiesewetter, Friedrich Schulz, ein Herr von Clermont, und
viele andere später namhaft gewordene Männer schloßen sich
dem Orden an. Held schwärmte in den Gefühlen der Freundschaft, zahlreiche Gedichte sprachen die Gluth seiner Empfindungen aus, in denen die Freundesliebe stets mit der
Begeisterung für Tugend, für Recht und Wahrheit, für
Menschenadel und Menschenwohl zusammenging. Sein
Herz war offen und arglos, folgte willig jedem Anscheine
des Guten, traute Anderen mehr noch zu als sich selbst, und
es gehörten die bittersten Enttäuschungen dazu, diesen Quell
überströmenden Gefühls und Zutrauens zu hemmen, der jedoch nie ganz versiegte, sondern auch im spätesten Alter noch

oft unerwartet lebensfrisch hervorbrang. Daß er die Ausbildung seines Verstandes und die Erwerbung gründlicher Kenntnisse hiebei nicht vernachlässigt habe, dafür zeugen seine nachherigen so mannigfachen als tüchtigen Arbeiten, die nothwendig einen früh und gut gelegten Grund voraussetzen.

Ein Zweikampf mit einem Studenten Früson, der später in Posen einer der besten Freunde Held's und Vormund seiner Stiefkinder wurde, regte den Eifer der Behörde auf, und scheint die Ursache gewesen zu sein, daß Held im Herbst 1786 Halle verließ und nach Helmstädt ging, wo er das letzte seiner Universitätsjahre zubrachte. Hier fand er nur eine kleine Zahl Konstantisten, und die Mehrheit der Studirenden nicht von der Art, um aus ihrer Mitte dem Orden würdige Jünger zu werben. Auch mag der Blick auf sein bevorstehendes Abgehen von der Universität und die Sorge wegen seines bürgerlichen Fortkommens den jungen Mann, dessen Hülfsmittel gänzlich erschöpft waren, jetzt wohl ernster und nachdenklicher beschäftigt haben. Er mußte vor allem eine Dienstlaufbahn wählen, und sich zu dieser anmelden und näher vorbereiten. Er that letzteres mit angestrengtem Eifer, unter großen Entbehrungen und Mühsalen.

Held erscheint uns als einer der Menschen, die früh fertig werden, deren Karakter und Talente gleich im ersten Anlaufe die Gränzen abstecken, innerhalb deren sie sich bewegen werden. Wir sehen in ihm zwei Hauptkräfte sich gleichzeitig entwickeln, seine Seele abwechselnd bestimmen, und in ihren ungelösten Widerspruch sein ganzes Leben hineinziehen; ihn erfüllt ein überschwängliches inniges Gefühl, und ihn beherrscht ein durchdringender, scharfer, unbestechlicher Verstand; jenes idealisirt alle Gestalten, dieser prüft sie nach abstrakter Regel, und da beide fortwährend ihr Gleichgewicht suchen, aber sich nicht zur höheren Einheit aufzuschwingen vermögen, da keiner der Gegensätze den anderen überwindet, sondern immer nur neu hervorruft, so laufen beide Richtungen in ewiger Trennung neben einander hin, und sie halten einander nur dadurch die Wage, daß sie wechseln. Gegen die Außenwelt entsteht hieraus ein peinliches Mißverhältniß; derselbe Gegenstand, mit heftiger Gefühlswärme erfaßt und weit über

seine Wirklichkeit erhoben, fällt tief unter diese hinab, indem
er an die abstrakten Forderungen des Verstandes gehalten
wird; das Verwerfen ist jetzt unmäßig, wie es früher das
Ergreifen war; da jede dieser Thätigkeiten auf ihrem besondern
Grunde wohlberechtigt und in ihrer Wahrheit ist, so kann
keine die andere aufheben, und dieselben Erfahrungen werden
sich nur immer wiederholen, ohne jemals ein berichtigendes
Ergebniß zu erzeugen.

Nach diesem Zwiespalte des Innern stellen sich auch die
Talente, welche demselben als Hülfsmittel der Aeußerung
beigegeben sind. Die Poesie sowohl als die Philosophie
halten sich im Gebiete der Reflexion, sie schöpfen nicht aus
den Ursprüngen des Geistes, sondern handhaben überkommene
Bilder und Allgemeinbegriffe. Wir wollen hiemit nicht
tadeln, sondern nur bezeichnen, und erkennen sogleich an, daß
beiderlei Talent, das poetische wie das philosophische in Held
ungemein stark und frisch war; seine Gedichte erheben sich
nicht selten zu dem Besten, was die berühmtesten Dichter
solcher Gattung geliefert haben, und seine Gedankenfolge ist
immer streng, kräftig und klar, stets der Wahrheit und nie
dem Scheine zustrebend. Wie ganz anders aber hätten diese
edlen Gaben sich dargestellt, wie ganz anders gewirkt, wäre
zu ihrer Vermittelung und Leitung noch der Feinsinn gekommen,
den wir Geschmack nennen, und der für alles Urtheilen und
Thun richtiges Maß und sicherenden Halt gewährt! Ein ganzes
Leben würde durch diese Beigabe sich glücklicher gewendet
haben! Aber dieser Sinn fehlte hier; wie er denn überhaupt
selten und sein Mangel wesentlicher ist, als man gemeinhin
annimmt. —

Sehen wir auf den Inhalt, der in diesen Gemüths-
und Geistesformen vorzugsweise aufgegangen und angesiedelt
war, so finden wir alle herrschenden Ideen der Zeit in stärk-
ster Auffassung. In Deutschland war ein eifriges Streben
rege, die Fesseln alter Vorurtheile abzuwerfen, das Leben
aus dem Gesichtspunkte des Reinmenschlichen neu zu ordnen,
das Gemeinwohl zu befördern, die gesammte Menschheit zu
veredeln und dem Lichte zuzuführen; alles dies wurde mit
dem Namen der Aufklärung bezeichnet. Was in Frankreich

damals Philosophie hieß, stimmte mit dem deutschen Streben ziemlich überein; auf die Großen und Mächtigen hatte zumeist Voltaire eingewirkt, in ernsten und stillen Gemüthern waren Rousseau, Montesquieu und Diderot verehrt. Held insbesondre hatte die leidenschaftlichste Liebe zu Rousseau gefaßt. Die Regierung Friedrichs des Großen hatte den neuen Ansichten Freiheit und Stütze gewährt, Preußen war dadurch gleichsam ihre Heimath geworden, und auch die deutsche Philosophie, durch Kant in tiefe und weitkreisende Bahnen geführt, ging aus Preußen hervor. So geschah es, daß der weltbürgerliche Sinn hier doch wieder ein besonderes Vaterland lieben konnte, das durch den Ruhm der Thaten und des Geistes weit über andere Länder sich erhob. Dieser Ruhm verdunkelte sich zwar nach dem Tode des großen Königs, die schmachvollen Namen von Wöllner, Hilmer und ihrer Genossen wurden unauslöschliche Flecken darin, aber die Freunde des Lichtes hielten nur um so fester an dem Staate, dessen eigenstes Wesen sie gegen solche innere Feinde zu vertheidigen berufen waren. Dies finden wir auch in Held lebendig ausgedrückt. In demselben Maße, in welchem er für die Menschheit im Allgemeinen glühte, war er Preuße mit Leib und Seele. Dieser Staat vor allen sollte gedeihen, zum eignen Heil und zum Beispiele anderer Völker, dieses Königsgeschlecht schien vor anderen berufen, Licht und Heil zu verbreiten, und wenn auch eine augenblickliche Verbitterung eintrat, auf den jungen Thronerben hoffte man mit feuriger Zuversicht. Diese merkwürdige Verbindung des weltumfassenden Freisinns und der engsten Anschließung an das Vaterland ist die ehrenvolle Eigenthümlichkeit Held's und seiner Freunde, sie waren die eifrigsten Bürger dieses Staates, die reinsten Anhänger dieses Königthums.

Held's erste Anstellung im preußischen Staatsdienst erfolgte im Anfange des Jahres 1788, wo er Sekretair bei der niederschlesischen Accise- und Zolldirektion in Glogau wurde. Mittellos und auf seine eigne Kraft angewiesen, begann er mit Fleiß und Eifer in seinem Geschäftsberufe zu arbeiten, und durch nachträgliche Studien seine Kenntnisse zu erweitern. Er suchte eine freie Uebersicht der Verfassung

und Verwaltung des Staates zu gewinnen, und entdeckte
leicht die Gebrechen und Mängel, die sich darin angesetzt
hatten. Dabei hing er seinen schwärmerischen Neigungen
lebhaft nach, unterhielt die Verbindung mit seinen Ordens-
brüdern, knüpfte neue Freundschaften, widmete jeder Gelegenheit ihr angemessenes Gedicht, besang Tugend und Liebe,
und gab sich gern geselliger Freude hin. Doch bei größter
Hinneigung zu allen Reizen des Lebens, behielt er stets eine
strenge Eigenart. Er lebte bei seinem geringen Einkommen
mäßig und ordentlich, mied Trunk, Spiel und andere Aus-
schweifungen, war schon damals ein entschiedener Freund des
kalten Wassers, hielt auf die äußerste Reinlichkeit, und wenn
seine Erscheinung ungeachtet ihrer Strenge doch eine gefällige
und liebenswürdige war, so war sie es grade durch diese
ungesuchte Einfachheit, aus der im näheren Umgang ein edler
Zartsinn hervorbrach, immer bereit das Beste zu thun und
vorauszusetzen.

Mittlerweile kam in Frankreich die Revolution zum Ausbruch, welche durch die innere Arbeit gesteigerter Mißver-
hältnisse ein halbes Jahrhundert hindurch war vorbereitet
worden. Ihr Anfang wurde in Deutschland fast allgemein
als die Morgenröthe eines herrlichen Tages begrüßt, der für
die ganze Menschheit aufzugehen schien. Die edelsten Geister
unseres Vaterlandes, Klopstock, Bürger, Stolberg, Voß, Kant,
begrüßten segnend die junge Freiheit, in der sie ein auch für
Deutschland beginnendes Heil erblickten. „Hätt' ich hundert
Stimmen — sang Klopstock — ich feierte Galliens Freiheit
Nicht mit erreichendem Ton, sänge die göttliche schwach!"
Held und seine Freunde waren heftig ergriffen von der großen
Bewegung, die alles in sich zu vereinen schien, was Luther
und Friedrich, Rousseau und Lessing angestrebt. Mit dieser
Erscheinung, deren Folgen niemand überschauen konnte, begann
in allen deutschen Geistesbestrebungen ein neuer Eifer, eine
ernstere Thätigkeit, und das Bedürfniß wurde lebhaft gefühlt,
die Gleichgesinnten zu kennen und mit ihnen enger zusammen-
zustehen.

Held richtete daher jetzt alles Ernstes sein Bemühen auf
den Konstantistenorden, dem er eine freiere Entwickelung zu

geben unternahm. Die Studentenverbindung däuchte ihm sehr unvollkommen, und sollte auf höheres Allgemeines hinausgeführt werden. Er arbeitete neue Statuten aus, und suchte deren Geist in einer Einleitung auszudrücken, die wir hier als sprechendes Zeugniß der jugendlichen Meinung und Kraft in ihrer ursprünglichen Fassung mittheilen: „Unbekümmert darum. — heißt es —, in wiefern das Böse mit in den Plan der Welt gehört, aber überzeugt, daß der größte Theil der Menschen aus Unwissenheit, Trägheit und Kraftlosigkeit, dessen eine Menge entstehen macht, welche vermieden werden könnte, treten wir zusammen in einen festen Bund, durch dessen gemeinschaftliche und zusammentreffende Kräfte wir in den Stand gesetzt werden, das Joch nichtswürdiger Vorurtheile abzuwerfen, die richtigen Ansichten der Dinge zu finden, unsre Meinungen zu läutern, unsre Einsichten zu vermehren, die ewigen Gesetze der Vernunft und Moral mit praktischer Entschlossenheit zu befolgen, und solchergestalt, und unter den Auspizien der treuen Freundschaft, die oft trüben Tage im Leben uns einerseits auf eine eben so sichre und würdige Art zu erhellen, als wir andrerseits, mittelst dieser Bestrebungen, dem Ziele der moralischen Vollkommenheit näher rücken, welches, falls man das Dasein nicht für völlig bestimmungslos halten will, wir in der Perfektibilität unsrer Anlagen und Triebe, als uns vorgesteckt durchaus annehmen müssen."

„Wenige, ob sie gleich den Verlust der angebornen Güte und Würde beseufzen, und sich nach Erlösung sehnen, haben Energie genug, dem Strome der Verschlimmerung sich entgegenzustemmen, sie lassen es bei frommen Wünschen bewenden, die Verzagtheit in dieser Hinsicht ist allgemein, und mehrentheils schwächen Lage und der Druck der Umstände auch den regesten Willen, sich thätig zu äußern, zumal da die Einsicht nichts weniger als häufig ist, daß, um seinem Dasein Würde zu geben, der Mensch sich selbst das einzige und nächste Mittel bleibt. Wehe überdies dem Einzelnen, der es wagt, auf der großen Heerstraße seiner Zeit stehen zu bleiben und seinen Mitwallern zuzurufen: Wir sind unrecht! Gerade an ihn, und jemehr er Mann von offner Stirn und warmen Herzen ist, je unbefangener er der Natur schönes Gepräge vor sich her trägt, werden Bosheit, Verachtung, Neid und bittrer Haß sich bald versammeln, ihn zu schmähen und zu kränken, denn die Sklaven der Verderbnisse und Mißbräuche sind jederzeit die heftigsten Feinde derer, die mit ihnen nicht gleiches Joch erleiden wollen. Aber am Arm der Freundschaft wächst der Muth, und, von ihr begleitet, wird der Streit mit der Thorheit, dem Laster, mit dem hartnäckigsten Irrthum und Vorurtheil, gewiß immer glücklicher angefangen und ausgeführt, als von dem Einzelnen, der, sei er auch noch so dreist, gemeiniglich der Märtyrer seiner Grundsätze wird."

„Daß wir nun, zu diesem Zweck verbrüdert, um uns den Vorhang der tiefen Verschwiegenheit ziehen, ist nothwendig, weil der sparsam vorhandene Verstand von der zahlreichern, intoleranten und anmaßungsvollen Dummheit immerdar zu grob belästigt wird, wenn er sich ihr auf horizontalem Boden gegenüberstellt; weil die größere Schaar der Menschen für die Annahme vester Grundsätze jetzt und zumal in dieser Gegend der Erde noch keinen Sinn hat, und sie mißverstehen würde; endlich weil wir, wenn wir als eine wirkliche Elite der Menschheit, Einheit im Plan und Ordnung beobachten wollen, Verfassung und Form haben müssen."

„Wäre die Welt schon zu der Ausbildung gelangt, deren sie fähig ist, und die sie, nach der Analogie ihrer bisherigen, immer neue Steigerungen des Ganzen aufstellenden Geschichte sicher zu schließen, wenn noch Jahrhunderte verstrichen sein werden, einst erreichen wird, so wäre jede geheime Gesellschaft ein strafwürdiger status in statu, eine Verschwörung gegen die Zeitgenossen; so lange aber die Sachen noch wie dermalen stehen, kann uns wenigstens dieser Vorwurf nicht mit Recht gemacht werden, da wir uns grade darum aneinander schließen, um unseres Orts, soviel wir vermögen, dazu beizutragen, daß die Menschheit über diejenigen Angelegenheiten, von deren redlicher Entscheidung ihre Mündigkeit abhängt, baldmöglichst zu einem ausgemachten System gelange. Wenn wir uns indeß anmaßen, das eben geäußerte Urtheil von unsrer Mitwelt zu fällen, so geschieht solches in der schönen Hoffnung, daß die Siege der täglich reifenden und sich mächtig verbreitenden Vernunft, vereint mit dem sonnengleichen Aufsteigen allgemeingültiger Prinzipien in dem, was man nur immer die höchsten Ziele des Forschens der Erdbewohner nennen mag, der Nachwelt einst ähnliche Vorwürfe ersparen, und dann alle unter dem Schleier des Geheimnisses entstandene Verbündungen, die in irgend einer Art mit uns dieselben Absichten haben, unnöthig sein, mithin von selbst verschwinden werden, da der Schein der Fackel im hellen Sonnenlichte überflüssig ist. Unsre Blicke auf dieses erhabne Ideal der Zukunft gerichtet, fassen wir als Männer den durchdachten und tiefgefühlten Entschluß, so zu handeln, als hörten wir nie auf zu leben, den Entschluß, die Entwicklung der gesellschaftlichen Verhältnisse des Menschengeschlechts zu jenem hohen Grade der Reinheit kräftigst zu befördern, dessen Möglichkeit die eblern Seelen unter allen Himmelsstrichen jetzt nicht mehr bloß ahnden, sondern als gewiß erreichbar ansehen." —

„Demnach sind die Hauptzwecke unseres Bundes, welche uns überall klar und hell vor Augen stehen, auf welche wir all unser Thun und Lassen beziehen müssen: 1. Veredelung und Vollkommnerwerdung der Mitglieder an Geist und Herz; 2. Eine von den Regeln der Klugheit zwar geleitete, immer aber muthige und recht eigentlich praktische Ausübung und Verbreitung alles dessen um uns her, was im weitesten Sinne wahr, gut, schön und gemeinnützig heißen mag. Das allgemeine Mittel, diese Zwecke leichter und schneller zu erreichen, ist die Freundschaft, so innig, so werkthätig, so herzlich und unauflöslich fest, wie die profane Welt sie nicht kennt, und nicht übt; wir haben deßhalb, um immer daran erinnert zu werden, daß wir uns ihr geweiht haben, die Eigenschaft, die ihr erst den wahren Werth giebt, und ihr nur allein zur Basis dienen kann, die Beständigkeit, zum allgemeinen Symbol unseres Ordens, wie solches schon bei dessen früherer Entstehung auf Akademieen geschehen ist, gewählt." —

Nach dieser nicht ungeschickten Darlegung der Antriebe und Zwecke theilt Held seine Vorschläge mit, was für Formen dem Bunde zu geben seien. Er will diese höchst einfach, keine Grade keine unbekannten Obern, keine seltsamen Ceremonien; nur ein Verschwiegenheitseid soll geleistet und ein Ordenskreuz auf der bloßen Brust getragen werden. Eine Hauptloge in Berlin bildet den Mittelpunkt, alle anderen Logen stehen mit dieser in Verbindung; jede hat ihren Vorsteher und ihren Schreiber, sonst herrscht vollkommene Gleichheit, der auch das den Brüdern empfohlene Du entsprechen soll. Nur sehr gewählte, unverdorbene, kluge und wackre Männer, die frei von Lastern, von Eigensucht und Schwäche, sollten aufgenommen werden. Die Kantische Moral wurde als oberster Grundsatz des Ordens aufgestellt, die Würde der Menschheit auch in dem verachtetsten menschlicher Wesen zu ehren befohlen. Gegenseitige Unterstützung in jeder Noth und Bedrängniß, besonders aber im Kampfe für Recht und Wahrheit, war heilige Pflicht, eben so die Sorge für die Wittwen und Waisen der gestorbenen Mitglieder. In Betreff der Staatsverhältnisse wird vorgeschrieben, die bestehenden zu ehren und alle damit verbundenen Pflichten treu zu erfüllen, so lange diese nicht in zu auffallenden Widerspruch treten mit den höheren Pflichten der Menschlichkeit und den ursprünglichen Forderungen des Naturrechts. Die Mitglieder durften keiner anderen geheimen Verbindung angehören, als etwa der Maurerei, doch mit dem Vorbehalte, daß die Konstantisten stets wissen sollten, wer von ihnen Freimaurer, die Freimaurer aber nie, wer von ihnen Konstantist sei.

Mit solchen wichtigen Grundsätzen mischten sich andere Vorschriften von sehr willkürlicher Art, kleinliche Eigenheiten, die zum Theil drückend werden konnten, zum Theil unnütz und lächerlich aussielen. So wurde zum Beispiel die möglichste Kurzfassung in Geschäften und ebenso das Baden des Körpers empfohlen, dagegen der Kaffee verbannt und alles Kartenspiel, der Haarbeutel und Galanteriedegen, die Visitenkarten! Was jeder Gesetzgeber erfährt, die Schwierigkeit Wesentliches von Unwesentlichem abzusondern, jenes festzuhalten und dieses freizugeben, erfuhr auch Held, welcher im Gefühl des redlichsten Wollens allen seinen augenblicklichen Ueberzeugungen unbedingte Geltung beilegte, und so das Wichtigste mit dem Unbedeutendsten zum Schaden des ersteren zusammenknüpfte. Mit Ausnahme der Bestimmung über das

12*

Verhältniß zur Maurerei, wobei sich eine Unredlichkeit nicht
läugnen läßt, ist aber der ganze Entwurf merkwürdig frei
von jeder Arglist und Falschheit.

Wie es früher dem Nürnberger Arzte Erhard mit einem
ähnlichen Bund erging, daß nämlich sein glühend ersonnener
Plan die warmen Theilnehmer nicht finden konnte, deren es
bedurft hätte, so erging es auch dem Eifer und den Anstrengungen Helb's, er mußte nach vielen mühsamen und
fruchtlosen Versuchen die Sache aufgeben. „Die Berliner",
sagt er selbst in einem späteren Aufsatz, „konnten sich nicht
einigen, weil das Aktenwesen, die Vergnügungen, Zer-
streuungen und Liebschaften der Hauptstadt, endlich Heirathen,
Unverträglichkeit, Klatschereien, Geld borgen und nicht wieder
geben, dazwischen kamen; vielleicht auch weil das Projekt
gar zu reinvernünftig war, den Thorheiten der Konvenienz,
die der subalterne Zivilist bald als Wichtigkeiten betrachten
lernt, zu sehr antagonisirte und der Einbildungskraft nichts
zum Spielen lieferte, durch Grade, Geheimnisse, Symbole,
Zierrathen und dergleichen Possen. Der Ernst fehlte, der
dazu nöthig gewesen wäre. Ueberdem wollten die Studenten
auf einem halben Dutzend deutscher Universitäten schlechterdings nicht ihre Konstantia fahren lassen." Doch fuhr Helb
seinerseits fort, die aufgestellten Grundsätze gewissenhaft zu
befolgen, behandelte die alten Konstantisten so wie die Theilnehmer an den Anfängen des neuen Ordens immer als
seine Brüder, verharrte unverbrüchlich bei dem einmal gewechselten und beschwornen Du, nahm sich der herunterge-
kommenen, hülfsbedürftigen Genossen treulich an, und brachte
ihnen jedes in seinen Kräften stehende Opfer, gleich als be-
stünde noch die Gegenseitigkeit dieser Verpflichtung, welche
von den Anderen nie ausgeübt worden war.

Ueber diesen Angelegenheiten hatte Helb seine Amtsge-
schäfte nicht vernachlässigt, im Gegentheil aus jenen einen
neuen Antrieb empfangen, thätig und sorgsam in seinem
Dienstberufe zu sein. Er wurde von seinen Vorgesetzten als
ein trefflicher Arbeiter gerühmt, der eben so rasch als gründlich das ihm Aufgetragene ausführte. Als der Geheimrath
von Struensee ihn kennen lernte, sah er gleich, daß er keinen

gewöhnlichen Beamten vor sich habe, sondern einen Mann
von selbstständigem Geist und Karakter und von höheren
Fähigkeiten, er gewann den feurigen Kopf lieb, und unterhielt sich gern mit ihm in freisinnigem Vertrauen. Held
wurde im Mai 1791 zu einer besseren Stellung befördert,
und nach Küstrin versetzt. Auch hier, während sein Eifer
für allgemeine Anliegen nur höher glühte, widmete er seinen
Arbeiten den treusten Fleiß. Im Oktober desselben Jahres
wurde sein Gönner Struensee zum Staats- und Finanz-
minister erhoben. Nicht weil seine persönlichen Aussichten
dadurch vortheilhafter wurden, sondern weil er das Ereigniß
überhaupt als ein glückliches für den Staat ansah, dichtete
Held einen Glückwunsch, der in der berlinischen Monatschrift
von Biester abgedruckt wurde. Jedoch schon damals über-
flügelte sein Ausdruck die Kühnheit der Anderen, und Strophen, wie die folgenden, schienen höchst bedenklich:

„Schon strahlt allmählig auch auf niedere Stände
Ein heitrer Tag. Verjährter Unsinn fällt
In Trümmer hin. Es stürzen, reif zum Ende,
Der Sklavenvorwelt düstre Scheidemünde,
Im Heiligthum der Menschheit aufgestellt.
Dem Sturze tönt von beiden Hemisphären
Der Völker Jubellied in lauten Wechselchören."

„Nicht ferner wird erlauchte Habgier toben;
Das Gift verstockter Herrschsucht verraucht.
Matt sahn Gehorchende sonst nur nach oben,
Die jetzt zur hell'ren Umsicht stehn erhoben.
Wohl uns! Der Geist des Selbstgefühles haucht
Im Wehn der Kraft durch unsre bessern Zeiten,
Und bürgt dafür: die Welt wird nie mehr rückwärts schreiten!"

Er sollte nur zu bald eines anderen belehrt werden, und Rückschritte da erfahren, wo er sie für unmöglich hielt! Daß
aber Rückschritte stets nur Anläufe zu höherem Vorschreiten
sind, ist dem Einzelleben kein genügender Trost, denn die
eigne Bahn ist kurz, und hat für sich selbst ihr Licht anzusprechen. —

Der Hang, durch moralische, von dem Weltgetriebe ge-
sonderte Verbündung, die eigne Kraft zu erhöhen und freier

in das Ganze zu wirken, war in Held durch die gemachten
Erfahrungen noch nicht überwunden, und ließ sich alsbald
zu neuen Versuchen fortreißen. Im Jahre 1792 trat er in
den Maurerbund, für den er eine Weile mit großem Eifer
glühte; doch nicht lange, denn er fand auch hier den Geist
und Muth nicht, die seiner Meinung nach einen so großen
Körper beseelen mußten. Er hat viel über die Freimaurerei
geschrieben, zahlreiche Lieder für den Gebrauch der Logen
gedichtet, auch blieb ihm lebenslang ein reger Antheil für
alles, was in dem Bunde vorging, immer bereit, verkanntes
Gute dort zu entdecken, neue Aufschlüsse zu gewinnen; jedoch
die Art, wie grade in Berlin die Sachen betrieben wurden,
stieß ihn zu sehr zurück, und sein unbestechliches Urtheil
mußte in der kahlen Wirklichkeit immer auf's neue verwerfen,
was ihn im Ideale zu reizen nicht aufhörte.

Im Mai 1793, als die neuen Erwerbungen Preußens
in Polen auf preußischen Fuß gesetzt und eine geordnete Verwaltung eingerichtet werden sollte, wurde auch Held zu diesem
Geschäft berufen, und in Posen als Assessor bei der dortigen
Zoll- und Steuerdirektion angestellt. Ein weiteres Feld eröffnete sich nun für die Thätigkeit, mehr noch für den Blick
des jungen Geschäftsmannes, der bei seinem nächsten Fache
nicht stehen blieb, sondern die Staatsverwaltung auch praktisch aus höheren Gesichtspunkten und im Ganzen zu überschauen begann. Wie sehr seine Vorgesetzten mit ihm zufrieden
waren, wie gute Zeugnisse sie ihm gaben, ersieht man daraus, daß schon im Dezember desselben Jahres Held das
Patent als Ober-Akzise- und Zollrath erhielt. Diese Versetzung nach Posen wurde jedoch durch die Umstände für ihn
verhängnißvoll, hier entspannen sich die Fäden, von deren
Umstrickung er sein Leben hindurch leiden sollte. —

Der Krieg wider die Polen, welche für ihre Selbstständigkeit ihre letzten, verworrenen und dadurch matten Kräfte
aufboten, dauerte noch fort; ein lebhaftes, frisches Volk, dessen
höchste Verhältnisse jedoch durchaus verderbt waren, rang
vergebens wider die überlegene Macht, die sich von allen
Seiten ihm aufdrängte, und die ungeregelte Freiheit mußte
sich unter die Formen der fremden Ordnung beugen. Die

Preußen fanden ein verwahrlostes Land, aufgelöste Verhältnisse, Mißbräuche aller Art, unendlichen Stoff zum Bilden, aber leider auch zum Ausbeuten. Zahllose Beamte, oft nur durch Gunst oder Zufall ausgewählt, unter ihnen die schlechtesten Leute, die man anderwärts anzustellen nicht wagen durfte, ergossen sich in die neue Provinz, und statt der Ordnung, welche sie bringen sollten, brachten sie nur ihre Selbstsucht und Unredlichkeit. Den Edlen und Ehrlichen unter diesen Beamten war daher eine zwiefache Anstrengung auferlegt, den vorgefundenen Uebeln abzuhelfen, und die neueindringenden zu bekämpfen. Held, in seiner kraftvollen Rechtlichkeit, in seinem Hasse gegen alle Falschheit und Lüge, in seiner Begeisterung für Freiheit und Menschenwohl, sah sich hier von Widersprüchen umgeben, die seine Denkart und Gesinnung nur stählten. Die furchtbaren Flammen der französischen Revolution, gegen welche der König und die Hauptkraft des Staates am westlichen Ende des Reiches den traurigen Krieg nur unheilvoll fortsetzten, sprühten dabei nachhaltig auch in den trüben Osten ihre Funken, und viele Gemüther nahmen sie begierig auf.

Ein früherer Freund Held's, der in Glogau angestellte Kriegsrath Joseph Zerboni, ein vortrefflicher Kopf, hellen Geistes und hochherzigen Muthes, heiß für das Vaterland erglüht und in dessen Dienste musterhaft, war mit dem aus Oesterreich geflüchteten Kapuziner Ignaz Feßler bekannt geworden, der jetzt in der Nähe von Glogau bei dem Fürsten von Caroloth lebte, und wegen seiner Schicksale und Talente in gutem Rufe stand. Als Freiheitsfreunde, als Aufstreber zur Menschenveredlung, als Eiferer für Tugend und Recht, hatten beide Männer sich leicht gefunden und bis auf einen gewissen Grad verständigt. In ihren Gesprächen kamen sie bald auf die Mittel, welche ihren edlen Zwecken am förderlichsten sein könnten, und Feßler trat mit dem Vorschlag eines geheimen Bundes hervor. Wie in späterer Zeit jeder junge Litterator vor allem sein eignes Tageblatt haben wollte, so begehrte damals jeder Strebsame der Stifter eines Geheimbundes zu werden, wodurch denn so Vereine wie Tagblätter von selbst allmählig einander den Boden nahmen und

Ansehen und Wirkung einbüßten. Feßler brachte Geist genug und allerlei brauchbares Bauwerk zu der Stiftung mit, er gewann den Beitritt einiger angesehenen Personen, und durch Zerboni's Vermittelung schloß auch Held dem Unternehmen sich an. Im Oktober 1793 kamen die drei Freunde auf dem wüsten Schlosse des Dorfes Polnisch-Tarnau zusammen, und nannten ihren Bund den der Evergeten oder Gutesthuer, wie denn in der That ihr Plan nur Löbliches und Gutes darlegte. Das Ganze sollte als ein Zweig der Freimaurerei gelten, und aus dieser zunächst auch seine Mitglieder werben. Zerboni gewann seinen eben aus Frankreich zurückgekehrten jüngeren Bruder, und seine Freunde, den Hauptmann von Leipziger in Schweidnitz und den Kaufmann Contessa in Hirschberg, für den Bund. Doch blieb in diesem geringen Anfange die Sache bald stecken. Contessa wollte den Bund in republikanisches Wesen leiten, Feßler, vom Kloster her an Scheinsamkeit gewöhnt, allerlei Gaukeleien damit verknüpfen, beidem Bemühen standen Zerboni und Held entgegen; sie selbst, und bald auch Leipziger und Contessa, zogen sich von Feßler zurück, der sich darauf ganz auf die Maurerei warf, aber auch hier bald scheiterte und allein blieb. Der Bund ging unter, bevor er recht entstanden war, und die Freunde betrachteten ihn bald selber nur noch als ein Spielwerk jugendlicher Träume, nicht ahnend, daß aus diesem verlassenen Spielwerk ihnen noch furchtbarer Ernst erwachsen sollte! — Der Evergetenbund blieb die letzte Geheimnißkrämerei, von der sich Held locken ließ, er nahm fernerhin an keiner solchen mehr Theil.

Desto lebhafter wandten sich seine Blicke nun auf die öffentlichen Ereignisse, auf die Bewegungen des Staats- und Bürgerlebens. Er liebte die Freuden der Geselligkeit, den Umgang mit Frauen, und das muntere Zusammensein beim Mahle, wiewohl er selber dabei stets eine musterhafte Mäßigkeit hielt; die Offenheit freundschaftlicher Gespräche und der Frohsinn traulicher Scherze waren ihm Bedürfniß. Gern widmete er die Töne seiner allzeit bereitwilligen Poesie solchen geselligen Anlässen, und was irgend in dem Kreise seiner Freunde und Gönner vorfiel, empfing ein entsprechendes Ge-

dicht, worin denn gewöhnlich alles Gute zu feiern und alles
Böse zu schmähen nicht versäumt wurde. Am größten jedoch
erschien sein Eifer und auch sein Talent, wenn allgemeine
Vorgänge zu besingen waren, in welchen sein auf Menschen-
recht und Menschenwohl gerichteter Geist irgend ein Heil
zu finden wähnte. Als Jean Jarques Rousseau's Asche am
11. Oktober 1794 zu Paris in das Pantheon gebracht
worden war, übersetzte Held das diesem Vorgange gewidmete
Gedicht Chenier's in der Form von Schiller's Lied an die
Freude, und ließ diese Uebersetzung in der Südpreußischen
Zeitung abdrucken, welche der aus Straßburg geflüchtete
Buchhändler Schöll in freisinnigem Geist redigirte. Die erste
Strophe lautete:

„Du, der mit den Urgesetzen
Der Natur, als Freund vertraut,
Stürztest der Verderbniß Götzen,
Einst vom Vorurtheil erbaut;
O! Begeiste Frankreichs Jugend,
Die das Vaterland Dir weiht,
Zu der Gleichheit Bürgertugend,
Zu der Freiheit Sittlichkeit!"

„Rousseau! Edelster der Weisen!
Freund der Menschen, sieh herab!
Dankbar stehen um dein Grab
Freie Bürger, dich zu preisen."

Deßgleichen übersetzte er das berühmte Lied: Le reveil du
peuple und andere politische Gedichte jener Zeit, so wie auch
manches aus Horaz und aus den Poesieen Friedrichs des
Großen, wobei er den Vortheil genoß, in den Gedanken und
Gesinnungen jener meist seine eignen auszusprechen. Auch
der am 5. April 1795 zu Basel zwischen Preußen und
Frankreich geschlossene Frieden war ihm ein willkommenes
Ereigniß; er sah darin die Aussöhnung und künftige Verbündung zweier Länder, welche ihm bestimmt däuchten, einem
höchsten Ziele vereint zuzustreben. Die Grundsätze reiner
Menschlichkeit und freien Bürgerthums waren in Frankreich
durch die Gräuel blutiger Gewaltherrschaft nicht zerstört worden,
sie hatten hier noch immer vorzugsweise ihre Heimath, und

Preußen, von gleichen Reimen erfüllt, versprach diese in seinem Königthume ohne jene Stürme zu entwickeln. Held sagte in solchem Sinne:

„Friedrich Wilhelm! Ruf' es wieder,
Ruf dein tapfres Heer zurück!
(Ach, der Kampf warf Viele nieder!)
Laff' uns sein der Franken Brüder!
So gebeut es das Geschick.
Heil dem fränkischen Senate!
Wenn er Treu und Glauben übt,
Nicht die Menschheit mehr betrübt,
Und dem neugeschaffnen Staate
Ruh' und Ordnung wiedergiebt!"

Wie sehr auf anderer Seite dieser Frieden und die politische Freundschaft eines Königs mit dem revolutionairen Freistaat als unnatürlich und verderblich getadelt und gehaßt, und welches Unheil dieser Verbindung zugeschrieben wurde, brauchen wir wohl nicht erst in Erinnerung zu bringen.

Das folgende Jahr 1766 brachte Widrigkeiten und Verwickelungen, die zunächst auf Zerboni fielen, in denen aber auch Held tief betheiligt war, und die er später durch freiwillige That ganz auf sich riß, so daß sein nachheriges noch langes Leben von den Folgen heimgesucht blieb. Zu dieser Erzählung müssen wir etwas weiter ausholen. Karl Graf von Hoym, geboren 1730 in Pommern, war Präsident der Kriegs- und Domainenkammer von Kleve und Marl, als ihn Friedrich der Große im Jahre 1770 zum Staatsminister ernannte und ihm die Verwaltung von ganz Schlesien übertrug. Die Provinz war in blühendem Zustande, der sich in den Jahren seiner Verwaltung, wenn auch nicht eben durch diese, nur noch mehr hob, und ihm die Zufriedenheit des Königs erwarb. Neben dieser hatte er sich aber vorzüglich der Gunst sowohl des Thronfolgers als aller Personen versichert, die in Berlin irgend Einfluß übten. Die Gunst Friedrich Wilhelms des Zweiten erhob ihn auch alsbald, im Jahre 1786 bei der Huldigung zu Breslau, in den Grafenstand und verlieh ihm den schwarzen Adlerorden. Hoym war ein schöner Mann, der in seiner aus Freundlichkeit und Stolz gemischten Vornehmheit, bei freiem, offnem Wesen und seiner, verbindlicher Unterhaltung, auf den ersten Blick Ansehen und Zuneigung gewann. Er hatte wirklich Herzensgüte und große Liebenswürdigkeit. Doch ohne sittliche Kraft entbehrten diese Eigenschaften alles ernsten Haltes, und dienten nur der Eitelkeit und Selbstsucht. Die Verwaltung Schlesiens war von dem Generaldirektorium in Berlin fast unabhängig, und Hoym benutzte dies Verhältniß, um in der Provinz alles nach seinem Willen anzuordnen. Seine persönliche Gunst verfügte Anstellungen und Ehren, vergab nach Belieben Geld und Gut. Von Schmeichlern und Ansuchern umgeben, seiner Stützen am Hofe sicher, überließ er sich bald allen Schwächen eines eitlen und mächtigen Mannes, der die Welt vorhanden glaubt, um seinesgleichen zu tragen und zu verehren; denn Geburt und Stand galten ihm über alles, und der traurige Wahn, daß vornehmes Befehlen und gewandtes Weltwesen zum Staatsmanne genüge, hatte sich tief in ihm festgesetzt. Der rechtliche Sinn der Behörden widerstand öfters der Willkür, die öffentliche Meinung rügte mit Schärfe das Benehmen eines Ministers, dessen Schwäche bald in weichliche Rührung versank, bald in ürrende Strenge aufwallte, stets aber nur der Einwirkung des Augenblickes folgte. Nach dem Ausbruche der französischen Revolution, welche allen Staatsverhältnissen eine scharfe Prüfung brachte und die Forderungen des Zeitgeistes überall dringender aufregte, sprach die Verstimmung gegen Hoym sich um so stärker aus, als er im Gegentheil jetzt nur um so eifriger in den alten Vorurtheilen und Mißbräuchen beharrte, die so mächtig erschüttert und befehdet wurden.

Zerboni hatte sich von der persönlichen Erscheinung Hoym's angezogen gefühlt, und sich von dessen Rührung, scheinbaren Edelsinn und Eifer für Menschenwohl, eine Zeitlang täuschen lassen. Hoym schien auch seinerseits für Zerboni gutgesinnt, und als dieser, bei den neuen Erwerbungen Preußens in Polen, für sich einen weiteren Wirkungskreis in diesen Ländern wünschte, versprach Hoym, ihn dem Minister von Voß, der im Februar 1793 die preußische Verwaltung dort einzuführen beauftragt wurde, kräftig zu empfehlen. Allein er that dies nicht, und als Zerboni sich bei Voß meldete, wußte dieser nichts von ihm, erkannte aber sogleich den Mann von hellem Geist und reinem Eifer, machte ihn zum Kriegs- und Domainenrath bei der Kammer in Petrikau, und hörte bei vielen Anlässen seinen Rath. Voß blieb indeß nicht lange in dieser Wirksamkeit, sondern mußte im September 1795 die Leitung der neuen Provinz, für welche die Minister Freiherr von Schrötter und Hoym anfangs ihm nur beigeordnet gewesen, ganz an den letzteren abgeben. Hoym begann nunmehr auch in Südpreußen zu schalten, wie in Schlesien, und die Folgen wurden nur allzuschnell sichtbar. Durch den vom Könige genehmigten Vorschlag, einen Theil der in der neuen Provinz vorgefundenen Krongüter zu Schenkungen an verdiente Männer zu verwenden, hatte er das Mittel in Händen, sich die einflußreichsten Personen am Hofe zu verpflichten, und auf die Günstlinge Bischoffwerder, Wöllner, und Andere dieser Art, durfte er mit Sicherheit rechnen, wenn Anklagen wider ihn geschehen sollten, die er unter solchen Umständen kaum noch fürchtete. Doch Zerboni'n hier zu finden, dem er Gunst nur geheuchelt hatte, dessen Grundsätze und Ansichten er haßte, war ihm desto verdrießlicher, als dieser Mann grade jetzt durch die Unbefangenheit seiner redlichen Vorschläge und durch seinen geschäftskundigen Scharfblick sehr unbequem wurde. Zerboni entdeckte in der Verwaltung den abscheulichen Betrug einiger Angestellten, welche den Staat um eine Million Thaler übervortheilten, und pflichtgetreu berichtete er seine Entdeckung an Hoym. Doch dieser wollte nichts von der Sache hören, nannte Zerboni's Angaben einen unberufenen Fürwitz, und wies ihn, als derselbe sich nicht gleich bescheiden wollte, mit beleidigenden Ausdrücken zur Ruhe. Nun gingen Zerboni'n die Augen auf, er sah in manchen Dingen einen Zusammenhang, den er bisher nicht hatte glauben wollen, doch schien ihm bei so vielem Schlechten, welches der Minister that oder guthieß, dieser mehr mißbraucht als selbstschuldig, und er konnte sich einer bemitleidenden Anhänglichkeit für denselben nicht entschlagen. Hoym aber fürchtete ihn, besonders auch wegen seines lauten Preisens und Hoffens auf den Kronprinzen,

mit dem er ihn sogar in geheimem Briefwechsel wähnte, um
denselben mit Vorgängen und Thatsachen, die dem künftigen
Könige wichtig sein mußten, im Stillen bekannt zu machen.
Die Unzufriedenheit in Schlesien war mittlerweile auf
den höchsten Grad gestiegen, der Haß gegen Hoym zeigte
sich immer offner und drohender, besonders hegte die Hauptstadt Breslau eine gährende Mißstimmung, und es bedurfte
nur eines zufälligen Anlasses, so brach sie gewaltsam aus.
Ein junger Offizier hatte einen siebzigjährigen Fischer hart
mißhandelt, und der Anblick die Breslauer Bürger dergestalt erregt, daß sie laut die Bestrafung des Thäters forderten.
Da diese nicht gewährt wurde, so stieg der Unwillen zu
Thätlichkeiten, die ganze Stadt gerieth in Aufruhr, die anrückenden Truppen wurden zurückgedrängt, und der Sturm,
einmal losgelassen, wandte sich schnell mit ganzer Stärke
gegen Hoym, gegen dessen Pallast das Volk herantobte. Erst
kürzlich hatte ein Liebling Hoym's die öffentliche Meinung,
die ihn arger Betrügereien anklagte, durch Trotz und Hohn
auf das äußerste erbittert, und gegen ihn und seinen Beschützer, dessen sämmtliche Sünden nun zur Sprache kamen,
wurden die heftigsten Verwünschungen ausgestoßen. Hoym,
leichenblaß und zitternd, hielt sich für verloren, jammerte um
sein Leben, versprach jede Besserung. Wir geben das Folgende mit den Worten, in welchen Held die Sache erzählt:
„Ein Kammerreferendarius, der Graf von Kamecke, ein
junger, interessanter, romantischer und jovialer Alcibiades,
warf sich mitten in den Lärmen, trank mit den Bürgern,
und trug durch seine heitere Laune und Treuherzigkeit das
Meiste zu ihrer Besänftigung bei. Hoym umhalste den
Kamecke, nannte ihn seinen Schutzengel und Lebensretter, und
versprach ihm ungebeten in der Angst alle seine Schulden zu
bezahlen, wenn er die noch immer erboste Menge bald ganz
beruhige. Kaum war letzteres geschehen, als Hoym mit dem
sehr freimüthigen Kamecke über die wahren Ursachen des
Aufstandes in Streit gerieth. Kamecke drohte, er würde
einen eigenen Bericht nach Potsdam in das Kabinet schicken.
Hoym eilte ihm zuvorzukommen, verläumdete den Kamecke
bei'm Könige, und schilderte dessen Benehmen grade aus-

kehrt. Das Schuldenzahlen unterblieb, und der patriotische Referendarius wurde obenein aus Breslau vertrieben. Er trat in Berlin nun als Lieutenant bei den Husaren ein."

Wirklich, kaum war die Gefahr beseitigt, so trat Hoym gleich wieder in alter Hoffahrt auf, und nachdem er durch Truppen und Behörden seine Macht erst wieder gesichert sah, dachte er nur einzig an Rache für die erlittene Demüthigung. Der Breslauer Aufruhr hatte am 6. Oktober 1796 Statt gehabt, die tobende Menge war zuletzt durch Kartätschenhagel auseinandergejagt worden, gegen hundert Menschen waren umgekommen, Verhaftungen folgten und scharfe Drohungen, die ganze Stadt war in Trauer und Schrecken; Zerboni empfing in Petrikau mit tiefster Bewegung die Nachricht von diesen Vorgängen, von dem Muthe des Volkes, von der Angst des Ministers; mit Unwillen und Schmerz hörte er, wie Hoym nun zu Handlungen des Hasses und der Grausamkeit fortgerissen werde, und sich dadurch nur neues Unglück bereite.*) In der leidenschaftlichen Stimmung eines aus Erbitterung und Mitleid, Verachtung und Theilnahme gemischten Gefühls, seiner redlichen Absicht gewiß, einen guten Erfolg noch für möglich haltend, schrieb er am 12. Oktober an Hoym einen Brief, der zu verhängnißvolle Entwickelungen auch für Held's Leben in sich trug, als daß wir ihn hier übergehen dürften. Zerboni schrieb wie folgt:

„Hochgeborner Graf, hochgebietender Herr Geheimer Staatsminister! Ew. Excellenz verdanken das gegenwärtige Blatt einer leidenschaftlichen Anhänglichkeit an Ihre Person. Einer Anhänglichkeit, die bei dem ersten Augenblicke meiner Bekanntschaft mit Ihnen entstand; bei den dringendsten Veranlassungen zum Gegentheile täglich wuchs; über die ich mir durchaus keine Rechenschaft zu geben vermag."

---

*) Gegen diese Erzählung macht K. A. Menzel (Zwanzig Jahre preußischer Geschichte) den Vorwurf, ich habe den Aufstand am 6. Oktober 1796 mit einem früheren vom 3. April 1793 verwechselt, nur bei letzterem habe Blutvergießen stattgehabt. Ich finde keine Aenderung zu machen. Ich habe aus authentischen Quellen geschöpft, und Menzels Angabe steht in der Luft.

„Es sind den 6. dieses Monats Auftritte in der Hauptstadt Schlesiens vorgefallen, die in einem wohlregierten Staate nicht erhört sind. Unsere Staatsverfassung ist gut; unsere Gesetze sind weise; wo kann also der Fehler anders liegen, als in der Ausübung der letzteren."

„Was hievon auf die große Schuldrechnung Ew. Excellenz kömmt, hat Ihnen Ihr Gewissen in der Nacht vom 6. zum 7. dieses Monats gesagt. Wehe Ihnen, wenn die guten Vorsätze, die Sie da faßten, das Schicksal aller Ihrer bisherigen Entschlüsse haben; Ihre letzten Jahre werden dann unmuthvoll, und Ihr Andenken verhaßt sein."

„Das Volk hat bei dem vorgewesenen Auftritte eine Energie gezeigt, die mich an meinen Landsleuten überrascht. Ein einziger entschlossener Bösewicht von Kopf, der sich an die Spitze des gährenden Haufens geworfen, seine regellosen Bewegungen nach einem Plane geleitet hätte, und — es wären Auftritte erfolgt, über die Sie jetzt mit der ohnmächtigen Verzweiflung eines Weibes die Hände rängen."

„Sie wollen das Gute, aber Sie haben nicht die Kraft es zu vollbringen. Sie leben nur für die Empfindung des Augenblicks. Ueber dem Jammer eines Einzelnen übersehen Sie das Elend einer ganzen Generation. Um eine vor Ihren Augen geweinte Thräne zu trocknen, lassen Sie Ströme ungesehener Thränen fließen."

„Sie beugen Ihr Knie vor der Konvenienz, und huldigen der Laune des Momentes. Sie schätzen den Stein nur um der Folie willen. Der Mann von Kenntnissen ohne Ahnen, der denkende Kopf ohne gesellige Abgeschliffenheit, hat für Sie keinen Werth; Ihre buntscheckigten, ignorirenden Herrchen von Ahnen und Ton drängen beide nicht nur aus Ihren Gesellschaften, sondern, was bedeutender ist, aus öffentlichen Posten, die keine Ahnen, aber Kenntnisse und Rechtschaffenheit erfordern."

„Sie haben das Vorurtheil der Geburt, das man sonst ertrug, zu einer Zeit, wo man so dreist jedem grauen Wahne in die Augen leuchtet, durch die kleinlich strengen Gränzlinien, die Sie in Ihren Zirkeln ziehen, unausstehlich, und sich dem gebildeteren Bürgerstande unerträglich gemacht. Ueber den durch tausend bedenkliche Begünstigungen erkauften Bücklingen Ihrer soupefähigen Herren, übersehn Sie die Achtung edler Männer, die im Sturm um Sie treten und Ihnen mit Rath und Entschlossenheit aushelfen könnten, wenn der Insektenschwarm, der nur im Sonnenblick Ihrer glänzenden Epoche zu dauern vermag, verjagt ist."

„Mit Wehmuth habe ich es bei meiner kürzlichen Anwesenheit in Schlesien bemerkt, es ist weit gekommen. Männer von Kopf und Herzen hassen Sie nicht mehr; sie verachten Sie. Ihre Gunst ist der Stempel geworden, an dem man einen zweideutigen karakterlosen Menschen erkennt. Man arbeitet daran, Ihre Periode zu beschleunigen."

„Die Natur hat für die ganze Schöpfung, für alle ihre Kinder nur einerlei Gesetze. Eine gute Staatsverfassung ist in ihrer Oekonomie das Symbol der Natur. Sie erliegen der vergeblichen Arbeit, weiter zu sein als die letztere. Sie wollen Alle verbinden, und verbinden nicht Einen. Armer Mann, bei so vielen Opfern ohne Freund! Warum genügt es Ihnen nicht, die Neigung edler Menschen, und die Achtung aller zu erhalten. Die letztere wird Ihnen selbst der Verbrecher nicht versagen können, wenn Sie sein Urtheil unterzeichnen; sobald sich ihm die Ueberzeugung aufdrängt, daß ihn nicht Ihre Willkür, daß ihn das Gesetz verdammt."

„Das Schicksal hat wenigen seiner Lieblinge einen Wirkungskreis angewiesen, den es Ihnen früh gab. Auf dem Orte, wo Sie stehen, was könnten Sie für Schlesien und Südpreußen, was durch diese Provinzen, für den ganzen Staat thun? Und was geschieht durch Sie? —"

„Unglücklicher Mann, mit so unendlichen Talenten zu eigener, und zur Glückseligkeit Anderer! Sie verhandeln gegen die erkauften albernen Schmeicheleien weniger karakterloser Menschen, die Sie umgeben, die Vergötterung einer ganzen Nation, die Ehrensäulen der folgenden Jahrhunderte; und — was mehr als dies alles ist, ein großes und edles Herz, das Sie über alle Zufälligkeiten des Schicksals erheben könnte! —"

„Ich spreche in diesem nur für Sie existirenden Blatte eine Sprache mit Ihnen, die Sie vielleicht überrascht; aber es hat auch noch nie einem Sterblichen Ihre Erdenseligkeit wärmer als mir am Herzen gelegen. Wie hätte ich auch sonst bei meiner Denkart pflichtwidrig den Aufforderungen widerstehen können, unsere für mich so beleidigende Korrespondenz über die Diebereien des südpreußischen Feldkriegscommissariates dem Thronfolger vorzulegen? —"

„Sie sind von Ihren geistlosen Schreibern, die mit wenig Geschicklichkeit für jede Laune Seiner hochgräflichen Excellenz eine gesetzliche Formel zu finden beflissen sind, nur die Ausdrücke der Livree gewöhnt. Aber — Sie bedürfen nackter Wahrheit; und diese ist nicht gefälliger, als ich sie vortrage."

„Nehmen Sie dies Blatt auf wie Sie wollen. Ich befürchte nichts. Mein Schicksal ist außer der Gewalt jedes Menschen; nur von meinem eigenen Kopf und Herzen abhängig."

„Antworten Sie mir was Sie wollen; antworten Sie mir auch gar nicht. Wollen Sie mich aber kränken, so lassen Sie mir durch einen Ihrer Schreiber eine mit verbrauchten schalen Huldversicherungen angefüllte Antwort aufsetzen."

„Ueberzeugen Sie mich, daß meine unbegreifliche Anhänglichkeit an Sie nicht nur leidenschaftlich, sondern auch blind ist. Ich habe einem sehr edlen Triebe meines Herzens gefolgt. Ich kann mich in das Bewußtsein einer guten Absicht hüllen, und trete dann mit besto größerer Beruhigung und Energie auf die Ihnen gegenüberstehende Seite."

„Ich bin mit den Gesinnungen, welche mir meine absichtslose innige persönliche Neigung gegen Sie einflößt, und der Verehrung, welche das zwischen uns bestehende Dienstverhältniß nothwendig macht, Ew. Excellenz ganz gehorsamster treuer Diener Zerboni. Petrikau, den 12. Oktober 1796. —"

Gewiß ein merkwürdiges Schreiben, und wie man auch über die Ausdrucksweise desselben denken mag, immer wird man den Muth ehren müssen und die Rechtschaffenheit, welche darin hervortreten. Auch hegen wir an der Aufrichtigkeit der ausgesprochenen Zuneigung nicht den kleinsten Zweifel; wer die Widersprüche, in denen jene mit der gleichfalls ausgesprochenen Bitterkeit und Verachtung zu stehen

scheint, nicht vereinbaren kann, der kennt das Menschenherz
nur wenig und hat nur geringe Erfahrung von den einander
feindlichen Richtungen, die sich oft fest in ihm durchschlingen.
Doch war grade Held sehr unzufrieden mit dem Briefe, er
fand ihn „ein unseliges Mittelding von Schmeichelei und
Grobheit, nur halb dreist, und eigentlich mehr kränkend und
neckend abgefaßt, als der Ausbruch eines von der Unordnung,
Zweckwidrigkeit und Unmoralität in der inneren Verwaltung
empörten Gemüths ist;" er meinte, „wer den Beruf fühlt,
einen solchen Brief zu schreiben, muß ihn gleich so einrichten,
daß der Empfänger ihn keinem Menschen zeigen könne."
Zerboni blieb vier Wochen ohne Antwort, und mußte glauben,
seine Aufwallung sei wirkungslos vorübergegangen. Allein
er hatte sich diesmal in der Beurtheilung des Mannes, den
er auf eine so scharfe Probe setzte, arg verrechnet. Hoym
fühlte sich nach bestandener Gefahr nur um so überwältiger
in seiner Macht; heftig ergrimmt über die unerhörte Frech=
heit, mit der ein Untergebener ihm zu schreiben gewagt,
wollte er sich durch den König selber Genugthuung schaffen;
in blinder Wuth sandte er den schrecklichen Brief nach Berlin
an den Generaladjutanten von Zastrow, und dieser legte ihn
zu guter Stunde dem Könige vor, der leicht in die Vor=
stellung einging, daß sein eigenes Ansehen in dem des hohen
Dieners angegriffen sei. In Folge eines Kabinetsbefehls
wurde nun Zerboni Abends am 17. November in der Mitte
seiner Familie plötzlich verhaftet, und als Staatsgefangener
auf die Festung Glatz abgeführt.

Zwar sah Hoym baldigst ein, daß er sich übereilt habe,
und in der That, wenn sein Schritt den Gegner unmittelbar
auf das härteste traf, so war die Rückwirkung auf ihn selbst
auch nicht gering, und verbitterte ihm alle noch übrigen
Lebensjahre. Das Vergehen Zerboni's war nur eine Privat=
beleidigung des Ministers, und konnte vor Gericht eine nur
mäßige Strafe nach sich ziehen, der Bestrafte nachher aber
nur um so erbitterter seine Feindschaft fortsetzen. Er trat
also mit Zerboni in Unterhandlung, und sicherte ihm, falls
er gewisse Bedingungen einginge, seine baldige Entlassung
zu. Inzwischen hatte Hoym auch Zerboni's sämmtliche

Papiere in Petrikau wegnehmen lassen, und nach deren Durchsuchung glaubte er eine andere, weit schwerere Schuld auf ihn bringen zu können; von jenem Abkommen war nicht weiter die Rede, sondern Zerboni wurde, als er schon erwartete, in Freiheit gesetzt zu werden, am 17. Februar nach Spandau, und bald darauf in die Zitadelle von Magdeburg gebracht. Man hatte nämlich Schriften und Briefe gefunden, welche den Evergetenbund betrafen, und dieser wurde als ein Staatsverbrechen dargestellt. Auf dieses richtete nun Hoym den ganzen Eifer und Nachdruck seiner Anklagen. Die Wegnahme der Papiere, die durch den Oberauditeur Kriegsrath Pitschel geführte Untersuchung, das weitere Gerichtsverfahren, so wie die überaus harte Gefangenschaft, alles konnte angefochten werden, theils als nicht streng den Gesetzen gemäß, theils als entschieden partheilich. Ueberall hat man die traurige Erfahrung gemacht, daß die Richter, wenn sie einen sogenannten politischen Prozeß überkommen, alle Fassung verlieren, sie sehen sich in ungewohnter Wichtigkeit, das Gewissen wird von dem Eifer betäubt, sich bei solcher glänzenden Gelegenheit auszuzeichnen, den Dank und die Belohnungen der Herrschenden zu erwecken; da wird jeder zweifelhafte Umstand als erwiesene Schuld ausgelegt, jede gewaltsamste Schlußfolgerung versucht. So geschah es auch hier; vergebens berief sich Zerboni auf die gesetzlichen Vorschriften, verlangte vor seinen ordentlichen Richter gestellt zu werden, bestand darauf, die Anklage wegen des Briefes nicht mit der wegen des vergessenen Ordens vermengen zu lassen; das Verfahren ging seinen Gang, in welchem solche Unregelmäßigkeiten vorfielen, daß sogar zwei Minister, der Großkanzler von Goldbeck und der Minister der auswärtigen Angelegenheiten Graf von Haugwitz, eine Bekanntmachung unterschrieben, welche über die Verhafteten falsche Angaben durch die Zeitungen verbreitete. Dasselbe Loos der Verhaftung traf nun auch den Hauptmann von Leipziger, den Kaufmann Contessa und den jüngeren Zerboni, die durch die weggenommenen Papiere als Theilnehmer des Bundes erkannt worden waren. Von Held fanden sich Briefe an Zerboni, in denen er den Evergetenbund als unnütz und nicht ausführbar verwarf, und sich gänzlich davon lossagte. Gegen Feßler wurde nicht verfahren, weil man seinen eben erschienenen Mark-Aurel für eine Lobschrift auf den König nahm, und dieser den Namen auf der Verhaftliste mit dicker Tinte ausgestrichen hatte.

Die Gesetzgebung über geheime Gesellschaften war damals in Preußen sehr mangelhaft, und wurde erst nachher ausgebildet und geschärft; die Freimaurerei mit ihren verschiedenen Zweigen — und als einen solchen gab sich der Evergetenbund — war durchaus erlaubt; und selbst wenn dieser nicht zur Wirksamkeit gelangte Bund als ein unerlaubter bestraft werden sollte, so sprach das Gesetz dafür den Theilnehmern höchstens sechs Wochen Gefängniß oder fünfzig Thaler Geldstrafe zu. Das Gericht beharrte zwar darauf, hier ein größeres Verbrechen, nämlich eines gegen die Sicherheit des Staates anzunehmen, und erkannte hiernach in zwei Instanzen auf mehrjährige Festungsstrafe. Jedoch das eigentliche Sachverhältniß, welches der Welt nicht verborgen war, die Würde und Geschicklichkeit, mit denen Zerboni sich benahm und vertheidigte, die einstimmig vortheilhaften Zeugnisse seiner bisherigen Vorgesetzten und die im Stillen eifrigen Bemühungen seiner Freunde, besonders da auch mit dem Regierungsantritte Friedrich Wilhelms des Dritten die Günstlinge Bischoffwerder und Wöllner machtlos wurden, und der junge König auch die Verwaltung Südpreußens wieder in die bewährten Hände des Ministers von Voß legte, alles dies wirkte vereint so stark und vortheilhaft ein, daß Zerboni schon während des Prozesses milder gehalten, und im Sommer 1798 der Haft völlig entlassen nach Petrilau heimkehren konnte.

Wir haben diese Erzählung, um den Zusammenhang nicht abzubrechen, in flüchtigen Umrissen so weit vorausgeführt, kehren aber nun zu Held zurück, den wir in Posen verlassen haben, und der inzwischen nicht unthätig geblieben war. Durch die Verhaftung und Wegführung Zerboni's wurde Held im Innersten erschüttert, und als gegen denselben der Evergetenbund zur Hauptanklage gemacht wurde,, ging er mit sich zu Rathe, ob er sich nicht freiwillig stellen und gleiches Loos mit seinen Freunden theilen sollte. Doch sah

er bald ein, daß er diesen damit keinen Dienst leisten, im
Gegentheil ihre Sache verschlimmern würde; wohl aber konnte
er als Freigebliebener ihnen von großem Nutzen sein, für
ihre Angelegenheiten Sorge tragen, auch wohl Wege finden,
ihnen heimlich Rath und Hilfe zuzuwenden. Indem er
heißen Eifers jede Gelegenheit für die Freunde zu wirken
suchte, wobei sein Haß gegen ihren Verfolger Hoym in wahren
Grimm auflohte, hatte er zugleich in seinen eigenen Lebens-
verhältnissen eine Zeit großer Spannung und bedenklicher
Entwickelung. Eine Neigung, welche schon seit einigen Jahren
ihn befangen hielt, war der Hindernisse entledigt worden,
die bisher einer Verbindung entgegengestanden, und seine
redliche Treue wie sein sittlicher Zartsinn geboten ihm, der
Geliebten seine Hand anzutragen, wiewohl er schon zweifelte,
ob diese Heirath für ihn angemessen sei und sein Lebensglück
gründen könne. Die Heirath kam im Juli 1797 zu Stande,
und obschon die schöne und reizende Wittwe ihm sogleich
reichere Verhältnisse zubrachte, so fühlte er dabei doch nur
zu bald den Mangel anderer Güter, auf die er mehr gerechnet hatte. Mit dieser Ehe begann für ihn eine Schule
harter Prüfungen, die er männlich zu tragen und schweigend
durchzukämpfen beschloß, aber zu tragen und zu verschweigen
doch bisweilen nicht vermochte.

Sein Geist, der in diesem Kreise keine Befriedigung fand,
wandte sich um so feuriger den öffentlichen Angelegenheiten
zu. Damals herrschte in Preußen, ungeachtet des durch
Wöllner und seine Genossen in Religions- und Meinungssachen
ausgeübten Zwanges, eine große Freiheit des Wortes, und
Haß gegen die Dunkelmänner wie Liebe für die Lichtfreunde
sprachen sich überall ungehindert aus. Immer waren es die
treusten Unterthanen und redlichsten Bürger, die tapfersten
Offiziere und tüchtigsten Beamten, welchen die Vaterlandsliebe
selber zum Sporn diente, dem Staate kein Gebrechen nach-
zusehen, Unrecht und Falschheit bis in die höchsten Stellen
mit scharfem Tadel zu verfolgen. Unter den Freimüthigen
war Held einer der kühnsten; er sah scharf und kannte vieles,
daher gebrach es ihm in der Nähe und Ferne nicht an Gegenständen, die Geißel seines Hasses oder seines Spottes daran

zu versuchen; der Drang, seine unglücklichen Freunde zu rächen, mußte seinen Eifer noch besonders stacheln. Die Verwaltung Hoym's, sowohl in Schlesien als in Südpreußen, war nicht für Held allein, sondern für Hunderte von Stimmen der Gegenstand heftigster Erörterung; die Güterschenkungen in Südpreußen boten einen stets erneuerten Stoff; neben einigen Verdienten drängten Unverdiente sich heran, ja ganz Verwerfliche, bisweilen schien sogar der Zufall mehr noch als die Gunst die Loose zu bestimmen; die geringe Angabe des Werthes der Güter machte die Sache zum offenbaren Staatsbetrug; das ganze Geschäft, in den Händen eines Untergebenen und Vertrauten Hoym's, des ehemaligen Försters Triebenfeld, nunmehrigen Kriegs- und Forstraths von Triebenfeld, war ein fortgesetztes schmachvolles Aergerniß. So lange die Ausbrüche mündlich geschahen, war damit wenig Gefahr verbunden, denn, wie gesagt, das freie Sprechen war allgemein, und Horcher und Angeber hätten für unermeßliche Arbeit nur schlechten Lohn verdient. Anders aber war es beim Druckenlassen; hier war nicht nur eine Zensur zu bestehen, sondern das Gedruckte blieb auch überall und jeder Zeit erfaßbar, und zeugte von sich selber. Daher konnte hier schon kühn scheinen, was hinter dem gesprochenen Worte noch weit zurückstand, und auch bloße Anspielungen wurden beargwohnt und gerügt:

Unter solchen Umständen machte ein Festlied an den Gemeinsinn, welches Held zur Geburtstagfeier des Königs am 25. September 1797 in Posen drucken ließ, das größte Aufsehen. Strophen wie folgende wurden bei Gastmahlen mit lautem Jubel gesungen:

> „Edel ist ein jedes Blut,
> Das die Tugend fühlet!
> Hochgeboren jeder Muth,
> Der nach Wahrheit zielet.
> Nur Verdienst giebt ächten Werth,
> Nicht Geburt, nicht Güter;
> Sklav' ist, wer die Launen ehrt
> Frecher Volksgebieter."

„Daß der Preußen Staatsſyſtem
Nimmer möge ſinken,
Laßt uns laut: „Das Diadem
Unſres Königs!" trinken.
Ein erleſenes Werkzeug ſei
Er dem Geiſt der Zeiten,
Der auf vieler Länder Reih'
Eilt ſein Licht zu breiten."

Und wenn es gleich darauf hieß:

„Laß den goldumſtrahlten Thron
Diener nur umgeben,
Dich nach innrem Tugendlohn,
Nicht nach Gütern ſtreben,"

ſo blieb freilich nicht zweifelhaft, welches Wort hier durch
nachdrücklichen Ton zur beißendſten Anſpielung zu erheben
ſei. Um ſo jubelnder wurden dann die folgenden Strophen
in demſelben Bezuge fortgeſungen:

„Fluch ſei jedem Wahrheitsfeind!
Und Vernunftverdreher!
Jedem Schalk, der freundlich ſcheint!
Jedem Phariſäer!
Gönnt den Henchlern ihren Schein,
Brave Zeitgenoſſen!
Enkel werden ihr Gebein
Einſt mit Füßen ſtoßen."

„Allen Buben ihren Lohn,
Die den Staat betrügen,
Und aus Raubſucht, um den Thron
Sich wie Schlangen ſchmiegen.
Später Rache heißer Tag
Dräut aus fernen Wettern
Sie mit Einem großen Schlag
In den Staub zu ſchmettern."

Dieſe letzten Zeilen wurden als eine Anſpielung auf
den künftigen König Friedrich Wilhelm den Dritten gedeutet,
der als Kronprinz in ſchweigendem Unwillen den herrſchenden
Günſtlingen als ein drohendes Schreckbild erſchien. Hohm
war außer ſich über den Druck und die freudige Aufnahme

dieses Gedichts, und der ihm schon längst verhaßte Autor
sollte schwer dafür büßen. Die Druckerlaubniß war durch
den Regierungspräsidenten von Danckelmann in Posen harmlos
ertheilt, aber es wurde nachher behauptet, dies sei nicht geschehen, und solchen Vorwand ergreifend sandte Hoym eine
Anklage gegen Held nach Berlin, daß derselbe ein Gedicht
von frechem und jedenfalls für die Geburtstagfeier des Königs unziemlichem Inhalt, gegen das Verbot der Zensur
habe drucken lassen, er gehöre überhaupt zu den unruhigen
Köpfen, die von dem Freiheitsschwindel ergriffen diesen überall
zu verbreiten suchten, und es sei daher zweckmäßig, ihn
aus Posen, wo er solches Aergerniß gegeben, und überhaupt aus
Südpreußen zu entfernen. Diese Anklage gerieth, da Friedrich Wilhelm der Zweite mittlerweile am 16. November
1797 gestorben war, in die Hände seines Nachfolgers Friedrich
Wilhelm des Dritten, der in den ersten Tagen seiner Regierung solche Sache unbedenklich nach den Angaben seines
Geheimen Kabinetraths entschied. Dieser war Menken, ein
ehmals vielbelobter, aber schwacher und furchtsamer Mann,
aus Helmstädt gebürtig, und von dorther mit Held früh bekannt, jetzt aber persönlich wider ihn eingenommen. Held
war zur Zeit des Thronwechsels auf Urlaub in Berlin, speiste
grade beim Minister von Struensee, als dieser über Tisch
eine Kabinetsordre empfing, deren Inhalt er ihm noch desselben
Tages durch folgendes Schreiben bekannt machte: „Des Königs Majestät haben wir durch die höchste Kabinetsordre
vom 19. dieses Monats Ihr Mißfallen zu erkennen zu geben
geruhet: daß der Herr Ober-Zoll- und Akzise-Rath von
Held sich beikommen lassen zum Geburtstage des höchstseligen
Königs Majestät ein Gedicht von sehr zweideutigem Inhalte,
welches wenigstens zur Feier dieses Tages nicht passend war
und welchem daher mit Recht das Imprimatur verweigert
worden, dennoch drucken und sogar in Musik setzen zu lassen,
um solchem desto mehr Publizität zu geben und es gleichsam
zu einem Volksliede zu machen."

„Höchstdieselben haben daher auch dem Großkanzler von
Goldbeck aufgegeben, ihn wegen dieser gesetzwidrigen Handlung
zur Verantwortung und Strafe zu ziehen; mir aber, da Sie

schon längst Ihrer demokratischen Gesinnungen und unbedächtigen Aeußerungen halber bekannt sein sollen, den Auftrag ertheilt, Sie unverzüglich von Posen weg in eine kleine Stadt hiesiger Gegend zu versetzen."

„In Gemäßheit dieses Allerhöchsten Befehls habe ich Sie daher zum Mitgliede bei der Provinzial-Akzise- und Zolldirektion zu Brandenburg, mit Beibehaltung Ihres zeitherigen Gehalts von 900 Thaler ernannt und das Nöthige dieserhalb Dato verfügt; und ich muß Sie daher hiedurch anweisen, sich unverzüglich nach Brandenburg zu begeben und Ihren Posten daselbst anzutreten."

„Zugleich aber muß ich Ihnen, dem höchsten Auftrage zufolge, die gemessenste Weisung geben, sich diese Verfügung zur Lehre dienen zu lassen und sich künftig in Ihren Reden und sonstigen Aeußerungen vorsichtiger als bisher zu betragen, weil Sie sich sonst, wenn Sie Ihrer Zunge und Feder fernerhin ungezügelten Lauf gestatten, die härteren Maßregeln selbst beizumessen haben werden, die man höheren Orts ganz unvermeidlich gegen Sie zu ergreifen sich genöthiget sehen wird. Ich hoffe durch die Art wie ich den Königlichen Befehl ausgerichtet, Ihnen einen Beweis gegeben zu haben, wie sehr ich Ihres eigenen Vortheils wegen wünsche, daß Sie dieser Weisung und meinem wohlgemeinten Rathe künftig genau nachkommen mögen. v. Struensee. Berlin, den 21. November 1797."

Im Gasthofe zur Stadt Rom, wo er dieses Schreiben empfing, schrieb Held ungesäumt seine Berantwortung, wurde noch über Nacht damit fertig, und reichte sie am nächsten Morgen dem Minister ein. Er sagte darin ohne Rückhalt und Scheu grade heraus, was die Welt von Hoym offenkundig wußte und urtheilte. Er bewies, daß eine Lüge sei, wenn gesagt werde, sein Gedicht sei ohne Zensur gedruckt, sodann bekannte er frei, daß er dasselbe absichtlich gegen manche Personen zugespitzt, welche die Gutmüthigkeit des vorigen Königs mißbraucht hätten, und welche der jetzige König bereits begonnen habe unter das Gesetz zu stellen und sie zu bestrafen. „Manches darin, sagt er, gilt den Verkrüpplern des gesunden Menschenverstandes und des an sich guten Nationalkarakters, die seit zehn Jahren ihr Unwesen getrieben und die Monarchie auswärts lächerlich gemacht haben; denn seit dem Religionsedikt stiegen zahllose Heuchler die Treppen der Konsistorien, insonderheit aber der Kanzeln alle Sonntage hinauf, und befahlen und predigten wunderliche, unfruchtbare, unbegreifliche Dinge, statt häusliche und bürgerliche Tugenden zu lehren, die auf die beßre Praxis des wirklichen Lebens eingreifen; doch ich befasse mich mit dieser Menschensorte nicht weiter, da ihr Reich jetzt dahin ist." Schließlich hofft er, daß der König diese Verantwortung lesen, die abgedrungene Nothwehr aus dem rechten Gesichtspunkte fassen, und die Frage: Ob solche Minister wie Hoym, oder solche Dichter wie Held, mehr der bürgerlichen Ruhe schaden? nicht zu des letzteren Unglück entscheiden werde. — Diese Eingabe, welche von der Vertheidigung so lebhaft zum Augriff überging, hatte nur zur Folge, daß Held mit wiederholtem Verweise den Bescheid erhielt, es habe bei dem Verfügten sein Bewenden.

Auf solchen unverhältnißmäßigen Schlag war Held allerdings nicht vorbereitet. Die Wirkung dieser ausgesprochenen Ungnade auf die Menschen sollte er sogleich in einem traurig lächerlichen Vorgang erfahren. Held erschien bis dahin als ein Mann, der durch seinen Geist und Muth, freilich aber in den Augen der gewöhnlichen Leute mehr noch durch seine Gunst bei Struensee bedeutend war, er schien bei dem Thronwechsel nur gewinnen zu können, man war daher um ihn bemüht und lud ihn ein. In jenen Tagen sollte er der Gast des Geheimen Oberbergrathes Rosenstiel bei einer Abendgesellschaft im Englischen Hause sein; doch dieser, von der Kabinetsordre zufällig unterrichtet, entschuldigte sich und übertrug den Gast dem Buchhändler Friedrich Nicolai, der wie die übrige Gesellschaft noch nichts erfahren hatte. Da kam ein Bekannter Held's, und fragte, was an der Sache sei, die er so eben als Gerücht gehört, und Held erzählte unbefangen das Geschehene, indem er mit derben Worten nicht zurückhielt. Die Anwesenden verstummten in Staunen und Schrecken. Alles war in Furcht vor der neuen Regierung, von der man sich der größten Strenge versah, und noch nicht wußte, wohin sie einlenken würde. Alle gute Laune war ausgelöscht, das Gespräch kam nicht wieder in Gang, die Mitgäste sammt und sonders wurden kalt und fremd, und verschwanden einer nach dem anderen. Mit Verwunderung sah sich Held in dem großen Speisesaal ganz allein mit dem Kellner, der gutmüthig äußerte, es müsse etwas Merkwürdiges in der Stadt vorgegangen sein, denn es sei noch nicht 10 Uhr, und sonst blieben die Herren wenigstens bis 12. — Für Held, der die Hoffnung nicht aufgab, der König, auf den als Kronprinzen er selbst und seine Freunde immer mit begeisterter Zuversicht geblickt, werde später seine Sache in anderem Lichte sehen, blieb doch für den Augenblick nichts übrig, als sich dem Ausspruche zu fügen. Es war eine Vergünstigung, daß er die Erlaubniß erhielt nach Posen zurückzukehren, um seine Geschäfte zu ordnen. Die nächste Bekümmerniß lag für ihn hauptsächlich in seinen häuslichen und wirthschaftlichen Umständen. Seine Frau war durch Besitz und Gewohnheit an Posen gefesselt; er mußte nun aus ihrem reichen Hauswesen scheiden, um sich auf eigne Hand neu einzurichten. Zudem hatte er noch einige Schulden, die sein zartes Ehrgefühl aus dem Vermögen seiner Frau nicht hatte tilgen wollen, und die Uebersiedlung nöthigte ihn zu neuen. Die Trennung von Frau und Kindern — einen Stiefsohn liebte er gleich der eignen Tochter — war ein Mißgeschick, das in seinen Folgen zerrüttend auf die ganze Lebenszeit fortwirkte, da er die Nachtheile der zwiefachen Wirthschaft großmüthig nur sich selber aufbürdete. Hoym, der von diesen Verlegenheiten unterrichtet wurde, ließ ihm, theils aus gutmüthiger Schwäche, theils aus Klugheit, um den doch immer gefährlichen Gegner zu gewinnen, durch den Regierungsrath von Grävenitz in Posen ein Reisegeld anbieten, jedoch nicht auszahlen, weil Held unvorsichtig das Anerbieten sogleich laut ausplauderte, mit dem Zusatz, er werde es annehmen, um jenen in seiner Blöße zu zeigen, und es ihm dann vor die Füße werfen.

Held's Mißgeschick hatte auf die Stimmung seiner Leier keinen Einfluß. Freudig widmete er am 1. Januar 1798 dem Könige ein Huldigungsgedicht im Namen der Einwohner Südpreußens. Hier heißt es mit Wärme:

„Zu Dir hinauf, geliebter Fürst! erheben
Wir unsre Hand! Wir sehnten uns nach Dir
Erwartungsvoll, von ferne stehen wir;
Verschmäh' uns nicht, nicht unser reges Streben,
Zu werden was Du willst, — der Krone neuer Zier.
Das Schicksal, das Dich uns gegeben,
Gab Dir die schöne Pflicht, zu schaffen unser Glück;
Und freudig ahnden wir das freundlichste Geschick."

„Dich, Hasser aller Sklaverei!
Erwarten heiter wir, mit Ehren Dich zu kränzen.
Der Ordnung, der Vernunft, Dir und der Hoffnung treu,
Sieh der Sarmaten Volk Dir hell entgegenglänzen.
Sie rufen Dich, bis von den weiten Gränzen
Ruthäniens, zur Huldigung herbei.
Da sollst den freien Eid der alten Polen hören,
Den sie, die Faust am Schwert, dem freien König schwören."

Wirklich war es seine aufrichtige Meinung, daß die Polen unter dem preußischen Zepter einer höheren Entwickelung zugeführt würden, die mehr werth sei, als ein zerrüttetes Vaterland, und aus diesem Gesichtspunkt hielt er die gänzliche Theilung Polens für ein fruchtbares Ereigniß. War doch ihm selber das Vaterland Preußen hauptsächlich als ein Ausbruck geistiger Bildung theuer, als der Staat, in welchem Friedrich der Große Vernunft und Freiheit verbunden mit Gesetz und Ordnung zur Herrschaft erhoben, und dem in Deutschland keiner sich vergleichen konnte. In diesem edlen Sinne, nicht aus Eroberungslust oder Ruhmesschmeichelei, schloß er denn sein Gedicht auch mit der Andeutung, daß dem jungen Könige sein Reich über ganz Norddeutschland auszubehnen obliege. Noch andre Gedichte voll Muth und Frohsinn fallen in diese Zeit, zuletzt auch ein Abschied von Südpreußen, den er zu Meseritz an der deutschen Gränze niederschrieb, und worin er die ihm widerfahrne Unbill und seine nur noch geringen Hoffnungen ausdrückte.

Zu Brandenburg im Februar 1797 angelangt, fand er sich anfangs in der kleinen Stadt sehr einsam. Der Ruf

seiner Ungnade war ihm vorangegangen, man scheute den
staatsgefährlichen Mann, einige Beamte und Offiziere wollten
ihre gute Gesinnung dadurch beweisen, daß sie ihm mit
schnöder Kälte begegneten. Doch bald überwand sein freies
und liebreiches Wesen die künstlichen Vorurtheile, er wurde
von den wackern Bürgern ehrenvoll anerkannt, und in die
beste Gesellschaft gern aufgenommen. Der Wenigen, die
knechtisch oder ängstlich sich zurückhielten, konnte er leicht
entbehren. Hier machte er auch die Bekanntschaft des Pro=
fessors Friedrich Buchholz, der damals bei der Ritterakademie
angestellt war, und mit dem fortan lange Zeit die größte
Uebereinstimmung der Ansichten, lebenslang aber herzliche
Freundschaft ihn fest verknüpfte.

In seiner Geschäftsführung thätig und sorgsam, erwarb
er sich auch hier die Achtung seiner Amtsgenossen und Vor=
gesetzten; ein so fähiger Kopf, und den man von Struensee
im Stillen begünstigt wußte, schien sich aus der Ungnade
bald wieder herausarbeiten zu müssen. Allein hieran grade
arbeitete er nicht! Er fuhr fort, seine Meinung frei zu sagen,
das Schlechte zu tadeln wie hoch es auch stehen mochte, er
behauptete trotzig seine und seiner Freunde Sache als eine
ehrliche und löbliche, er schalt auf das Unrecht, das ihm
und ihnen widerfahren war. Ihm war inzwischen gelungen,
mit Zerboni, der noch in Magdeburg gefangen saß, eine
Verbindung anzuknüpfen, die so viel als möglich unterhalten
wurde. Folgender Brief Zerboni's an Held läßt uns das
Verhältniß beider Freunde in vollem Lichte sehen.

„Aus der anliegenden Abschrift ersiehst du den Schritt,
den ich den 9. dieses Monats in meiner Angelegenheit ge=
than habe. Es ist der letzte mögliche; wenigstens finde ich
in meinem ganzen Ideenvorrathe nichts, was mir einen an=
derweiten wirksameren und zugleich schicklichen, an die Hand
geben könnte."

„Der Minister von der Reck ist ein ordentlicher würdiger
Mann. Ich glaube, daß durch seine Hände meine Vor=
stellung sicher, und ihrem vollen Inhalte nach, an den König
gelangen wird; und dann ist die Gewährung meines mit
der strengsten Gerechtigkeit einverstandenen Gesuches un=

ausbleiblich. Wird es zurückgewiesen, umgangen, überhört — so ist es so gewiß, als es nur irgend etwas sein kann: daß es, ohnerachtet aller Vorsicht von meiner Seite, dennoch meinen Gegnern gelungen ist, sich meiner Vorstellung selbst, oder mindestens des Vortrages derselben zu bemächtigen. Das Komplot ist groß, wähnt um seine Existenz zu kämpfen, und hat durch elf Jahre für seinen Beutel gesorgt."

„Meine Erfahrungen seit anderthalb Jahren, haben leider gegen meine Menschenkenntniß bewiesen. Ich bin leider mit innigem Schmerze dahin berichtigt: daß auch die besseren Menschen die Farbe des gegenwärtigen Augenblicks tragen, und nur ein Produkt der jedesmal auf sie wirkenden Umstände sind. Daß all die schönen Sentiments von Recht, Tugend, Männerwürde und uneigennütziger Freundschaft, als bloße dem Genius des Geschmacks und der Mode unterworfene Redensarten angesehen werden müssen; und ich bescheide mich dessen. Aber ich habe dem ohnbeschadet noch nicht aufgehört an der Möglichkeit von Menschen zu verzweifeln, die Energie genug haben, Wahrheiten, die sie in der Theorie mit Enthusiasmus umfangen, durch ihre Handlungen darzustellen."

„Du hast bei mehreren Gelegenheiten gezeigt, daß du Ansprüche hast zu diesen letzteren gerechnet zu werden. Vielleicht daß mein Gegenstand dich bis zu dem Grade interessirt und indignirt, daß du dich aufgefordert fühlst, etwas für denselben zu thun. Auf diesen Fall bitte ich dich, dann, wenn du binnen 8 Tagen nach dem Empfange dieses nicht durch mich, oder auf einem andern zuverlässigen Wege, von meinem Prozesse oder meiner Befreiung unterrichtet wirst, meine Sache in den „Annalen der leidenden Menschheit" oder dem „Genius der Zeit" zum öffentlichen Vortrage zu bringen, und hiebei zugleich die Anlagen, mindestens meine Vorstellung an den König, abdrucken zu lassen. Wenn du in dem Hamburger Zeitungsblatte vom 3. dieses Monats den Artikel Berlin nachlesen willst; so wirst du dich überzeugen, daß ein solches Unternehmen für dich ohne Gefahr ist. Zudem ist es ja auch nicht nöthig, daß das Inserat unter deinem Namen erfolgt. Dasselbe wird übrigens nichts enthalten, was unserem Könige, diesem seltenen Manne mißfallen könnte, dafür bürgt mir dein Verstand und dein Herz."

„Es ist, mein redlicher Held, die Frage: ob die lichtscheue Kabale dann wirklich einen entscheidenden Sieg über Recht, Gesetze und Ehrbarkeit davon tragen; ob ein Komplot Betrüger, im Angesichte eines gebildeten Publikums, eine Regierung, die sich durch Weisheit, Gerechtigkeit und Mäßigung auszeichnet, auf die unerhörteste schamloseste Weise, zum Verderben redlicher Männer mißbrauchen soll, welche die Entschlossenheit hatten, seinen verderblichen Machinationen entgegen zu wirken. Was du hier thuest, thust du nicht für Einzelne; du thust es für das Ganze. Ob du für dasselbe etwas unternehmen sollst, muß dir eine innere Stimme sagen, die bei Wenigen spricht, von noch Wenigeren gehört wird. Ich meines Ortes habe gethan, was meine Kräfte vermochten, um die Sache der Gerechtigkeit zu vertheidigen. Geschah es ohne Erfolg, so ist die Schuld nicht auf meiner Seite, sondern sie liegt an der Ueberlegenheit der Gegner, mit denen ich zu kämpfen hatte. Mein Aufsatz vom 12. Januar enthält Dinge von Erheblichkeit; Dinge, die vielleicht nicht ein jeder in einem Gefängnisse sagt."

„Siegt das Diebesgesindel, und sehn wir uns nicht mehr wieder, so überhöre meine Bitte nicht, so weit du es vermagst der Freund meines bedauernswürdigen Weibes zu bleiben, meinen ehrlichen Namen vor dem Publiko zu retten, und zuweilen an einen Mann zu denken, der auf eine beispiellose unverschämte Art, vor den sichtlichen Augen der Gerechtigkeit und einer ganzen gebildeten Nation, mit seinen Freunden das Opfer eines Bösewichts wurde, der allgemein ein Schurke genannt werden würde, trüge er nicht Stern und Band, und hätte er nicht von jeher die Maxime befolgt, seinen Raub mit seltener Großmuth zu theilen."

„Von den Anlagen kannst du sofort Abschriften geben, an wen und wohin du willst, nur muß es verschwiegen bleiben, daß du sie von mir empfingst, da ich diesen Brief nicht auf dem geraden Wege an dich gelangen lassen, und deshalb auch keine Antwort empfangen kann."

„Sollte man die Unredlichkeit so weit treiben, bloße Privat-Sachen, die man in meinem Büreau fand, ins Publikum zu bringen, so wirst du gewiß eine solche Ehrlosigkeit mit den Geißelhieben rügen, die sie verdient. Zerboni. Im Staatsgefängnisse auf der Citadelle zu Magdeburg, den 16. August 1798."

Nachschrift. „Nimmst du auch Anstand die Anlagen in dem gegebenen Falle abdrucken zu lassen, so wirst du doch wenigstens meine Sache, wenn auch selbst ohne meinen Namen zu nennen, führen. Das letztere wäre freilich nicht sehr wirksam, aber doch etwas."

Daß Held alles was in seinen Kräften stand, eifrigst aufbot, um für den Freund zu wirken, bedarf keiner Versicherung. Allein die Gegner hatten Macht und Ansehen und alle Vortheile des Scheines auf ihrer Seite. Merkwürdig ist dabei das unerschütterliche Vertrauen, welches Zerboni wie Held auf den König selber setzen, von dessen edlem Willen und gerechtem Sinn sie fest überzeugt sind, dem sie mit wahrer Liebe anhängen, und dessen jetzt gegen sie gerichtetes Handeln sie doch keinen Augenblick zu irren vermag. Auch wurde Zerboni wirklich durch die Gnade des Königs früher, als man erwartete, der Haft entlassen, während der Prozeß, weil Zerboni sich bei dem Urtheil erster Instanz nicht beruhigen wollte, in zweiter Instanz fortdauerte. Zerboni kam auf der Rückreise nach Petrikau durch Brandenburg, und besuchte hier seinen Freund, mit dem er drei Tage zusammenblieb und mancherlei Schritte verabredete, die seiner Sache vortheilhaft sein konnten; es galt besonders, sowohl die Staatsverwaltung, als auch die öffentliche Meinung zu überzeugen, daß die Angaben, welche Zerboni gemacht, nicht aus der Luft gegriffen seien, sondern auf thatsächlichen Beweisen ruhten. Daher unternahm Held, die schon erwähnten Betrügereien des Feldkriegskommissariates in Südpreußen auf's neue öffentlich zur Sprache zu bringen. Zerboni schickte gleich nach seiner Ankunft in Petrikau alle dazu erforderlichen Akten, und schnell hatte Held ein ganzes mit Rechnungsbelägen versehenes Buch darüber fertig, welches er im Dezember 1798 zum Druck an den Buchdrucker Filchsel in

Zerbst absandte. Jedoch der Postdirektor Pauli in Magdeburg witterte in dem Paket etwas Verdächtiges, ließ es eröffnen, und beförderte die gefundene Handschrift anstatt nach Zerbst, nach Berlin an den Minister Grafen von der Schulenburg, dem die Posten untergeben waren. Der Minister reichte den Fund dem Kabinette des Königs ein, wo die Schrift fleißig gelesen und besprochen, dann aber in der Stille beseitigt wurde. Daß Held als Verfasser errathen wurde, geht aus seiner Aeußerung hervor, es sei durch diesen Vorgang die üble Laune im Kabinette gegen ihn nur noch vermehrt worden, indem dasselbe es so zu sagen als Grundsatz und als eine Weisheit aufstelle, die unter der vorigen Regierung begangenen Missethaten nicht aufzurühren. Diese Sache war also erstickt; aber Held ließ sich durch den Verlust der Handschrift, deren Schicksal ihm erst später bekannt wurde, nicht abschrecken, sondern sann auf neue Maßregeln.

Seine Lage jedoch wurde von Tag zu Tag drückender. Das Diensteinkommen reichte wohl für die täglichen Ausgaben hin, die dadurch, daß er seine Kinder zu sich genommen hatte und für deren Erziehung sorgen mußte, doch sehr vermehrt waren. Aber die von Posen mitgebrachte Schuldenlast, so klein sie an sich war, ließ sich nicht abtragen, sie mußte verzinst werden, und die Bedingungen, unter denen dies nur möglich war, ließen ihn zu keiner Ordnung kommen. Er sah aber Schulden als eine Unehre, sich selbst gegenüber, seinen Gläubigern als einen Unfrieden an. Gefällt von dieser Bedrängniß wandte er sich an seinen vorgesetzten Minister und richtete an Struensee, der ihm wohlgeneigt und befreundet geblieben war, am 25. März 1799 ein beredtes Schreiben, welches seine Lage genau darstellte und seine eigentliche Bitte in diesen Worten aussprach: „Schießen Sie mir aus einer Ihrer vielen Kassen 2500 Thaler ohne Interessen vor, ziehen Sie mir vom bevorstehenden Juli an (denn bis dahin habe ich schon bestimmte Abzüge) jährlich 500 Thaler ab, dann ist die Kasse in fünf Jahren remboursirt, und ich bin auf Einmal im Reinen, und dieses wichtigen Theils meines Kummers überhoben." Doch wenn Held bat und etwas nachsuchte, so geschah es nicht in gewöhnlicher Art, sondern auf seine besondre Weise. Er öffnete dann sein ganzes Herz, dessen biedre Aufrichtigkeit sich in edlem Zutrauen weich und gefühlvoll aussprach, daneben aber auch in Wahrheitseifer entbrannte, und weder Sachen noch Personen schonte, auch selbst diejenigen nicht, deren guten Willen er nöthig hatte. So enthält denn auch dieses Bittschreiben die schärfsten Aeußerungen über das erlittene Unrecht, den bittersten Tadel seiner Gegner. „Bewilligen Sie meine Bitte nicht — schreibt er unter anderen, — so unterwerfen Sie diesen Brief nur wenigstens nicht der Beurtheilung Ihrer Geheimen Räthe. Diese Herren hassen mich alle, ein Theil derselben kann, ein andrer will mich nicht verstehen. Sie wissen, daß ich sie sämmtlich für nicht viel mehr als bloße Postgäule halte, die, jeder so gut oder schlecht er es vermag, den Geldkarren des Staates ziehen, den Ew. Excellenz über den holprichten und löchervollen Knittelbahnm zahlloser innerer geographischer, provinzieller, lokaler und persönlicher Unebenheiten treiben, und der, vor Deutschlands gänzlicher Theilung und ohne eine totale innere Geschäftsreform und Ausbrennung der Registraturen, nie zur Chaussee werden wird." Nachdem er einige gegen ihn versuchte Verläumbungen mit derben Kraftausdrücken auf die Urheber zurückgeworfen, sagt er zu seiner Entschuldigung: „Nur weil ich auf Glück und Freude in dieser Welt schon gänzlich Verzicht gethan habe, verfalle ich in diesen frechen Ton. Dazu kömmt, daß man in Ew. Excellenz gern den furchtbaren Minister vergißt und nur den Menschen sieht, dessen Herz selbst auf einem hohen Standpunkt gegen fremdes Leid nicht verdorrt ist. Es hat mir die angestrengteste Ueberwindung gekostet, diesen Brief abgehen zu lassen; er ist mein letztes Hülfsmittel, das ich kurz vor dem Versinken in Unehre und Menschenscheu und in täglich zum Ausbruch fertige weinende Wuth ergreife. Denn so oft ich hier die Post abfahren sehe, fällt mir ein, ob ich nicht am besten thäte, um meine Mitwelt zu zwingen mich wieder zu achten, wenn ich mich aufsetzte und zum Wohl des Staats, zur Rächung so mancher Thränen, den schlechten Schwächling aus der Welt jagte, der durch seine kindisch-boshafte Denunziation

auch mich noch zuletzt so unglücklich gemacht hat." Aus
den Folgen, meint er, würde er sich so viel nicht machen,
und fährt dann fort: „Seit ich mit dem Haß eines schlechten
Ministers und der Ungnade des Königs behaftet bin, schlägt
ohnehin jeder Esel im Lande nach mir Hülflosen aus, beurtheilt jede Frau Base, neckt jede Vettel mich, und schändet
nach Belieben meine Ehre, Namen und Ruf, und ich bin
wirklich nicht poetisches Genie genug, um gegen Schmach
und Schande fühllos sein zu können. Jenen Eumeniden-
besuch hätte ich auch wahrhaftig bei Seiner Excellenz zu
Breslau schon abgestattet, wenn ich meinen Gläubigern nicht
für mein Leben verantwortlich wäre, als welches, so lange
ich einen Groschen schuldig bin, nicht mir, sondern ihnen
gehört." Wir könnten uns nicht wundern, wenn der Minister
dieses Schreiben mit strengem Tadel erwiedert hätte; daß er
diese Sprache, welche nur anzunehmen schon verfänglich für
ihn war, nicht einmal rügte, sondern mit Stillschweigen
überging, und nur auf die Sache antwortete, gereicht seiner
Einsicht und Billigkeit zur Ehre. Jedoch gewährte er die
Bitte nicht; zu der Herzenswärme, die er wirklich besaß,
war durch die eiskalten Maximen, mit welchen er sie bedeckt,
nur selten durchzudringen. Er schrieb an Held eigenhändig
zurück wie folgt:

„Es thut mir leid, aus Ew. Hochwohlgeboren Schreiben
ersehen zu haben, daß Ihre Finanzen noch nicht gehörig
arrangirt sind. Indessen ist nach meinem Dafürhalten Ihre
Situation noch nicht verzweifelnd, und unsre Gesetze zeigen
Ihnen ganz deutlich den Weg, wie Sie sich durch eine einige
Jahre soutenirte Sparsamkeit aus Ihrem Labyrinthe retten
können, um hernach ruhig und ohne Finanzsorgen Ihres
Lebens zu genießen. Der Vorschlag, den Sie mir thun,
daß ich Ihnen 2500 Thaler aus irgend einer Kasse ohne
Zinsen vorschießen und dagegen 5 Jahre hinter einander
500 Thaler von Ihrem Gehalte einbehalten soll, ist praktisch
nicht ausführbar, weil ich dazu vom König nicht autorisirt
bin, es auch schwerlich erwarten kann, dazu autorisirt zu
werden, und weil es bei mir, wie Sie selbst fühlen werden,
Grundsatz sein muß, mein eigen Vermögen niemals mit dem

des Staates zu meliren. Sie werden wahrscheinlich sagen, daß dies eine sehr kalte Antwort auf einen Antrag wäre, den Sie mir aus wahrem Zutrauen zu meiner Freundschaft gemacht hätten. Ich gebe dies gern zu; wenn Sie aber die ganze Sache mit kaltem Blute in ihrem ganzen Zusammenhange überdenken, so werden Sie mir zugeben, daß ich Recht thue, wenn ich in meinen Handlungen nach Grundsätzen und nicht nach Gefühl und Leidenschaft zu Werke gehe."

„Mein Rath ist der, daß Sie Ihren Gläubigern in der Sprache eines gesetzten Mannes die Proposition machen, ihnen jährlich 500 Thaler bestimmt anzuweisen, und daß Sie, sobald die Gläubiger nicht konsentiren wollen, sie gerichtlich dazu verbinden lassen. Auf diese Art werden Sie zwar fünf Jahre lang bei dem Abzuge bleiben; aber die Kur ist auch desto sicherer."

„Mein Rath ist, daß Sie diese Kur je eher je lieber vornehmen, weil Zerrüttung in den Finanzen ein sehr großes mit den nachtheiligsten Folgen verbundenes Uebel ist. Lassen Sie sich ja durch keine falsche Scham von Ergreifung des gesetzlichen Weges abbringen, und wenn Sie meinen Rath befolgen, so stehe ich dafür, daß es gut gehen wird, und daß Sie mir dafür danken werden. Es wird mir sehr lieb sein, wenn Ihre Antwort mir die Nachricht giebt, daß Sie meinen Rath gut befunden haben, und nun alsbald zur Ausführung schreiten wollen. Struensee. Berlin, den 30. März 1799."

Der Rath war jedoch nicht ausführbar, und Held blieb in seiner qualvollen Bedrängniß, die sich durch die unglücklichen Störungen seines Familienwesens nur täglich mehrte. Er mußte sich darein ergeben, den Kampf mit den untersten Ansprüchen des Lebens mühsam fortzusetzen, von denen er sich aber nie so hinnehmen ließ, um darüber die höheren Ansprüche, welche Wahrheit, Recht und Freundschaft an ihn machten, jemals außer Acht zu lassen. Ja, was noch rühmlicher ist, und von der seltnen Gemüthskraft des Mannes zeugt, auch seine dichterische Stimmung und die persönliche Herzlichkeit für das Vaterland litten durch den zwiefachen

Druck, der auf ihm lastete, keinen Eintrag; wir sehen ihn stets bereit, der treuen Gesinnung für den König, sein dichterisches Wort zu leihen; so feiert er in einem Liede für den Schützenverein zu Brandenburg den König mit aller Wärme, so übernimmt er, als am 25. Mai 1799 der König und die Königin auf ihrer Reise nach Westphalen durch Brandenburg kommen, die ihnen Namens der Bürgerschaft zu überreichenden Gedichte zu verfassen, und drückte darin die zarteste Verehrung aus.

Aber Held schien einmal bestimmt, nicht ohne Anfechtung zu bleiben, und wo er sie nicht aufsuchte, da suchte sie ihn. Ein zufälliges Begegnen mit hohen Militairpersonen im Anfange des Septembers 1799 nahm eine so beleidigende und aufreizende Wendung, daß Held, ohne seinen Karakter ganz zu verläugnen, unmöglich still dabei bleiben konnte, und weil hier ein Zweikampf aus Gründen, die er selber angiebt, kaum statthaft schien, so wandte er sich grabezu an den König. Die näheren Umstände der Sache sind in seiner Eingabe bezeichnungsvoll mitgetheilt, und wir lassen dieselbe hier folgen als ein merkwürdiges Zeugniß des Mannes selbst wie der Erscheinungen jener uns schon so entlegenen Zeit. Held schrieb an den König:

„Es geschieht nur aus Druck der bittersten Nothwendigkeit, daß ich von meinem Vorsatz mit meiner Handschrift Ew. Majestät nicht mehr lästig zu fallen, eine Ausnahme mache, und Allerhöchstdero oberstrichterliche Gewalt und Pflicht, in einem Falle, wo die gewöhnlichen Rechte schweigen, als ein außerordentliches Hülfsmittel zu meinem persönlichen Schutz hierdurch anrufe."

„Ich muß nämlich den Generallieutenant von Rüchel wegen unbefugter und neckender Anmaßungen, den General von Puttkammer wegen Brutalität und den Major von Böyncken wegen anderer Ungezogenheit gegen mich, anklagen und Ew. Majestät bitten, diesen Leuten zu befehlen, daß sie, denen ich gewiß gern überall aus dem Wege gehe, mich, wo mein Unstern mich mit ihnen von ohngefähr lästig wieder zusammenführen möchte, mit ihrem lahmen Witz und ihren

Grobheiten verschonen, und dadurch die Ruhe nicht stören, die jeder Bürger dem andern zu belassen schuldig ist."

"Vorgestern besah ich in Gesellschaft des Kammerpräsidenten von Harlem aus Posen und des hiesigen Kriegs-Raths Koch, Nachmittags um 5 Uhr das hiesige Armenhaus und traf darinnen die vorgenannten Militair-Personen. Der Generallieutenant von Rüchel erkundigte sich, wer ich wäre, ob ich mit dem von Leipziger verwandt sei, torquirte mich hiernächst mit beleidigenden Fragen über meine und des von Leipziger's politische Grundsätze, demonstrirte mir mit auffallendem Nachdruck, daß ich einen Königlichen und zwar wie er wisse, mit sehr lukrativem Einkommen verbundenen Posten hätte; sprach von meinem Bruder, den er übrigens zu meiner wahrhaften Freude einen rechtschaffenen Mann nannte, in dem Sinne, als sei ich das Gegentheil, und benahm sich überhaupt gegen mich mit der Arroganz eines wahren Inquisitors; eine Rolle, die ganz außer seinem Wirkungskreise liegt, und ein Geschäft, deffentwegen Ew. Majestät ihn sicherlich nicht nach Brandenburg beordert hatten."

"Ich habe auf alle diese Kränkungen bescheiden und nach meinen Begriffen von Ehre geantwortet, und diesem unedlen Uebermuth bloß Gelassenheit entgegengesetzt. Um aber doch an einem schicklicheren Platz mich mit der vollen Sprache der Wahrheit vor diesem bei Ew. Majestät geltenden Manne zu rechtfertigen, bat ich ihn endlich um eine einzige Viertelstunde Privataudienz in seinem Quartier; er bestellte mich zu sich, ließ mich aber nachher nicht vor sich."

"Der General von Pultkammer, durch diese Mißhandlungen des 2c. von Rüchel gleichsam angesteckt und muthig geworden, fuhr mich hiernächst auf eine grobe Weise mit der Frage an: ob ich ihn nicht kenne und warum ich den Hut nicht abnähme, wenn ich ihm begegnete? Ich antwortete ihm der Wahrheit gemäß, daß, nachdem ich ihn vor anderthalb Jahren mehrmals höflich gegrüßt, aber immer bemerkt hätte, daß er mir nicht danke, auch erfahren hätte, daß er niemals einem Zivilisten oder Bürger, sondern nur den Musquetiren danke, ich natürlicherweise meine Komplimente einstellen müssen. Nichtsdestoweniger brach er in plumpe Schimpfworte, und wenn ich nicht irre, in Drohungen aus, wozu ich stille schwieg, da es dem ꝛc. von Puttkammer deutlich anzusehen war, daß er sich im Trunke übernommen hatte."

„Der Major von Bömcken mengte sich nunmehro in dies garstige Gespräch, dichtete mir blöde Augen an, und behauptete am Ende, daß man einen preußischen General grüßen müsse, er möge danken oder nicht. Ich erwiederte hierauf, daß ich die Richtigkeit dieser Behauptung bezweifelte und daß ja der König selbst jedem Bauer danke, der seine Mütze abziehe."

„Diese fatale Szene fiel in einer Stube und einem Gange des Armenhauses in Gegenwart von 20 Personen vor, und hat mich, dessen Gemüthsruhe nur allmählig wiederzukehren auf dem Wege war, von neuem in Schmerz und Besorgnisse der finstersten Art zurückgeworfen. Ich sehe offenbar, daß man mir zu Leibe und mich beschimpfen will, und daß ich wüthende Feinde von Wichtigkeit habe, die meinen Untergang beabsichtigen. Es ist unerträglich hart, immerdar der Gegenstand von großen und kleinen Verfolgungen zu sein, und niemals zur Ruhe zu kommen. Wer auf diese Art unaufhörlich gequält wird, muß durchaus zuletzt an Geist und Körper erkranken, und selbst wüthend werden."

„In solche Ungerechtigkeiten sollten Ew. Majestät doch ein strenges Einsehen haben. Brutale Soldaten schaden offenbar der Achtung und Liebe zum Regenten im Ganzen. Ich bin ohne irgend einen vernünftigen Grund in der Sphäre des Thrones recht absichtlich geschmäht und verlästert. Was der ꝛc. von Rüchel die Grundsätze des Leipziger nennt, weiß ich wirklich nicht, ich bleibe bei der simpeln Erinnerung der angenehmen Stunden stehen, die ich vor Jahren in Glogau unter andern klugen Männern auch mit Leipziger verlebt habe, und werde sein Geschick immer laut bedauern, wenn ich darnach gefragt werde. Es wäre ja niederträchtig von mir, wenn ich anders empfände und spräche, und aus elender Verzagtheit die Freundschaft eines Mannes, den ich ungemein hochschätze, darum verläugnete, weil er unglücklich und verkannt ist."

„Von der berüchtigten Ordensverbindung des Leipziger

weiß ich keine Silbe und halte sie für eine läppische Lüge; wohl aber hat mir und vielen andern, im Jahre 1799 der Professor Feßler einen Plan zu einer Kantisch-philosophischen Gesellschaft vorgelegt, an dem ich bloß darum keinen Theil nehmen mochte, weil er für praktische Menschen mir gar zu abstrakt und unausführbar schien. Dies ist derselbe Plan, den jetzt unter mancherlei Modifikationen die Loge Royal-York von Feßler'n bekommen und zu ihrem System angenommen hat, und den der ꝛc. von Rilchel kennt, falls er anders im Stande ist, den Feßler zu verstehen. Lukrativ habe ich meine dreizehnjährige Dienst-Karriere mir nie gemacht, sogar in Süldpreußen nicht, wo doch rings um mich her ganz dreist gestohlen wurde. Ich bin mit einem hartnäckigen, aus den akademischen Theorieen mitgebrachten Unschuldssinn in Ew. Majestät Geschäfte getreten, und es haftet auf meiner Dienstehre nicht die kleinste Schmutzigkeit. Des ꝛc. von Rilchel's Meinung von mir ist daher ganz unrichtig, und ich verstehe gerade nichts weniger, als das lukrative Wesen."

„Ueberhaupt, was gehe ich den ꝛc. von Rilchel an, daß er meinen Hofmeister machen will? Befragte mein Chef der Minister Struensee die Kapitains des Rilchel'schen Regiments um ihre Grundsätze, so würde der ꝛc. von Rilchel das gewiß sehr übel nehmen. Ew. Majestät allein sind der Herr und Beurtheiler Ihrer Diener und die Männer, denen Allerhöchstdieselben Ihr Vertrauen schenken, und von denen manche sich so gerne das Ansehen geben, als regierten eigentlich sie, sollten billig jeder in seinem Fache sich darauf einschränken, kalt und vernünftig überall die Wahrheit zu ergründen, damit sie in keine Lügen verfielen, die in der hohen Region des Throns für den Unterdrückten, der da nicht hinkommen kann, immer wichtig und entscheidend sind."

„Auch berechtigt das Glück in der Suite und Ew. Majestät nahe zu sein, den Major von Bömcken nicht, im Hause und am Tische seines hiesigen Schwiegervaters, wo er gewissermaßen selbst Wirth ist, von Königlichen Räthen mit pöbelhaften und niedrigen Benennungen zu sprechen, während einer von ihnen als eingeladener Gast neben ihm zu sitzen gezwungen ist. Ich habe Gelegenheit gehabt, in der urbanen Gesellschaft dieses Menschen Betrachtungen darüber anzustellen, was Ew. Majestät wohl mit mir anfangen würden, wenn ich gegen die Majors der Armee in Gegenwart des ꝛc. von Bömcken dergleichen beschimpfende Ausfälle machte. Wir Zivilisten sind offenbar gegen solche Militairs nicht geschützt und im gesetzlichen Gleichgewicht; Klagen haben keinen Erfolg, und wollen wir uns durch eigene Kraft Respekt verschaffen, so leiden es unsre Minister nicht, sie kassiren uns und der Fiskal fordert nach dem Duellmandat schwere Geldstrafen ein, oder verhilft uns auf die Festung; der Offizier hingegen sitzt 14 Tage in der Wache, und lacht."

„Es ist hier nicht der Ort, diese traurigen Verhältnisse näher zu erörtern, welche Ew. Majestät nur dann genau einleuchten würden, wenn Allerhöchstdieselben vollkommen sich herabdenken könnten in die Lage eines kleinen engbeschränkten Privatmanns, der nicht Soldat ist. Nur dann könnten Allerhöchstdieselben ganz fühlen, daß auf Erden nichts unerträglicher und empörender ist, als militairische Insolenz gegen den ruhigen unbewaffneten einheimischen Bürger. Jeder der es hört, daß ein Generallieutenant, ein Generalmajor und ein Major, alle Drei auf Einmal sich über mich hermachen, um an mir, der ich noch obendrein bekanntlich von der Königlichen Ungnade betroffen und niedergebeugt bin, ihre Bravaden auszulassen, weil der eine in mir den Freund des Rivals seiner Talente haßt, der andere von mir gegrüßt sein will, ohne jedoch danken zu wollen, und dem dritten vielleicht bloß meine Physiognomie zuwider ist, kann nicht anders als totale Indignation gegen ein solches Benehmen fühlen."

„Ich sehe indeß wohl ein, daß ich gegen Männer, die im Glanze des Throns stehen, nicht aufkommen und auf keine sattsame Genugthuung rechnen kann, daher wage ich bloß die alleruntertänigste Bitte: Ew. Majestät wollen geruhen, den ꝛc. von Rüchel und von Bömcken zu mehrerer Klugheit, Vernunft und Bescheidenheit wenigstens in Zukunft gegen andre vielleicht weniger geduldige und mehr rachgierig:

Männer als ich bin, anzuweisen; dem von Puttkammer aber
anzubefehlen, daß er entweder danke, wenn man ihn höflich
grüßt, oder alle solche wunderliche Ansprüche auf Achtungs-
bezeigungen fahren lasse, auch seine anstößigen Drohungen
zurückhalte, übrigens aber des von Puttkammer's wegen, wie
hier verlauten will, mich nicht schon wieder zu versetzen, da
meine durch die letzte Versetzung zerrüttete Oekonomie dies
schlechterdings nicht erlaubt, sondern mich, der ich schier lebens-
müde bin, an diesem Orte meine Tage ruhig beschließen zu
lassen."

„Ich weiß nicht, welcher Unstern über mich waltet, daß
ich Ew. Majestät auf alle Weise verhaßt werden muß, das
aber weiß ich bestimmt, daß ich es bisher noch immer zu
Allerhöchst Dero Person sehr gut gemeint habe. Ich ersterbe
2c. von Held: Brandenburg, den 5. September 1799."

Der König empfing diese Beschwerde durch den Generaladjutanten von Köckritz, der am 12. September darüber an
Held schrieb: „Euer Hochwohlgeboren beweisen mittelst
Schreibens vom 5. dieses mir ein Zutrauen, das an sich
schon sehr angenehm mir sein muß, mehr aber noch in der
Erinnerung gewinnt, daß ich in meiner frühesten Jugend
verschiedene Dero Verwandten gekannt habe. Natürlich em-
pfinde ich daher den Wunsch auch Euer Hochwohlgeboren
wahrhaft zufrieden und glücklich zu sehen, und ich bin in
diesem Gefühl daher auch redlich bereit gewesen, Seiner
Majestät dem Könige von Dero Beschwerden gegen die
Generals von Rüchel und von Puttkammer und gegen den
Major von Bömcken durch schuldige Ueberreichung der Bitt-
schrift Nachricht zu geben. Der König hat das Betragen
dieser Offiziers gegen Sie nicht gebilligt; nach Ihren
Grundsätzen wünschen Sie nichts sehnlicher, als daß unter
den verschiedenen Ständen zum Wohl des Staates die beste
Harmonie herrschen möge, indessen muß ich auch gestehen,
daß Allerhöchstdenselben einige Ausdrücke Ihres Schreibens
sehr auffielen. Zu Ihrer Beruhigung sage ich Sie, daß die
Besorgniß wegen einer abermaligen Versetzung ungegründet
ist. Empfangen Sie hiermit die aufrichtige Versicherung
meiner Werthschätzung, mit welcher ich stets beharre als Euer

Hochwohlgeboren ganz ergebenster Diener von Köckritz. **Parey,** den 12. September 1799." Minder freundlich lautete der Bescheid, welcher amtlich aus dem Kabinet erfolgte, und der es rügte, daß Held nicht an die nächsten Behörden, sondern gleich an den König gegangen war.

Zerboni hatte im Gefängnisse zu Magdeburg, wie sehr auch die Arbeiten zu seiner Vertheidigung ihn anstrengen mußten, doch noch Stimmung und Kraft gefunden, eine Schrift über Südpreußen abzufassen, welche in vaterländisch gemeinnützigen Sinne die Aufgabe des Staates in Betreff dieser Provinz, und die Mittel dem Lande und Volke aufzuhelfen, mit hellem Geiste untersuchte. Diese Schrift gab er im Herbste 1799 in Druck, sie erschien im Anfange des Jahres 1800 bei Frommann in Jena unter dem Titel. "Einige Gedanken über das Bildungsgeschäft von Südpreußen." Der edle Sinn des Verfassers, schon durch das bezeichnende Wort des Titels angedeutet, und die Triftigkeit seiner sachgemäßen Vorschläge, wurden von allen Unbefangenen und Gutmeinenden günstig anerkannt, auch der Minister von Voß, welcher seit dem April 1798 wieder die Provinz verwaltete, äußerte sich mit Beifall. Den Gegnern aber war es verdrießlich, den Mann durch Kerker und Verurtheilung so wenig gedemüthigt zu sehen, daß er sogar öffentlich das Wort wieder zu nehmen wagte. Unangenehm empfanden sie es auch, daß der Dienstentlassene, nach ihrer Meinung verarmte und brotlose, plötzlich mit angeliehenen Geldern einen Grundbesitz in der Nähe von Kalisch erkaufte, und zwar so vortheilhaft, daß der Werth sich bald doppelt so groß als die Anleihe erwies. Weit mehr noch mußten sie erschrecken, als im Juni desselben Jahres bei Vollmer in Hamburg ein Band „Aktenstücke zur Beurtheilung der Staatsverbrechen des südpreußischen Kriegs- und Domainenrathes Zerboni und seiner Freunde" im Druck herauskam, unter der Vorrede mit des Herausgebers vollem Namen unterzeichnet. Doch diese Herausgabe, als ohne Befugniß und höhere Erlaubniß geschehen, schien einen neuen Anklagepunkt gegen ihn zu liefern, und man hoffte, ihn auf's neue in einen schlimmen Gerichtshandel zu verwickeln.

In dieser Zeit hatte Held mit manchen Männern sich in Verbindung gesetzt, von denen seine Hoffnungen und seine Thätigkeit belebt wurden. Er war mit Fichte bekannt geworden, und der gediegene Karakter und helle, feste Geist des Philosophen erfüllten ihn mit freudigster Verehrung. Mit dem liebenswürdigen Wandsbecker Boten Matthias Claudius, mit Hennings in Plön, mit Archenholz in Hamburg, stand er in Briefwechsel, jener gab den Genius der Zeit, dieser die Minerva heraus, und beide Zeitschriften empfingen von Held manche Beiträge, die doch nicht alle zum Druck gekommen scheinen. Auch mit Fülleborn, mit Garve, und Andern in Breslau wechselte er Briefe, desgleichen mit Oelsner, der, als er sein Vaterland Schlesien nach längerem Aufenthalt in Frankreich wiedersehen wollte, auf Haym's grundlose Verdächtigung, gegen die seine diplomatische Eigenschaft als frankfurtischer Resident bei der französischen Republik ihn nicht schützte, unvermuthet in rauhster Weise verhaftet, bald aber, bei kräftiger Verwendung des französischen Gesandten Sieyes, als völlig schuldlos wieder frei gelassen worden war. Mit den Gelehrten und Schriftstellern in Berlin scheint Held wenig Verkehr gehabt zu haben, einige waren ihm zu feig und zahm, wie Rambach, Jenisch, Gentz, andere zu frech und wild, wie die beiden Brüder Schlegel, deren Erzeugnisse ihn anwiderten, und die Mischung von Weichheit und Stärke, die in ihm selbst war, fühlte sich von der, welche Jean Paul Richter in sich trug, bei mancher Anziehung doch mehr noch abgestoßen.

Im Juni 1800 kam Zerboni wegen der Geldanleihe, deren er zu seinem Güterkauf bedurfte, unvermuthet nach Berlin, und berief auch seinen Freund von Brandenburg herbei. Dieser berichtet über den damaligen vierzehntägigen Aufenthalt: „Das war eine vergnügte Zeit. Das Publikum erwies Zerboni'n überall, wo er erkannt und sein Name genannt wurde, die größte Achtung, und wo wir erschienen, betrachtete man uns beinahe als zwei Freunde im Stile des klassischen Alterthums. Wir konversirten viel mit Struensee, der Zerboni'n zu seiner Anleihe (von dreißigtausend Thalern bei der Wittwenkasse) behülflich war, mit dem pensionirten

Minister von Buchholz, mit Fichte und dem Schriftsteller Friedrich Buchholz, und speisten am Johannistage, von Feßler eingeladen, in der Loge Royal-York, wo ich den Professor Schummel aus Breslau kennen lernte. Unter andern gab uns auch der Professor Unger im Schulgarten ein ländliches Mittagsmahl, wobei der Schriftsteller und Geheime Legationsrath Woltmann die Honneurs machte, und ich den Geheimen Justizrath und Generalfiskal von Hoff zum erstenmals sah. Letzterer wirkte mit besonderer Anziehungskraft auf mich. Sein würdiges Aeußere, sein ernstes verständiges Kritisiren und dreistes Sprechen über die Fehler der Regierung, die strenge Opposition, die er gegen verschiedene mächtige Männer verlautbarte, die vertraute Freundschaft, die ich zwischen ihm und Fichte bemerkte, das Interesse so er für Zerboni und die Neigung zur Vertraulichkeit, die er mir bezeigte, machten, daß ich ihn sofort außerordentlich lieb gewann und wünschte, mich ihm etwas werth zu sein." Wie verschieden war diese Stimmung von der, welche Held vor drei Jahren in Berlin erfahren hatte!

Held war von Zerboni dringend eingeladen worden, ihn auf seinem neuen Gutsbesitze — einem „Schlüssel Güter" wie man es in Polen nannte — zu besuchen. Er empfing Urlaub von Struensee, reiste mit Zerboni nach Posen, und nachdem er hier bei seiner Frau und in verdrießlichen Händeln fünf Wochen verweilt, folgte er dem Freunde nach Plugawice. Er fand ihn in einem seltsamen vieleckigen hölzernen Hause, umgeben von Waldung und Wiesen, in voller Thätigkeit, mit Bauten, Ziegelbrennereien und aller Art Verbesserungen seiner Ländereien beschäftigt, und schon mit dem glänzendsten Erfolg. Die Bauern, menschlich und sanft behandelt, griffen gleich dem Herrn alles mit munteren Kräften an. Da an dem sonderbaren Wohnhause bauliche Arbeiten vorgenommen wurden, so wohnten und schliefen die beiden Freunde in einem Gartenhäuschen, von Wiese, Wasser und Gebüsch umgeben. Zerboni las nach dem Erwachen gewöhnlich irgend einen der Gesänge Ossian's vor, und eilte nachher zu seiner Wirthschaft, wo seine Frau mit ihm an Thätigkeit wetteiferte. Held freute sich dieses glücklichen Zustandes, der für die

Folge den größten Segen verhieß. Doch konnten diese Eindrücke den Unmuth nicht lange beschwichtigen, den die Betrachtung der öffentlichen Dinge stets neu hervorrief. Das Staatswesen schien den Freunden in sonderbaren Widersprüchen befangen. Der König hatte im Juli 1800 eine Kabinetsordre an das gesammte Staatsministerium erlassen, durch welche die Gebrechen der Staatsverwaltung auf das schärfste gerügt wurden. Wir müssen diesen merkwürdigen Erlaß hier einfügen; er lautet: „Seine Königliche Majestät von Preußen ꝛc. unser allergnädigster Herr, haben zwar bald nach Höchstdero Regierungsantritt durch eine eigenhändige Ordre dem gesammten Staatsministerium auf das ernstlichste zu erkennen gegeben, wie nothwendig es sei, den fast erstorbenen Geist der Treue, der Uneigennützigkeit, des Fleißes und der Ordnung, wodurch der preußische Zivildienst sich ehemals so musterhaft ausgezeichnet hat, durch angemessene, allenfalls strenge Maßregeln, wieder zu beleben, zu dem Ende verdiente Offizianten aufzumuntern, Unvermögende zum Dienst, die es ohne ihr Verschulden geworden, mit Pension zu entlassen, unbrauchbare, untreue oder nachlässige und nicht zu bessernde Offizianten aber zu Remotion und dem Befinden nach zur Bestrafung derselben anzuzeigen; bis jetzt aber haben Allerhöchstdieselben hiervon nur eine sehr geringe und fast gar keine Wirkung bemerkt. Nur einige Departements haben die so nothwendige Reform des ausgearteten Geistes im Dienst mit einigem Ernst begonnen, in den mehresten läßt man den Offizianten nach wie vor die Zügel schießen. Fast allgemein werden die Stellen nur als Pfründen betrachtet, deren Inhaber gerade nur so viel thun muß, als erforderlich ist, um das Gehalt zu erheben und mit möglichster Bequemlichkeit zu genießen. Wer einige Jahre, wie sie es nennen, auf solche Art gedient hat, begehrt gleich für seine eingebildete Verdienste ansehnliche Beförderungen, Titel und Gehaltsverbesserungen, und findet sich gekränkt, wenn sie ihm nicht auf der Stelle bewilligt werden. Jedes nicht alltägliche Geschäft soll besonders bezahlt werden, oder man findet keinen Beruf dazu. Wenn die Geschäfte bei einer Stelle sich vermindern, so wird niemand daran denken, das damit verbundene Gehalt oder Emolument sich kürzen zu laſſen, aber keine unbedeutende Geſchäftsvermehrung darf ohne Gehaltszulage entſtehen. Dieſer verderbte Geiſt iſt unter den Räthen der höheren und niederer Landeskollegien, beſonders in Berlin, mit Ausnahme einiger wenigen herrſchend, und hat ſich von ihnen aus in die Provinzen und beſonders auf die Subalternen verbreitet, wo er ſich noch in weit verderblichern Folgen, beſonders durch Unwiſſenheit, Faulheit und Venalität äußert. Ueberall wo Seine Majeſtät auf Ihren Reiſen durch Ihre Staaten hingekommen ſind, wird hierüber von allen Seiten laut und einſtimmig geklagt. Da ſich Allerhöchſtdieſelben auf dieſen Ihren Reiſen es beſonders angelegen ſein laſſen durch Verdienſte und Geſchicklichkeit ſich auszeichnende Offizianten kennen zu lernen, ſo haben Sie ſelbſt die traurige Erfahrung gemacht, wie ſelten dieſe anzutreffen ſind. Die häufigen eingekommenen Beſchwerden Ihrer Unterthanen, die Sie ſogar nicht ſelten durch unmittelbare Einforderung der Akten ſelbſt prüfen, beſtätigen dieſe Erfahrung, und die Chefs der verſchiedenen Departements befinden ſich bei ihren Vorſchlägen zu wichtigeren Stellen faſt immer in Verlegenheit in Ermangelung vollkommen brauchbarer Subjekte, oft ſehr mittelmäßige vorſchlagen zu müſſen. Es iſt alſo nicht blos die jetzige Generation ausgeartet, ſondern es entſtehet auch die größte Beſorgniß für die Zukunft, die Seiner Majeſtät es zur erſten Pflicht gegen den Staat machen, die anfangs gedachte Ordre ſämmtlichen Departementschefs von neuem einzuſchärfen und auf deren genaue Beobachtung zu dringen, wovon ſie vielleicht **nur** Mitleiden mit dieſem oder jenem unwürdigen Subjekte, **das** aber unter dieſen Verhältniſſen höchſt verderblich werden kann, oder die Beſorgniß, daß ein ſtrenges pflichtmäßiges Betragen als Gewaltthätigkeit von der Stimme des Publikums getadelt werden dürfte, abgehalten haben kann; die letzte iſt zwar in ſo weit allerdings zu betrachten, daß man deſto gewiſſenhafter die Gründe des Verfahrens prüfen muß; wenn die Gründe aber wirklich bewährt befunden worden, ſo muß man die Zuſtimmung ſeines Gewiſſens ſich über das Urtheil des ſogenannten Publikums, welches gemeiniglich nur in einer geringen Anzahl dabei noch intereſſirter Perſonen beſtehet, erheben lassen; und die erkannte Pflicht ohne alle weitere Rücksicht ausüben. Seine Majestät haben zu sämmtlichen Departementschefs das Vertrauen, daß ein jeder in seinem Departement die rechten Mittel anzuwenden wissen werde, um das davon abhängende Dienstpersonal endlich wieder zu seiner Schuldigkeit zurückzuführen und wollen Sich auch deßwegen nicht in ein vollständiges Detail einlassen, im Allgemeinen aber müssen Allerhöchstdieselben bemerken, daß die ganz fast außer Acht gekommenen Visitationen, besonders der Unterbehörden, öfter, unvermutheter, gründlicher und mit weniger Zeitverschwendung in Ansehung unwesentlicher Dinge verfolgt werden müssen, und daß die Konduitenlisten gewissenhafter zu führen, und sorgfältiger, als bisher geschehen, von den vorgesetzten Behörden zu beachten sind. Allerhöchstdieselben wollen künftig auf beides sehr aufmerksam sein und befehlen zu diesem Ende, Ihnen mit jedem Jahresschluß die Listen von jedem Departement und den demselben untergeordneten Landeskollegien unmittelbar einzureichen und dabei anzuzeigen, welche Unterbehörden, auch von wem sie visitiret und was dabei zu bemerken befunden worden. Aus diesen Listen und Anzeigen werden Seine Majestät Veranlassung nehmen, besondere Recherchen zu verfolgen und Sich von dem Grunde zu überzeugen, und diejenigen Vorgesetzten dafür verantwortlich zu machen, die bei deren Anfertigung nicht aufmerksam oder aufrichtig genug zu Werke gegangen sind. Friedrich Wilhelm. Charlottenburg, den 26. Juli 1800."

Held erzählt ein Jahr später, welchen Eindruck er und Zerboni empfangen, als dieses Aktenstück ihnen zuerst vor Augen kam. „Eben saß ich mit Zerboni im August vorigen Jahres in seinem abgelegenen Dorfe Plugawice, einsam bei einem frugalen Abendbrote, als er eine Abschrift gedachter Kabinetsweisung aus Kalisch erhielt. Wiewohl sie für uns nun nichts Neues enthielt, und der darin so richtig geschilderte zerbrochene Geisteszustand der Offizianten unter uns beiden längst als eine ausgemachte Sache galt, so kam sie uns doch so unerwartet und wir freuten uns darüber so sehr, daß ich nicht zu viel sage, wenn ich versichere, daß wir sie beinahe küßten; wir, die man kassirt und auf Festungen schickt, weil wir schnurgrade derselben Meinung mit dem Könige sind, und diese praktisch geltend machen!"

Held war erst sechs Tage bei seinem Freunde, so kam ein Brief aus Berlin an Zerboni von Fichte, worin derselbe meldete, daß ein zweiter Kriminalprozeß gegen ihn, und zwar weil er die Akten des ersteren habe drucken lassen, im Werke sei, die Absicht gehe dahin, ihn abermals auf ein Jahr zur Festung zu bringen, und zwar diesmal nach Graudenz. Der dieserhalb erlassene Kabinetsbefehl war an den Justizminister von Arnim ergangen, und von ihm nicht ohne stille Mißbilligung dem Generalfiskal von Hoff mitgetheilt worden. Dieser, für Zerboni günstig gestimmt, hatte Fichte'n veranlaßt, den Bedrohten im voraus davon zu benachrichtigen. Zerboni rief sogleich: „Nun bin ich auf immer unglücklich, denn werde ich meiner Wirthschaft, worin ich alles umgekehrt habe und alles im Entstehen ist, auf ein Jahr entzogen, so muß das ganze Wesen zu Grunde gehen, ich mit den Gütern bankrott machen." Doch diesmal betheuerte er, solle man nicht so leichtes Spiel haben, und wenn die Formen der Gesetze nicht beobachtet würden, werde er Widerstand leisten, und man nur seinen Leichnam fortschleppen. Die Freunde besprachen diese Sache abwechselnd mit Ueberlegung und Heftigkeit. Der neue Angriff erschien ihnen durchaus widerrechtlich, sie sahen die Veröffentlichung der Prozeßakten als eine auch durch das Gesetz genehmigte ursprüngliche Befugniß an, als einen nachträglichen Ersatz der allem gerichtlichen Verfahren gebührenden, durch unsre Einrichtungen nur ungerecht verkümmerten Oeffentlichkeit. Die ganze Verfolgung war ihnen überhaupt ein schreckliches Zeichen, daß Zerboni's Feinde nie aufhören wollten, willkürlich und schonungslos gegen ihn zu verfahren. Da ergrimmte Held, und beschloß auf der Stelle, das Verderben, welches dem Freunde drohte, auf die Häupter seiner Feinde zurückzuwälzen, und sie durch die Macht der sonnenklaren Wahrheit zu erdrücken. Vergebens mühte sich Zerboni ihn zu beruhigen, ihm vorzustellen, daß erst noch auf dem juristischen Felde der Kampf zu führen sei. Held nahm hier eine Saat von Aufregung in sein Gemüth, die schnell und gewaltig emporstieg, und ihn per-

sönlich das größte Unheil brachte. Seinen Eifer spornte noch
mehr das Erscheinen einer Schrift, die unter dem Titel:
„Untersuchung, ob dem Kriegsrathe Zerboni zu viel geschah",
in dieser Zeit — obwohl sie das Jahr 1801 führte — zu
Leipzig herauskam, deren Verfasser, der Professor Schummel
in Breslau, dafür von Hoym dreihundert Thaler empfangen
hatte, und in welcher Zerboni und Held scharf angegriffen
waren. Held wollte nicht, daß Zerboni dawider aufträte,
weil diesem ohnehin eine neue Untersuchung drohte, und weil
ihm derselbe in seiner ländlichen Abgeschiedenheit dem litterarischen Verkehr allzufern schien; er selbst aber versprach, der
Sache des Freundes durch kräftiges Auftreten allen Vorschub
zu thun.

Hier in Plugawice wahrscheinlich entstand noch die Ode,
welche bald nachher im September 1800 zu Berlin einzeln
gedruckt erschien unter dem Titel: „Ergebung, an Zerboni
in Plugawice in Südpreußen. Fatis agimur! cedite fatis!"
und in welcher Held den vollen Grimm seines Unmuths,
seiner Verwünschung des gesammten Weltgetriebes, mit den
allergrellsten, ja lästerlichsten Worten aussprach. Was ihm
Ergebung heißt, können wir nur Verzweiflung nennen;
er giebt jede Hoffnung auf, und auch die Zuversicht auf
ein Jenseits schilt er hier eine kranke! Zwar tröstet er sich
mit der Betrachtung:

   „Was wir litten, wird verfliegen,
   Gleich dem Schall in freier Luft.
   Doch der Stolz, daß nie ein Schuft
   Konnte unsern Sinn besiegen,
   Steht — ob wir auch unterliegen —
   Trotzig über unsrer Gruft."

Aber beu Gedanken eines Wiederbegegnens mit demselben
Gelichter, das ihnen hier zu Schmach und Verderben geworden, kann er nicht ertragen; er fragt den Freund:

   „Könnten friedlich auf der Straße
   Einer andern Welt wir gehn?
   Träfen uns nicht neue Wehn
   Im Verein mit dieser Race,

Der uns hier zum Tigerfraße
Das Geschick hat auserseh'n?"

Nochmals blickt er auf das Erdentreiben zurück, und bestärkt sich in der trostlosen Ansicht:

„Glücklich wird hier nur der kühne
Gauner, der den Staat besteihlt,
Frechheit baut ihm seine Bühne,
Wo mit schadenfroher Miene
Er auf uns herniederschielt.
Liebe zu dem Vaterlande
Windet unten sich im Staub!
Wahrheit wird des Heuchlers Raub!
Dummheit gönnet dem Verstande,
Statt des Sieges, lieber Schande,
Und des Helfers Ohr ist taub."

Als die letzte seiner Freuden giebt er an, daß er der Leiden Jordan's dauernder Gefährte ward, und wünscht nur vereint mit ihm in demselben Augenblick durch Einen Blitz, Einen Todesstoß, aus diesen Körperbanden zu fliehen.

Aber während er solche Verzweiflung sang, war sein Gemüth in Zorn und Haß zum kräftigsten Handeln erglüht, und ihm dämmerte schon die That, welche den Feind furchtbar treffen sollte.

Held reiste über Kalisch nach Posen zurück, wo er wieder einige Zeit verweilte und die Vermögenssachen seiner Frau zu ordnen strebte, aber mit größerem Eifer und Erfolge Waffen für sein politisch-litterarisches Vorhaben sammelte. Er wußte sich durch Ueberredung und Schlauheit Abschriften der Akten eines höchst ärgerlichen Prozesses zu verschaffen, in welchem Hoym und Goldbeck sehr bloßgestellt erschienen, schrieb in rascher Eile, begeistert von Unmuth und Zorn, heftige Erläuterungen dazu, und nahm die druckfertige Schrift auf der Rückreise mit nach Berlin. Er nahm auch eine Tochter von Posen mit — eine andere war bereits in Brandenburg — und hielt sie unterwegs fast beständig auf seinem Schoße. Die Handschrift lag tief unten im Koffer. In Berlin stieg er im Gasthof ab, und brachte zuerst seine Tochter zu einer Freundin; dann ging er zu Struensee, erbat sich geheimes Gehör, und legte ihm die Schrift vor. „Struensee's

Mienen," sagt Held, „waren anfänglich mißbilligend und er schüttelte den Kopf, je länger ich aber sprach und ihm alles verdeutlichte, je mehr klärte sich sein Gesicht auf, bis zu jenem sardonischen Lächeln, welches diese in der Regel ernsthafte Physiognomie so wohl kleidete und so großes Zutrauen erweckte." Struensee behielt die Schrift einige Tage, und als er sie zurückgab, erklärte er die Thatsachen für ganz richtig, allein bei weitem noch nicht vollständig, er wisse den tieferen Zusammenhang, ein Geheimniß, das der Verfasser nicht habe wissen können. „Indeß", fuhr er fort, „enthält das Buch Stoff genug, um dem Könige aufzufallen. Sie wagen damit viel. Entweder wird damit etwas recht Gutes oder etwas recht Schlimmes gestiftet, und Sie können sich dadurch recht glücklich oder noch unglücklicher machen als Sie schon sind. Abrathen will ich Ihnen nicht, mich dabon wehren kann und will ich aber auch nicht. Die Zugänge sind zu sehr verriegelt. Nachdem diese Sache unter Mitwissen des jetzigen Königs beendigt und zu Grabe getragen worden, darf ich, ohne die seltsamsten Verdachte persönlicher Animosität gegen Bohm mir zuzuziehen, sie nicht neuerdings zur Sprache bringen. Werde ich befragt, ob die in dem Buche von mir vorkommenden Briefe ächt sind, so werde ich, wie es wahr ist, Ja sagen. Uebrigens hoffe ich, werden Sie, so lange ich lebe, es verschweigen, daß Sie mir das Manuskript gezeigt haben. Jetzt weiß ich nichts von Ihrem Vorsatz. Handeln Sie nach Gutdünken. Gelingt es, so kann die beste Wirkung erfolgen." Held empfand es schmerzlich, daß Struensee ihm eine eigennützige Absicht auf Glück beizumessen schien, und lehnte dies entschieden ab, worauf Struensee nur erwiederte: „Für Ihr Heil würde eine Portion Egoismus Ihnen sehr dienlich sein." Er fügte noch hinzu: „In unserm Staate ist kein Reformiren möglich, als das unmittelbar vom Könige ausgeht, im Einzelnen ist nirgend ein vernünftiger Anfang damit zu machen; jeder Geschäftsmann bei uns arbeitet nur dahin, daß er sich durch die Form decke und nicht amtsmäßig verantwortlich werde." Und so sprach er noch vieles, was den Zustand des Staates betraf, für Held aber, anstatt ihn abzuschrecken, nur zur stärkeren Anreizung wurde. Er beschloß ohne Zögern den Druck seines Buches. Hierin lag übrigens noch keine unmittelbare Gefahr. Hätte er die Handschrift von Berlin, auf sicherm Wege, nach Leipzig oder Jena gesandt, wie er anfangs wollte, so würde der Schlag getroffen und vielleicht niemand erfahren haben, von wo er geführt worden. Zu seinem Unglück aber sprach er den Buchhändler Frölich, den er von der Universität Helmstädt her kannte, glaubte diesen so beherzt und fest, als er in leicht hingesprochenen Worten sich zeigte, und ließ sich verlocken, ihm das Geheimniß zu vertrauen. Frölich erbot sich sogleich, die Schrift heimlich drucken zu lassen, und ging auch alsbald an's Werk; eine Buchdruckerei war in Frölich's Hinterhause nah zur Hand. Der Besitzer, zugleich Polizeikommissarius, Namens Schmidt — bekannt als Verleger des Volksblattes „Der Beobachter an der Spree" — gehörte zu Held's vertrauten Freunden.

Sehr ruhig über diese Angelegenheit, kehrte Held nach Brandenburg heim, und ging wieder mit gewohnter Sorgfalt an seine Dienstgeschäfte; kam aber im Dezember auf's neue nach Berlin, hörte, daß der Druck beinahe vollendet sei, nahm mit Frölich die Abrede auf Ehrenwort, daß keiner den anderen in dieser Sache je nennen wolle, gab der Schrift den Titel: „Die wahren Jakobiner im preußischen Staate, oder aktenmäßige Darstellung der bösen Ränke und beirrtgerischen Dienstführung zweier preußischer Staatsminister," statt des Druckortes auf dem Titel setzte der Verleger: „Nirgens und überall" und die Jahreszahl 1801 dazu; der Umfang betrug etwa 250 Seiten. Held bedingte sich statt alles Honorars ein Dutzend Abdrücke, und begab sich hierauf wieder nach Brandenburg. In den letzten Tagen des Januar 1801 ließ er durch einen Boten seine Abdrücke holen, und sandte sie zum Einbinder in eine benachbarte sächsische Stadt, wo dem Werkchen durch die Hand des Buchbinders die Ausstattung ertheilt wurde, von welcher ihm der Name „das schwarze Buch" gekommen und verblieben, denn unter diesem nur ist es weltberühmt geworden, während der eigentliche noch jetzt fast unbekannt ist, wie das Buch selbst. Denn wir gestehen, so viel und oft wie auch seit mehr als vierzig Jahren von dem schwarzen Buche, seinem fürchterlichen Inhalte und seiner beispiellosen Freimüthigkeit reden gehört, nur hatten wir es zu Gesicht bekommen, noch jemanden gefunden, der es mit eignen Augen gesehn, und erst unsere öffentliche Besprechung desselben rief die hier und wieder bewahrten Abdrücke an den Tag, obschon nicht in der von Held beliebten Einkleidung; in dieser nämlich war nicht nur der Umschlag, sondern auch der Schnitt völlig schwarz, auf dem Rücken stand in Silberschrift: „Goymr und Goldbeck." Drei solcher Abdrücke ließ Held in den ersten Tagen des Februar 1801 von Rauen zur Post nach Berlin abgehen, an den König, an den Obersten von Köckritz, und an den Minister Grafen von der Schulenburg, für den letzteren war ein anonymer Brief eingelegt, des Inhalts, daß der Verfasser, nach einiger Zeit, und wenn er sich überzeugt haben würde, daß seine ungegründige Gefahr für ihn obwalte, als ein rechtschaffner Mann, der seiner Behauptungen eingeständig sein müsse, freiwillig ihm dem Minister sich zu erkennen geben wolle, daß einstweilen dieser sich der Sache annehmen und besonders dafür sorgen möge, daß der König die Schrift wirklich bekomme und lese. Denn dies letztere war in Held's Ansicht der Hauptpunkt, welchen er durch alle diese Anstalten zu erlangen hoffte. Eine schriftliche Eingabe solches Umfangs, meinte er, würde der König nie lesen, sie würde auch zu leicht verschwinden können, gedruckt lese sich dergleichen eher, und das auffallende Aeußere solle noch besonders dazu reizen; aber auch für den Fall, daß dem Könige der zugesandte Abdruck unterschlagen würde, wollte er Vorkehr treffen, und fand deßhalb die gleichzeitige Erscheinung im Buchhandel nöthig, damit das öffentliche Gerede und Geschrei den König aufmerksam mache. War dies nur erreicht, so glaubte er nichts mehr fürchten zu dürfen, er sah nur auf dem Wege Gefahr, am Ziel keine. Er hatte das Bewußtsein, indem er für den Freund wirke, zugleich dem Gemeinwesen nützlich zu sein, sich um König und Staat verdient zu machen, ja er träumte wohl gar, wiewohl er darauf am wenigsten ausging, von Ehren und Belohnungen. Ganz ohne Schätzen des Erfolgs durfte die Sache selbst einem klugen

Berghaus nicht sinken. Struensee und Schulenburg waren lange schon Hoym's Gegner, der Minister von Alvensleben hatte sich in den stärksten Ausdrücken gegen ihn erklärt, der Generalfiskal von Hoff, einer der angesehensten Justizbeamten, wünschte Goldbeck's Fall, um an dessen Stelle zu treten, war Held's Vertrauter, und reizte ihn, der nicht ahndete, daß er mißbraucht wurde, nur heftiger an, indem er ihm seinen ganzen Beistand zusicherte. Auch der Minister von Buchholz hatte die Handschrift gelesen und sehr gebilligt.

Es traf sich zufällig, daß grade um diese Zeit, nämlich in den ersten Tagen des Februar, zwei Freunde Held's nach Berlin kamen, welche sehr wünschten, daß auch er sich einfinden möchte, einer der Freunde war der Justizkommissarius Frißon aus Posen, der Vormund der Held'schen Stiefkinder daselbst, und der andere war der Geheimrath und Kammerdirektor von Heydebreck aus Stettin. Held stand lange bei sich an, ob er bei dem Ausbruche der Krisis nicht besser von Berlin wegbliebe; damit indessen Heydebreck nicht ohne das schwarze Buch nach Stettin zurückginge, schrieb er an ihn einige anonyme Zeilen, die ihn aufforderten, dieses Buch, sobald es erschiene, zu kaufen, bevor dessen Absatz etwa durch eine Kabale verboten würde. Heydebreck wohnte bei dem Geheimrathe von Beguelin, und las den beim Mittagstisch empfangenen Brief als eine Merkwürdigkeit sogleich laut vor. Beguelin, der lebenslang nur das Interesse der Macht anerkannte, beeilte sich, den Geheimen Oberpostrath Seegebarth, Schwager Goldbeck's, und ebenso dem grade in Berlin gegenwärtigen Grafen von Hoym die Nachricht mitzutheilen. Der Buchhändler Frölich hatte die ganze in Berlin gedruckte Auflage nach Leipzig geschickt, von dort aus sollten die Abdrücke in die Welt gehen, und so auch die für Berlin bestimmten den Schein haben aus dem Auslande zu kommen. Diese klugen Vorkehrungen scheiterten nun großentheils durch die Anzeige Beguelin's, die meisten Sendungen wurden in der Stille aufgefangen. Indeß waren doch einige durchgedrungen, der Werth von diesen stieg mit ihrer Seltenheit, und der Lärm war über alle Erwartung. Heydebreck, als er jenes Benehmen seines Gastfreundes Beguelin erfahren, wollte nicht länger bei ihm wohnen, und zog in den Gasthof zum goldnen Stern, wo auch Held zufällig einkehrte, als er doch endlich nach Berlin kam, um seine Freunde und die Wirkung seines Buches zu sehen. Er hatte aber die Wanderung zu Fuß gemacht, bei seinem Bruder in Potsdam, wo derselbe als Hauptmann stand, nur flüchtig eingesprochen, und sich durch die Anstrengung in der Winternässe eine Heiserkeit zugezogen, weßhalb er nun meist das Zimmer hütete, wo Heydebreck ihm treulich Gesellschaft leistete. Die Sache wurde nun stets ruchbarer. Der Minister von Buchholz erzählte, was für lange Gesichter Hoym und seine Frau bei der Kour gemacht, und hoffte noch, das Spiel Held's, das allerdings ein va banque war, könne gewonnen sein. Dagegen hielt der Polizeipräsident Eisenberg, Held's Freund, es schon verloren, und warnte ihn in der Loge Royal-Yorck. Fröhlich hatte schon alles gestanden, doch Held wollte es nicht glauben, und blieb ganz ruhig. Als Heydebreck nach Stettin zurückgekehrt war, wollte auch Held wieder abreisen, und sich am 22. Februar auf der Post für den folgenden Tag einschreiben lassen. Doch inzwischen hatten sich Wolken über ihm gehäuft, die sich plötzlich verderbenvoll entluden. Was sich begab, lassen wir am besten hier ihn mit eignen Worten selbst erzählen.

Seine hierüber gleich in den nächsten Tagen aufgeschriebene Erzählung lautet wie folgt: „Ich war Sonntags den 22. Februar 1801 eben aus dem Schauspiel „das Sonntagskind" und auf meinem Zimmer im Wirthshause zum Stern auf der Leipziger Straße angekommen, in der Absicht mich zeitig niederzulegen, da ich am folgenden Tage früh über Potsdam nach Brandenburg zurückzureisen gedachte, als ungefähr um 9 Uhr der Polizeikommissarius Obermann sich einfand und mich ersuchte, ihm zum Geheimen Justizrathe von Warsing, der in der Hausvogtei wohnt, zu folgen. Dies that ich ohne Bedenken. Warsing fragte mich, ob ich der Verfasser des gegen den Großkanzler von Goldbeck und den in Schlesien dirigirenden Minister Grafen von Hoym erschienenen Buches: „Die wahren Jakobiner im preußischen Staate" sei, und legte mir das mit dem Buchhändler Fröhlich wenige Stunden vorher abgehaltene Protokoll vor, in welchem derselbe sich als Verleger, mich als Verfasser bereits eingestanden hatte. Ich antwortete weder Ja noch Nein, sondern drang darauf, daß der Frölich gerufen würde, um mir dieses Geständniß in's Gesicht zu sagen. Frölich kam, sagte es mir in's Gesicht, und ohne Weigerung gestand auch ich, und unterschrieb das kurze Protokoll, das Warsing sogleich auch in Ansehung meiner aufnahm."

"Frölich wurde entlassen, mich aber überredete Warsing, über Nacht bei ihm zu bleiben; diese Komplimente wären gewissermaßen darum nöthig, weil Warsing einen bloß mündlichen Auftrag von dem Kabinetsrathe Beyme bekommen hatte, mich mit guter Art fest zu machen. Ich glaubte anfangs, ich sollte die Nacht in der Gerichtsstube, etwa auf einem großen Stuhl oder dergleichen, zubringen, um am folgenden Morgen früh fernerweitig verhört zu werden, da bereits 10 Uhr verflossen war, und vermuthete nichts sicherer, als daß ich nach geschlossenem Verhör entlassen werden würde, daher meine Bereitwilligkeit zu bleiben. Aber Warsing setzte seine Höflichkeiten und Ueberredungen fort, versicherte mir, daß ich weiter hinten ein gutes Logis bei einem anständigen Manne finden würde, und sprach immer in dem Tone, als ob es nur auf eine Nacht abgesehen sei. Gutwillig folgte ich auch diesem Ansinnen, ich wurde über zwei Höfe geführt, ein Inspektor mit einem großen Gewächs am rechten Auge und ein Mann mit einer Laterne und einem großen Bunde Schlüssel in der Hand (der Schließer) begleiteten mich, führten mich in einen langen Gang, vor eine kleine starke Thür, deren ungeheure Schlösser und Riegel, nicht ohne Verwunderung und üble Ahndungen von meiner Seite, beim Scheine der Laterne geöffnet wurden, und hießen mich in ein dunkles schmutziges Zimmer (Nro. 5) treten. Daß statt des guten Logis ein gewöhnliches Gefängniß meiner wartete, merkte ich nun freilich. Kaum war ich drinnen, so brachte man eine Bettstelle und eine elende Matratze, zündete ein Dreierlicht an, schlug die Thüre zu, legte die rasselnden Riegel und Schlösser auswendig wieder vor, und so ward ich in aller Geschwindigkeit ein Staatsgefangener."

„Meine Blicke überflogen nun den kleinen Raum, in dem ich mich befand. Auf Einmal stieg aus dem Bette linker Hand eine lange, hagere, blasse Mannsfigur mit einer überaus großen Nase, trüben verlöschten Augen, eine schmutzige Nachtmütze auf dem Kopf und in ein überall löcherichtes Nachtkamisol gekleidet, empor. Wir begrüßten uns, und meine erste Frage war: Warum sitzen Sie hier? was haben Sie gethan? — Antwort: Ich habe an das Kammergericht geschrieben, daß dessen Mitglieder Spitzbuben, Mörder und Schinder wären, und habe mit dem Justiziarius in der Stadt Straßburg einen Prozeß wegen eines Mädchens gehabt, welches mich als Vater zu einem Kind angab, dessen eigentlicher Vater der Justiziarius wohl selbst sein mochte, ich bin reformirter Prediger in Straßburg gewesen, sitze schon zum Drittenmal, und dies letztemal bereits in den achten Monat."

„Das war nun eben nicht sehr erfreulich. Mehr trotzig und indignirt, als verlegen und betrübt, legte ich mich halbbekleidet auf meine Matratze, deckte mich mit dem aus Potsdam mitgenommenen Mantel meines Bruders zu, und schlief so sanft und erquickend, als läge ich auf Schwanenkissen. Am folgenden Morgen ließ ich meinen Koffer aus dem Stern holen, voll Sehnsucht erwartete ich zum Verhör gefordert zu werden, aber vergebens. So brachte ich beinahe acht Tage zu. Dann fingen die Verhöre an; mich vernahm der Kammergerichtsreferendarius Lindner, und Warsing ging bloß ab und zu. Ich entsagte anfänglich der Vertheidigung, ließ mich aber endlich doch bereden, den Justizkommissair Mathis zum förmlichen Defensor anzunehmen. Der Prozeß hatte demnächst seinen Fortgang."

Wer von unseren Zeitgenossen wachen Auges und fühlenden Herzens an den Tagesereignissen Antheil nimmt, dem brauchen wir nicht zu sagen, welch ein trauriges Geschick in den meisten Fällen das eines Staatsgefangenen ist. Die schreienden Beispiele in Deutschland, des Professors Jordan, des Rektors Weidig, die bittern Klagen, die unaufhörlich aus Frankreich herüberschallen, sind aller Welt bekannt; einzig England macht in diesem Bezug eine nie genug zu preisende Ausnahme. Wir sehen, wie für den Unglücklichen, der unter jene Benennung fällt, mehr noch als die Strenge des Gesetzes, die Leidenschaften der Macht zu fürchten sind, wie Unpartheilichkeit und Milde dem unterthänigen Eifer, der fühllosen Härte weichen, wie die Untersuchung fast immer in Haß und Feindschaft, in schadenfrohen Hohn ausartet. Wir wissen, durch welche unnöthige Versagungen, peinliche Förmlichkeiten und endlose Hinzögerungen die Kerkerhaft zur verzweiflungsvollen Marter wird, wie jede Kleinigkeit **zur Erleichterung des Lebens, zur Erquickung des Geistes, oder gar** zum Bedarf der Vertheidigung, meist demüthig erbettelt, langwierig erwartet, und allenfalls mit Geld aufgewogen werden muß, nicht zu gedenken der tausendfachen Quälereien, welche bald durch Einsamkeit und Stille, bald durch unwillkürige Genossenschaft, durch Unbill und Tücke der Unterbeamten, durch verrätherische Aushorcher, durch alle die schnöden Hülfsmittel, die man zu dem sogenannten Mürbemachen gebraucht, auf den politischen Gefangenen sich häufen, der vielleicht das reinste Bewußtsein trägt, noch nicht verurtheilt ist, vielleicht am Ende wirklich freigesprochen wird, einstweilen aber schlimmer als der gemeinste Verbrecher gehalten wird, aufgegeben von den erschreckten Freunden, abgeschnitten von der öffentlichen Stimme, deren scheues Anfragen in dunkler Unkunde auch bald verhallt. —

Dank der Menschlichkeit und Aufklärung, welche das achtzehnte Jahrhundert in Deutschland hervorgearbeitet und hauptsächlich in Preußen dem Staat einverleibt hat, findet diese Schilderung auf unseren Freund in der Hausvogtei nur geringe Anwendung; aber theilweise leider doch. Zwar empfahl Beyme, auf Held's unmittelbar an ihn gerichtete Klagen, die Pflichten der Humanität für ihn im Auge zu haben, und jede Pein des Gefangenen, die von der gewöhnlichen Haft unbeschadet der Sicherheit zu trennen sei, zu mildern, aber **die** Antwort von Warsing, daß das Gefängniß kein Putzzimmer sei, läßt genug erkennen, mit wie wenig Neigung er in diesen Sinn einging. Held hatte gleich von Anfang den freien Gebrauch von Feder und Tinte, schrieb an Behörden und Freunde, und durfte sogar Besuche annehmen. Auf Struensee's Verwendung erhielt er ein besseres Zimmer,

Auch wurden ihm nach einiger Zeit seine in Brandenburg gerichtlich weggenommenen und durchsuchten Papiere wiedergegeben, mit der Erklärung, daß nichts gegen den Staat darin gefunden worden, obschon vieles darunter war, was eben so schlimm lautete als das Schlimmste im schwarzen Buche. Die größte Qual war für Held, daß Tage auf Tage vergingen, ehe nur ein Verhör Statt fand. Als dies endlich erfolgte, wurde freilich sofort klar, daß die verstrichene Zeit noch viel zu kurz gewesen, um den Gefangenen mürbe zu machen.

Er hatte gleich in den ersten Tagen niedergeschrieben, welche Beweggründe und Triebfedern er bei Abfassung des schwarzen Buches gehabt, sie gingen auch schon aus der dem Buche voranstehenden, fast rührenden und offenbar treugemeinten Bitte an den König sattsam hervor; er gestand willig ein, daß er in der Art der Bekanntmachung und einigermaßen auch der Abfassung des Buches gefehlt habe, daß er aber die Wahrheit des Inhalts fortwährend behaupte und zu erweisen erbötig sei; einige harte Ausdrücke gegen die beiden angeklagten Minister bereue er zwar, aber eigentlich nur um seiner selbst willen, weil er der Sache und seinem Zwecke bei manchem Leser dadurch vielleicht in ästhetischer Hinsicht geschadet habe; mit dem Kriegsrath von Triebenfeld jedoch habe er geglaubt weiter keine Umstände machen zu dürfen, weil der sich längst selber preisgegeben, und ihm einmal in Posen wörtlich gesagt: „Vetterchen! wenn Sie bei den Ministern etwas durchsetzen wollen, so sagen Sie es nur mir, die Kerls müssen alle nach meiner Pfeife tanzen!" Es sei nicht seine Schuld, wenn die Gegner zum Theil von der Art seien, daß man fast nur durch Schimpfwörter sie bezeichnen könne. „Mein Schicksal," sagte er, „sehe ich voraus, doch beruhigt mich der Gedanke, daß, sei es auch erst wenn ich längst aufgerieben bin, der König ganz gewiß einst einsehen wird, wie nützlich manchmal dergleichen enthusiastische Exzesse sind, um die kleineren Großen daran zu erinnern, daß sie beobachtet werden. Der König ist Herr meiner Freiheit, meines geringen Einkommens, und wenn er will meines Lebens. Ich überlasse ihm, selbst wenn er sich in der Richtung

seines Zorns tat, das alles recht gern, und wünsche, daß
irgend ein reeller Nutzen für ihn, die Gesetze und den Staat
aus dieser meiner Resignation entstehn möge." Edle einfache
Worte, wie Unterthanentreue und Vaterlandsliebe vereint sie
nicht schöner aussprechen können!

Einige Hoffnung setzte Held anfangs noch auf Struensee,
auf Schulenburg, und einige andere Männer in hohen Aemtern
und Würden, denen er sein Vorhaben mehr oder minder vertraut, und die dasselbe nicht nur gutgeheißen, sondern zum
Theil ihn noch zur Ausführung angespornt hatten. Er durfte
an die Minister schreiben, und that dies ohne Zögern.
Allein Schulenburg antwortete gar nicht, und Struensee, den
er wegen seiner Dienstführung ein Zeugniß zu den Akten
zu geben ersucht hatte, erwiederte freundlichst, erst wenn die
Untersuchungsbehörde ein solches fordre, könne er es ertheilen;
wie er späterhin auch wirklich that, und zwar mit vollem
Lobe. Held ergab sich in das Loos aller Verfolgten, und
entschuldigte jene Männer, die ihm keinen Beistand zugesichert
hatten; daß ihn aber auch der erwähnte hohe Justizbeamte
nicht nur vergaß, sondern völlig verläugnete, derselbe Mann,
der **ihn** angereizt hatte, der ihn hatte abhalten wollen, einen
gegen Behme gerichteten heftigen Ausfall wegzulassen, der
ihm betheuert, wenn es nöthig werde, wolle er des Königs
Schwager den Erbprinzen Georg von Mecklenburg-Strelitz
angehen, und auch selbst vor den König treten und das
Wort für die gute Sache nehmen, daß dieser Mann jetzt
sogar sich rühmte, er habe sich mit ihm nur eingelassen, um
ihn auszuhorchen, — das verdroß ihn zu bitter, um nicht
seinen ganzen Zorn in dieser Richtung zu entladen; er that
dies durch einen Brief, worin er jenem alles zwischen ihnen
Verhandelte umständlich vorwarf und ihn der Falschheit und
des Verrathes zieh; daß dieses Schreiben von der Untersuchungsbehörde gelesen wurde, war für den Empfänger keine
geringe Strafe. Einige weniger hochstehende Freunde, unter
anderen der Artilleriehauptmann von Nothardt, der Mahler
Darbes, der Polizeikommissarius Schmidt, Friedrich Schulz
und Andere, besuchten Held, jedoch immer spärlicher. Die
meisten begriffen ihn nicht, sie irrten sich über seine Antriebe,

nur Friedrich Buchholz erkannte gleich den edlen Enthusiasten, und war auch der Einzige, der ihm stets rieth nicht nachzugeben, sondern fest und beharrlich zu sein; die anderen riethen immer zum klugen Einlenken, ja zum Widerruf. Drei seiner Vertrautesten, ehemalige Konstantisten, hielten sich gänzlich fern. Dagegen war die allgemeine Theilnahme in Berlin sehr groß, sein Name war in aller Leute Mund, sein um diese Zeit von Bollinger gezeichnetes und gestochenes sehr gelungenes Bild wurde eifrig gekauft; allein die Volksstimme hatte nicht das geringste Mittel der Wirksamkeit. Zerboni sandte einen kleinen Geldbetrag, leider nicht aus eignen Hülfsmitteln, sondern aus solchen, die er für Held's Frau in Schuldprozessen erstritten hatte, woraus in der Folge die unheilvollsten Verwirrungen entstanden. Zuletzt völlig verlassen und einsam hatte Held keine andere Stütze, als seine innere Kraft, und diese allein hielt seinen Muth aufrecht. Er beschäftigte sich meist mit Schreiben, und machte sogar Verse, wie er denn gleich nach den ersten Verhören die Epistel Friedrichs des Großen an Keith über die Nichtigkeit der Todesfurcht und des Schauders vor einer Zukunft jenseits des Grabes in sechs und sechzig achtzeilige Stanzen sehr glücklich übersetzte.

Auch der edle Fichte, erst kurze Zeit mit Held bekannt und selber noch keineswegs in sicherer Stellung, benahm sich wie ein treuer Freund, und leistete gern was er vermochte. Fichte's treffliche Frau sah noch den Töchtern des Gefangenen, ließ sie zu sich kommen, überzeugte sich, daß sie gut gehalten wären, gab dem bekümmerten Vater von ihrer Gesundheit Nachricht. Aber auch durch geistige Mittheilung wirkte Fichte kräftigend auf Held. In einem späteren Briefe, vom 20. Oktober 1802, sagt er ihm: „Ueber Ihre Ansichten erlauben Sie mir nur zwei Worte. Ich für meine Person habe es — Ihre Begebenheit kann auch dazu mitgeholfen haben — zu einer so tiefen Erkenntniß der Nichtswürdigkeit des allgemeinen Treibens, und zu einer so gründlichen Verachtung desselben gebracht, daß ich es sehr bedauern würde, wenn ein Mann, den ich achte und liebe, dies Wesen länger würdigte sich damit abzugeben. Furcht bleibt niederträchtig, und diese kommt den

rechten Mann wohl nie aus; aber, Freund, es giebt noch
einen anderen höheren Grund sich in den Unflath nicht zu
mischen, außer der Furcht, von ihm befleckt zu werden; —
dieser ist die Verachtung des Unflaths." Held hatte Fichte'n
das neueste Werk von Buchholz „Gravitationsgesetz für die
moralische Welt" empfohlen; hierauf erwiedert Fichte: „Buchholz's Werk habe ich nicht gelesen, werde es auch nicht, weil
ich an einem frühern dahin einschlagenden Aufsatz desselben
in der Eunomia, den Vogel schon im Ei erkannt habe.
Daß er sich einbildet, die Metaphysik zu schlagen, ist ihm zu
verzeihen; er weiß nicht, was Metaphysik ist, und hat keinen
metaphysischen Atom in seiner ganzen Wesenheit. — Mit
dem Betäuben hat es gute Wege. Unser einer hat z. B.
den Spinoza ausgehalten, und ihm sogar die Wege gewiesen;
und ohne Schimpf und Spaß, Spinoza ist doch ganz etwas
anderes, als Buchholz; ja sogar La Metrie ist etwas anderes.
Buchholz vermag einiges Interesse nur bei denen zu erregen,
deren Kenntniß sich nicht viel über die Deutsche Bibliothek
und die Berliner Monatschrift hinaus erstreckt." — Für
Held mußte es schmerzlich sein, zwei Männer, die für ihn in
sittlicher Wirkung so zusammengehörten, im Denken so aus
einander zu sehen, und die Weisung in Betreff der Metaphysik traf ihn selber eigentlich mit. —

Wir haben nicht die Absicht noch die Mittel, den Prozeß
in seiner juristischen Entwickelung darzulegen, oder zu beurtheilen,
auch der eigentliche Stoff desselben liegt hier außerhalb unseres
Zweckes, der nur ein Karakterbild aufstellen will. Daß
Held in seinen Anklagen einseitig, wild, übermäßig und oft
ohne die gehörige Unterscheidung verfahren war, mußte er
selber zugeben, daß er aber aus tiefer Ueberzeugung und
redlichem Eifer gehandelt, wurde selbst von den Richtern
eingestanden. Sein Vertheidiger hielt sich lediglich an juristische
Formen, das Gericht that das auch. Die Beleidigung der
beiden Staatsminister war offenbar — die weit schmachvollere
des Kriegsrathes von Triebenfeld ließ das Gericht unter der
Angabe, derselbe habe nicht geklagt, unbeachtet —, die Ver-
letzung der Ehrfurcht für den König wurde nachdrücklich her-
vorgehoben, und so konnte es nicht fehlen, daß Held unterlag.

Die Kriminaldeputation des Kammergerichts erkannte für Recht, daß Held mit Amtsentsetzung und achtzehnmonatlicher Festungshaft zu bestrafen sei. Der Verleger und Drucker wurden zu geringeren Strafen verurtheilt, doch diese gleich darauf erlassen oder gemildert.

Held erklärte sogleich, daß er von diesem Urtheil erster Instanz an die zweite, nämlich an den Appellationssenat des Kammergerichts, Berufung einlege, und wiewohl er anfangs den von ihm sehr geschätzten Justizrath Uhden zum Rechtsbeistand für diese zweite Instanz erbeten hatte, so besann er sich doch bald anders, und beschloß, nun seine Vertheidigung selbst und allein, ohne Zuziehung eines Rechtskundigen, zu führen. Diese schrieb er während der Sommermonate 1801 in der Hausvogtei mit angestrengtem Eifer, und brachte eine Arbeit zu Stande, in welcher seine ganze Gesinnung und sein festes Herz athmeten, aber auch sein ganzer Zorn und Grimm austobten. Sie beginnt mit folgender Einleitung: „Indem ich mich entschließe, vor der zweiten und letzten Instanz, die im eigentlichsten Sinn über das Schicksal und die Wendung meines übrigen Lebens entscheiden wird, mich wegen der That selbst zu vertheidigen, deren Folgen jetzt mich äußerlich unglücklich machen, bin ich zweifelhaft, ob ich besser thue, lediglich mein Buch zu rechtfertigen, oder lediglich die Sentenz erster Instanz zu widerlegen, zur Sophistik der gesetzlichen Formen oder zu dem Wesen des Gegenstandes meine Zuflucht zu nehmen, noch Einmal auf die Güte der menschlichen Natur zu bauen, oder diese Hoffnung, und mit ihr fast alles, was diesem Dasein einigen Werth giebt, gänzlich fahren zu lassen? Der bloße Jurist kann mich, das fühle ich, nicht länger vertreten. Was die Gesetze in Bezug auf den vorliegenden Fall pro et contra enthalten, ist in der ersten Instanz seltsam verhandelt. Ich kann die Quellen, die Wärme, die Uebermacht meiner Ueberzeugungen niemandem lebendig genug mittheilen, dessen kalter Beitritt Worte wägt, und ängstlich zwischen Zuviel und Zuwenig wankend, mich mit der ihm fremden Besorgniß quält, den Kern in der Schale verworfen zu sehen. Was jetzt noch zu sagen ist, muß ich selbst sagen. Ich bin von einem souverainen schaudernden

Ekel gegen den Verlaß auf Formen überfallen, seitdem ich handgreiflich belehrt bin, daß unter ihrem Schutze jede Schandthat leicht gelingt, und der beste Trieb, die einfachste Wahrheit verstoßen werden, wenn sie es vernachlässigen, mit jenem Behang sich zu kleiden. Mir genügt kein Gehülfe. Sie Alle, die ich gerufen habe, wollen nur mich aus der Noth künstlich herausmanövriren; ich hingegen will die Sache retten, der ich Glück, Ruhe und Freiheit aufgeopfert habe; und das begreift keiner. Die Sache liegt mir am Herzen, und gilt mir alles, mein eignes Selbst ist mir minder werth. Für die Sache habe ich diesen heißen Kampf unternommen, nicht für mich; ihr will ich getreu, und mir selbst konsequent bleiben, es entstehe auch daraus was da wolle! — — Tugend ist ihr eigener Lohn, wie ihr eigenes Gesetz, und unterscheidet von dem zusammenhangslosen Lebenstumult der Bösewichter hauptsächlich sich dadurch, daß das über jede ihrer Handlungen herrschende Prinzip der beständige recht lebhafte Gedanken einer eingebundenen Konsequenz der jetzigen und der künftigen Welt ist. Der Tugendhafte berechnet seine Existenz astronomisch, der Schuft nach den vier Spezies. Mitten in der Anfluth der auf mich einströmenden Ideen, von einer beständigen Ohnmacht sie ordnen zu können, von der Bangigkeit des Mißlingens, von allen nur erdenklichen Schmerzen geschwächt, weiß ich daher nichts Besseres zu thun, als die letzten Reste meines Muthes aufzubieten, und den geradesten und kürzesten Weg querdurch einzuschlagen, zu bestreiten was mir entgegensteht, mir anzueignen was mich unterstützt, regellos, je nachdem beides sich mir naht." Nachdem er seine neuen Richter bei ihrer eignen Seelenruhe, bei ihrem Gewissen, bei dem einstigen Rückblick auf ihr Leben, ja bei den nützlichen Folgen, die aus diesem Prozeß entstehen könnten, angerufen und beschworen, nicht bloß den dürren Buchstaben der Gesetze zu lesen, sondern auch ihn zu hören und den Inhalt seiner Rede ernsthaft zu erwägen, fährt er fort: „Unbegränzte Aufrichtigkeit, die offenherzigste Erklärung, die reinste Wahrheitsliebe, werden hier aus mir sprechen. Als der unbefangenste Sohn der Natur will ich mich hingeben, ohne alle Ziererei, grade so wie ich fühle, denke und urtheile.

Ich kenne, so romantisch es auch klingen mag, nächst dem Sammeln von Einsichten für den Geist, nächst der Freundschaft für das Herz, kein weiteres Interesse am Leben, als gut und wahrhaft und für beides feurig wirksam zu sein. Leicht möglich ist es, daß das, was ich zu sagen habe, übelgeordnet und im juristischen Sinne verworren geräth. Aber ich bin nicht im Stande es anders zu sagen. Mein Stoizismus ist nicht stark genug, um nicht dem vielen Leid zu unterliegen, das mich jetzt fast erdrückt. Die Natur vindizirt ihre Rechte. Im Gefängnisse wohnt mir der Schmerz, und dieser weiß nichts von künstlicher, am allerwenigsten von juristischer Logik. Meine Absicht ist, meinen neuen Richtern neue Data und Ansichten zu einem neuen Urtheil über die Sache, und durch die Sache auch über mich zu liefern. Ihre Pflicht ist es, das, was ich zerstreut vorbringe, unter dem Brennpunkte Ihres Scharfsinns zu vereinigen." —

In diesem Sinn und Ton beharrt die mehr als zweihundert Seiten füllende Vertheidigung auf den Anklagen, welche das schwarze Buch enthält, sucht ihre einzelnen Punkte durch genaue Thatsachen zu erweisen, giebt die Orte an, wo die weiteren Belege zu finden sind. Um einen Theil seiner Angaben stärker zu erhärten, fügt er unter dem Namen „schwarzes Register" eine umständliche Aufzählung der in Südpreußen von 1795 bis 1798 verschenkten Güter hinzu, ihres vorgespiegelten und ihres wahren Werthes, der Empfänger und etwanigen späteren Besitzer. Die sehr verworrenen Materialien wurden ihm nur nach und nach unter Struensee's Adresse zugesandt und in das Gefängniß abgeliefert. Die Liste enthält zweihundert und ein und vierzig Güter, die zu viertehalb Millionen Thaler geschätzt, aber zwanzig Millionen werth und an etwa zwei und fünfzig Personen verschenkt waren. So hatte z. B. der berüchtigte Triebenfeld dafür, daß er die Schenkungen anordnen und ausführen half, selbst acht Güter geschenkt bekommen, welche im Werthe von 51,000 Thaler angegeben waren, aber bald nachher auf 700,000 abgeschätzt, und am 9. März 1801, als Held schon gefangen saß, wirklich für 750,000 verkauft wurden! Gegen unbedeutende Irrungen in den Angaben des schwarzen Registers

ist späterhin Einspruch geschehen, gegen die Richtigkeit im
Ganzen niemals. Held, auf die Thatsachen, die er anführte,
gestützt, behauptete nun mit Eifer, nicht nur müsse er selbst
freigesprochen werden, sondern vielmehr seine Gegner hätten
Amtsentsetzung und Festungsstrafe verdient, und fügte die
betreffenden Gesetzesstellen bei. Er fragte, was er denn in
seiner Schrift ausstreichen könne, ohne der Wahrheit zu nahe
zu treten? Daß auch Minister Uebelthäter sein könnten,
glaubte er durch nahe Beispiele zu beweisen. Friedrich der
Große habe den Minister von Görne als einen überführten
Betrüger auf die Festung geschickt, der regierende König den
Minister von Wöllner als einen schlechten Menschen aus dem
Dienst gestoßen; er meinte, wenn er nicht falsch angeklagt
habe, wenn man ihn in der Sache nicht widerlegen könne,
so müsse ja König und Staat ihm danken, den Anlaß ge-
geben zu haben, daß wieder solche Gerechtigkeit geübt würde.
„Ich werfe, sagt er weiterhin, das Hauptgewicht meiner
Entschuldigung auf den König selbst. Ihm, der der Herr
seiner Minister ist, schiebe ich, trotz der weiten Kluft, die im
Gefängnisse mich vom Throne trennt, mit der menschlichsten
Freimüthigkeit die Frage in sein Gewissen: Ob ich wirklich
Unrecht, und jene Minister, insonderheit aber den Hoym,
anders beurtheilt habe, als der König selbst ihn beurtheilt?
Ich könnte, wäre ich in Ansehung redlicher Männer, die mir
ihr Zutrauen schenken, indem sie auf meine Ehre und Verschwiegenheit rechnen, nicht ein ganz Anderer, als gegen zwei-
deutige Karaktere, ipsissima verba des Monarchen über
diesen Gegenstand anführen, die sein eigner Unwille ihm
schon sehr oft wider den Hoym entrissen hat. O der König
hat darin völlig Recht! Und doch werde ich — gewiß ein
unerklärbares Phänomen — weil ich das nämliche sage, als
ein Ruhestörer und Pasquillant behandelt. Nein, das geht
nicht!" — Dem Vortheil, hohe Staatsbeamte als Zeugen
anzurufen, entsagte Held wirklich, und so schonungslos er
die Gegner angriff, so wenig verrieth er diejenigen, welche
ihm vertraut hatten. Diese Zartheit allein vermochte ihn
auch zu der einzigen Lüge, die er sich im Laufe des ganzen
Prozesses erlaubte, nämlich bedrängt und befragt, durch wen

er zu den Alten gelangt sei, auf die sein Buch sich gründe, nannte er, um den lebenden Mittheiler nicht unglücklich zu machen, einen zu Posen verstorbenen Kriegsrath Wasserschleben, und auch hiezu entschloß er sich nur, weil er fürchtete, wenn er keinen nenne, möchte man von selbst auf den Rechten kommen.

Held schloß und unterzeichnete seine Denkschrift am 2. Juli 1801. Den Lesern wird längst klar sein, daß diese Vertheidigung zu keinem glücklichen Ziele führen konnte. Die Erörterung aller Thatsachen, welche Held aufstürmte, und welche seine Schrift tragen sollten, half ihm vor den Richtern, welche schlechterdings nur diese beurtheilten, so wenig als die beredte Darlegung seiner Triebfedern, und die Anführung von Fichte's Naturrecht, von Stellen aus Lessing oder Rousseau. Seine Vertheidigung hatte die Richter nicht gewonnen, der Haß der Feinde dagegen wurde nur neu entflammt.

Während er nun in Einsamkeit und Langweile den zweiten Spruch abwartete, suchte Held von so angestrengter ärgervoller Arbeit sich durch eine andere von freiem und heiterm Bezuge zu erholen. Für Preußen stand infolge des Friedens von Basel ansehnlicher Länderzuwachs in Aussicht, doch ehe dieser Stall fand, traten Verwicklungen mit England ein, von so besondrer Art, daß die Besetzung Hannovers durch preußische Truppen ebensowohl drohend als schützend erscheinen konnte. Durch diesen Vorgang aufgeregt, und in seiner persönlichen Gefahr noch immer leidenschaftlich mit dem Vaterlande beschäftigt, schrieb Held in etwa zwei oder drei Wochen eine Schrift „Ueber Preußens Vergrößerung im Westen, von Innozenz", worin er die äußere Gestaltung des Staates besprach, und aus vielfachen Gründen darlegte, wie derselbe seine Vervollständigung hauptsächlich in jener Richtung suchen müsse. Hiebei hielt er den früheren Gedanken fest, daß Preußen mit Frankreich verbündet am sichersten und erfolgreichsten seine politischen Aufgaben verfolgen werde. Anfangs dachte er die Handschrift an Schulenburg einzusenden, dem die Verhältnisse in Betreff Hannovers übertragen waren; doch kam er von dieser Absicht bald zurück, und ein Zufall gab der Handschrift eine andere Richtung. Ein Student

Britt aus Brandenburg, der auf der Universität von Held unterstützt wurde, kam von Halle zu Fuß nach Berlin, um ihn im Gefängnisse zu besuchen. Durch diese Theilnahme und Anhänglichkeit tief gerührt, und ohne Mittel dem guten Menschen die Reisekosten anders zu vergüten, schenkte ihm Held die Handschrift, und wies ihn an den Buchhändler Füchsel in Zerbst, der ihm auch dreißig Thaler dafür gab. Der Autor hatte sich zwar nicht genannt, verläugnete aber seine Arbeit nicht, und da es auch hier an scharfen Zügen und beißenden Ausdrücken nicht fehlte, so erklärte Beyme die Erscheinung der Schrift eine Frechheit und den Verfasser einen unverbesserlichen Rumorgeist. Warsing ließ ihm alle Schreibmaterialien wegnehmen und die Schrift überall polizeilich unterdrücken.

Inzwischen wurde in der Mitte des Septembers 1801 das zweite Urtheil gefällt; die Sitzung dauerte bis 4 Uhr und dann entschied auch nur die Mehrheit von Einer Stimme die Bestätigung des ersten Spruches, gegen den Antrag, ihm die überstandene Haft als Strafe anzurechnen. Nun erstattete der Justizminister von Arnim dem Könige Bericht, und sprach darin günstig für Held, allein dies blieb ohne Wirkung, der König bestätigte das Urtheil, und die Strafe wurde noch durch den Umstand, daß Held die Haft nicht, wie zuerst bestimmt war, in Spandau, sondern in Kolberg erleiden sollte, für ihn sehr geschärft. Diese Abänderung hatte den Zweck, ihn von allem litterarischen Verkehr zu trennen. Da Held des Dienstes entsetzt war, und folglich sein Gehalt aufhörte, er aber außerdem nichts besaß, so ließ der König ihm auf Struensee's Fürsprache zum Unterhalt auf der Festung aus Gnaden monatlich sechs Thaler anweisen. Nothardt lieh dem Freunde fünfhundert Thaler, von denen dieser die im Gefängnisse gemachten Schulden bezahlte und den Ueberschuß mitnahm. Seine Prozeßakten wurden in der Hausvogtei versiegelt und beiseite gelegt, ihm selbst aber unter der Hand schärfstens angedeutet, falls er versuchte, dieselben zu veröffentlichen, er zeitlebens sitzen müsse. Held hatte keinen solchen Gedanken, denn der an seine hülflosen Kinder, die er mit Zärtlichkeit liebte, machte ihm zur Pflicht, seine Gfangenschaft nicht willkürlich zu verlängern. Nach Brandenburg zu reisen, und sein zerrüttetes Hauswesen zu ordnen, wurde ihm nicht erlaubt, dagegen verstattet, in Berlin die nothwendigen Geschäftsgänge zu machen. Als er zuerst wieder ausging, wurden ihm die Füße wund, sie waren im Gefängnisse so fein geworden; dasselbe hatte auch dem nur Siebenunddreißigjährigen die Haare des Scheitels genommen und die übrigen gebleicht. Die Straßen kamen ihm ungeheuer weit und alle Gegenstände wie Traumbilder vor.

Einige Tage vor seiner Abführung nach Kolberg ließ ihn Schulenburg zu sich bescheiden, um mit dem sonderbaren Manne, dem er doch immer etwas günstig war, und dessen Angriff gegen Hoym er im Stillen gern gesehen, freundlich zu sprechen. Der Minister der Finanzen war auch General, und liebte dies zu zeigen, obschon ihm der Kriegsdienst eigentlich fremd war. „Im Vorzimmer", berichtet Held, „lag ein blauer Mantel, auf dem der gestickte Stern des schwarzen Adlerordens sich präsentirte und absichtlich herausgekehrt schien; er selbst, in seinem Kabinette, trug einen Kürassierrock, und große Reuterstiefeln mit klirrenden Sporen und handbreiten Sporenledern; auf einem Tische lag ein befiederter Generalshut." Dieses Gepränge machte auf Held einen üblen Eindruck, der auch durch die Unterredung nicht gebessert wurde. Doch war Schulenburg äußerst gütig und gestand offen, Held's Schicksal gehe ihm nahe, er sei in der Sache nicht um seine Meinung befragt worden, sonst würde er der Dämpfung der ihm unähnlichen, bloß unnützen Schreier wegen, ihm nur eine kurze halbjährige Festungshaft zuerkannt und dem Könige den Rath gegeben haben, ihn alsdann an seinen rechten Platz zu stellen, denn überhand nehmen dürften solche Exzesse nicht; die Sache sei aber bloß im Rechtswege geblieben, aufbringen habe er sich dem Könige nicht gewollt, weil er mit Hoym in Disharmonie stehe, und es alsdann hätte scheinen können, als spreche er aus bloßer Antipathie wider Hoym. Er sagte darauf: „Eigenmächtige Privatversuche, Staatsbetrügereien zu rügen, wie damals mit dem auf der Post weggenommenen Manuskript und hinterher mit dem schwarzen Buche, die Sie sich in den Kopf gesetzt haben,

bauen nicht gelingen, wenn die Regierung einmal den Beschluß gefaßt, davon keine Notiz zu nehmen. Die Welt ist nicht, wie die Herren Philosophen meinen, eine Welt der Theorieen und Grundsätze, sondern eine Welt der Verhältnisse. Als bei diesem Anlasse Held sich über das Eröffnen und Wegnehmen der Briefe auf dem Postamte beschwerte, erwiederte Schulenburg, das sei nichts Unrechtes, da es seitens der Obrigkeit immer nur in guter Absicht geschehe; da habe er einen Schweizer in Spandau sitzen, der ein gefährliches Projekt gegen den Staat im Schilde geführt, wie hätte man dahinter kommen können, als durch Eröffnung seiner Korrespondenz? dagegen habe er den Verdacht gegen Held, als habe derselbe Hang zu Meutereien, gänzlich fallen lassen, nachdem er mehrere insgeheim eröffnete Briefe desselben gelesen, und er gebe ihm nun sein Wort, daß ihm ferner keine Briefe mehr erbrochen werden sollten. Er fragte endlich: „Nicht wahr, Ihre Absicht ist gewesen, es dahin zu bringen, daß der Graf Hoym abgesetzt würde?" — Held erwiederte: „Ja, wenn es möglich gewesen wäre, hätte ich es gern bewirkt, weil ich überzeugt bin, daß dieser Mann dem Staat und der Provinz Schlesien schadet." — Da rief Schulenburg lachend: „Wie konnten Sie doch so etwas unternehmen und auszuführen hoffen, was ich nicht kann? Das hängt alles an persönlichen Verhältnissen, wovon Sie nichts wissen. Nun, reisen Sie nur nach Kolberg, und haben Sie Geduld; es kann sich noch manches ändern, und wenn Sie einmal etwas zu suchen haben, so wenden Sie sich an mich."

Ernster und herzlicher nahm der Minister von Struensee von Held Abschied. Offen und feurig legte dieser dem alten Freunde die Antriebe vor, die ihn zu dem Schritte bewogen, der ihn jetzt auf die Festung führe; er berief sich auf die edlen und reinen Absichten, die ihn beseelt, auf die gerechte Erwartung, daß ihm von oben nur Beifall und Dank dafür werden könne, auf sein vorwurfsloses Bewußtsein, das ihn freispreche, wo die Welt ihn verurtheilt, und mit dem er auch jetzt lieber in den Kerker wandere, als ohne dasselbe die Macht, den Glanz und die Üppigkeit seiner edelsten Gegner zu theilen. „Da küßte mich Struensee, — erzählt Held —

was er sonst nie zu thun pflegte, die Zeichen wehmüthigen Mitleids glänzten in seinen Augen, und er sagte zu mir: „Sie erinnern mich an meinen Bruder, der übereilte auch alles grade so wie Sie, und erwog die Hindernisse nicht genug, denn was das eigentlich Wesentliche anbelangte, so" — — das Weitere wird nicht berichtet. Struensee hielt ihm darauf eine ausführliche Vorlesung über den Zustand der Welt, über die Stellung der Gebieter, welche überall, freilich aus eigner Schuld, weit weniger mächtig seien, als man im gemeinen Leben dafür halte; sie scheuten sich die Verbrechen derer, welchen sie ihre Macht und ihr Ansehen geliehen, aufzudecken und zu strafen, weil sie dadurch die Achtung vor aller Obrigkeit zu schwächen fürchteten, — wiewohl das Gegentheil dies noch schneller zu bewirken pflege. „Er demonstrirte es mir an den Fingern, — so berichtet Held weiter — warum die Obrigkeit, in der Aufrechthaltung ihrer Stellung obenan in der Sozietät, sich erleichtert finde, wenn sie von den boshaften Streichen der das Wesen der Gesetze verhöhnenden Bösewichter, so lange sie die Formen geschickt beobachten, keine Notiz nimmt, und die rechtschaffenste That des tugendhaftesten Mannes, die gegen die Formen anstößt, als ein Verbrechen ahndet. Er sagte unter vier Augen geradehin, daß, so weit er sehe, die Welt nur von einem minimum sapientiae und von persönlichen Rücksichten, keinesweges aber nach reinen, konsequenten Grundsätzen regiert werde; daß die Macht alles, die Vernunft wenig oder nichts sei; endlich, daß die Menschen insgesammt, ohne Ausnahme, mit ihren Tugenden und Lastern, ihren Sympathieen und Antipathieen, mehr noch unter der Herrschaft des Geldes, als selbst des Hungers und der Wollust ständen."

Ehe Held nach Kolberg abging, hatte er wieder so viel Fassung, Kraft und Laune, dem Schließer in der Hausvogtei, dem alten Husaren Bock, ein Abschiedsgedicht zu widmen. Er rühmt des wackern Mannes herzliche Gutmüthigkeit, Theilnahme und Schonung, wie er den Gefangenen aus Mitleid Nahrung und Labemittel, die sie nicht bezahlen konnten, dennoch zubrachte, die Strafen ungern vollzog, und auch gegen wirkliche Verbrecher sich nie verhärtete. Für Held

scheint er besondere Zuneigung gehabt und an dessen Schuld
nicht geglaubt zu haben. Der Dichter sagt ihm gerührt:

> „Viele, die auf fernen Jugendfluren
> Einst mit mir der Freundschaft Bund beschwuren,
> Wohnen nah — jetzt kannten sie mich nicht.
> O! da habe ich in trüben Stunden
> Oft den letzten Rest von Trost gefunden
> Nur in Deinem redlichen Gesicht."

> „Selbst Dich schien es täglich zu betrüben,
> Mußtest Du die schweren Riegel schieben,
> Und verschließen auswärts meine Thür:
> Ja, bei Deiner eignen reinen Ehre
> Schwurst Du, daß ich kein Verbrecher wäre.
> Ehren, lieben muß ich Dich dafür."

Doch auch dieser Rührung wird beißende Schärfe zugemischt,
und es heißt:

> „Wenn doch Manche, die in stolzen Wagen
> Bei der Hausvogtei vorüber jagen,
> Träfe Deines Ochsenziemers Hieb!
> Nur die Kleinen, die sich fangen lassen,
> Sitzen hier. Die Großen draußen prassen,
> Gleich dem reichen Mann, wie Lukas schrieb."

Wer es mit dieser Poesie zu genau nehmen möchte, dem
sind des Ovidius Worte zuzurufen: sie sei nicht besser als
das Geschick des Dichters selbst! —

Nach beinah acht Monaten Aufenthalts in der Hausvogtei,
verließ Held Berlin früh am 19. Oktober 1801 in Begleitung eines Landreiters, für den er Post und Zehrung
mitbezahlte. Als er beim Schlosse vorbeikam, rief er aus:
„Nun, Schicksal, du wirst richten, ich appellire an dich!" Es
war ein trüber Tag, regnigt und kalt; doch freute sich Held
der frischen Luft. In Bernau fiel ihm ein, daß die Hussiten
vor Bernau ein theatralischer Stoff wären, und dachte sich
die Anordnung der Szenen aus, empfand aber bald Langeweile babei, und ließ die Sache fahren. In Stettin sah er
flüchtig ein paar Freunde, unter denen Heydebreck war. Eine
Meile vor Kolberg hörte er zuerst das Meer rauschen, er

nahm die neuen Eindrücke frisch und lebendig auf, wie ein neugieriger Reisender. Dies milderte seinen Unmuth, seinen Trübsinn. Er selbst erzählte späterhin von diesem Aufenthalt auf der Festung: „In Kolberg habe ich ganz allein das aus einem einzigen kleinen rothen Häuschen bestehende Staatsgefängniß auf dem Stein- oder Lauenburger Thore bewohnt, wo in der letzten französischen Belagerung Gneisenau wohnte. Es hatte damals keine Dielen, aber einen guten Ofen, und die Aussicht auf das Meer. Hier sah ich bald nach meiner Ankunft, im November, sieben in einem außerordentlichen dreitägigen Sturme gescheiterte Schiffe am Strande liegen, wovon eine „die Freundschaft", das andre „Constantia" hieß. Anfangs war ich eingeschlossen und hatte eine Schildwache vor der Thür. Aber die Schildwache schmälerte das Einkommen der Hauptleute, und wurde darum bald weggenommen." Ueberhaupt erhielt er in kurzem mehr Freiheit, durfte spaziren gehen, und sich im Meere baden, welches er wohl dreihundertmal that. Auch der Briefwechsel wurde ihm freigegeben. Im Sommer freute ihn die frische gesunde Luft auf dem Walle, das dunkelgrüne Gras, auf das er aus seiner Thüre trat. „Ich kann also, fährt er in jener Erzählung fort, über seinen düstern Kerker, dumpfige Luft, Schlösser und Riegel klagen. Nil adeo fortuna gravis miserabile fecit, Ut minuant nulla gaudia parte malum. Nur die häusliche Mazeration ist das Schlimmste, und damit eben wollen, unter der Maske der Humanität und der Nachsicht im Rechte, die Thoren einen mürbe machen!" In der That war er zu den größten Entbehrungen genöthigt, sein Frühstück bestand in Wasser, sein Mahl war mehr als kärglich; Sachen des nothwendigsten Bedarfes anzuschaffen, reichte das Geld nicht aus. Er wußte dabei seine Töchter in Berlin gleicherweise bedrängt, von dem guten Willen fremder Menschen, bei denen sie in Pension waren, abhängig. Daß er von seinen zahlreichen Freunden so wenig hörte, war seinem Gemüthe bitter, für das er außer einem Besuche Heydebreck's und einem antheilvollen Briefe Struensee's keine Erquickung hatte. Struensee gab ihm unter dem 24. Juli 1802 aus Berlin den vertraulichen Rath, unmittelbar an den König

zu schreiben, daß er fernerhin nur mit den Pflichten seines
Amtes sich beschäftigen wolle, und meinte, der König werde
ihn dann wieder anstellen. Struensee wünschte aber acht
Tage vorher von dieser Eingabe benachrichtigt zu werden,
und versprach, alles was in seinen Kräften stünde dazu beizutragen, daß die Entscheidung günstig ausfiele. Er fügte
hinzu: „Und wenn Sie gleich von dem Ruhme eines Ver-
besserers des preußischen Staats abstrahiren, so werden Sie
sich doch um eben diesen Staat ein wahres Verdienst, und
den Dank von allen Ihren Mitarbeitern erwerben."

Sein Geist aber konnte nicht unthätig bleiben. Er unternahm, den Umständen gemäß, eine würdige Arbeit, die Geschichte der Stadt Kolberg und insbesondere der von ihr
überstandenen Belagerungen. Wir hoffen dieser Beitrag eines
auch im Gefängnisse dem Vaterlande treugebenen Mannes
den Geschichtsfreunden nicht verloren. Auch verfaßte er
mancherlei Aufsätze, die zum Theil in Zeitschriften Aufnahme
fanden. Den Briefwechsel mußte er schon der Kosten wegen
sehr beschränken. Die Geselligkeit in Kolberg konnte ihn
unmöglich reizen, er fand die sogenannten Honoratioren ab-
geschmackt; dagegen freute er sich der Bekanntschaft des
Schiffers Nettelbeck, und zweier Soldaten, die sich oft zu
gleicher Zeit in seinem Gefängnisse zusammen trafen, und
von denen der eine aus Island, der andere vom Vorgebirge
der guten Hoffnung in preußischen Dienst gerathen war.
An Gedichten ließ er es auch hier nicht fehlen, er besang
das Meer, die ihm noch gebliebenen Freunde, den Tod seines
Freundes Fülleborn, er übersetzte manches aus dem Französischen. Der Besuch eines Geheimsekretairs Ravache aus
Berlin, damals berühmt und gefürchtet wegen seiner Karika-
turen, reizte ihn zu einem Spottliede, welches in der Weise
von Goethe's „Kennst du das Land" die Schattenseiten von
Hinterpommern und Kolberg so derb aussprach, daß die
ganze Stadt darüber in Bewegung gerieth; die Dummen
tobten, aber die Klügern lachten, und Offiziere und Bürger
bekamen Ehrerbietung vor dem Manne, der so Treffendes
zu sagen wußte.

Nach Ablauf seiner Strafzeit wurde Held freigelassen, er

dichtete noch Abschiedslieder an das Meer und an Kolberg —
diesmal ohne Spott — und kam im Sommer 1803 nach
Berlin zurück. Der König hatte verfügt, er solle ein Wartegeld von fünfhundert Thalern beziehen, dafür von Struensee
beschäftigt, und wenn er sich ein Jahr hindurch ruhig verhalten habe, auch wieder angestellt werden. Sein früherer
Titel Ober-Zoll- und Akzise-Rath verblieb ihm unbestritten,
nur der Kürze wegen wurde dafür außeramtlich öfters Kriegsrath gebraucht. Daß Held sich ruhig verhielt, war wohl
zu erwarten, alle Hülfsmittel fehlten ihm, den früheren Gang
fortzusetzen, auch hatte er für seine Kinder zu sorgen, seine
Gläubiger zu befriedigen, an schriftstellerischen Erwerb zu
denken, der seinen Umständen etwas aufhelfen sollte, doch
nur wenig einbrachte, da er seine meisten Aufsätze ohne Honorar weggab. Ueberdies genoß er die große Genugthuung,
daß der König die gegen Zerboni wegen Veröffentlichung
seiner Akten gerichtlich ausgesprochene Strafe einjähriger
Festungshaft in Graudenz völlig niedergeschlagen hatte; Held's
Wagniß und Leiden waren also dem Freunde zu gute gekommen, hatten das neue Urtheil von ihm abgeleitet, ihn
wahrhaft gerettet. Daß Zerboni jetzt nichts von sich hören
ließ, während es ihm doch in jedem Betracht wohl erging,
schmerzte zwar Held, aber in seiner Freundschaft wankte er
deßhalb nicht, und ließ keine Klage laut werden. Zu seinen
Trübsalen kamen im Herbst auch heftige und langwierige
Leiden von dem Hufschlag eines Pferdes, der ihn auf der
Straße traf und beinahe getödtet hätte.

Nach seiner Genesung wandte er sich mit Eifer den Geschäften wieder zu, denn er bekam nun ehrenvolle Arbeiten,
und ein Zimmer dazu im Struensee'schen Hause; der Minister
hielt die gewöhnlichen Geschäftsleistungen zu gering für ihn,
und trug ihm höhere auf, die seinen Fähigkeiten gemäßer
waren, und dabei nicht sehr seine Zeit in Anspruch nahmen.
Held benutzte die ihm bleibende Muße, um sein Wissen zu
vermehren, er hörte Vorlesungen über die Astronomie bei
Bode, über Physiologie bei Mayer, denn für die Naturwissenschaften fühlte er stets die größte Neigung.

Das Jahr 1804 begann für Held unter guten Zeichen.

Hans von Held.

Struensee hatte ihm beim General-Accise und Zolldepartement eine Anstellung von bedeutender Wirksamkeit zugedacht, und als diese grade deßhalb Schwierigkeiten fand, wollte er ihn beim Salzwesen vortheilhaft anbringen. Ein alter Geheimerath dieser Behörde wirkte entgegen und verursachte Verzögerung, aus der sich Held nicht viel machte, denn in der Nähe Struensee's und häufig sein Gast; durch inhaltliche Gespräche mehr und mehr in das Innere der Verwaltung eingeweiht, erschrak Held über den Abgrund, in den er blickte; er sah, wie das ganze politische und finanzielle Treiben dem Scheitern zueilte, und daß nirgends Iter noch Kraft waltete. Held arbeitete unter anderen eine Handels- und Gewerb-Uebersicht des preußischen Staates aus; Struensee, der die Schrift sehr lobte, wollte sie jedoch nicht zum Vortrage bringen, weil daraus, wie er meinte, nur Gezänk unter den Räthen, und nichts Gutes für die Sache noch für Held entstehen würde, zu Reformen sei noch nicht die rechte Zeit, und Held's Namen einmal nicht beliebt. Die Nutzlosigkeit solcher Arbeiten verleidete ihm weitere Anstrengungen: „Ich war faul geworden", sagt er selbst, „und gab mir um nichts mehr Mühe."

Wie sehr er eines guten Amtes und Diensteinkommens bedurfte, wie nöthig es war seine Ansprüche geltend zu machen, konnte er ganz vergessen, wenn die Lage des Staates und die Zukunft des Vaterlandes ihm vor die Seele traten. Von öffentlichen Anlässen war sein Herz stets erregt; den empfindsamen fehlte seine Dichtung nie, den herben nicht seine Geißelrede. Die Prinzessin Marianne von Hessen-Homburg, Braut des Prinzen Wilhelm von Preußen, welche am 10. Januar 1804 in Berlin ankam, begrüßten zwei Reden von ihm, eine im Namen der Bürgerschaft; das andere in dem der Schützengilde; die Leute hatten in solchen Dingen ein besonderes Vertrauen zu ihm. So feierte er auch Schiller's Besuch in Berlin durch ein feuriges Gedicht. Dagegen war er voll Ingrimm gegen Bonaparte, dessen Aufsteigen ihm für Frankreich und Deutschland verderblich erschien, und den er nun eben so haßte, wie er ihn früher geliebt und bewundert hatte. Zwei flammensprühende Schriften gab er

wider ihn im Sommer 1804 in Druck, anonym wegen der
preußischen Behörden, aber bald wußte jederman den Verfasser. Eine dieser Schriften, „Sendschreiben an Bonaparte"
fing gleich so an: „Nein, Bonaparte! dich zu lieben ist ferner
nicht mehr möglich. Du machst es zu arg. Du thust
gerade das Gegentheil von dem, wessen die Moral, die
Tugend und Vernunft sich zu dir versahen. Viele Tausende
in Deutschland, die enthusiastisch an dir hingen, deren Idol
du mehrere Jahre hindurch warst, können nicht anders, sie
müssen nunmehr auf die entgegengesetzte Seite treten, und
eingestehn, daß du nicht einmal ein außerordentlicher Mann,
sondern ein ganz gemeiner Heuchler, ein platter Narr, Summa
Summarum ein Bösewicht geworden bist. — — Mögen
Erfolge dem großen Haufen imponiren, du — deine künftigen
Erfolge seien noch welche und wie scheinbar groß sie wollen —
wirst die Meinung der edleren Menschen niemals wieder gewinnen." Er sagt ihm, sein selbstsüchtiger Karakter werde
ihn „an einen wilden öden Strand" treiben, wo kein freundliches liebendes Auge gern verweilt, und wo die Wellen der
Zeit von seinem einst guten Rufe nichts übrig lassen werden,
als den Wrack der Hoffnungen, mit welchen die Welt anfänglich seiner Erscheinung jauchzend entgegengesehen. Zuletzt
sagt er zu den deutschen Fürsten: „Ihr lieben Fürsten Deutschlands! konfiszirt diese Schrift nicht! Der Verdacht, daß ihr
auf dem Wege seid, bloße Reichsgroßoffiziere oder Präfekten
von Bonaparte zu werden, steigt bei uns sonst immer höher.
Lieber konfiszirt die Schriften der Thoren, die sein Sprudeln und
Dringen für die Kraft eines zweiten Karls des Großen aus-
geben."

Held hatte das Sendschreiben unter anderen auch dem
Verfasser der damals erschienenen Schmähschrift „Wider die
Juden", dem durch diese und andere Herbheiten berühmten
Justizkommissarius Grattenauer mit einem Briefe zugeschickt,
in welchem er nach seiner Weise nicht lassen konnte, dem
Empfänger die schärfsten und empfindlichsten Wahrheiten zu
sagen. Diese Weise jedoch war auch Grattenauer's, in diesem
Punkte stimmten die sonst allerverschiedensten Sinnesarten
beider Männer überein. Es wird ergötzlich sein, den völligen

Gegensatz Held's in dessen eigner Art sich auszusprechen zu
hören; hier ist das Hauptsächliche aus Grattenauer's Antwort!
„Mit unendlichem Vergnügen — schreibt er — habe ich
Ihren Brief gelesen! Weit entfernt, nur eine Minute auf
Sie böse zu sein, habe ich Sie vielmehr lieber als je. Daß
Sie in jedem Worte Recht haben, ist wahr, aber eben so
wahr ist's, daß ich nur eben dadurch glücklich bin; daß
Ihre Schilderung in jedem Iota richtig ist. Nichts halte
ich für lächerlicher, abgeschmackter, verrückter und unsinniger,
als sich mit einer einzigen unbehaglichen Minute, mit einer
einzigen unbequemen Sekunde, mit Einem Worte: mit einer
einzigen Entsagung die Unsterblichkeit der Ehre und die
Heiligkeit eines Frommen zu erkaufen. Ich habe nicht bloß
ein Sopha, sondern auch fünf und zwanzig Stahlfedern
darin, und gestern erst einen Fleck entdeckt, wo nicht Elastizität
genug ist, und morgen noch fünf neue Stahlfedern eingesetzt
werden sollen. Ich lebe bloß um zu genießen, und lache
über jeden, der sich irgend einem andern Zweck, als dem des
Genusses aufzuopfern nur einen Augenblick sich einfallen läßt.
Sobald ich einmal ein Possenspiel schreibe, sollen die Männer,
welche auf dreibeinigen Schemeln Grütze fressen und schwarze
Bücher gegen Minister und Kaiser schreiben, zuverlässig auf's
Theater gebracht werden. Auch wird der Kammergerichtsräthe
Erwähnung geschehen, die mit solchen Prinzipien einverstanden sind; so wie sich diese Herren überhaupt vor mir
sehr in Acht nehmen mögen, da sie die Einzigen sind, denen
ich es zu seiner Zeit wohl einmal recht fühlbar machen werde,
daß ich meine Bequemlichkeit auch noch zu überwinden, und
mich von meinem Sopha zu erheben im Stande bin, wenn
es darauf ankommt, eine ernsthafte Rache zu nehmen. —
Wenn wir uns noch einmal in der Welt sprechen, lieber
Held, so bin ich überzeugt, daß Sie sich, alles Ekels, aller
Abneigung und alles Schimpfs ungeachtet, den mir Ihr
Brief anzuthun die Ehre erzeigt, ganz zuverlässig ein paar
Stunden angenehm unterhalten werden. An Myssow begehen Sie ein unverantwortliches Unrecht. Es ist ein braver,
durchaus rechtlicher und sehr humaner Mann, dem ich, so
lange ich lebe, mit der lebhaftesten Dankbarkeit ergeben bleiben

werde. — Ueber nichts habe ich unbändiger gelacht, als daß Sie ein Manuskript schreiben, das erst nach Ihrem Tode gedruckt werden soll. Das ist eine vollendete Tollheit, wofür mich Gott bewahren wird. Wenn ich das Honorarium nicht noch in dieser Zeitlichkeit mit Bequemlichkeit und Ueppigkeit verzehren kann, so hole der Teufel alles Schreiben. — Cosmar'n (Verfasser einer Schrift „Für die Juden") thun Sie Unrecht. Er ist wirklich ein so honetter und rechtlicher Mann, als ein Justizkommissarius in der ganzen Monarchie ist und sein kann. Deßhalb soll und muß er von Rechts wegen konservirt werden. Er ist mein Feind — aber Gerechtigkeit jedem! — Daß wir auf's allerbestimmteste über unsere Tendenzen und Ansichten der Welt im Widerspruche stehen, — darüber haben Sie so wenig als ich nur einen Augenblick in Ungewißheit sein können. Ein Mensch, der sich vergeblich wie Sie — bloß deßhalb aufopfert, weil er den Martyrertod sterben will — ist über und unter meinem Verstande. Ich habe bei allem was ich thue nur Einen Zweck, den der angenehmsten Existenz; wo dieser mit irgend einer Sache kollidirt, gebe ich die letztere allemal auf. Ich selbst bin mir alles; Sie aber sind sich absolut nichts. Sie opfern der Idee alles auf, ich nicht das Allergeringste. Was Ihnen das Höchste ist, hat für mich nur relativen Werth, und was ich absolut schätze, verachten Sie. — Was ich aber an Ihnen verabscheue, und was jeder wirklich denkende Kopf höchst verächtlich finden muß, ist der Umstand, daß in Ihnen der willkürlichste, frivolste Tyrann steckt, den es geben kann; mit Inbrunst muß jeder guldenkende liebende Mensch Gott bitten, daß er Sie lieber in Ketten schlagen, als zu einem Manne werden läßt, der irgend etwas zu regieren hat, weil Sie ganz zuverlässig viel lächerlichere, abgeschmacktere und schändlichere Streiche machen würden, als Bonaparte der Korse! — Es war hier schon seit acht Tagen bekannt, daß Sie Verfasser des Sendschreibens sind. Nicht für zehntausend Thaler möchte ich eine Zeile darin geschrieben haben, und jeder Jurist muß Ihnen sagen, daß es nach Form und Inhalt ein Pasquill ist. — Ich wünsche herzlich, daß diese Piece nicht die allerunglücklichsten Folgen für Sie haben möge. — Leben Sie wohl. Wer nicht mit seiner Intelligenz die Welt des Idealen erfassen kann, ohne die wirkliche Welt mit Füßen zu treten, der thut besser, noch jener nie zu greifen! Grattenauer. Breslau, den 17. August 1804." Wir sehen leicht, daß Grattenauer sich selbst zum Theil verläumdet, aber auch nach Abzug der Verläumdung bleibt in seinem Bekenntnisse doch so viel Verkehrtes und Lästerliches, daß man über die Naivetät erstaunen muß, mit der sich der wunderliche Kauz darüber ausspricht. —

Die zweite Schrift, „Patriotenspiegel für die Deutschen", war in demselben Geiste verfaßt. Sie sah Preußen in seinen Grundfesten bedroht, „aber noch Rettung möglich, wenn nur schleunigst preußischerseits die elende deutsche Reichsverfassung lassirt und ganz Norddeutschland bis an den Rhein und Main, ohne weitere Komplimente und ohne sich an Schulmoral und sogenannte Rechtsbegriffe zu kehren, der preußischen Krone unterworfen würden." Der Autor meinte, gewissen Leuten um so verständlicher zu werden, und ihnen seine Vorschläge begreiflicher zu machen, je mehr er gegen Napoleon losziege; „Daher, — sagte er später, — der viele Hauptwachenwitz, den ich anbrachte und dessen Unanständigkeit ich selbst recht gut fühlte, aber doch der Sergeanten-Intelligenz jener Leute für angemessen hielt." Späterhin sagte er über denselben Gegenstand: „Die Schulmoral und das Landrecht haben bei Staatenvergrößerungen nicht das Mindeste mitzusprechen. Der Fürst, der die Vorschriften jener zu seiner Norm in der Politik erwählt, muß auf alles Mitwirken in der großen, politischen Welt verzichten; ihm wird, von Gottes, Schicksals und Natur wegen, genommen, eben deßhalb, weil er nicht nimmt; er wird von fremden Ideen umsponnen, weil er keine eigne Ideen hat, ausspinnt und geltend macht. Eroberte denn die Justiz oder der Degen Schlesien?" — Solch kriegerisch eroberader Eifer, den er aus höherer Geschichtsansicht als vollkommen berechtigt erweisen wollte, war in Held ein vaterländisches Urtheil altpreußischen, durch Friedrichs des Großen Ruhm genährten und allgemein verbreiteten Sinnes, der bis in die neuesten Zeiten noch immer die jungen Gemüther entflammt, und sie

auf dem Gebiete der Litteratur die Kühnheiten üben und
die Gefahren suchen heißt, welche das verschlossene Kriegs-
feld nicht gewähren kann.

Trotz aller Hindernisse war Held's Anstellung beim Salzwesen durch Struensee so gut wie entschieden, als dieser
am 17. Oktober 1804 starb. Mit diesem Tode fielen alle
Hoffnungen Held's danieder. Der Nachfolger Struensee's
war der Freiherr vom Stein, der für Held keinen guten
Willen hatte, an seine Beförderung nicht dachte, im Gegentheil ihm einige Vortheile sogar entzog. Aber Held vergaß
abermals was ihn selbst betraf, und lebte nur im Schmerz
über den Gönner, den Freund, den er verloren. Wenn er
den Verlust, den der Staat erlitt, weniger beachtete, so war
dies nur darum, weil Struensee längst aufgegeben hatte, nach
eignem Geist und mit voller Kraft zu wirken. Wie er aber
gewesen, als Mensch, als Staatsmann, was er geleistet hatte
und hätte leisten können, das wollte Held treu darlegen, diese
Pflicht der Liebe und Dankbarkeit zu erfüllen, war ihm nun
die wichtigste Angelegenheit. Zwei andere Todesfälle trafen
ihn zu derselben Zeit; sein Freund Notharbt starb, als er
eben zum Kammerdirektor in Kalisch ernannt worden war,
und seine Tochter Anrora, die er unaussprechlich liebte, sank
in der Blüthe des Lebens dahin. Er hatte das Kind zärtlich
geliebt, und fand eine Befriedigung eigener Art, indem er
der Leiche, bevor der Sarg geschlossen wurde, noch eiligst den
Kopf abschneiden, diesen durch einen Arzt auskochen ließ, und
den kleinen Schädel dann auf seinem Schreibtisch aufstellte,
um das traurige Andenken stets vor Augen zu haben. Dieser
gehäufte Schmerz fand seinen gemeinsamen Ausdruck in dem
Bilde, das er von Struensee entwarf und worin auch Notharbt's und Aurorens Erwähnung geschieht. Das Ehren-
gedächtniß: „Struensee. Eine Skizze für diejenigen, denen
sein Andenken werth ist", konnte schon im Februar 1805
ausgegeben werden. Diese Schrift schildert mit so scharfer
Wahrheitsliebe als herzlicher Theilnahme einen sonderbar gemischten und leicht zu verkennenden Karakter, der wenigstens
nicht in die große Reihe bedeutungsloser Minister gehört,
und unter den preußischen jener Zeit mit einigem Ruhme zu

nennen bleibt. Das kleine Buch ist mit nachläßigster Freiheit geschrieben, und unseres Bedünkens das Beste, was von Held im Druck erschienen.

Freilich hatte der mit diesem Gegenstande so warm und eifrig Beschäftigte inzwischen versäumt, den neuen Minister für sich einzunehmen, oder sich nach anderen Gönnern umzusehen. Er wurde in seiner beengten Lage kaum bemerkt und bald vergessen. Ihn drückte überdieß schwer der Ehescheidungsprozeß, den seine Frau leichtsinnig angeregt hatte, und in folge dessen die Scheidung im Mai 1805 ausgesprochen wurde. Eines unglücklichen Verhältnisses frei, fühlte er sich doch kaum leichter, denn nun traten langwierige Auseinandersetzungen ein, die nur bittern Verdruß häuften, und die Zerrüttung der häuslichen Lage vollendeten. In dem Gange des öffentlichen Lebens war kein Trost zu finden. Die Macht Bonaparte's befestigte sich in Frankreich, der General Moreau mußte die Heimath aufgeben und freiwillige Verbannung wählen, seiner Abreise nach den Vereinigten Staaten von Nordamerika widmete Held einige Strophen, die aber damals wegen ihrer Heftigkeit nirgends gedruckt werden durften. Die Stellung Preußens zu Frankreich entwickelte sich schnell und schneller zu bedenklicher Aufregung, die Partheien sprachen ihre Meinungen heftig aus. Der Freund der Freiheit haßte schon den französischen Kaiser als deren Unterdrücker, nun durfte der Vaterlandsfreund ihn auch als den Bedroher Preußens anfeinden. Held hatte bisher keine Gelegenheit versäumt, diesen Doppelhaß laut auszusprechen. Jetzt erschien aber „der neue Leviathan" von Buchholz, und diese Schrift bewirkte in Held eine große Umkehr seiner politischen Ansichten. Er fühlte sich „wie aus tiefer Nacht zum hellen Tage emporgehoben", und begriff nun, daß Napoleon, wenn auch kein Mann nach seinem Herzen, doch unzweifelhaft einen großen Beruf habe, daß er ein Werkzeug in den Händen der Vorsehung sei. Sonderbar ist es, daß grade Buchholz, der unbeschadet seiner Redlichkeit und seiner anzuerkennenden Talente mit Held an Karakterkraft nie gleichstand, diesen durch sein Ansehen gewissermaßen bezwang und lange Jahre hindurch festhielt. Solch ein Anschließen oder Gefangengeben ist nicht ohne Gefahr, wie wir an ein paar namhaften litterarischen Beispielen gesehen haben, wo die edleren Kräfte gradezu gelähmt wurden durch ein Verhältniß, das ihnen Aufschwung zu geben verhieß. So war auch dieses Zusammengehen mit Buchholz für Held mehr hemmend, als fruchtbar; er bedurfte des Anschlusses an ein fertiges Ideenganze, daß er aber an das trockne, wurzellose, täuschungsvolle gerieth, welches Buchholz im Neuen Gravitationsgesetz und im Neuen Leviathan aufstellte, war ein Unglück. Wie ganz andere Gebiete hätten sich ihm erschlossen, wäre ihm eine Weisheits- und Staatslehre erschienen oder verständlich gewesen, wie Fichte sie in sich trug, und später verkündete! —

Die Vorträge, welche Doktor Gall im Sommer 1805 zu Berlin über die Schädellehre hielt, waren eine Erheiterung für Held, der sich mit Eifer diesen Forschungen hingab, und immer einige Vorliebe für sie behielt. Dagegen hatte die Naturphilosophie, wie sie damals hochfahrend auftrat, und die romantische Schule, die sich im Stillen ausbreitete, keine Anziehungskraft für ihn; er fühlte sich allem als Gegner, was von dem klaren Wege des Verstandes abwich, was mit schmeichelnden Phantasieen alter Zeiten auch deren Vorurtheile und Gebrechen zurückzuführen schien. Der Drang der Gegenwart rief überdies gewaltsam von solchen Liebhabereien ab. Ein Krieg wider Frankreich stand in naher Aussicht, und als er auf eine Weile noch zurücktrat, geschah dies unter Bedingungen, welche den Stolz der Preußen tief kränkten. Während dieser Aufregung, wo die Eiferer für das Vaterland, die Muthigen und Kampfbegierigen, einander suchten, wünschte der Prinz Louis Ferdinand, der als ein Haupt dieser Meinungsgenossen dastand, auch nähere Bekanntschaft mit Held, als einem Manne, von dessen Kraft sich Ungewöhnliches hoffen ließ. Held ging daher zu ihm; fand sich aber durch den Empfang wenig befriedigt, und völlig abgestoßen durch das Gespräch, das in der Unruhe des Ankleidens und in Gegenwart der Laleien zu keinem festen Inhalt kam, sondern in sprudelnde Allgemeinheiten zerfloß. Von diesem Besuch und von dem Prinzen selbst hat Held eine Schilderung entworfen, die mit scharfer Wahrheit alles Schlechte erfaßt,

das Leben, und theils aus den großen Eigenschaften des so tapfern als liebenswürdigen Prinzen reichlich wucherte, dergleichen muß zugestanden werden und wir am wenigsten wollen es unterdrücken; allein die Farben sind so grell aufgetragen, die Züge so brennend, daß ihre Aufnahme hier nicht möglich ist.

Um diese Zeit kam ein Buch heraus, welches unter dem Titel „die wirkliche Erscheinung meiner Frau nach ihrem Tode" aus einer albernen Geisterseherei die Unsterblichkeit der Seele beweisen wollte, und durch seine plumpe Zumuthung bei schwachsinnigen Lesern großen Beifall fand. Justus von Voß lieferte eine witzige Parodie, Bernhardy desgleichen, und Held besprach ebenfalls die Sache mit guter Laune. „Wie wär' es, lieber Schmidt, — sagte er bei solcher Gelegenheit zu seinem Freunde — wir gäben uns wechselseitig das Wort, daß wer von uns zuerst stirbt, dem anderen nach dem Tode erscheinen soll?" Schmidt erwiederte lachend, indem er in Held's Hand einschlug: „Topp. Es gilt." Neun Jahre später, am 27. November 1814, kam Held am frühsten Morgen in Schmidt's Wohnung, und fragte eifrig: „Was macht Schmidt? Ist er todt?" Er las die Bejahung dieser Frage auf den verstörten Gesichtern der Familie; Schmidt war wirklich in der Nacht gestorben, und Held versicherte, er sei ihm in der Nacht erschienen, und deßhalb habe er sich aufgemacht, um nachzufragen. „Ich möchte wohl darauf schwören," sagte er, „daß ich wach gewesen, und nicht bloß lebhaft geträumt habe. Ich werde mich aber wohl hüten, dieses Begebniß verlauten zu lassen. Ich will nicht dem Aberglauben Vorschub leisten." Uebrigens wußte Held seinen Freund schon lange krank, dachte oft an dessen Tod, und so war denn die vernünftige Erklärung seines Gesichtes nahe zur Hand, und seine Denkart blieb davon ganz unerschüttert.

Das Jahr 1805 lief ab, ohne daß Held eine der ihm ertheilten Zusagen erfüllt sah, ohne daß seiner jammervollen Lage ein Schimmer von Verbesserung leuchtete. Die Bedrängniß jedoch, in der er sich befand, ließ ihm keinen Augenblick Ruhe, und so griff er nach jedem Hülfsmittel, das retten konnte. Der Geheime Kabinetsrath Beyme, wiewohl er sich im Amte schroff benommen, war nicht ohne Theilnahme für Helb, wünschte demselben besseres Ergehen, und hatte ihn, als er von Kolberg zurückgekehrt, zu sprechen verlangt. Helb aber fühlte noch zu große Bitterkeit, die Unterredung war nicht ergiebig, und es fand keine zweite statt, obschon Behme anfänglich die freundlichsten Mahnungen dazu nicht fehlen ließ. Nach zwei Jahren hörte Helb, daß Behme sich beklagt habe, jener sei nicht wiedergekommen; zugleich versicherten ihn Freunde, Behme sei ganz anders, als er ihn sich vorstelle, er sei wohlwollend, herzlich bis zur Rührung, nehme sich gern der Leidenden an, und werde für ihn gern thun was er irgend könne. Schwer ließ Helb sich überreden, und mit schwachem Vertrauen entschloß er sich, Behme'n anzugehen; doch die Umstände drängten, und er wollte den Freunden zeigen, daß Eigensinn und Stolz ihn nicht beherrschten. Er schrieb daher an Behme, entdeckte ihm die ganze Verzweiflung seiner Lage, und bat ihn um Hülfe. Aber Helb bat nicht wie andere Menschen, sein Bitten hob mit Trotz und Vorwurf an; so begann sein Brief: „Länger ist es mir nun nicht mehr möglich zu schweigen. Es muß heraus, was mich drückt, selbst auf die Gefahr, daß Sie mich wiederum in ein Gefängniß schicken. Mein Zustand und das endlose Warten sind mir unerträglich und die Geduld verläßt mich. Sie, der Sie mich herbe genug gezwungen haben, täglich an Sie zu denken, so daß ich Ihren Namen mir gar nicht mehr vor der Stirn weglilgen kann und er meine fixe Idee zu werden droht, Sie zwingen mich abermals, indem Sie meiner so ganz vergessen, daß ich Sie antreten muß. Einerseits absehend von den Verhältnissen dieses Lebens, die Ihnen alle formelle physische Gewalt gegen mich, und mir keine solche gegen Sie zutheilten, andrerseits mit Berufung auf das moralische Geistertribunal Ihres und meines Grabes, frage ich Sie: Fühlen Sie denn wirklich nicht, daß, während wir beide noch auf dieser Erde neben einander verweilen, Sie wohl auch etwas gegen mich gutzumachen hätten, daß der Schmerz, — den billig Sie stillen sollten, weil Sie, sein wesentlicher Mitveranlasser, allein es können, — es eigentlich allein ist, was mich immer aus mir selbst hinaustreibt, und mich, meinem Willen und meiner Natur

entgegen, zum öffentlichen Menschen macht! — Wie oft
habe ich schon seit Struensee's Tode die Feder weggeworfen,
wenn ich diesen Brief anfangen wollte! Wie oft habe ich
ihn abgeändert! Mit wie vielen Besorgnissen ringe ich jetzt,
wo ich ihn dennoch endlich schreibe! Wie ängstigt mich der
Gedanke, daß, nach der Vorstellung, die Sie nur einmal von
mir haben, Sie ihn platthin für einen neuen frevelhaften
Ausbruch von Bosheit, Neckerei, Rechthaberei und Beleidigungs-
sucht erklären, und mir durch irgend eine Form abermals
den Karakter eines Verbrechers aufdringen werden!" — Nach
einigen Zeilen heißt es weiter: „Nicht aus freier Wahl ergreife ich die Feder. Daß ich dieß thue ist lediglich ein
Produkt der Nothwendigkeit, in die größtentheils Sie selbst
mich gestoßen haben. Niemand lebt indeß, der Sie in Bezug auf mich bereitwilliger entschuldigt, als eben ich. Unter
dem ungeheuren Andrange der Geschäfte, deren Verweser Sie
sind, bin ich Ihnen in meiner Unbedeutsamkeit entschwunden;
Sie kennen den tiefen Jammer, in dem ich liege, um so
weniger, da ich ihn sogar meinen vertrautesten Freunden
streng verberge; und wiewohl ich die Beschaffenheit Ihrer
Situation mehr ahnde als bestimmt begreife, so ist mir doch
soviel klar, daß auch Sie, wandelnd zwischen tausend Pressungen,
nicht alles vermögen was Sie vielleicht wollen. Aber eben
darum müssen Sie es mit sanftem Sinne erkennen, wenn
meine Individualität die Ihrige in Anspruch nimmt, und
wenn ich meine Hoffnung, gehört zu werden darauf baue,
daß Sie, einst mit den niedern Qualen des Lebens bekannt,
derselben auf der hohen Stufe, wohin Ihr Schicksal Sie getrieben, noch eingedenk sind, daß im Kabinetsrathe der Mensch
noch nicht untergegangen ist, und daß Sie es ehren werden,
wenn ein andrer unbeschreiblich unglücklicher Mensch Sie
unter das Obdach der Ehre und Kraft fordert, um Ihnen
seine Anliegen vorzutragen." Hierauf erzählt er in strengen
Worten sein gehäuftes Unglück; den Anfang seiner Schulden,
die er nicht aus Liederlichkeit oder Leichtsinn, sondern aus
harter Nothwendigkeit gemacht, als er noch ohne Besoldung
diente; die verderblichen Folgen seiner Versetzung nach Brandenburg, seine unglückliche, auch für die äußere Lage mit un-

heilbringende Ehe, die völlige Niederwerfung durch seine mehr als zweijährige Haft, durch die Kärglichkeit seines Wartegeldes, bei fortwährend ungestümen Ansprüchen aus den früheren Verhältnissen. Er verlangt nur, daß er durch Erfüllung der ihm geschehenen Zusagen in die Möglichkeit versetzt werde, nach und nach schuldenfrei zu werden. Er lebt elend, er hält bei jeder Ausgabe die treuste und schärfste Rechnung für seine Gläubiger, aber seine Ersparnisse bleiben zu gering. Nachdem er ihm das Innerste seiner Verhältnisse aufgeschlossen, sich gegen falschen Anschein und unverdiente Vorwürfe gerechtfertigt, fällt ihm aber ein, daß nicht er allein so getadelt wird, daß auch Andre schlimme Blößen geben, und zunächst Beyme selbst; er hält ihm vor, was man von ihm sagt, was man mit Recht an ihm rügt, daß er mit dem und dem gar nicht umgehen sollte, daß ihm das und das anhafte, er führt ihm das spitzeste Wort gradezu in das innerste Herz. „Ich rede als Mann zum Manne, — schließt er diesen Absatz, — und mein Unglück und Ihre hartnäckig verschobene Ansicht meines Innern geben mir das Recht, folglich auch den Muth, mich so auszusprechen." Dann berichtet er, wie seine Wiederanstellung sich verzögere, welche Schwierigkeiten ihm Neid und Haß entgegensetzen, dabei fällt er über Personen und Sachen die strengsten Urtheile, sagt wie er von Stein nichts erwarte, den er nach genauen Wahrnehmungen sehr übel schildert. Beyme soll daher sorgen, daß er anderweitig eine Stelle bekomme, eine solche, wozu ein entschieden ehrlicher Mann als Aufseher brauchbar sei. Zuletzt sagt er: „Ich werde sterben ohne das Glück gesehen zu haben. Warum wollen Sie mir nicht gönnen, ruhig, unbedeutend, unbeschimpft von Gläubigern zu sterben? Da, wer Schulden hinterläßt, immer beschimpft ist, so lasse ich, wegen meiner unverdienten Schuldenlast, schlechterdings nicht von dem Vorsatze ab, wenn ich mit Schulden sterben soll, diesen Schimpf in einem freiwilligen Tode durch ein solches Verdienst um die Welt, welches den Schimpf vollkommen überwiege, zu zerstören."

Ein Bittschreiben dieser Art möchte kaum nochmals zu finden sein; nur noch Rousseau hätte vielleicht in solchem

hätte solche Sprache geführt. Was Beyme geantwortet, was er gethan oder zu thun versucht, ist uns nicht bekannt. Ganz entsprochen hat er dem gränzenlosen Zutrauen nicht, denn wir finden Held in der nächstfolgenden Zeit noch immer aufgebracht und bitter, wenn er den Namen nennt. Auch mag es schwer gewesen sein, selbst für den vielvermögenden Kabinetsrath, die geforderte Hülfe sogleich zu leisten, und sogar bedenklich, auf solche drohende Bitten sich einzulassen. Genug, Held verblieb in seinem Jammer, und sollte ihn noch lange tragen. Was ihn am tiefsten beugte, war ein Umstand, der wieder unwillkürlich an Rousseau erinnert. Wir haben erwähnt, daß Struensee im Finanzgebäude ihm ein Zimmer eingeräumt hatte; Held wohnte sehr elend, an der entlegenen Fischerbrücke, „zwischen armen Schuhflickern und Höfen, umgeben von Unsauberkeit, Gestank und Lärm", dem von Jugend auf reinlich und für das Gegentheil höchst empfindlich gewöhnten Manne zur unsäglichen Qual; jenes Zimmer war für ihn unter diesen Umständen sein einziger Trost, hieher flüchtete er mit seinen Arbeiten, hier fand er Ruhe, Ordnung, hier fühlte er sich noch einem Dasein verknüpft. Stein aber nahm ihm jenes Zimmer, und verstieß ihn damit ganz in jenes Elend; die sechzig Thaler, die ihm als Entschädigung angeboten wurden, konnten ihm den Verlust der einzigen Zuflucht nicht ersetzen! —

Nicht lange nachher sollte neuer Verdruß aus den alten Geschichten ihm erwachsen, und zwar von einer Seite, woher keine Gefahr zu drohen schien. Der Kriegsrath von Cölln, durch seine Schriften noch nicht berüchtigt wie späterhin, kam aus Südpreußen, und suchte Held, der ihn dort wenig gekannt und geachtet, als einen alten Freund auf. Eine zuvorkommende freundliche Behandlung hatte für Held einen Zauber, dem er nicht widerstand, er dachte jedesmal, der Andere meine es wahr und herzlich, und dieß riß ihn zu gleicher Stimmung hin; er ließ sich daher harmlos die Annäherung Cölln's gefallen. Dieser aber befragte ihn lebhaft über das schwarze Buch und das schwarze Register, und zeigte die größte Begier, beide zu sehen. Auf dieses Dringen sandte Held ihm diese Schriften, indem er bemerkte, daß er sie ungern aus den Händen gäbe. „Die Sache ist vorbei, — schrieb er, — sie liegt weit hinter mir, vergessen wie ein abscheulicher Traum. Ich will nicht, wenigstens nicht so lange ich lebe, ihr fernerer Verbreiter sein. Daher mache ich es Ihnen zur ausdrücklichen Bedingung, beide Piecen nicht zu verleihen und sie überhaupt keinem Menschen zu zeigen." — Weiterhin sagte er noch „Schmerz, Aerger und Ekel haben so sonderbar auf mein Gehirn gewirkt, daß ich im Ernste den ganzen Inhalt des schwarzen Buchs rein vergessen habe, gradeso als wenn ich es nie verfertigt hätte, und seit vier Jahren habe ich mich nicht mehr entschließen können, eine Zeile darin zu lesen. Nur durch die neuliche Unterhaltung mit Ihnen ist es mir wieder einigermaßen interessant geworden. Wenn Sie daher mir die Seiten andeuten wollen, wo Sie Fehler finden, so will ich das Ding abermals durchstudiren, damit ich orientirt bin, wenn ich die Ehre habe Sie wiederum zu sprechen. Es ist mir an einer gründlichen Kritik nicht weniger gelegen, als an Ihrer eigentlichen Meinung, da Sie von diesen schlimmen Gegenständen besser als viele Andre unterrichtet sind." Cölln sandte nach einigen Tagen die Schriften zurück, begleitet mit Bemerkungen, die fast einer Lobrede Hoya's und Triebenfeld's gleich kamen, auf die er doch mündlich wacker geschimpft hatte! Zugleich entdeckte Held, daß Cölln in einem Buche, als dessen Verfasser er sich verrathen hatte, kurz vorher gegen Held schändliche Dinge vorgebracht. Empört über diese niedrige Falschheit, nahm Held sogleich die Genugthuung, dem Manne vor Zeugen zu sagen, was er von ihm denke; und jetzt auch Mißbrauch der gelesenen Schriften fürchtend, ließ er die Erzählung des Hergangs nebst den gewechselten Briefen als Handschrift drucken, um sie solchen Personen mitzutheilen, an deren Meinung ihm gelegen war. Noch einigemal griffen anonyme Druckschriften ihn tückisch an, ohne daß er sie öffentlicher Antwort würdigte, da die rechte Antwort doch nicht erlaubt sein konnte.

Unter allen diesen Widrigkeiten erstarb in Held's Gemüth nicht die frische Wärme, welche die öffentlichen Vorgänge in ihm anglühten. Als Schiller gestorben war, dichtete er zu dessen Todesfeier am 19. März 1806 drei edle Stanzen, deren letzte heißt:

„Die Menschheit baut, wenn Muth und Kraft zu stiften,
Ein Mann ergreift den schnellen Lebenstraum.
Das Ideal umarmt mit Geisterlüften
Die Wirklichkeit. Durch weiten Sonnenraum,
Vom Erdball fern und seinen Todtengrüften,
Nicht mehr gedrückt von trüber Wolken Saum,
Zur Ewigkeit, voran den Völkerchören,
Gehn Sänger ein, die heil'ge Wahrheit lehren."

In dem Sommer dieses Jahres, während Helb, wie er sagt, nur so hindämmerte und verdüsterte, reiften die politischen Verwirrungen mehr und mehr dem furchtbarsten Ausbruch entgegen; der Krieg war unvermeidlich, die Preußen rückten in's Feld. Die Kampfeslust war im Volk erwacht wie im Heere, und auch Helb wurde von ihr ergriffen, wie ein Marschgesang bezeugt, den er im September drucken ließ. Wie sehr auch sein Haß gegen den französischen Kaiser, hauptsächlich durch Buchholz, mit dem fast allein er noch Umgang hatte, gedämpft und in bewundernde Anerkennung umgestimmt war, so schwand doch gleich alles Erwägen und Richten, als das Vaterland wirklich von ihm bedroht wurde, Napoleon als Feind gegen dasselbe mit Heeresmacht heranzog. Mochte Helb oft gewünscht haben, den Hochmuth seiner Gegner gedemüthigt, ihre Unfähigkeit aufgedeckt, seine erlittne Unbill gerächt zu sehen, im Augenblicke der Entscheidung war alles Persönliche vergessen, er fühlte sich als Preuße, nicht fremde Hand sollte die Schäden des Vaterlandes berühren, sondern nur innre Kraft sie gesetzlich heilen. Zwar hatte er oft das Verderben vorhergesagt, den Untergang als unvermeidlich verkündigt, aber den Verstand überwältigte das Gefühl, er sah die preußischen Truppen dahinziehen, und sein Herz war mit ihnen, seine Hoffnung und sein Zutrauen.

Diese Gefühle wurden indeß bald erschüttert, als die ersten Nachrichten von der Kriegführung eintrafen; schnell folgten einander die Trauerbotschaften, und immer größer entfaltete sich das Unglück. Heftige Widersprüche zerrissen hiebei Helb's Gemüth; ihm gab das Geschick eine furchtbare

Genugthuung, die er mit Schaudern aufnahm, und in dem
Augenblicke, der ihn ein höheres Werkzeug in Napoleon verehren hieß, war er persönlich vor ihm zu fliehen genöthigt.
Denn die früheren Schriften waren bekannt genug, um auf
den Verfasser die Rache des Siegers herabzuziehen, und das
Schicksal Palm's konnte sich wiederholen. Zwar den Tod
fürchtete Held nicht, wohl aber neue Gefangenschaft, Weg-
schleppung nach Frankreich, Verkommen im Kerkerelend. Von
seinen Freunden dringend ermahnt, verließ er, um diesen Gefahren nicht unmittelbar bloßzustehen, bald nach dem Einzuge
der Franzosen die Hauptstadt, und zog sich nach Neu-Ruppin
zurück, wo ihm Verborgenheit gesichert schien.

Hier verlebte er unter dem angenommenen Namen Hell-
muth eine Zeit der Noth und Spannung, des Schmerzes
und der Erbitterung, die den auf der Hausvogtei und in
Kolberg erlittenen zu vergleichen waren. Zwar hatte er
dort einigen Anhalt durch zwei seiner Cousinen, die höchst
ausgezeichneten Frauen von dem Knesebeck und von Salisch,
deren Umgang ihn erfreute und stärkte; doch litten auch diese
das allgemeine Unglück mit, und bald auch störten die politischen
Mißhelligkeiten auch diesen freundlichen Verkehr. Die Drang-
sale der eignen Lage, mit denen des Vaterlandes eng verflochten, wuchsen mit jedem neuen Ereignisse. Für Held
wäre jetzt aller Raum und die freiste Gelegenheit gewesen,
das verlorene Spiel gegen die Widersacher, die ihn bedrückt
hatten, wieder aufzunehmen und nochmals durchzuspielen,
wozu das Geschick ihm alle Vortheile in die Hände gegeben;
die einst Mächtigen lagen jetzt niedergeworfen, und das Unglück des Staats wurde ihnen mit als Verschuldung auf-
gebürdet. Der Kampf wäre leicht, der Sieg unfehlbar gewesen;
aber Held hatte keinen solchen Gedanken, er bedurfte keiner
persönlichen Rache, die allgemeine war schon allzugroß vorhanden! Er meinte jene alte Sache los zu sein, und wollte
sie für immer abgethan haben. Als ob man das könnte!
Als ob jede Handlung nicht eine Saat von Folgen aus-
streute, die unter unseren Füßen aufgehen, und denen wir
nicht entfliehen, auch wenn unser Sinn und Handeln längst
verändert ist!

Die Gesinnung des Vaterlandsfreundes war damals nothwendig einem Zwiespalt überliefert, in welchem ihre Aeußerungen sich zu widersprechen schienen, während sie doch aus derselben Quelle flossen. Gegen das Einzelne wurden Haß und Verwünschung laut, für das Allgemeine in demselben Maße treuer Eifer und frische Zuversicht. Held, der in Gesprächen und Briefen die stärksten Ausdrücke nicht sparte, um die Unfähigkeit und Feigheit, den Dünkel und Stumpfsinn derer zu bezeichnen, welche als die heimischen Urheber des Zusammensturzes galten, derselbe Mann konnte im Jahr 1807 einen Rundgesang dichten, in welchem es achtpreußisch hieß:

     „Liebend lohnen
     Nationen
     Nimmer Dir, Napoleon!
     Dir, vor ihrem Hochgerichte,
     Spricht den Fluch die Weltgeschichte,
     Dich verschlingt der Acheron."

     „Aus den fernen
     Himmelssternen
     Leuchtet noch uns Friedrichs Blick.
     Friedrich! Du wirst uns erhören!
     Und zu unsern Fahnen kehren
     Wieder Ehre, Ruhm, und Glück."

Wir sehen, er ist von der angenommenen Hinneigung zu Napoleon hier völlig frei, und nur auf Augenblicke noch kehrte sie wieder, wenn die Selbstsucht des Herrschers in höheren Zwecken der Vernunft bisweilen sich zu verbergen schien. Ein großes Gedicht von fünf und zwanzig elfzeiligen Strophen, „Fatalismus" überschrieben, fällt ebenfalls in diese Zeit, und erschien im April gedruckt in der Minerva von Archenholz; es heißt darin:

     „Und nur schließt sich an mein Scheiden
     Noch das Leid, daß deiner Leiden,
     Vaterland! Gefährt' ich ward!"

Und zuletzt:

„Deutschland! O! wie dich ermannen?
Wird kein Retter dir erstehn?
Wo ein Hermann? Und von wannen
Läßt er, Fremde zu verbannen,
Neuer Freiheit Fahnen wehn? —
Sinkst du — an dem letzten Strande
Wähl' auch ich das Todesloos;
Wähle dann — sie rettet bloß —
Flucht aus diesem Körperbande,
Flucht aus alles Lebens Schaude
In des Nichtseins dunklen Schooß."

Schon Lessing sagte: „Willst du leben, so dien! Willst du frei sein, so stirb!" —

Inzwischen war eine Schriftstellerei in Norddeutschland aufgetaucht, die sich heißhungrig auf die jüngsten Ereignisse warf, alle Umstände und Beziehungen derselben erörterte, über die frühere Staatsverwaltung Preußens und über hohe und niedre Personen willkührliches Gericht hielt, und meist die schärfsten Verurtheilungen aussprach. Jene Besprechungen gingen zum Theil von wackern Männern aus, und hielten sich in guten Gränzen. Auch die Schriften von Buchholz, wie schmerzlich sie einschneiden mochten, bewegten sich meist in geistiger Allgemeinheit. Aber schnell waren auch niedrige Gewinnsucht, Bosheit und Schadenfreude am Werk, wühlten allen Schmutz, alles oft lügenhafte Geklatsch auf, und gewannen ein großes Publikum. Die vertrauten Briefe, die Feuerbrände und ähnliche Schriften, größtentheils Erzeugnisse des Kriegsraths von Cölln, der jetzt eben so schmähte wie er früher geschmeichelt hatte, geben noch heute Zeugniß, wie vieles Schlechte von eben so schlechten Anklägern damals an den Tag gezogen wurde. Buchholz und Held waren zur Mitarbeit an den Feuerbränden eingeladen worden, hatten aber jede Theilnahme abgelehnt, weil ihnen Cölln zuwider war. Noch andere Zeitschriften wurden unternommen, Flugblätter, Hefte, ganze Bücher wurden geschrieben, des Zankens und Lärmens war kein Ende. Die Franzosen ließen dies ruhig geschehen, auch der im Sommer 1807 zu Stande gekommene Frieden von Tilsit machte darin keinen Unterschied,

sie waren nur aufmerksam, daß nichts gegen sie selbst mit
einflöße.

Held schrieb in dieser Zeit an den Kriegsrath Müchler
nach Berlin: „Ich befinde mich ungemein gesund, und bade
mich alle Morgen um 6 Uhr in dem hiesigen herrlichen See.
Daß ich noch nicht nach Berlin komme, daran ist weiter
nichts schuld, als daß ich noch kein Geld dort bekomme, und
darauf warte, ob das Akzisedepartement nicht endlich einen
etwas verständigen Chef bekommen wird, der von mir Gebrauch machen will. Ich habe Gründe beides zu vermuthen,
und dann will ich der starkste Egoist werden, weil es ja
doch unmöglich ist, die allgemeine Sache zu lieben." Allein
die letztere bekümmerte ihn gleichfalls in tiefster Seele, nur
nahm seine Liebe stets das Gewand des herbsten Unmuthes
an, und seine Empfindsamkeit wurde zum Hohn. So schrieb
er am 12. Oktober 1807 an Müchler: „Lesen Sie Buchholzens jüngst erschienene treffliche Schrift: „Untersuchungen
über den Geburtsadel." Lange hat mir kein Buch so wie
dies gefallen. Ohne alle Deklamation, wie dieser Gegenstand
bisher immer behandelt worden ist, räumt dasselbe uner-
bittlich siegerisch in allen desfalls möglichen Ideen auf. Es
kann auch, welthistorisch betrachtet, gar nicht anders sein.
Alle Bewegungen der europäischen Menschengesellschaft um
uns her, haben keine anderen Zwecke als: Vernichtung der
Feudalität, Placirung der Virtuosität aller Art an die Stelle
der Anmaßung, und Einheit Deutschlands. Diese drei Tendenzen erklären alles. — Bülow soll todt sein. Man sagt,
er sei in oder bei Memel gestorben. So hat mir der Major
Roche-Aymon von den schwarzen Husaren erzählt, der seit
acht Tagen auf Urlaub aus Preußen auf sein hier nahes
Gut Köpernitz bei Rheinsberg angekommen ist." Und am
26. Oktober an ebendenselben: „Die Figur des Dinges,
welches jetzt noch „Preußischer Staat" heißt, zeigt ganz
deutlich, daß dieses Ding nicht bleiben kann. Ich habe mich
darüber in einer Schrift wider Cölln auch sehr lustig gemacht. Narren sind sie, die Verfasser der Broschüren „Mein
Vaterland Preußen" ꝛc. und des Schreibens „An Seine
Majestät Friedrich Wilhelm den Dritten nach dem Tilsiter

Frieden." Alle diese Leute schwatzen von etwas, das nicht mehr ist. Archenholz ist ebenfalls nicht recht bei Sinnen, daß er im Ernste glaubt, seine Verwendung für den König bei Napoleon könne jenem etwas nützen, und daß er ordentlich einen Werth auf des Königs Dank dafür legt. Ein König, der sich erst bei einem Journalschreiber bedankt, daß dieser ihm unter die Arme greifen will, hat bereits aufgehört König zu sein."

Cölln konnte den Widerwillen den ihm Held offen bezeigt hatte, nicht vergeben. Bald griffen die Feuerbrände diesen mit Schmähungen an, suchten die alten Geschichten hervor, und druckten sogar, rein aus Gefallen am Aergerniß, das schwarze Register wieder ab, indem sie zugleich den Verfasser lästerten und seine Schrift unbefugt sich aneigneten. Vernarbte Wunden wurden aufgerissen, und bluteten auf's neue. Held sah sich abermals in Händel verflochten, die er ausgekämpft zu haben meinte. Er mußte sich verantworten, und that dies durch eine kleine Schrift, in welcher dem Herausgeber die Schlechtigkeit seines Verfahrens und die Unreinheit seiner Triebfedern bündig nachgewiesen wurde. Selbst der Abdruck des schwarzen Registers war nicht getreu, sondern verfälscht und mangelhaft. Mit der einen Schrift war die Sache nicht erledigt, es folgten noch verschiedene Aufsätze, in welchen Held in seiner Weise das Persönliche mit Allgemeinem verknüpfte. Alle diese Aufsätze gab Held ohne Honorar dahin, was Buchholz eine Thorheit nannte, und darüber, als jener bei seinem Sinne blieb, sich also ausließ: „Ihre Delikatesse in Ansehung eines Ehrensoldes hängt — wenn Sie es mir nicht übel nehmen wollen — mit der Feudalehre zusammen; und da diese sehr wenig für Sie da ist, so müssen Sie auch jene ablegen. Die Hauptsache im Leben ist, daß man frei sei; was daraus folgt, versteht sich alles von selbst. Wie sind wir doch so ganz verschieden! Ihnen tritt das Blut in die Wangen, wenn Sie von Honorar sprechen hören, und mir begegnet dasselbe, so oft ich an Abhängigkeit von Verwandten denke."

Wie Held aber immer seine beste Kraft nicht öffentlich auf den Markt brachte, sondern unberechnet in persönlicher

Verhandlung ausgab, so ging er auch hier lebendiger und
schärfer, als es in der Druckschrift geschehen, in einem vertraulichen Schreiben auf die Sache ein, und setzte sich mit
einem ehemaligen Freunde aus Südpreußen, dem nachherigen
Kammergerichtsrath von Grevemitz, der sich über unrichtige
Angaben in dem schwarzen Register jetzt nachträglich heftig
beklagte, auf nachfolgende Weise umständlich und aufrichtig
in's Klare. Der Brief, in welchem Held's eigenstes Wesen
sich getreu abspiegelt, lautet wie folgt: „Ihr Schreiben vom
1. dieses Monats ist unter einem Kouverte von Buchholz
erst am 16. dieses zwar richtig an Ort und Stelle angekommen, mir aber, weil ich auf einige Tage verreiset war,
nicht eher als den 25. dieses eingehändigt worden. Ich bitte
demnach dieses genau zu berücksichtigen und mir nicht als
Unhöflichkeit auszulegen, woran ein doppelter Verzögerungsfall,
wenigstens in der letzteren Hälfte der erwähnten Zeit, Schuld
ist. Von der ersteren Verzögerung, nämlich bis zum 16. glaube
ich, daß sie nur eine Scheinsache ist und Sie absichtlich zu-
rückdatirt haben. Wie lieb würde mir überhaupt Ihr Brief
sein, wenn er nicht von der List diktirt wäre! Traurige Erscheinung, daß selbst von Hause aus zur Gutmüthigkeit bestimmte und mit vielem Verstande ausgerüstete Männer, wenn
sie sich der Juristerei ergeben, schlechterdings alle wahre Aufrichtigkeit verlieren und ihr ursprünglicher Karakter immer
in den armseligen Formeln ihres Metiers untergeht! Kein
ächter Jurist unsrer Tage ist wahrhaft und wirft sich mit
freier Hingebung, mit dreistem Vertrauen in die Arme der
liebenden Moralität. Bekannt mit der Sicherheit, so die
kahle Legalität gewährt, nimmt er in jeder Verlegenheit nur
zu ihr seine Zuflucht. Handelt er gegentheilig, so ist er ein
schlechter Jurist. — Ehe Sie dieses: Beleidigung oder Witzelei
nennen, hören Sie mich erst weiter. Meine Sprache ist die
der allerreinsten Aufrichtigkeit; und so wie die Sachen zwischen
uns stehen, ist es offenbar, wenigstens halte ich es meinerseits
für das Beste, mich auf das vollkommenste gegen Sie zu ex-
pektoriren, damit Sie, wo möglich, einen andern Gesichtspunkt für mich fassen, der am Ende für uns beide die Ruhe
befördern könne."

„Ob ich, da ich dem Könige das schwarze Buch schickte, moralisch recht oder unrecht und als Phantast oder richtiger Seher gehandelt habe, bedarf keiner weitern Dispute, nachdem, wie unbedeutend ich immer sein mag, das Weltgeschick selbst mich handgreiflich und augenscheinlich gerechtfertigt hat. Das Ganze meiner damaligen That läßt sich in wenig Worten zusammenfassen. Ich wollte damit nichts anderes als, dem Könige die Unzuverlässigkeit der büreaukratischen Formen in Hinsicht des Wesens der Staatsverwaltung beweisen, und rief ihm zu: Werde strenger, zeige mehr Energie gegen deine nächsten, meist unfähigen und demoralisirten Verwaltungsorgane, oder du stürzest durch deine Apathie dich sammt dem Staate in's Unglück! Aus der Hausvogtei ertönte hiernächst meine Stimme noch lauter: Derjenige Theil der Finanzen, der mit den Weltverhältnissen zusammenhängt, liegt in der höchsten Konfusion und kann nicht anders als durch eine solide arrondirende Eroberung in Westen reformirt werden, darum also, erobere! — Nenne man dies Einsicht, Instinkt oder wie man will, es gilt mir gleich. Genug, ich fühlte es tief und es leuchtete mir so klar wie der helle Sonnenschein in's Gemüth, daß bei den jetzigen Weltbewegungen der preußische Staat nächstens schlechterdings würde übergerannt werden, dafern die Regierung nicht andere, dem drängenden Zeitgeiste mehr angemessene, politische und Verwaltungsmaßregeln ergreife. Aber diese Regierung war, was ich nicht gehörig bedacht hatte, eine juristische; sie beschaute sich selbst und Europa mit der Brille des Landrechts. Inzwischen habe ich, wie Figura leider zeigt, dennoch Recht gehabt. Daß ich gehaßt werde, weiß ich und begreife auch, warum. Immer wird der gehaßt, der das Schlimme vorhersagt, und hinterher wird er wieder gehaßt, wenn das Schlimme eintrifft, denn nach beiden Richtungen hat er die Eigenliebe derer beleidigt, so die Lage der Dinge besser hätten einsehen sollen. Im Grunde ist dieser Haß absurd. Die Sturmmöve macht ja nicht den Sturm, ihr Geschrei kündigt ja nur dessen Herannahen an, weil sie nicht anders kann und ihr Instinkt sie dazu treibt. Schießt auch der Haß eines unvernünftigen Steuermannes sie aus der Luft herab, so ändert das in der

Sache selbst nichts; der Sturm kömmt darum doch. Mir ist genau dasselbe widerfahren, was mutatis mutandis ein Sultan thut, der einen Boten deßhalb spießen läßt, weil er ihm von ferner Gegend her eine fatale Nachricht bringt. Meine That war allerdings ein Exzeß, aber sie war kein Frevel. Mit diesem Namen konnte sie nur der böse Wille der Geistesbeschränktheit und Faulheit stempeln. Gleichwohl ist, laut der Geschichte, gewiß, daß da, wo ein Mensch auf solchen Exzeß verfällt, er schon immer ein böses Anzeichen für die Regierung ist, und diese bereits aufgehört hat, eine richtige zu sein. Physisch der Schwächere mußte ich es dulden, daß meine That unter lächelnder Anwendung der Gerichtsformen von der Gewalt die Ausgeburt eines Kuriosgeistes, Spektakelmachers, unnützen Reformators, unrichtigen Kopfs ꝛc. genannt wurde, obgleich sie sichtbar einen ganz andern, höchst ernsten Karakter trug. Wo sind nun alle meine damaligen Hasser, die mich so sinnlos hart behandelten und kastrirten? Der Weltgeist, das waltende Schicksal, Verhängniß, die Vorsehung, oder wie man das Numen und Wesen, welches der moralischen Oekonomie des Menschengeschlechts vorsteht, sonst nennen mag, hat sie, die meine Kassandrastimme nicht hören wollten, sammt und sonders ebenfalls und zwar mit der ihnen gebührenden Schande kassirt, und sie in die Nacht ihrer Unwürdigkeit verstoßen, während dem ich noch Gottlob! mit Ehren auf den Beinen bin." ——

„Gewiß glauben Sie selbst, daß ich keinen Theil an der Publicirung des schwarzen Registers habe. Davon ist also nicht weiter die Rede. Plötzlich erschien es im zweiten Hefte der Feuerbrände. Jede Art von Unmuth überfiel mich dabei, um so mehr, als ich dasselbe und obenein noch meine Person im dritten Hefte, von Cölln, dem ekelhaftesten Schmierer, der je sich in die Schriftstellerzunft gemengt hat, geschändet sah."

„Endlich kamen auch Sie hervor, ohne zu bedenken, daß, wenn Akten, die ursprünglich nur für die Augen des Königs und der Richter bestimmt waren, gedruckt werden, lediglich der Urstifter des Druckens der Injuriant ist, nannten mich: den schwarzen Registrator, forderten mich vor ganz Deutschland auf, das gegen Sie lautende Vorbringen zu beweisen, mißhandelten mich und droheten mit einem Prozesse und obenein mit Drucken. Der Prozeß erregte bloß mein Lachen, aber diese Druckwuth, womit Cölln, Stiller und Sie mich von allen Seiten bedrohten und heimsuchten, stieß meine Geduld um. Oeffentlich angefallen, antworte ich öffentlich; und der Druckwuth ist nichts Besseres entgegenzusetzen als das Drucken. Ich setzte mich also nieder und schrieb wider Cölln. Der Bogen, der meine Antwort an Sie enthält, ist bereits gedruckt und es steht nicht mehr in meiner Macht, ihn zurückzunehmen. Wäre dies aber auch noch möglich, so würde ich es dennoch nicht thun. Zwar kann das was ich gesagt habe Ihnen eben nicht angenehm sein, doch sind Ihre Besorgnisse wegen eigentlicher Beleidigungen unnütz. Dergleichen kommen darin nicht vor. Ich bin in der kalten Region des Ernstes geblieben und Sie dürfen nichts befürchten als die Wahrheit. Mein Unrecht, daß ich Sie als Richter angeführt, habe ich ohne Rückhalt eingestanden und die Sie betreffende Stelle abgeändert. Dies ist also lange vor Empfang Ihres Schreibens, mithin ohne Ihre jetzige Privataufforderung geschehen. Sie sind kein Betrüger, aber als man Sie suchte, benutzten Sie Ihr Verhältniß zu den damaligen Güterverschenkungsquellen, und nur insofern liegt in Ihrer Erwerbung des Gutes ein inneres Unrecht. Laut der von Ihnen selbst publizirten Akten haben Sie das Gut für dreitausend Thaler gekauft und nachdem Sie es nur anderthalb Jahre besessen, in dem Handel zu siebenundsechzigtausend Thaler taxirt. Wie ist es möglich, wäre auch sogar Thaer Ihr Verwalter gewesen, ein Gut in so kurzer Zeit bei allen erdenklichen Meliorationen, so ungeheuer zu erhöhen? Silbergruben haben Sie dort doch wahrlich nicht gefunden."

„Wozu alle die Berufungen auf Reskripte des Großkanzlers, Pakta, Akten, Protokolle u. s. w. Dies sind ja nur Formen, deren Richtigkeit kein Mensch bestreiten wird und die für das Innere der Sache nichts, sondern bloß den äußeren Hergang beweisen. Die Frage ist: was ist hinter den Koulissen abgehandelt worden? Dabeigestanden habe ich freilich nicht; inzwischen habe ich den Zusammenhang zwischen

den Leuten so deutlich entwickelt, and gezeigt, wie diese Verhältnisse auf Sie wirken und Sie, gleich so vielen Andern,
auf die Güterspekulation führen mußten, daß es ein Kind
begreifen kann. Nochmals wiederhole ich indeß: Sie haben
nicht nöthig wegen Beleidigungen in Sorge zu sein. Sie
werden vielmehr finden, daß ich dabei mit mir selbst unerwartet hart umgegangen bin und Dinge berührt habe, von
denen ich eigentlich wünschen müßte, sie möchten in ewiger
Nacht begraben bleiben."

„Ihre Zuschrift beweiset mir kein reines ehrliches Vertrauen. Ich schwöre de credulitate, daß Sie das schwarze
Register schon vor fünf Jahren im Manuskript gelesen haben.
Der verstorbene Rothardt hat mir gesagt: Sie seien Willens
gewesen, dafür weil Sie im schwarzen Register ständen,
während ich in Kolberg saß, mich durch eine eigene Schrift
moralisch zu tödten, indem Sie, Gott weiß, welche Jugend-
und Privatgeschichten von mir, die mich als Rousseau's Affen
darstellen sollten, in's Publikum zu bringen die Absicht gehabt. Folglich haben Sie auch gleich, da das zweite Heft
der Feuerbrände erschien, längst gewußt, ich sei der Verfasser
des schwarzen Registers. Zweifelsohne ist überdem meine
Warnung vom 28. August in beiden berlinischen Zeitungen,
Ihnen zu Gesichte gekommen. Dem ohngeachtet stellen Sie
sich jetzt in Ihrem Briefe so an, als hätten Sie erst aus
meiner Addresse an Cölln vom 25. September in der berlinischen
Vossischen Zeitung, mich als Verfasser des schwarzen Registers
erkannt und schreiben erst in der Mitte des Monats Oktober
an mich, datiren aber vom 1. Oktober zurück, weil es Ihnen
Ueberwindung und Besinnen kostete, ob Sie Zutrauen zu
mir fassen sollten oder nicht. Wahrscheinlich sind noch andere
Veranlassungen zwischen dem Erscheinen jener meiner letzten
Addresse an Cölln und der Mitte des Oktobers hinzuge-
kommen, die es Ihnen räthlicher gemacht, sich mit mir selbst
in Rapport zu setzen. Ich soll nun glauben, Sie hätten
sofort nach Anblick der Zeitung geschrieben. Buchholz ist
nie säumig, und es ist nicht abzusehen, warum er Ihren
Brief beinahe vierzehn Tage bei sich hätte liegen lassen sollen,
ehe er ihn an mich beförderte. Durch diese unselige Manöver

haben Sie nur selbst verhindert, was Sie doch wünschen: Herstellung des Friedens zwischen uns. Hätten Sie gleich da das zweite Heft der Feuerbrände erschien klares dreistes Vertrauen (welches ich, zufolge meiner Gemüthsorganisation, selbst vom Feinde herkommend nie täusche und mißbrauche) zu mir gefaßt, und sich unmittelbar an mich gewendet, statt sich mit dem heillosen Cölln einzulassen, so wäre mir die wahrlich sehr unangenehme Mühe erspart worden, Ihnen öffentlich zu antworten, und ich hätte die Sache auf einer einzigen Seite in meiner Schrift wider Cölln vollkommen sanft abgemacht. Jetzt ist durch Ihre Säumniß das nicht mehr zu ändern. Ich verdenke Ihnen nicht absolut, was Sie gegen mich gethan haben, um Ihre Ehre zu retten. Aber die meinige ist mir eben so lieb und Sie müssen einsehen, daß ich, um diese und den allgemeinen Werth meines schwarzen Registers zu retten, öffentlich antworten mußte. Cölln und Stiller sind gar zu schändlich mit mir umgegangen und ich bin zu diesen Händeln gekommen, ohne zu wissen, wie. Da vollends Sie sich zu solchen Leuten gesellten, konnte ich nicht schweigen. Die Rücknahme meiner öffentlichen Antwort ist schon deßhalb unmöglich, weil ich, für den Fall, daß meine Schrift schlimme Folgen für meine Person haben sollte, es absichtlich so eingerichtet habe, daß ich den Verleger nicht weiß, ihn also nicht verrathen und meine Unwissenheit beschwören kann, da ich fest entschlossen bin, alles, entstehe auch daraus was da wolle, lediglich auf mich zu nehmen. Ein auswärtiger, sehr entfernter Freund besorgt die Sache. Welche Verwirrung würde ich in dem fast vollendeten Druck, welche Verzögerung und Kosten erregen, wenn ich jetzt noch die Umdruckung eines oder zweier Bogen veranstalten wollte!"

„Beliebt Ihnen, abermals gegen mich zu schreiben, immerhin! Ich werde Ihnen gern das letzte Wort lassen und keine Feder mehr deßhalb ansetzen. Wollen Sie mich verklagen, wie Sie drohen, meinetwegen! In mir ist bis auf die letzte Spur jede Achtung vor aller Justiz verschwunden, und ich betrachte sie bloß als ein kindisches Treiben, besonders seit ich erlebt habe, daß es wirklich eine Schicksals-

Justiz giebt, die die große Gerechtigkeit ausübt. Meine Schrift wird Ihnen lehren, indem ich darin mich selbst am wenigsten geschont und einem Heere von Gefahren ausgesetzt habe, so daß rings umher für mich kein Zufluchtsort mehr existirt, wie Ihre Drohung mit einem Prozesse und deren Ausführung nicht die allermindeste Bedeutung für mich haben kann. Ueberhaupt legen Sie zu viel Wichtigkeit auf unsern Zwist. Er verschwindet gleichsam in meinem Buche und wird ein wahres Nichts, in Vergleich mit einer Menge darin vorkommender viel mehr erheblicher Gegenstände und Personen, die ich weder schonen wollte noch konnte. In vier Wochen denke ich, wird mein Buch in Ihren Händen sein."

„An Ihrer Stelle hätte ich, statt mit Aften anzumarschiren, mich auf eine ganz entgegengesetzte Art benommen und dem schwarzen Registrator ganz anders gedient. Es bedurfte hiezu nur des heroischen Entschlusses, mit unbedingter Aufrichtigkeit zu erzählen, wie Ihr wahres Verhältniß mit Bischoffwerder, Hoym, Goldbeck, Lüttichau und Triebenfeld beschaffen gewesen und wie Sie das Gut acquirirt haben. Tausend Gelegenheiten hätten Sie in solchen Confessions gehabt, die interessantesten und trefflichsten Dinge zu sagen und zu enthüllen, sogar das dabei unvermeidliche Komische hätte für Sie militirt, da der, der sich selbst nicht schont, berechtigt ist, Andre noch weniger zu schonen. Ein freimüthiges Geständniß hätte Ihnen die größeste Ehre gemacht, verfielen auch Andre darüber in Schande. Dreist konnten Sie sagen: Ich — bin noch einer der besten in Südpreußen gewesen. Ist es nun mit mir so hergegangen, waren meine Verhältnisse dieser Art, so läßt sich schließen, wie vollends erst die Wirthschaft jener Herren angethan war. Ich — that weiter nichts, als daß ich mir von der allgemeinen Beute da einen Knochen zueignete, wo Andre pêle-mêle die Braten an sich rissen. Aber das ist eben das Unglück, daß zu solchem Entschluß kein Jurist den Muth hat, sondern lieber sich in die List retirirt. Ihre gute Natur zieht Sie beständig zur Moralität, und Sie möchten vor Ihr Leben gern sich nur in der Moralität bewegen, wenn Sie Kraft genug besäßen, den Juristen abzulegen, gleichsam einen neuen Menschen anzuziehen und der Legalität die Stirn zu bieten. Mit Unrecht waren Sie gegen mich aufgebracht. Sie kennen mich ja und wissen, wie leicht mit mir auszukommen ist und wie versöhnlich ich bin, wenn man mir ehrlich entgegentritt. Die Erscheinung der List ist es eigentlich immer allein, was mich in allen Streitigkeiten erbittert und zur Heftigkeit treibt. Geduldig stecke ich die herbsten Grobheiten ein, wenn ich sehe, sie sind aufrichtig gemeint. Die List zwingt mich immer, sie zu zerstören und dabei kann es denn nicht schön, der Kampf wird schonungsloser und dauert länger. Warum wendeten Sie sich nicht augenblicklich an mich, privatim schon vor drei Monaten, statt hinterher öffentlich auf mich loszuschlagen, mit formellen Waffen, deren Stumpfheit ich erweisen mußte? Ich hatte Ihnen ja doch nichts öffentlich Böses gethan. Sie und ich, wir haben den ganzen Lärmen lediglich dem verwirrten Cölln zu verdanken, der uns auslacht. Inzwischen habe ich auch uns beide dermaßen gerächt, daß es schwerlich je wieder litterarisch emporkommen wird. Unter andern, da es doch ohne Schimpfen nicht abgehen konnte, habe ich ihn den litterarischen General Michel genannt. Ein ärgeres Schimpfwort wußte ich nicht."

„Nach allem diesem, ein Vorschlag zur Güte. Lange kann es nicht mehr dauern, so bin ich in Berlin. Konstituiren wir dann eine Jury, die über uns entscheide, bei der jedoch ich alle Juristen verbitte, unter dem Präsidio des ehrwürdigen Buchholz, der in jedem Betracht zu hoch über uns Beiden steht, als daß wir ein Mißtrauen gegen seine Unparteilichkeit hegen könnten. Vor diesem Tribunal lassen Sie uns unsere Sache plaidiren. Lautet der Ausspruch dann so:

1) daß ich Unrecht that, als ich Sie überhaupt im schwarzen Register vor meinen Richtern mit aufführte;
2) daß ich an der Publizirung des schwarzen Registers Schuld sei;
3) daß ich Ihnen in meiner öffentlichen Antwort zu viel gethan;

so will ich in Ausdrücken, die Sie selbst vorschreiben mögen, und wo Sie es verlangen, Ihnen öffentliche Abbitte leisten und mich obenein selbst für verrückt erklären."

„Ich bin Ihnen nicht gram, kann niemals das dauernd hassen, was ich einst geliebt habe, und ehre wenigstens den Schimmer von freundlicher Absicht, die Sie bewog an mich zu schreiben. Glauben Sie sicherlich, daß mir diese Streitigkeit mit Ihnen äußerst fatal ist, und ich sehnlich wünsche, sie möchte einen sanften Ausgang nehmen. Halten Sie dies nicht für leere Worte und lesen Sie diesen Brief nach Verlauf einer Nacht nochmals durch. Ich habe an Buchholz weiter keine Silbe darüber geschrieben, als die kurze Bitte, ihn an Sie zu befördern. Daß ich ihn offen schicke, geschieht darum, weil ich wünsche, Buchholz möge ihn lesen, und ich auf dem ganzen Erdenrunde für mich keinen so achtbaren Richter weiß, als eben diesen, in den mannigfaltigen Situationen meines Lebens treubewährten, redlichen Freund, der, wenn gleich er nicht überall mit mir einstimmig denkt, mich dennoch achtet und am besten versteht, und deßhalb mein bester Trost gegen den Haß einer Menge starrdummer Narren ist, die ich leider auf allen meinen Wegen finde und meine Ideen nicht vertragen können. Leben Sie wohl. Gern biete ich meine Hand zum Frieden, wenn Sie ihn wollen. Gehen wir doch Alle jetzt nicht auf Rosen, und sollten wir daher nicht lieber die Verträglichkeit dem Gezänk vorziehen? Mit ungeheucheltem Dank erkenne ich die Empfindungen, die Sie mir äußern und will sie herzlich gern erwiedern, machen Sie es mir nur möglich, denn lügen will und kann ich nicht. Gleich Ihnen unterschreibe ich mich, bereitwillig, als Ihr ganz ergebener Freund und Diener von Held. Neu-Ruppin, Mittwoch den 28. Oktober 1807."

Held glaubte es angemessen, dem Minister von Stein, der jetzt in Memel an der Spitze der preußischen Staatsgeschäfte stand, einen Abdruck seiner Schrift wider Cölln zu übersenden, und schrieb dabei, nach bittern Klagen über den Geheimen Kabinetsrath Beyme und den General von Köckritz, der für Cölln's Beschützer galt — in seiner gewohnten Weise: „Der Zusendung dieses Buches an Ew. Excellenz liegt keinesweges die Absicht zum Grunde, als wollte ich das Mindeste bei Ihnen suchen, Sie um etwas bitten, Ihr

Interesse für mich erregen. Das Bitten ist, wie Sie wissen, nie mein Fehler gewesen. Habe ich, indem ich vormals Ew. Exzellenz Gleichgültigkeiten gegen mich gelassen ertrug, und mir keine Mühe gab, die, aus wahrlich unwürdigen Insinuationen, ohne alle nähere eigne Prüfung, in Ihnen entstandene Verdächtigkeit des doch immer nur geringen Beisatzes von poetischem Wesen zu meiner Natur, zu widerlegen, habe ich Sie damals um nichts gebeten, so wäre ein solcher Einfall unter den jetzigen Umständen doppelt absurd. Ich wünsche bloß, daß Ew. Exzellenz unterrichtet seien, und wissen mögen wovon die Rede ist, falls dieses Buch, welches Cölln gewiß an Köckritz schicken wird, in Ihrer Umgebung Anlaß zu allerlei Gewäsche geben sollte, und habe übrigens nichts dawider, wenn Beyme und Köckritz meine Gesinnungen gegen sie erfahren." — Im Zusammenhange dieser Angelegenheiten, deren Verzweigung sich nach Rußland erstreckte, schrieb er auch an den General von Klinger in St. Petersburg, der ihm theilnehmend antwortete, wiewohl er den empfangenen Auftrag nicht erfüllen konnte.

Das Buch „Galerie preußischer Karaktere", welches um diese Zeit großes Aufsehen machte, wird gewöhnlich dem Professor Buchholz zugeschrieben, der jedoch die Verfasserschaft nie eingestanden hat. Daß Held wenigstens einigen Stoff dazu geliefert, dürfen wir aus einem seiner Briefe an Müchler schließen, worin er unter dem 1. Februar 1808 sagt: Suchen Sie doch möglichst herauszubringen, wer der Verfasser der Galerie ist. Dieses Buch hat mich nicht wenig frappirt. Ich habe darin eine Menge Stellen aus meinen bisherigen Privatbriefen an Archenholtz, und zwar meist aus meinen eignen Worten gefunden. Die Schilderung des Köckritz ist beinahe ganz von mir, eben so in dem Artikel Beyme alles das was ein Tadel ist und namentlich der Schluß. Desgleichen im Artikel Prinz Louis, Rüchel und Schulenburg. Die Worte: „Ihr Herren Philosophen glaubt immer, die Welt sei eine Welt der Theorie, das ist aber nicht wahr, sie ist eine Welt der Verhältnisse", sagte mir Schulenburg den Tag vorher, ehe ich nach Kolberg transportirt wurde. Hinten die Stelle, wo von den Ministern in Stiefel und

Sporen und in Schuhen die Rede ist, ist auch von mir, oder vielmehr vom verstorbenen Struensee, der mir diese Worte einst unter vier Augen sagte. — Kurz, unsäglich vieles in dieser Galerie ist aus meiner Korrespondenz mit Archenholz; wobei ich übrigens gern einräume, daß der Verfasser noch mehrere Korrespondenzen gehabt haben muß und benutzt hat. Die Benennung „Stadtphilosoph" bei Kiesewetter, ist auch von mir, wie vieles andere in diesem Artikel. Ich habe nichts dawider. Meine obige Bitte geschieht nur aus Neugier. Archenholz selbst kann ich nicht darum befragen, ich bin mit ihm wegen des Cölln zerfallen, und er nimmt den elenden Cölln in Schutz." Hierauf sagt er weiter: „So eben bin ich dabei ein stammendes Buch gegen meine Kaste, als einen Nachtrag zu Buchholzens trefflichen „Untersuchungen" 2c. zu beendigen. Ich freue mich ordentlich auf die Händel, die mir diese Schrift erregen wird. Buchholz hat ganz Recht. Nur verfährt er immer zu sanft. — In Ansehung dieser Schrift habe ich endlich einen Verleger, der Muth und Verstand genug besitzt um alle Mittel einzuschlagen, sie recht im Galopp in's Publikum zu treiben."

Im März 1808 verlor Held seine Mutter, die in Guhrau im Hause ihrer Schwester starb, wo sie jahrelang Liebe und Pflege gefunden hatte. Sie hatte von einer kleinen Pension, die sie als Hauptmannswittwe bezog, und von der Unterstützung gelebt, welche ihre beiden Söhne ihr mit treuer Liebe zukommen ließen. In der letzten Zeit hatte diese Unterstützung freilich oft gestockt; der ältere Sohn war in der bedrängtesten Lage, der jüngere, als unangestellter Hauptmann in Potsdam lebend, in keiner viel besseren. Die Noth war allgemein, und das war insofern gut, daß niemand sich ihrer schämte. In dieser Franzosenzeit lag schwerer Druck auf allen Klassen; das ganze Land verarmte; schon die örtlichen Leistungen erschöpften alles Vermögen, die Beiträge zu den allgemeinen waren unerschwinglich. Der Staat, überladen mit Beamten, konnte nur wenige thätig anstellen, die Besoldungen der meisten stockten, wurden nur spät, theilweise, oder, wie bei Held, gar nicht ausgezahlt. In welchen Entbehrungen und Bedrängnissen dieser in der kleinen Stadt jetzt hinlebte, läßt sich aus den allgemeinen Zügen schon ermessen. Ohne die unverhoffte immer nur kärgliche Aushülfe eines Oheims hätte er gar nicht bestehen können. Er wäre wohl gern nach Berlin zurückgekehrt, was Buchholz abwechselnd anregte und wieder abrieth, aber die Mittel zu dieser Uebersiedelung fehlten, und es war überdies bedenklich, sich dort alten Ansprüchen und neuer Aufmerksamkeit bloßzustellen. So blieb er denn wie gebannt an dem Orte, wo er gerade war, und der leider auch seinem Geiste gar nichts darbot. Einen Augenblick mochte der Umgang französischer Offiziere ihn anfrischen, aber die Gedanken und Gesinnungen, welche er bei den meisten fand, stießen ihn bald wieder zurück, weder seine Freiheitsliebe noch seine Ansicht Napoleons war ihnen genehm, und es fehlte wenig, so hätte ihn ein Oberst Lepin wegen gefährlicher Grundsätze angezeigt. Nicht viel besser erging es auch Buchholz, der bei ausgesprochener Vorliebe für Napoleon und als öffentlicher Wortführer der Aufgabe, die er demselben zuschrieb, mit den Franzosen keinen Verkehr hatte, ihren Behörden unbekannt blieb, und überzeugt war, von dieser Seite am wenigsten ein Verständniß hoffen zu können. Mit guter Laune trug er daher auch die Lasten, welche durch die Siege des gepriesenen Kaisers ihm mitauferlegt waren, und schrieb an Held, indem er den guten Ertrag seiner Bücher rühmte: „Es macht mir, die Wahrheit zu sagen, einiges Vergnügen, daß ich für das Verdienst, Napoleon in der Welt pronirt zu haben, einige französische Soldaten füttern kann." Wie Held selber über solche Lasten dachte, und mit welchem Sinn er sein Theil an den Opfern für das Vaterland trug, ergiebt sich aus den schönen Worten, die er zum Lobe derer, welche bei solchem Anlaß auf ihre Vorrechte verzichteten, um diese Zeit niederschrieb: „Die Schönheit eines menschlichen Gemüths zeigt sich besonders deutlich in jenem Gefühle für Billigkeit, welches bei öffentlichen Drangsalen es verabscheut sich auszuschließen, und freiwillig zum Mittragen der gesellschaftlichen Leiden, und zur Theilnahme auch dann erbietet, wenn es sie vermeiden könnte."

Einen Blick in Held's gepeinigte Seele und grimme Gereiztheit giebt uns der Brief an Mühler vom 15. April

1808: „Ihre zwei Briefe will ich hier, obwohl vom drückendsten Mißmuth geplagt, beantworten. In welchem Zustande ich mich befinde, können Sie aus meinem heutigen Schreiben an Maßdorst ersehen. Massenbach hat mir seine Erklärung über die „Galerie" geschickt, und ich bekenne, die Feigheit, die diesen Wisch diktirt hat, hat mich mit dem bittersten Ekel durchdrungen. Was fürchtet, was respektirt denn der Narr? Diese Art Leute können gar nicht aus dem gewohnten Tone der Livrei heraus. Was man auch gegen die Galerie sagen mag, sie ist ein Buch, das immer nur ein Mann von vielem Geiste schreiben konnte. Sollen denn die Suetone immer warten, bis die Cäsaren todt sind? Und was ist der ganze Sueton gegen diese ganze Galerie? Massenbach hätte gar nicht nöthig gehabt sich zu rechtfertigen, denn er konnte in der That solch Buch nicht zu Tage fördern. Ich habe weiter nichts an der Galerie zu tadeln, als daß die Hauptkaraktere fehlen, und daß Phull'n zu nahe getreten, Beyme zu sehr geschont ist. Das Uebrige alles möchte so ziemlich richtig sein. Ephraim hat wahrlich mehr Kourage als Massenbach. — Ist es wahr, daß Sander an den Minister Stein geschrieben, er habe sich noch obenein mit Herausgabe der Galerie ein Verdienst um die Königliche Familie erworben, weil er die sie betreffenden Artikel weggelassen: so ist dies die Fülle der Naivetät. Ein König, zu dem ein Buchhändler sagt: „Ich habe Dein geschont", ist ja schon so gut wie vernichtet. — Die Friedensvollziehungs-Kommission ist närrisch, daß sie sich mit Bücherverboten abgiebt. Welch elendes Flickwerk von Autorität, solche Verbote! Diese Kommission gleicht dem Heupferde in Gellert's Fabeln, welches dem Viehe die Sache leichter machen wollte. Es geht ja doch alles drunter und drüber, die Bücher thun das wenigste Uebel. Und überdem, wir die wir so heiß im Schmelztiegel liegen, sollen wir denn nie erfahren, wer uns eigentlich so gebettet hat? Giebt es ein Privilegium, auch für die Dummheit, zahlloses Unglück, Schmerz und Thränen zu veranlassen, ohne daß gesagt werden soll: „Ihr seid die Anstifter!" — Ob der Minister Stein verschwiegen arbeitet oder nicht, ist ganz gleichgültig. Es wird doch nichts Kluges bei seinen Konferenzen mit Daen herauskommen. Die Franzosen haben uns nur zum Besten, und spotten über unsere Regierungskünsteleien eben so sehr, wie über unsere Schriftsteller."

Die höchste Steigerung des Unmuths und der Bitterkeit findet sich in folgender Herzensergießung vom demselben 15. April an den Kommerzienrath und Buchhändler Matzdorff: „Ach! liebster Matzdorff, was ist das hier und gewiß überall für eine elende Zeit! Mir fängt es an an allem zu fehlen. Von Holz ist bei mir schon lange nicht die Rede. Licht habe ich auch nicht, und darum gehe ich alle Tage schon um 8 zu Bette, und stehe bald nach 4 wieder auf, welches im Grunde recht gesund ist. Mein Schlafrock zerfällt in Fetzen. Seit ich mich mit allen meinen hiesigen erzdummen adeligen Verwandten wegen Buchholzens Buch „Ueber den Geburtsadel" ꝛc. unversöhnlich entzweit habe, ernähre ich mich, das heißt seit zwei Monaten, bloß von Brot, Bier und Milch, und dabei verdirbt mir der Magen und ich werde ganz schwach und elend. Aber eher will ich krepiren, als je wieder einen Bissen bei den infamen Aristokraten essen, zumal jetzt, da sie so laut jubeln, daß Napoleon den Erbadel wieder retablirt hat. — Jetzt setze ich wirklich aus Desperation in die Lotterie, wie erbärmlich auch eine solche Hoffnungsstütze sein mag. Wüßte ich nur mein Leben auf eine würdige Art zu verlieren, mit Freuden gäbe ich es hin. Mein Projekt ist immer gewesen, wenn es so weit mit mir käme, irgend einen bedeutenden Unheilstifter mit hinunter zu nehmen in den Abgrund der Todesnacht. Aber jetzt weiß ich — Gott strafe mich — nicht, wen? Es ist keiner in der Nähe, zum Reisen habe ich kein Geld, und die kleinen Köter sind der Mühe und des Lärmens nicht werth. Letzteres würde auch gar keinen Nutzen haben, und doch wäre die Hauptsache, durch solch eine That einen reellen Nutzen zu stiften. — Sehen Sie, mit solchen Gedanken trage ich mich. Ist das nicht ein grausamer Zustand? Schreiben Sie mir doch ein Wort des Trostes, hauptsächlich melden Sie mir einen tüchtigen Gewinn in der Lotterie."

Mit Buchholz war sein Briefwechsel in dieser Zeit sehr lebhaft, aber auch mit dem Obersten von Massenbach, mit

dem General von Phull, mit seinem Freunde Schmidt und
noch Anderen stand er in brieflichem Verkehr, der sich hauptsächlich auf die Ereignisse und Schriften des Tages bezog,
in welchen letzteren er fortwährend und sehr wider seinen
Willen betheiligt blieb. Der vielen Angriffe, die wider ihn
geschahen, endlich müde, und empört über die Entstellungen,
welche man sich in Schilderung so mancher Zustände erlaubte,
mit denen sein Schicksal so eng verflochten war, faßte er den
muthigen Entschluß, gegen diese Verläumdungen und Lügen
nothgedrungen die eigene Sache und freiwillig die des Vaterlandes mit offner Wahrheit zu vertheidigen. Er schrieb unter
dem Titel: „Blicke hinter Vorhänge" eine ausführliche Streit-
schrift, deren Absicht und Stimmung durch einige Worte des
Eingangs klar zu erkennen sind. Er sagt: „Ginge ich darauf
aus, denen, die mir jetzt noch schaden könnten, wiewohl auch
der Rest ihrer Macht bald dahin sein wird, zu gefallen, so
wäre es mir ein Leichtes gewesen, meinen Ton zu mildern
und die strengen Wahrheiten wegzulassen, die der Unwissende
nicht begreift, der Einfältige sehr übel angebracht hält, und
der Schurke, der Narr, der Lebemann, der Allerweltsfreund,
weder hören noch lesen wollen. Allein theils ist mir alles
Halbe unleidlich, theils enthält die Größe meines Unglücks
selbst den Grund, warum es mir gar nicht schwer wird, alles
zu wagen und im höchsten Grade dreist zu sein. — — Wie
wird der Schmerz mir andere Worte als die des Trotzes
auspressen, und statt zu klagen und mich zu schmiegen, werde
ich nur desto stolzer. Nemo enim resistit ubi cum experit
impelli (Senec. Epist. 13). Was umgiebt mich denn? Wo
sind um mich her Menschen, achtbar und wichtig genug für
mich, um mich zu bewegen, eine sanfte Sprache ihnen gegenüber zu führen? Meint ihr diejenigen, so jetzt noch das
Fragment des preußischen Staates taliter qualiter regieren? — — Fast All, die ich jetzt noch im Preußischen
regieren sehe, kommen mir vor wie die gierigen Plünderer
eines gescheiterten Schiffswrackes, an dem sie das Strandrecht
ausüben. Jeder hat seinen eigenen Kahn, und ist erfinderisch,
wie er von dem übrigen Gute, unter dem Vorwande des
Bergens, sich etwas zueignen könne. Die drei oder vier,

vielleicht sechs, Rechtschaffenen und Verständigen in diesem
Regiererhaufen, was vermögen sie gegen das verworrene und
verwirrende Jahrmarktsgetümmel des Unsinns und — trotz
ihrer Unwirksamkeit, Erbärmlichkeit und augenscheinlichen, zur
Selbstvernichtung hinstrebenden Nullität — jeden Gedanken
der rettenden Vernunft kindisch überschreiender, unendlich
alberner Partheien; da das Tiefverächtliche in der ganzen
Umgebung alle möglichen Ideen und Plane zu einer wohl-
thätigen Verschwörung, um die unheilbar Verrückten und
Schlechten niederzuwerfen und wegzustoßen, in ihnen erdrückt,
und das Ekelhafte der Gegenstände und der Personen ihnen
alle Lust zu einem nervosen Handeln benimmt? — Nennt
ihr das Publikum? O! der Gesichtspunkt, von dem es am
häufigsten grade gegen diejenigen ausgeht, die es am besten
zu ihm meinen, ist ohne alles feinere Gefühl, ohne allen
Edelmuth, ohne allen philosophischen, ächte Wahrheit ehrenden
Blick und Sinn, sogar ohne allen gesunden Menschenverstand,
vermischt mit Neid und einer geheimen dummschadenfrohen
Neigung, sich an dem Unglücke der Behaupter der Wahrheit
und Tugend zu ergötzen. Auf Freunde, wirklich thätige, zu
redlichem Streben kühn und redlich mithelfende, mitangreifende
Freunde zu rechnen, ist leider völlig vergebens. Sie schweigen entweder, oder sprechen doch nur lau und behutsam.
Zum Durchgreifen ist keiner zu bringen. — — Zwar wende,
weil ich ein Mensch bin, ich mich an das Publikum, aber es
geschieht ohne das Richteramt dieses Ungeheuers anzuerkennen,
das aus disharmonischen Theilen und den rauhesten Extremen
zusammengesetzt ist; es geschieht mit Trotz, Unwillen und dem
männlichen Entschlusse, standhaft jedem Vorurtheile, jedem
leeren Regiererdünkel, jedem betrügerischen Hohlschädel, jedem
Unglück und Interesse entgegen zu treten, und dem eigenen
Sinne zu folgen, unbekümmert um irgend einen heutigen
guten oder schlimmen Ruf, Beifall oder Haß des Tages.
Dies wird mir um so leichter, da es mir mit dem Publikum
im Ganzen wie mit einzelnen Wohnorten ergeht. Immer
bin ich, so lange ich an einem Orte lebte, daselbst von den
Meisten gehaßt, hinterher aber, wenn ich lange fort war,
umgekehrt von den Meisten gelobt, und das was ich gesprochen

und gethan hatte, ist gebilligt und richtig befunden worden. Ebenso ist die Zeit ganz nahe, wo das Publicum mir Gerechtigkeit widerfahren lassen, mich loben, vielleicht lieben wird." ——

Ein Mann, der so spricht, kann allerdings in den Sachen irrig sein, aber an seiner Rechtschaffenheit läßt sich nicht zweifeln, und bis ihm bewiesen worden, daß er irrt, muß ihm freie Rede gestattet sein. Wir theilen noch seine Schlußworte hier mit: „Ungetrübt in meinem Gewissen, mit freier Stirn und dem Vorwurf stinkenden Selbstlobes unberührbar, darf ich behaupten, daß ich nicht zu den Schriftstellern gehöre, die, wie Fichte in seinen Reden an die Deutschen so schön und richtig sagt, gleich dem von politischen Winde aufgewühlten und bestimmten Pöbel, ihre Weisheit nur aus dem Erfolge ziehn, die ehemals aus Gewinnsucht schmeichelten, oder aus Furcht vor den Personen schwiegen, und nun die Gefallenen schmähen. Ich redete von diesen Gefallenen, da noch alle Macht und alles Ansehen an ihnen hafteten, eben also wie ich heute rede; ich riß einzelne Personen, die im vollen Glanze ihrer Gewalt an der Spitze des Staats standen, vor das Tribunal der öffentlichen Meinung, bewies sonnenklar ihre Untauglichkeit, Trägheit, Schlechtheit, ihren bösen heuchlerischen Willen, und daß aus solchen Ursachen solche Wirkungen, wie wir erlebten, hervorgehen müßten und würden; ich sah schon ehmals, wo die aus der Verwaltung solcher Machthaber nothwendig erfolgenden Uebel noch abzuwenden gewesen wären, eben dasselbe ein, was ich jetzt einsehe, und sprach es eben so laut aus. —— Aber ich weiß nicht, wie so viele andere erst spät herzugelaufene Schreier und Stribenten, mit Koth und Schutt nach den Ruinen der eingestürzten Monarchie; ich stehe, das eigne Weh zu dem des Vaterlandes bejammernd, neben diesen Ruinen, sage die ernsthaftesten Wahrheiten, sage mein Urtheil, und bin zum Urtheilen befugt, weil ich mit Aufopferung meines Glücks und meiner Ruhe den Einsturz prophezeihte und davor warnte."

Außer dieser Schrift verfaßte Held im Jahr 1808 noch eine andere, durch Inhalt und Umfang nicht minder bedeutende, die er dem Freunde Buchholz widmen wollte. Beide sind unter des Letzteren sichtbarem Einflusse, in größter Verehrung der Schriften desselben geschrieben, aber dennoch zeigt sich in dem Grundwesen eine tiefe Verschiedenheit. Buchholz führte alles im Staat auf ein bestimmtes Wissen zurück, und selbstgefällig und ausschließend wie er war, auf das Wissen der von ihm ausgedachten oder aufgestellten Sätze, ohne welche kein Heil in der Welt sein sollte. Buchholz meinte es gut mit dem Vaterlande, weil er hoffte, Preußen werde der Staat werden, den er sich ausgedacht. Held hingegen sah alles Heil in der sittlichen Kraft, in der Tüchtigkeit des Karakters, und vergaß dabei sich selber völlig; er rief nicht: „Seht, ich bin solch ein Mann!" sondern nur immer: „Seid solche Männer!" Der Karakter, war er überzeugt, wird die ihm nöthige Kenntniß leicht erwerben, sie sich aneignen oder gesellen. Sein Preußenthum war stets ein Königliches, die Macht des Königs war ihm die der Freiheit, des Fortschritts; seine Klage war am bittersten, wenn dies grade verdunkelt schien. Zu dieser Verschiedenheit kam noch eine nicht minder erhebliche im Gebiete der Darstellung. Buchholz hatte das Talent des Schriftstellers, er faßte die Sachen leicht und gewandt, und war stets eingedenk, daß er zu seinen Lesern sprach; daher wußte er selbst seinen Kühnheiten stets eine Art von Angemessenheit zu geben, wurde wohl bestritten und gehaßt, aber nicht eigentlich verfolgt oder angefochten. Held im Gegentheil, bei reicheren inneren Gaben als Buchholz, bei größerer Macht und oft auch Schönheit des Ausdrucks, entbehrte des eigentlich schriftstellerischen Talentes gänzlich. Nie, wenn er schrieb, dachte er an das Publikum, wollte er es einmal, so gelang es ihm nicht, es war gegen seine Natur. Er dachte an die Sache, an die Wahrheit, und diese, mit allen darein verwickelten oder daran klebenden Personen, warf er ohne Rückhalt und Schonung in die Oeffentlichkeit; daher auch gleich, wenn Held etwas schrieb, Angst und Lärm und Gefahr! Auf die Personen aber mußt' er losgehen, weil eben der Karakter ihm alles war; die Quelle des Guten wie des Bösen mußte er grade darin aufzeigen. – Er schrieb wie jemand, der mit sich selber spricht und daher mit Stoff und Ausdruck keine Umstände macht

Der Schriftsteller aber weiß, und muß wissen, daß er zu Anderen redet, er sichtet seinen Stoff, wählt seine Ausdrücke. Dieser Gesichtspunkt scheint uns in Betreff Held's nothwendig festzuhalten, wenn man ihm nicht Unrecht thun will.

Diese Schrift, gleich der vorigen, ist unseres Wissens nicht gedruckt worden, wenigstens nicht ganz, und könnte auch heute noch nicht ganz erscheinen. Wir theilen einige Stellen mit, in denen sich Gesinnung und Ansichten entschieden aussprechen. Von den Staatsmännern des Jahres 1806 wird gesagt: „In dieser ganzen Reihe befand sich nicht ein einziger Mann, genugsam mit Verstand im Kopfe und Muth im Busen ausgerüstet, um den großen Gegenständen des Zeitgeistes gewachsen zu sein. — Woher im Allgemeinen der Trieb kam, wohin die Sehnsucht ging, wußte keiner. Keiner wollte oder konnte sich dem alltäglichen Kreise seiner gewohnten Geschäfte, persönlichen Verhältnisse und Einkünfte entwinden, um mit der vollen Macht der Phantasie, mit jener kühnen lyrischen Freiheit, welche Göttern ähnlich schreitend auf den Gipfeln der menschlichen Dinge einhergeht, mit der Poesie, der Andacht und dem Heroismus, den Offenbarern der schrecklichen sowohl wie der entzückenden Geheimnisse der Natur und des Göttlichen, sich über Vergangenes und Künftiges, über jetzige und ferne Zeiten und Völker, über das Menschliche im weiteren Sinne zu verbreiten und des Lebens umfassende Resultate zu ziehen. Keiner war über dem Stoffe. Alle waren mit demselben, und zwar mit dessen unterstem Schlamme vermengt." An einer andern Stelle heißt es: „Gesetzt, Bacon's erhabene These: „Kenntniß allein ist Macht", sei ihnen gelegentlich zu Ohren gekommen, so drückte sie sich doch auf ihre Sinne nicht ein, und schien ihnen bloße lateinische Schultüchserei. Macht auf Kenntniß zu gründen, wie konnte ihnen das in den Sinn kommen, da ihnen die Kenntniß fehlte, und in den Fesseln der Formen und der Gewohnheit zu vegetiren, für sie einen weit größeren Reiz hatte, als Bewegung mit Verstandeshelle in der Ideenfreiheit? Napoleon's Laufbahn lehrte offenbar, daß, wer herrschen und an der Spitze der menschlichen Dinge stehen will, zu den zeugenden und schaffenden Geistern, nicht zu den empfangenden und gebährenden gehören müsse. — Was auch die ganz eigene und für sich sehr konsequente Logik der Feigheit und Gemächlichkeit vorwenden mag, der Werth des Mannes liegt entweder in seinem Karakter und in dessen fester Behauptung, oder nirgends. Staunen, sich verwundern, nur immer erst dann expostuliren und schreien und klagen, wenn man angestoßen wird; statt dem Schicksal mit keckem Vertrauen etwas abzufragen, ängstlich abwarten und horchen was es bringt; statt über den Massen zu schweben und mit ihnen Gott weiß wohin wogen, ohne alle Ideenreaktion schlummern, bis man von außen von fremden Ideen gedreht und getummelt wird; — zweideutiges Schwanken zwischen Trotz und Nachgiebigkeit, zwischen Wollen und Nichtwollen, zwischen halben Maßregeln und halben Entschlüssen: das ist die Manier der Stümper, nicht die intelligenter Regierer, die ihre Bestimmung erkennen und erfüllen." Die folgende Stelle darf sich hier anschließen: „Die Natur, wie sie sich im Menschengeschlechte ausspricht, wird von einem ewigen Kunstgeiste belebt, der, unerschöpflich in seinen Produktionen, nachdem er Gestalten gebildet und vollendet hat, über sie wegeilt, und sie als Elemente, als Anfangs= und Ausgangspunkte zu neuen Bildungen verbraucht. Sie klingt dem trägen Egoismus widrig, diese Wahrheit, dennoch gründet sie sich auf eine höhere und offnere Anschauung der Natur und Geschichte als jenen Befangenen zu Theil geworden, die, weil sie nicht vorwärts wollen, zurückgingen, und keinen Maßstab für das Große in sich trugen, weil sie nach keiner einzigen Richtung und in keiner einzigen Beziehung sich zur Größe erhoben hatten."

Er läugnet nicht, daß unter den Männer jener Zeit auch vortreffliche Köpfe gewesen, aber in solchen Verhältnissen befangen, daß ihnen alle kräftige Einwirkung unmöglich gemacht, und selbst den Willen und Muth dazu benommen. „Unmöglich, — sagt er, — können Menschen, die seit Jahren sich an das Verstellen, Zurückhalten, Temporisiren gewöhnt haben, in so heißen Momenten die Kühnheit einer eigenen Meinung zeigen, denn alle langdauernde Verstellung macht listig aber nicht klug, macht schlecht aber nicht rechtschaffen, macht schwach aber nicht stark. Ein edelstolzer, sich fühlender

Mann ist zu stolz um sich zu verstellen; er zieht ein Ja oder Nein auf jede Gefahr der Rücksichtslosigkeit vor, und weiß es, wie nichtswürdig alle Vortheile der List gegen die Gewalt eines freien, offenen, lebendigen und seelenvollen Charakters sind. Offene Seelen können nicht anders, sie müssen sich verrathen. Was aber unter der Presse einer langen Zurückhaltung gelegen, hat die Elasticität verloren, ist nur noch kränkelnd vorhanden, und nur mit einem kräftigen Antriebe zum Hervorbrechen verbunden." Weiterhin spricht er über den Gegensatz des Weltbürgersinnes und der Vaterlandsliebe, und gleicht beide folgendermaßen aus: „In der Angst, da die Donner des Schicksals sich naheten, brauchten sie das Wort: Patriotismus, bloß als eine Zauberformel, mit der sie den bösen Geist zu bannen gedachten. Aber nur derjenige, der als Mensch Kosmopolit ist, kann als Bürger, und mehr noch als Staatsdiener, Patriot sein. Schaler Witz, über den Weltbürgersinn zu spotten! Er sucht, da wo er den Kopf erleuchtet, so ohnehin von selbst im Herzen seine Beschränkung, weil auch den kühnsten Geist die Weite eines Welthorizontes ermüdet und ihn immer zum Gefühl der Nationalität zurückführt. Unterdeß leistet er jedoch den wichtigen Dienst, daß er, weit entfernt den Patriotismus zu schwächen, ihn erhöht, bestimmt, umsichtiger macht, damit dieser nicht in politische Schwatzereien, in lächerlichen Eifer, in persönliches Interesse, in schlechte Anhänglichkeit an verächtliche Beutelvortheile ausarte. Nur der Kosmopolitismus giebt dem Patriotismus erst den wahren Gehalt, jenen hochherzigen Hang zur bereitwilligen Vergessenheit seiner selbst, um des Staates willen, zur uneigennützigen Theilnahme an dem richtigen Interesse der Nation, zur edelmüthigen, thätigen, alles aufopfernden Mitwirkung für das Wohl des Vaterlandes, für Ehre und Kraft der Regierung."

In Erklärung der Ursachen, warum er mit seinen Darlegungen nicht warte, und sie bis nach seinem Tode zurückhalte, stimmt er mit neueren Anregungen überein, die auch meinen, des Schreibens sei genug, jetzt sei das Thun nöthig, und die doch bei dieser Gesinnung auch nichts können, als eben nur sie niederschreiben, und noch dazu in dicken Büchern!

Held sagt hierüber: „Gewiß nicht verwerflich ist der Trieb, auch nach dem Tode noch in Wirkungen fortzubauern. Doch sind nur sehr wenige, höchstedle und zugleich politisch sehr wichtig und auf eine eingreifende Weise thätig gewesene Männer berechtigt, in seltenen Fällen, Geheimnisse und Wahrheiten, wenn dergleichen vorhanden sind und ihre Enthüllung schädlich wäre, der Mitwelt vorzuenthalten, um sie der Nachwelt zum historischen Unterricht zu überliefern. Solche eminente Karaktere schonen sich aber überhaupt selten, indem ihr Muth, die Poesie der Thaten der des Bücherschreibens und Versemachens vorziehend, es würdiger achtet, im Leben zu handeln, als nach dem Tode gelesen zu werden. Der Tugendhafte fürchtet nie des Lasters, der Mann von Einsicht nie der Dummheit Macht, darum darf nur der an den Tod appelliren und seinen Kranz von der Nachwelt erwarten, der lebend viel geleistet hat. Zum Schreiben seine Zuflucht nehmen, ist nur dann der Mühe werth, verdienstlich und erlaubt, wenn die Thaten unmöglich geworden sind, denn an sich sind Thaten mehr geeignet, der Welt ein Andenken persönlicher Virtuosität zu hinterlassen, als Schriften. Zwar freilich spricht die Schrift, fand der fliehende Saturnus sie ausgezeichnet genug, um sie zu fixiren und nicht mitgehen zu heißen, auch noch nach Jahrtausenden, aber um die That windet sich doch das hellere ätherische Licht. Dem, der nicht an seine Zeit sich mit Thaten anschließt, fehlt das Fußgestell zum Aufschwunge in die Zukunft, und in den historischen Himmel steigt keiner, als dem schon die Gegenwart Strahlen mitgibt auf den langen Weg. Im Grunde ist es doch immer ein Anzeichen von Furchtsamkeit, die Gefahr zu scheuen, wenn Handeln und Reden Nutzen stiften könnte, und erst nach dem Entrinnen aus der Gefahr, aus dem Schreiben ein Handeln machen zu wollen, wenn es keinen Nutzen mehr stiften kann!" —

Held's Vertrauen auf Napoleons weltbildenden Beruf, bestand trotz aller Täuschungen insofern noch fort, daß er denselben als das Werkzeug ansah, dem auch wider Willen an dem großen Werke der Franzosen zu arbeiten auferlegt sei, an der Ausbreitung der Freiheit und Aufklärung, die mit den Anfängen der Revolution zusammenhängen. Einen Augenblick wurde diese Ansicht erschüttert, als im Jahre 1809 die Erhebung Oesterreichs neue Hoffnungen für Deutschland eröffnete, und zum erstenmal auch auf dieser Seite die Sache und der Antheil des Volks ehrenvoll und kräftig auf dem Kampfplatz erscheinen durften. Allein diese Spannung erhielt sich nicht lange. Sowohl die Kriegsereignisse als auch der Ausdruck der Dinge überhaupt machten ihn bald stutzig, und er schrieb darüber am 8. Mai 1809 an Müchler mit heftiger Leidenschaft: „Ich zweifle übrigens, welche Schwankungen auch jetzt im Kriegsglück vorgehen mögen, keinen Augenblick daran, daß das französische System, d.h. die gesunde Vernunft, die Oberhand am Ende behalten werde. Wo schon ein so erzschlechter demoralisirter Schuft wie Gentz Hand mit anlegt, da stockt, da hapert alles, da kann nichts gelingen. Ich bin auch völlig überzeugt, daß Gentz weiter nichts will, als britisches und österreichisches Geld einstreichen; hinterrücks muß er nothwendig die Anderen auslachen. Wie elend sind die österreichischen Proklamationen! Z. B. der Erzherzog, der in Warschau eingerückt ist, sagt: „Was haben die Weichsel und der Tajus mit einander zu schaffen?" ꝛc. Damit zeigt er bloß, daß sein Prinzenkopf nichts von der Welt begreift und nicht zum Regieren gemacht ist. Denn Weichsel und Tajus haben sehr viel mit einander zu schaffen bekommen. In solchen Kombinationen liegt eben Napoleons Uebermacht. Ferner sagt Karl in seinen Proklamationen: die Herzen der Unterthanen würden von ihren rechtmäßigen Regenten losgerissen. Ei, so hätte Oesterreich auch nicht Polen sollen theilen helfen. Alles dieses ist eitle Salbaderei, ohne Kern und Gehalt; und in jeder Zeile mit dem Abc der Geschichte und Politik zu widerlegen; nicht einmal der höhern Gesetze des: continuo perficitur mundus und des unaufhaltsamen Entwickelungsganges zu gedenken." —

Am 29. Mai 1809 starb in Kassel Johannes von Müller, der aus einem Hasser Napoleons, wie Held, ein Bewundrer desselben geworden war, aber mit dem Unterschiede, daß während er in Glanz und Ehren der siegenden Sache angehörte, Held nur fester an das Vaterland sich anklammerte, und dessen nestes Elend mitgenoß. Ueber Johannes von Müller urtheilte Held schon in früherer Zeit nicht günstig, und hat zum Theil vorausgesprochen, was später durch Andere, besonders durch Woltmann, nachdrücklich durchgeführt worden. Held sagt ganz offen: „Für mich gehört es zu den unbegreiflichsten Erscheinungen, woher dieses Schriftstellers Ruhm entstanden sein mag, und warum er der deutsche Tacitus genannt wird, da ich, der ich doch den wirklichen Tacitus hoch verehre, mit dem aufrichtigsten Willen drei- oder viermal recht ernstlich angesetzt habe, Müller's Schweizergeschichte zu lesen, und dennoch, von unüberwindlichem Ekel abgestoßen, es nie bis über die erste Hälfte des ersten Theils dieser preisosen Kronik bringen konnte. Der Aufwand ungeheurer Mühe berechtigt noch nicht zur Verwandtschaft mit dem edlen, gediegenen Karakter des lernichten, und gedrängter Gedanken vollen, römischen Annalisten. Eine Klafter knorriges Holz klein sägen oder über Sturzäcker Karriere reiten, wäre mir viel leichter, als mich durch dieses holprige Buch zu arbeiten. Wunderbar gleichen die Schriften des Müller seinem Körper- und Gliederbau. Man sieht es seiner Nase, seiner Hand deutlich an, daß die Natur, im Begriff eine männlich schöne, imponirende Nase, eine kräftige Faust, kurz, etwas männlich Vollkommenes zu bilden, davon gegangen, das angefangene Werk unvollendet liegen geblieben, und, mehr verschrumpft als zur Reife gediehen, in das Leben getreten ist. — Grade eben so ist es mit allem was er geistig produzirt, schreibt. Holder Embryo, Ansatz zur Kraft, keine vollendete, gereifte, ein beständiges Wollen, straff und fest einherzuschreiten, das sich aus Ohnmacht selbst überspringt. Und dieser Mann, dem Friedrich der Große Geist und Ideen absprach, wurde zum Geschichtschreiber Friedrichs des Großen bestellt! Wo ist je ein ärgerer Verstoß, eine tollere Sottise begangen worden? — Ja, was noch mehr, wenn ich recht auf's Gewissen, auf Ehre und die Hand auf das Herz fordernd, nachfragte: „Haben Sie, hast du denn in der That des Johannes von Müller's Schweizergeschichte von Anfang bis zum Ende durchgelesen?" ergab es sich jederzeit: Nein! und dann kam das ehrliche Geständniß hinterher, es sei nicht zum Aushalten gewesen.

So betheure ich, daß ich bis jetzt, in meiner ausgebreiteten
Bekanntschaft noch keinen einzigen Menschen habe auffinden
können, der jene gleichwohl berühmte Schweizergeschichte ganz
durchgelesen hätte. Einer plappert das Rühmen immer dem
Andern blindlings nach, und die wenigsten wissen, wovon
die Rede ist." — Er folgert hieraus, daß es um den Ruhm
bei den Zeitgenossen, der noch nicht die Prüfung der Jahrhunderte
bestanden, ein zufälliges, zweifelhaftes Ding sei, und
daß dieser Ruhm für den wahrhaft Ruhmwürdigen wenig
bedeute, als welcher seinen Lohn in seinem Innern trage, in
der Einigkeit mit sich selbst; einen anderen gäbe es nicht,
wenigstens nicht in dieser Welt. — Was Johannes von Müller
betrifft, so sind wir der Meinung, sein Ruhm gründe sich
auf seine Leidenschaft zur Geschichtskunde, und auf deren Ausdruck
in seinen Briefen, Kritiken und kleinen Aufsätzen, die
den Kern seines Wesens und das Werkzeug seines Ansehens
enthalten. —

Nach unsäglichen Drangsalen, welche Held in Neu-Ruppin
während drei Jahren, gleichsam als Gebannter, gelitten und
durchgemacht, und zu denen zuletzt auch noch schwächende
Krankheit sich gesellt hatte, gelang es ihm endlich, im Sommer
1809, den Aufenthalt wechseln und zuvörderst eine Erholungskur
im Bade zu Freienwalde unternehmen zu können.
Er gesteht aber, daß er in jener Zeit des Bannes, ungeachtet
alles herben Ungemachs und Leidens, wo das Lesen des
Montaigne, der Elegien des Ovid, der Hieroglyphen des
damaligen Majors Rühle von Lilienstern, der Briefe des
Seneca, und der Schriften von Buchholz, seine einzige Erfrischung
gewesen, sich geistig viel wohler und kräftiger
befunden, als in den vorhergegangenen drei Jahren, jenem
Zeitraume von 1803 bis 1806 zu Berlin. Ueber die Hieroglyphen
schrieb er einem Freunde: „Ich habe gejauchzt, ich
bin ganz entzückt gewesen, und diese Empfindung dauert noch
immer steigernd fort, je mehr ich darin lese. Es fehlt mir
an Worten, den Grad der Liebe und Bewunderung vollkommen
auszudrücken und die hohe Achtung darzuthun, wovon
ich für den Verfasser durchdrungen bin. Welch eine Welt
lebt und bewegt sich in diesem reichen Kopfe, in diesem

strahlenhell schönem Gemüthe! — Das ganze Buch ist gediegener Geisteskern, und giebt zu tausend neuen Ideen Anlaß. — Was ich nur nicht zu begreifen vermag, ist, wie Rühle seinen Zustand in Potsdam, mitten in solcher Umgebung von Strohköpfen und Pinseln, hat aushalten können!" — Freienwalde wurde ihm wohlthätig für Körper und Geist, er fühlte seine Kraft und Munterkeit wiederkehren. Auch seine dichterische Ader schlug wieder lebhafter. Die Aussichten für Preußen waren trübe, der Staat schien auch im Frieden noch unterzugehen; da dichtete Held ein Trostlied für die Deutschen an der Spree und Oder, worin es heißt:

„Zaget nicht, wenn Schmach und Noth und Trauer
Schwer das deutsche Vaterland bedeckt.
Deutschlands Blüthen wurden stets von rauher,
Sturmbewegter, trüber Luft geweckt.
Deutschland stieg noch immer aus Beschwerden
Glänzender empor, und können wir
Nicht als Preußen wieder glücklich werden,
Doch als Deutsche werden wir's dafür."

Und der Schluß, auf die damals neue Gesetzgebung deutend, sagt:

„Zaget nicht! Schon weht der Freiheit Flügel
Euch, ihr armen Bauersleute, an.
Zage nicht! Ergreife selbst die Zügel
Deiner Stadt, du guter Bürgersmann!
Endlich wird auf Deutschlands frommen Herden
Lodern heil'ges Patriotenlicht.
Sind wir wirklich Deutsche — besser werden
Wird dann alles; darum zaget nicht!"

Im August dieses Jahres empfing Held durch Altenstein und Heydebreck, welche jetzt den preußischen Finanzen vorstanden, aus Königsberg endlich die Nachricht, daß sein Wartegeld wieder regelmäßig ausgezahlt werden solle. Auch die alte Absicht Struensee's ihn beim Salzwesen anzustellen, lebte wieder auf, und wie Heydebreck fortfuhr Held's eifriger Freund zu sein, so verläugnete Altenstein die hohe Achtung nicht, welche der Karakter des Mannes ihm von jeher eingestößt hatte. Held kehrte vorläufig nach Neu-Ruppin zurück, um seine häusliche Lage zu ordnen. Inzwischen hatten die Franzosen das Land, mit Ausnahme der Oberfestungen geräumt, und während sie einen neuen ernsten Kampf wider Oesterreich zu führen hatten, konnte die preußische Staatsverwaltung etwas zu Athem kommen. Ein ganz neues Preußen bildete sich heran, die einst Mächtigen waren todt, beseitigt, vergessen, die früheren Geschichten klangen nur wie Mährchen aus alter Zeit. Jedoch setzte Held auf die Personen, welche er an der Spitze sah, noch immer wenig Vertrauen, und wenn er dennoch voll Hoffnungen für die Zukunft war, so gründeten sich diese hauptsächlich auf den Geist, den er im Allgemeinen wirksam glaubte. Diese Hoffnungen hielt er auch noch fest, als Oesterreich den Wiener Frieden geschlossen, und die Aussicht für Norddeutschland sich auf's neue getrübt hatte. Er schrieb im November an einen Freund: „Sie prophezeihen Deutschland und besonders uns Preußen, jetzt nach dem Wiener Friedensschluß, allgemeine Verzweiflung und die ärgste Sklaverei! Mit nichten! Dahin wird und kann es aus natürlichen Gründen nicht kommen. Denn nahe ist die Zeit, wo alles um uns her eine freiere, hellere, offnere Aussicht gewinnen wird, und unzählige noch schlummernde Keime des Glücks sich entfalten werden. — Gesetzt aber auch, daß wir beide keinen guten Erfolg erlebten, und unsre Augen, so lange sie noch offen stehen, immerfort nur Hudelei, Schimpf, Schmach, Schande sähen, so würde ich für meine Person dennoch nicht verzweifeln, und zwar darum nicht, weil ich nicht im Fühlen, sondern im Denken lebe, und dieses Denken mich lehrt, daß in der Weltgeschichte die Ellen des Völkerglücks oder Unglücks oft sehr lang sind. — Soll denn der Weltgeist die Angelegenheiten dieses Erdballs gleichsam extissimo expediren, um nur einen Beifall einzuärnten, und von mir ein: Herr, du hast alles wohlgemacht! zu vernehmen? — Daure Deutschlands und unser preußisches Elend noch zwanzig, dreißig Jahre; schichten Sie alle erdentliche Leiden in diese Jahre zusammen, immer antworte ich Ihnen: es ist ein historisches Interimistikum, woraus unfehlbar sich etwas Gutes entwickeln wird."

In dieser Zeit machte Held eine Bekanntschaft, die nicht wenig dazu beitragen konnte, sein verwundetes Gemüth mit dem Leben auszusöhnen. Er hatte heiß geliebt, und war getäuscht worden, er glaubte für sich kein Eheglück mehr möglich. Aber in dem Vierzigjährigen war die Neigung noch nicht erloschen, und er durfte sogar Gegenliebe erwarten. Er feierte diese Empfindung in Liedern, die seinen Schmerz und seine Freude mit Rührung aussprachen und die neue Stimmung begeisterte ihn zu einer Hymne an die Reinheit, die ihm wie im körperlichen so auch im sittlichen Sinn eine heilige Tugend war. Indeß waren seine Verhältnisse im Augenblicke nicht von der Art, um an eine Verbindung denken zu dürfen. Er war völlig arm, verschuldet, ohne sichern Boden unter den Füßen, und die Aussicht, ein neues Hauswesen zu begründen, lag in weiter Ferne.

Nachdem er im Sommer 1810 seinen Aufenthalt in Berlin genommen, fand er hier zwar eine ganz veränderte Welt, aber wenn sie ihm nicht feindlich war, wie die frühere, so war sie doch für ihn bei weitem noch keine günstige. Von seinen Feinden war nicht mehr die Rede; Hoym, nachdem er noch das Zusammenbrechen des Staates erlebt, war in Dunkelheit gestorben; Goldbeck, als Großkanzler durch Beyme abgelöst, lebte zurückgezogen, und auch Beyme war wieder verabschiedet und jetzt auf Reisen; Ritchel lebte in stiller Einsamkeit auf dem Lande. Aber dem Freiherrn von Hardenberg, welcher jetzt als Staatskanzler an der Spitze der preußischen Angelegenheiten stand, war Held so gut wie unbekannt; auf die Fürsprache von Freunden durfte er wenig rechnen, da diese, der eignen Verhältnisse eingedenk, einen Mann seiner Art zu empfehlen fürchteten; und genug Fähige und Unfähige drängten sich zu jedem Amt, um einem Manne, der im Drängen und Bitten sehr ungeschickt war, den Zutritt zu erschweren, ja unmöglich zu machen. Ein freierer Geist war in der Behandlung der Geschäfte wahrzunehmen, eine lebhaftere und raschere Regsamkeit, die Lage des Staates erforderte große Anstrengung und neue Hülfsmittel, und die Noth der Zeit wurde benutzt, um allgemeine Reformen zu bewirken, die in ruhigen Zeiten schwerlich Eingang gefunden hätten. Diese Bewegungen geschahen alle unter den Augen eines mißtrauischen Feindes, und mußten seiner Aufmerksamkeit möglichst entzogen werden; besonders ihre politische Bedeutung, sofern Preußen durch diese großen gesetzgeberischen Maßregeln innerlich erstarkte und sich zu künftigen kriegerischen in der Stille vorbereitete. Diese Verwickelung zu beherrschen, war Hardenberg ganz der Mann, und es lag in der Natur der Sache, daß diese Verwickelung denen, welche nicht das Ganze übersahen, als eine Verwirrung erschien. Dieses war auch der Fall mit Held, der Widersprüche auf Widersprüche sich häufen und nirgends eine Richtung sah, die ihm eine entschiedene hätte heißen können. Dies gab ihm Anlaß, eine Hymne an die Konfession zu dichten, und den Zustand des Staatswesens mit herber Satyre zu beleuchten. Das Gedicht konnte denen, welche das Allgemeine desselben irgendwie auf sich beziehen mochten, nicht gefallen, und der Polizeipräsident von Berlin, Justus Gruner, verweigerte ihm die Erlaubniß zum Druck; wenn er diese auch der Hymne an die Reinheit versagte, so erschien das als bloße Willkür, und dem Freisinne, den man an ihm rühmte, wenig gemäß.

Daß auch in der Rechtspflege die Früchte des neuen Geistes kaum zu spüren waren, erfuhr Held in einem ihn selbst betreffenden Falle, der seinen alten Groll gegen die Gerichtsformen bitter anregte. Sein Freund Nothardt war in solchen Vermögensumständen gestorben, daß das Kammergericht einschreiten mußte. Das Darlehn, welches Held in der Zeit seiner größten Bedrängniß von Nothardt empfangen hatte, kam hiebei zur Sprache, und es fragte sich, ob Held der Masse noch zweihundert Thaler schuldig sei; das Kammergericht entschied Nein, und Held empfing von demselben eine Verfügung, worin dies ausgesprochen, zugleich aber ein Kostenbetrag von fünfzig Thalern sieben Groschen gefordert wurde, unter nochmaligem Anbefehlen und mit Berufung auf bereits zugefertigte Rechnungen. Er war nicht wenig betroffen über eine solche Zumuthung, und wies zuvörderst die Angabe zurück, daß ihm früher irgend eine Mittheilung des Kammergerichts zugekommen sei, oder auch nur habe zukommen können, denn er habe die letzten Jahre in der größten Verborgenheit gelebt, und nur wenige Freunde hätten seinen Aufenthalt gewußt; sodann verlangte er die genaue Darlegung der einzelnen Beträge, aus denen jene unverhältnißmäßige Summe erwachsen solle. Seinen ganzen Unmuth gegen das Gericht auszusprechen, hielt er sich diesmal doch zurück, schrieb aber desto rückhaltloser an den Minister Kircheisen, der an des abgetretenen Beyme Stelle jetzt Justizminister war. Dieser hatte früher als Mitglied des Kammergerichts an der Verurtheilung Held's Theil gehabt, doch dabei seine Achtung und selbst Vorliebe dem rechtschaffenen und muthigen Manne nicht versagt, den er das Opfer der Formen werden sah. Jetzt widmete er dem Wiedergekehrten die freundlichste Theilnahme, und bezeigte besonders auch ein lebhaftes Verlangen nach dessen Gedichten, und Held säumte nicht, ihm einige zu senden, wobei die neuesten nicht fehlen durften. Er hatte schon dem Minister seine Klage in rauhen Worten geschrieben: „Daß ich in der Notharbt'schen Sache freigesprochen worden, das konnte nicht anders sein, insofern noch einigermaßen Funken von gesunder Vernunft nicht ganz verglimmt sind. — Bin ich aber freigesprochen, was will denn die Justiz von mir? Kann sie mir nicht Ruhe gönnen, da gränzenloser Abscheu mich auf den ganzen Rest meines Lebens von ihr zurückstößt, und ich ihre Hülfe niemals wieder in Requisition setzen werde? Was sind denn das für Kosten, die ich zahlen soll, und aus welchen Gründen? Um zu erfahren, daß ich der Masse keine zweihundert Thaler schuldig bin? Das wußte ich ja vorher, und erklärte das Mißverständniß, gleich anfänglich vor sechs Jahren, dem Kammergerichte mit der vollkommensten Aufrichtigkeit und Bündigkeit. Ich erkläre also hiemit, daß ich keine fünfzig Thaler sieben Groschen bezahlen kann und will. Die Exekution mag morgen oder in vierzehn Tagen bei mir einbrechen, das ist mir völlig gleichgültig. Mit schallendem Gelächter werde ich sie empfangen, mich mitten in mein Zimmer stellen, und die Landreiter nach Belieben schalten und walten lassen, ob sie da etwas finden, wo ich nichts sehe? Nichts in dem Zimmer, welches ich bewohne, gehört mir, nicht einmal das Wasserglas, aus dem ich trinke. — Von meinen Büchern, die keinen

Geldwerth haben, würde ich mir den Tacitus und Sueton
in die Tasche stecken, und die übrigen gern den Landreitern
überlassen. — Ist es nicht wahre Grausamkeit und elende
Prahlerei, mich, der ich wegen Entfernung von dem Ausgange
des Rothardt'schen Prozesses nicht unterrichtet werden konnte,
sogleich, als ich kaum wieder hier warm geworden bin und
einige Thaler Wartegeld empfange, mit einer solchen Rechnung
zu quälen, deren Unbezahlbarkeit jedem nur halbvernünftigen
Dezernenten einleuchten muß? Will das Kammergericht sich
zum zweitenmale an mir prostituiren? Ist eine in dem Verhältnisse zu dem Objekt so ungeheure und unverschämte Kosten-
forderung nicht ein eben so strenger als kläglicher Beweis,
daß ein Land, worin die Justiz so verwaltet wird, seine Revolution noch nicht überstanden hat und der ferneren Korrektions-
peitsche des Schicksals bedarf." Zeigt ein solches Schreiben,
unter den in ihm selbst angegebenen Umständen geschrieben,
ein unbeugsam trotziges, ein Catonisches Gemüth, dem wir
unsre Theilnahme nicht versagen können, so sehen wir doch
mit nicht geringerer die edle Billigkeit und Großmuth des
Ministers, der ein solches Schreiben giltig aufnimmt, und
nur freundlich mahnend rügt, um den Schreiber wegen eines
Tones zu warnen, der ihm an andern Orten unfehlbar Haß
und Ahndung erwecket müßte.

Endlich kam denn doch Held's Angelegenheit bei dem
Staatskanzler zur Sprache, und dieser machte es sich zur
Pflicht, den vielgeprüften und bewährten Mann, nach so vielen
Kämpfen und langen Leiden, durch ehrenvolle Anstellung dem
Staate zu versöhnen und wiederzugewinnen, dem Staate,
der nur den übertriebenen Eifer der redlichsten Vaterlandsliebe
in ihm gestraft hatte, und dem er mit Herz und Seele stets
anhänglich geblieben war. Ja der That ist es bemerkens-
werth, daß während aller Stürme und Krisen, da dieses
Preußen, das ihn so hart verstoßen, selber kaum fortbestehen
zu können schien, niemals in der Seele des Gebeugten auch
nur der Gedanke aufsteigen konnte, dieses Land zu verlassen,
und anderswo sein Glück zu suchen; im Gegentheil, je schwerer
das Unglück wurde, desto mehr fühlte er sein Recht an Land
und Staat. Ihn so herzustellen in seinen Verhältnissen,

als ob er in den früheren ununterbrochen fortgerückt wäre, fand Hardenberg zu eignem Bedauern unthunlich, aber er wollte ihm ein Amt geben, bei welchem er versorgt wäre, und ohne Widrigkeit seine nie verkannten Fähigkeiten dem Gemeinbesten widmen könnte. Dazu schien die Salzfaktorei zu Berlin, welche schon Struensee ihm zugedacht hatte, vollkommen geeignet. Das Amt war gut ausgestattet, hatte seine geordnete Arbeit, und mit politischen Meinungen nichts zu schaffen. Allein Hardenberg konnte nicht wehren, daß die eben erledigte Stelle aus Ersparungsgründen in ihren Vortheilen fast um die Hälfte verringert wurde, das Amt war also nicht mehr das ursprünglich ihm zugedachte; aber auch so war Held gern damit zufrieden, und sah es als seine Rettung an. Indeß auch dieses bescheidene Loos wollten ihm Neid und Bosheit nicht gönnen, und gehässige Ränke suchten den Staatskanzler umzustimmen. Da Held seine Gegner kannte, so trat er nochmals zum letzten Kampfe muthig auf, und schrieb an den Staatskanzler offen und klar die wahre Lage der Sache, und wie er fürchte, daß ihm der Willen und die Gesinnungen desselben fruchtlos blieben, wenn sein Befehl nicht durchgreife, und ohne, und nöthigenfalls wider seine Räthe, das Beschlossene ausführe. Er gab an, wie der Befehl beschaffen sein müsse um jeden Widerspruch zu beseitigen, und fuhr dann fort: „Auf diese Weise, und wenn Euer Exzellenz Befehl genau in obigen terminis und Zahlen ausgedrückt würde, hätte ich jährlich etwa zwölfhundert Thaler, und dies ist dasselbe was ich hatte, da vor zwölf Jahren der damalige Kabinetsrath Beyme mich verhaften ließ, und mich und meine Kinder so unglücklich machte. Mit zwölfhundert Thalern bin ich völlig und auf mein ganzes Leben zufrieden. — Das ganze Einkommen des Vorgängers behalten zu wollen, fällt mir gar nicht ein, und ich mache keine Ansprüche darauf. Er war bekanntlich ein sogenannter natürlicher Sohn des Ministers Schulenburg, und wurde als solcher früh begünstigt."

Hatte jedoch Held einmal die Feder in der Hand, um an hohe Staatsbeamte zu schreiben, so war es ihm unmöglich, nur seine persönliche Sache zu erörtern, er ging dann auf

Allgemeines ein, und sprach seine Ueberzeugungen aus, die leicht wieder verdarben was er für sich zu bewirken auf dem Wege war. Er konnte sich diesmal nicht erwehren, seine Schrift über Preußens Vergrößerung im Westen beizulegen, und den Staatskanzler zu bitten, wenigstens die angestrichenen Stellen zu beachten. „Ich schrieb das Büchlein — fuhr er fort —, vor zwölf Jahren, in einer finstern Zelle der hiesigen Hausvogtei, wo ich acht Monate zubrachte, binnen zwei oder drei Wochen, um mich von dem juristischen Inquisitionswitze zu erholen, womit ich dort gequält ward. Er war zur nämlichen Zeit, da Preußen die damals sogenannten Entschädigungsländer erwarb, das heißt seinen Archipel im nordwestlichen Deutschlande zu meinem Aerger nur mit einigen neuen Inseln vermehrte, statt das ganze Norddeutschland in Besitz zu nehmen, wozu sich damals die bequemste Gelegenheit darbot. Da diese meine Lieblingsidee unausgeführt blieb, so war mir der nahe Verfall unsres Staates keinen Augenblick mehr zweifelhaft, und seitdem hat sich mein Gemüth hier zu Lande fortwährend in demselben peinlichen Zustande befunden, wie etwa der Prophet Hesekiel sich zu seiner Zeit in Judäa, und Kassandra in Troja befinden mochte. Jenes trüben Glaubens bin ich; diese Pein zerreißt mich noch, und dies ist der wahre Grund, warum ich nichts anderes sein will und sein kann, als ein nichtsbedeutender Salzfaktor." Nachdem er sich noch weiter ausgesprochen, was er glaube, daß zunächst geschehen müsse — außer der nothwendigen Ausrundung nach außen, hält er auf einige Jahre eine strenge, nachdrückliche, höchstfreimüthige Despotie im Innern für unerläßlich, — fährt er fort: „Niemand fühlt mein brennendes Leid, wenn ich bedenke, daß einst die Geschichte uns Preußen nur als ein ephemeres, sonderbares Phänomen, als ein gewesenes großes militairisches Kantonnement betrachten, und nur den europäischen, mit Friedrich unserm Hyder Ali wieder verschwundenen Mahrattenstaat nennen wird!"

Hardenberg, der aufmerksam auf gewandte Schriftsteller war, und auch in jener Zeit, wo ihnen wenig Freiheit blieb, sie gern an sich zog, hatte auch Held, ohne Zweifel durch Heydebreck, auffordern lassen, seine Feder den neuen Staatseinrichtungen zu widmen, zu welchem Zweck er später auch Adam Müller gewinnen wollte, und Buchholz wirklich gewann. Held aber antwortete: „Gern würde ich Euer Exzellenz meine Feder anbieten, wenn ich hoffen dürfte, Ihnen damit nützlich zu sein. Allem, was im gemeinen Sinne Vergnügen heißt, längst abgestorben, und auf den Umgang nur weniger und achtbarer Freunde beschränkt, hätte ich im Winter Zeit genug dazu. Ach! aber meine traurigen Erfahrungen haben mich mißtrauisch gemacht, meine ermattete Seele ist zu träge geworden für alles Detail; keine Zensur von Lissabon bis Riga und Wien duldet die Berührung dessen, worauf es eigentlich ankömmt, die einheimischen Regierungen gestatten ebensowenig wie die französische eine freie Sprache, nur schales Geschwätz wird erlaubt, ganz Europa liegt wartend in einem politischen und Ideen-Interim. Ich wünsche mir weiter nichts als Ruhe, und, hinter meine Salztonnen verschanzt, die Begebenheiten der Weltereignisse im Vaterlande gleich den Bildern der Laterna magica anschauen zu können. Endlich kann ich nur das schreiben, was mit meinen Ueberzeugungen zusammenstimmt. Unter dieser Bedingung will ich jedoch mich freudig hingeben, nur muß ich, um einigermaßen gesichert und der niederbeugenden Lebenssorgen enthoben zu sein, Salzinspektor oder Faktor bleiben, und die Gewißheit haben, daß Euer Exzellenz meiner Treue, Ehre und Verschwiegenheit vollkommen trauen. Welche Meinung Euer Exzellenz eigentlich von mir haben mögen, wird mir schwer zu errathen. Doch glaube ich nicht zu irren, wenn ich annehme, daß Sie mich nicht in Eine Linie mit Cölln stellen. — Wäre ich früher und zu rechter Zeit mit Euer Exzellenz in Berührung gekommen, gewiß wäre ich dann ein andrer Mann geworden und zu einer andern Geschäftsentwickelung gelangt. Mir fehlte immer ein feuriger, kräftiger, kühner, für tugendliche Ideale ächt begeisterter Chef, den ich von ganzem Herzen hätte lieben können. Struensee war gar zu kalt, zu behutsam, er verachtete im geheim und ohne es sich merken zu lassen auf das tiefste die Welt und die Menschen, nicht nur die über ihm, sondern, was ich ihm immer sehr verdachte, auch die unter ihm; er nahm lieber einen neutralen Standpunkt neben den Dingen, als daß er sich mit Liebe und Haß auf sie geworfen hätte. Doch — das sind tempi passati." —

Hardenberg, diesmal wohlzeitig erinnert, bestand fest auf seinem Willen, und trotz aller Hindernisse und Kabalen, wurde Held am 17. August 1812 in der von ihm selbst gewünschten Weise als Salzfaktor in Berlin angestellt. — Mit dieser Anstellung, durch welche er wirklich, wie er im voraus versichert hatte, völlig zufrieden und für sein übriges Leben beruhigt war, endigte Held's politische Laufbahn. Seine Sache war erledigt, in der Art, wie das Geschick solche Kämpfe zu erledigen pflegt, weder der eine noch der andere Theil freut sich vollständigen Sieges, der Gegenstand schwindet, was aber bleibt, sind auf beiden Seiten die Wunden und Verluste. Die Leiden Held's waren übergroß, und ihre Folgen erstreckten sich noch weit in die Zukunft, seine Anstellung war nur ein Aufathmen zu neuen Kräften, ein Beginnen des Genesens. Die besten Jahre waren dahin, die Bahn des Ehrgeizes für ihn zerrüttet, und die Aufgaben neuer Kämpfe stellte das Geschick Anderen, nicht ihm. Seine stille Wohnung, so gut wie das Prachtgebäude Friedrichs des Großen, hätte die Inschrift führen dürfen: „Laeso sed invicto militi." Wenn seine Zurückgezogenheit nicht ohne Ruhm war, so stand doch sein Bewußtsein hoch über den Ehren der Welt.

Mit dem 1. Oktober, wo er in den Salzhof zog, trat er ein neues Leben an, und, wie er selbst es andeutete, in seinen ursprünglichen Kavalier zurück. Seine Geschäftstüchtigkeit bewährte sich ungeschwächt, wie sein Eifer und seine Treue. In seinen Bedürfnissen einfach, anstatt jedes Prunkes mit edler Reinlichkeit begnügt, bestimmte er sogleich einen Theil seines mäßigen Einkommens zum Abtrage der alten Schulden, deren Druck ihm von jeher unerträglich war. Damit er der gewonnenen Ruhe nicht allzufroh würde, mußte er sich gleich genöthigt sehen, wegen eines kleinen Gartenraums, auf den die Fenster seiner zu ebener Erde gelegenen Dienstwohnung auf dem Salzhofe sich öffneten, einen ärgerlichen Kampf zu führen; derselbe gehörte recht eigentlich zu der Dienstwohnung, war auch seinem Vorgänger unbestritten geblieben, und nur eben jetzt ohne Fug abgetrennt worden. Held erlangte nach herbem Streit, der bis an den Staatskanzler ging, durch Vergleich wenigstens den Mitgenuß des Gärtchens. —

Die Weltbegebenheiten setzten unterdessen ihren Gang in Riesenschritten fort. Napoleons Zug nach Rußland, der Brand von Moskau, der Untergang des französischen Heeres, führten alsbald auch für Preußen eine neue Schicksalswendung herbei, ihren Eintritt bezeichnete die große That Yord's, welche von allen Vaterlandsfreunden, und auch von Held, mit Jubel begrüßt wurde. Als im Frühjahr 1813 alle Preußen kriegsmuthig zu den Waffen eilten, in heißen Schlachten die Befreiung des Vaterlandes errangen, und am Schlusse des Jahres der Feind jenseits des Rheins gewichen war, da fühlte Held das volle Glück, ein freies, starkes, ruhmvolles Vaterland zu haben, und widmete ihm auf's neue die feurigste Begeisterung. Napoleon hatte längst die Anhänger enttäuscht, die allzu gutmüthig ihre idealen Absichten ihm geliehen, er war nicht mehr der Berufene, dem die Vorsehung ihre Aufgaben unmittelbar übertragen, sondern nur der Diener des eignen, verirrten Ehrgeizes. Die neue Wendung der Dinge führte auch Held's alten Freund Zerboni herbei, der sich aus Polen, wo er ansehnliche Besitzungen erworben, wieder dem Vaterlande liebevoll zuwandte, und für die Kriegsgeschäfte freiwillig thätig war. Dieselbe Sache, welche die sonst einander fremdesten Gemüther vereinigte, Buchholz und Gentz, Kiesewetter und Schleiermacher, verband nur um so inniger die Freunde Held und Fichte. Held sah mit Lust und Freude das früher in sich selbst und dann von außen gebeugte Preußen gestärkt und veredelt auf die Weltbühne treten, und nun auch seine alten Träume von Vergrößerung des Staats im Westen sich neu erheben. So großen Ereignissen widmete er manches tapfere Lied, am Schlusse des Jahres zuletzt einen Abschied Deutschlands von Napoleon.

Im Mai 1813, im Anfang der neuen Kriegsstürme und der Wiedererhebung des Vaterlandes, verheirathete Held sich zum zweitenmale, mit Wilhelmine Karoline von Treuenfels, der zweiten Tochter des Generallieutenants von Treuenfels. Diese Ehe war eine glückliche, und bewies den reinen Sinn und die warme Neigung, welche Held unter allen Wirren des Lebens treu bewahrt hatte. Vier Kinder erfreuten ihn aus dieser Ehe, drei Söhne und eine Tochter. Der älteste Sohn Hans Konstans Leberecht, geboren zu Berlin am 25. November 1814, wurde durch den Feldmarschall Fürsten von Blücher über die Taufe gehalten, eine andere Taufpathe war die Gräfin von Lichtenau. Mit dieser, durch Herzensgüte, lebhaften Verstand und eine außerordentliche Anmuth, die ihr bis in's hohe Alter verblieben war, ausgezeichneten und durch Glück und Unglück sehr geprüften Frau war Held in nähere Bekanntschaft gekommen, und der Austausch so vieles gleichzeitig Erlebten und Erlittenen mußte für beide von großem Reize sein; sie nahm die Schroffheiten Held's liebenswürdig auf, wußte sie zu mildern, und befreundete sich mit Held's Gattin, an welche noch Briefe von ihr vorhanden sind, die in vernachlässigter Sprache einen heitern und feinen Sinn ausdrücken. Nach einer Tochter, Aurora Perpetua, geboren den 21. August 1816, folgte ein zweiter Sohn, der während seiner Studienjahre gestorben ist. Der jüngste Sohn, Hans Erich Guido, geboren den 5. September 1819, hat gleich dem ältesten die Laufbahn des Kriegsdienstes erwählt, beide sind Offiziere in der Artillerie.

Der Fürst von Blücher war ein Mann nach dem Herzen Held's; dieser konnte zwar manche Seiten des ungestümen Kriegers nicht gutheißen, aber dem unerschrockenen Muthe, der frischen, volksmäßigen, von keiner Ziererei befangenen Sinnesart, schenkte er die vollste Anerkennung. Die gutmüthige Derbheit im Umgange, und die schonungslosen Ausfälle, die nur Blücher gegen manche der Machthaber des Tages sich erlauben durfte, hatten für Held die größte Anziehung. Er besang ihn in mehreren Gedichten, und eines derselben sandte er ihm mit einem Briefe, worin er sagt, er habe versucht den Helden in dessen eigner Art zu preisen, und fügt hinzu: „Es dünkte mich um das Gedicht selbst schade, wenn es nicht in Ihre Hände kommen sollte. Denn ob es gedruckt werden darf, ist zweifelhaft, weil die Zensoren, meist Poltrons gewöhnlich das literarische Kanonenfieber haben, nichts Dreistes dulden, und immer fürchten: irgend ein König, ein Minister, oder sonst ein anderes Gespenst, möchte darüber böse sein." Das Gedicht schloß mit den wenigstens jetzt gewiß unverfänglichen Strophen:

„Deutschland, Herz Europens! Heldenschule!
Steige endlich aus dem sumpf'gen Pfuhle
Der dich lähmenden Zerrissenheit!
Werde Eins! Die Einheit nur giebt Stärke,
Bleibe nicht der Heerd für fremde Werke,
Fremde Politik und fremden Streit!"

„Dann — mit deutscher Keulen Donnerschlägen
Bahn gemacht — soll's sein — auf blut'gen Wegen!
Das Gelingen ist dem Kühnen nah.
Von dem Belt bis zu den Alpen walle,
Ein Panier! Zum blauen Aether schalle
Dann Ein Losungswort: Germania!"

Nach dieser Zeit finden wir Helb meist in stiller Zurückgezogenheit, aus der er nur hervortrat, wenn ein festlicher, geselliger Anlaß ihn zur Theilnahme rief, die er dann dichterisch zu bezeigen liebte. Wenn einem alten Freunde Glückwünsche darzubringen waren, wenn ein junges Paar zum Altare trat, immer war Helb's Poesie bereit, die herzliche Theilnahme auszusprechen, die er so warm empfand, und so gern auch in Anderen voraussetzte. Die geselligen Mahle der Universitäts-Zeitgenossen, der Freimaurer, der mannigfachen Vereine, welche seit dem Frieden in Berlin nun immer zahlreicher wurden, die Erinnerungsfeste der vaterländischen Ereignisse, verherrlichte er durch Gesänge, in welchen oft die aus der Jugendzeit fast unverändert wiederklangen, so das einst ihm so verhängnißvolle Lied an den Gemeingeist, das nun ohne alles Aergerniß mit lautem Jubel gesungen wurde. Bei solchen Gelegenheiten glühte sein Herz in aller Wärme der Jugend, und erschloß sich den Gefühlen hingebender Freundschaft, deren sein Inneres so sehr bedurfte, und doch fast nie froh wurde; denn allzuschnell entdeckte sein scharfes Auge die Gebrechen und Häßlichkeiten, die unter der gleißenden Hülle lagen, den

unredlichen Sinn, die feige Schwäche, die Unreinheit des
Handelns und der Verhältnisse. So gern er immer wieder
die Menschen für gut und ehrlich nahm, so leicht er immer
in neue Täuschung einging, so unmöglich war es ihm diese
fortzusetzen, wenn hinwieder sein unbestechliches Urtheil ihm
die entgegengesetzte Wahrheit aufgezeigt hatte. Auf diese
Weise war ihm außerhalb seiner Häuslichkeit wenig dauernde
Freude beschert. Wir selbst sahen bisweilen in kleinem harm-
losen Kreise ihn mit liebenswürdiger Heiterkeit an der Unterhaltung Theil nehmen, und besonders den Frauen mit seiner
Anmuth huldigen, aber dann doch zuletzt ihn in Mißmuth
und Troß weggehen, weil er durch Aeußerungen verletzt wurde,
die seinem Karakter widersprachen, und die auch nur still-
schweigend hinzunehmen ihm unmöglich war. Diese Strenge,
die keiner Unvernunft, keiner übereinkömmlichen Falschheit und
Heuchelei sich fügen wollte, ließ ihn große Gesellschaften, wo
vor allem der Schein gelten sollte, mehr und mehr vermeiden,
erschwerte aber auch seinen Umgang mit wahren Freunden,
die selten in dem Falle waren, ihre Urtheile und Handlungs-
weise gleich ihm von dem Einflusse der Tagesumstände frei
zu halten.

Von seinem Troß und seiner Leidenschaft für das Recht
finden wir aus dieser Zeit zwei bezeichnende Züge aufge-
schrieben. Der Oberpräsident von Heydebreck hielt den alten
Freund immer in gleicher Werthschätzung, und lud ihn häufig
zu seinen Gastmahlen ein. Einst hatte er ihn an der Tafel
absichtlich zum nächsten Nachbar gewählt, um ihn mäßigen
und von schroffen Ausbrüchen zurückhalten zu können, was
um so nöthiger schien, da die Gegenwart mehrerer Staatsminister und höchster Hofbeamten dem Wirthe selbst einige
Scheu gebot. Heydebreck's Bemühen hatte auch den besten
Erfolg, bis zu dem Augenblick, wo er die Gesundheit des
Königs ausbrachte, zu der Alle sich erhoben und mit den
Gläsern anstießen, nur Held ergriff nicht sein Glas und stand
auch nicht auf. Heydebreck flüsterte ihm zu: „So stehen Sie
doch auf, lieber Held!" — Dieser aber antwortete fest:
„Nein, ich trinke nicht mit. Der Mann hat mich zu tief
gekränkt." Der andere Fall zeigt ähnliche Hartnäckigkeit.

Ein Schlächtermeister war nach der Salzfaktorei gekommen, und wollte Salz kaufen. Auf dem Hofe gerieth er mit einem der dortigen Arbeiter in Streit, und drohte denselben zu schlagen. Held eilte auf den Lärm herbei, erkannte den Arbeiter im Recht, verwies dem Schlächtermeister seine Ungebühr, und sprach von Verhaften. Dieser jedoch sagte hohnlachend, das solle er mal versuchen, gab ihm einen Schlag mit der Reitpeitsche, rannte dann zu seinem Pferde, das am Thorgitter angebunden stand, schwang sich in den Sattel, und jagte spornstreichs davon. Niemand wußte den Namen des Mannes, und alle Mühe, welche Held sich gab, ihn zu erforschen, blieb vergeblich. Tief ergrimmt verbrachte Held wohl ein halbes Jahr in diesem Bemühen, da trat er zufällig in der Markgrafenstraße in einen Laden, wo eine als vorzüglich gerühmte Wurst zu haben war. Kaum hatte er nach der Waare gefragt, so trat der Schlächtermeister beeifert hervor, und Held erkannte sogleich seinen Beleidiger. Unverzüglich nannte er seinen eignen Namen und erklärte, daß er wegen der erlittenen Unbill klagen werde. Der Schlächtermeister lachte dazu, und meinte, das sei nicht der Rede werth. Doch nach strenger Untersuchung des Thatbestandes, wobei mehrere Zeugen auftraten, wurde der Mann, wegen thätlicher Beleidigung eines königlichen Dieners bei Ausübung seines Amtes, in achtwöchentliche Gefängnißstrafe und in Bezahlung aller Kosten verurtheilt, worüber Held eine große Befriedigung an den Tag legte, indem das eigne Recht ihm nur ein Bild des Rechts überhaupt enthielt.

Den großen Ereignissen, besonders denen, in welchen das Menschliche gefördert erschien, widmete er fortwährend eine brennende Aufmerksamkeit; die Abschaffung des Negerhandels that seinem Herzen wohl, das Erwachen Griechenlands erfüllte seine Phantasie mit reichen Hoffnungen der Zukunft; doch traten auch fern und nah genug Begebenheiten ein, die seinen Sinn umwölkten, weil sie in seinen Augen Rückschritte waren, und wieder verloren gaben, was für immer gewonnen schien. Ihm, der mit inniger Andacht die Reformationsfeste feiern half, waren andere religiöse Eiferungen, in denen er nur Verdunkelung oder gar Heuchelei erblickte, zum tiefsten Abschen. Den neuen Bahnen, welche die Philosophie brach, welche die Poesie und die ganze Litteratur nahm, konnte er sich nicht befreunden, das Licht der Vernunft, welches für Alle leuchten sollte, dünkte ihm in spitzfindiger Schulweisheit zum Eigenthum weniger Auserlesenen gemacht, und das Ziel der Sittlichkeit in romantischem Wust verdeckt. Die frömmelnde Kunstliebhaberei muthete ihn als eine Schwächlichkeit an, die zur Entnervung führen müsse. Die Fragen über ständische Verfassung berührten ihn wenig, er wollte Aufklärung, Gesetzlichkeit, Freiheit, aber altpreußisch erblickte er dies alles in dem Königsamte gewährt und gesichert, und in einer sogenannten Konstitution fürchtete er nur die Befestigung alter Vorurtheile zum Schaden der bisherigen Entwickelungen. Allen diesen Richtungen blieb er beharrlich entgegengesetzt, und wurde dadurch dem großen Haufen der Zeitgenossen nur täglich fremder.

Mit desto größerer Freude sah er eine andere Pforte der Wissenschaft sich aufthun, und auch zu dieser den reichsten Zudrang, der das alte Streben zum Lichte in der Hauptstadt Preußens noch nicht erloschen zeigte. Alexander von Humboldt begann im Spätherbst 1827 an der Universität zu Berlin seine Vorträge über das Weltall, welche so großes Aufsehen erregten, und so viele Zuhörer herbeizogen, daß er gezwungen war, neben diesem Lehrgange sogleich noch einen zweiten in dem Saale der Singakademie zu eröffnen, gleichsam eine Wiederholung des ersteren, nur eingerichtet für die größere und gemischtere Versammlung, in welcher der König und die Königliche Familie, die ersten Männer und Frauen der Stadt, niemals fehlten. Dieses große Naturgemählde, desgleichen vorher noch nie dagewesen, und welches Grundlage und Anfang des nach siebzehn Jahren jetzt im Druck erscheinenden unsterblichen Werkes „Kosmos" geworden ist, war für Berlin ein Ereigniß, welches die Theilnehmer nie vergessen können, und dessen auch die späteste Zeit noch mit Ehren gedenken wird. Held, in alter Liebe zu den Naturwissenschaften, war einer der eifrigsten und beglücktesten Zuhörer; mit freudiger Aufmerksamkeit, mit ernster Begeisterung, folgte sein heller Geist den wunderbaren Bilderreihen, welche der berühmte Lehrer mit aller Kraft des Geistes und mit aller Wärme des Herzens lebendig vorführte und erklärte. Heß fühlte sich von diesen, durch mehrere Monate fortgesetzten und gesteigerten Vorträgen so erfüllt und begeistert, daß er am Schlusse derselben ein Gedicht des Dankes an Humboldt richtete, welches wir hierhersetzen als einen Denkstein zu Ehren beider, des Empfängers und des Dankenden.

„An Alexander von Humboldt."

Welchem Phöbus die Augen, die Lippen Hermes gelöset.
Schiller.

„Hohepriester der Natur! — Wir scheiden
Dankerfüllt von Deinem weisen Mund;
Zu den reinsten, höchsten Geistesfreuden
That er uns die lichten Pfade kund.
Psyche selbst lieh jedem Worte Flügel,
Das aus Deiner Brust in unsre drang;
Suada hob mit leisem Kuß das Siegel
Von der Lippe und ein Strahlenspiegel
War der Blick, der Deinem Aug' entsprang."

„Von der Meßkunst sich'rer Hand geleitet
Führtest Du uns auf die Aetherbahn;
Staunend fühlten wir den Sinn geweitet
In des Weltraums tiefstem Ozean.
Schonend senktest Du zu den Planeten,
Durch die Muttersonne uns verwandt;
Aus dem Glanzdufte schweifender Kometen
Folgten gern wir, um mit Dir zu treten
An der Erdvulkane Gluthenrand."

„Von der Urzeit schaudervollen Scenen
Zog Dein Arm den dunkeln Vorhang ab,
Und es klaffte auf mit Riesengähnen
Eines Riesenlebens altes Grab.
In dem Toben wilder Elemente
Mußte jenes Leben untergehn;
Denn es fehlte noch der Mensch — noch brennte
Hier kein geistig Licht; darum vergönnte
Die Natur sein späteres Entsteh'n."

„Dir, mit Kondorschwingen aufgeflogen,
Rollten Meere, Inseln fern und nah
Und dahin des Erdgewölbes Bogen,
Chimborasso und Himalaya.
Von den Polen ließest Du uns steigen
In die Kugel, die uns trägt und hält;
Und der Mond schien näher sich zu neigen,
Und wir sah'n entzückt den langen Reigen
Bunter Pflanzen-, Thier- und Menschenwelt."

„Kieb'rem Kampfe trüber Dogmen ferne
Zeigtest Du, gleich uns ein Sohn der Zeit,
Lebenspulse in dem Heer der Sterne
Und den Weltgeist und Unsterblichkeit;
Und der ewigen Gesetze Walten;
Ueberall Bewegung, nirgend Tod;
Kreise, die in wechselnden Gestalten
Immer neu und endlos sich entfalten,
Nach erhab'ner Harmonie Gebot."

„Jeder Umschwung unsres Erdballs sendet
Hunderttausend Seelen vor ihm her;
Mit dem Gehrohr raumdurchbringend wendet
Froh die Hoffnung sich zum Jupiter.
Solchem Zuge muß ein Ziel gegeben
Und dem Geist der Stoff verflochten sein;
Sterben heißt: sich kosmisch weiter heben;
Und wenn nicht, dann wäre alles Leben
Zwecklos atomistischer Verein."

„Sehen, längst durchwandelnd andre Sterne,
Keppler, Newton und Kopernikus
Unsern Erdball — o! von jener Ferne
Winken sie Dir ihren Brudergruß.
Humboldt setzet fort, was wir begonnen,
Rufen sie — dem kleinen Sphäroid,
Dem Geschlecht dort beut er neue Wonnen,
Das, noch rings von tausend Wahn umsponnen,
Sich nach beff'rer Einsicht Reife müht."

„Freund und Liebling beider Hemisphären!
Heros der Vernunft und Wissenschaft!
Lang' wird Dich der Erdbewohner ehren
Als ein Vorbild ird'scher Geisteskraft.
Inn're Gluth mag Tellus einst zerstören

Und sie schlendern aus der Sonnenbahn;
Wir sind dann schon Bürger and'rer Sphären,
Freudig dort noch denkend Deiner Lehren
In des Universums hohem Plan."

Die nächsten Jahre waren fruchtbar an Ereignissen; die Herstellung Griechenlands als Staat, der Umschwung der Dinge in Frankreich durch die drei Julitage 1830, mußten Held's alte Sympathien aufregen, auch der Saint-Simonismus konnte ihn nicht gleichgültig lassen. Doch waren diese Erscheinungen zu gemischter Art, und in ihren unmittelbaren Wirkungen zu beschränkt, um den partheilosen Weltbürgersinn dauernd zu fesseln. Den reichsten Stoff theilnehmender Betrachtungen bot das Vaterland selber; das Gedeihen Preußens, die Erstarkung Deutschlands, übertrafen in gewissem Sinne die kühnsten Erwartungen, welche Held in früher Jugend gehegt, wenn auch der spröde Geist nicht immer in die Wege sich finden konnte, auf denen die Entwickelung geschehen war. Seltsam mußte es ihn anmuthen, die persönlichen Schicksale zu erwägen, welche der Wandel der Zeiten über ihn und Andere verhängt hatte. Es gehört zu den ererbten guten Zügen des preußischen Staates, daß er entgegengesetzte Elemente leicht verbindet, und sie wo nicht unmittelbar doch nachzeitig auszugleichen fähig ist. So erlebte Held, daß unter demselben Könige, und nicht aus Laune und Willkür, sondern aus Einsicht und Gerechtigkeit, die einst wegen ihrer Gesinnung verfolgten und bestraften Männer in eben dieser Gesinnung als treue Diener des Königs und des Landes anerkannt und mit Aemtern und Würden betraut wurden. Oelsner starb als preußischer Legationsrath in Paris, der dienstentsetzte und zur Festung verurtheilte Hauptmann von Leipziger war zuletzt Präsident der Regierung zu Bromberg, Zerboni sogar Oberpräsident des Großherzogthums Posen. Eine solche Erscheinung erhöht mit Recht das Vertrauen in den Geist, der den Staat durchbringt, und wenn, wie Droysen neulich angemerkt hat, Preußen in seinem neueren Geschichtsgange zwischen zwei Richtungen zu wechseln und bald der einen bald der anderen zu folgen schien, so haben wir darin kein unsicheres Schwanken, sondern vielmehr den Pulsschlag

zu erkennen, der ein kräftiges, vielumfassendes Leben anzeigt.
Auch Held, wenn er es gewollt und seinen Sinn hätte nach
den Umständen beugen wollen, würde ohne Schwierigkeit zu
höherer Stellung aufgestiegen sein, zu der ihm weder Fähigkeit und Eifer, noch selbst förderliche Gunst konnte gefehlt
haben. Doch ihn lockte kein Ehrgeiz, dem, wie er glaubte,
nicht ohne Einbuße des Karakters wäre zu folgen gewesen.
Zufrieden in seiner Häuslichkeit, als ehrenfester Gatte und
sorgsamer Vater, sah er die Jahre ruhig schwinden. Ihn erfreute
die Natur, die Blumen eines kleinen Gartens, er war ein
Freund von Thieren, besonders liebte er Hunde, und hatte
deren stets um sich. Dagegen wurde es ihm fortan immer
schwerer, sich mit den Menschen zu verständigen, sie gingen
selten in seine Ideen ein, er noch weniger in die ihren.
Jeder Widerspruch verstimmte ihn, und führte, betraf er
Sachen des Rechtes und der Wahrheit, unfehlbar zu völligem
Bruch. Den besten Freunden stand er meist in schroffer
Abgeschlossenheit entgegen; auch der Umgang mit Bachhoff
befriedigte ihn wenig mehr, und dessen Ansichten und Benehmen dünkten ihn keineswegs folgerecht. Die redliche
Biederkeit des Stadtrathes Georg Renner ehrte und liebte
er, aber in einzelnen Meinungen entdeckte sich zu große Verschiedenheit. In die großen Ueberzeugungen mischten sich
auch Grillen, und er bestand hartnäckig auf diesen wie auf
jenen. Immer abgeneigter wurde er dem Schreiberstand,
und fand in ihm alles Unheil des Staates, während dagegen
die Kriegstüchtigkeit seinem alten Preußenthume wohlthat. Er
wünschte eine Feuersbrunst, welche alle Akten verzehrte, und
auch nicht ein Blatt übrig ließe, dann erst, meinte er, würden
die Menschen wieder frei athmen, dann könne ein neues
Leben anfangen. Entschieden haßte er alle Juristerei; die
Rechtsgelehrten, Gerichtsleute, Sachwalter, sah er im Staate
für das an, was in der Kirche die Pfaffen sind, nächst ihnen
haßte er die Diplomaten, und wandte auf sie den Spruch
eines Neapolitaners an, der, gefragt, ob denn kein Protestant
selig werden könne, aus Nachgiebigkeit wider seine Ueberzeugung geantwortet habe, möglich sei es, aber schwer und
langwierig! Schon früh hatte Held über einen Freund, der

als Diplomat ihm untreu geworden, seinen Unwillen, so geäußert: „Ich beschuldige ihn keineswegs der List, der Ränke, der Kabalensucht, spreche ihm auch nicht die Alltagsrechtschaffenheit ab, wohl aber die hohe, reine, kühne Tugend und Energie, die sich an eigne Ideen setzt und wagt. Mit solcher flachen Rechtschaffenheit, subalternen Bescheidenheit, tiefdevoten Ergebenheit in persönliche Verhältnisse und Convenienzen, unermüdlichen jedem Unsinne huldigenden Lakaiengeduld und nüchternen Neutralität gegen Gutes und Böses, Wahres und Falsches, Nützliches und Schädliches, Freund und Feind, ja gegen die ganze Menschen- und Ideenwelt, kann man allerdings, unter einer verdorbenen, schlechten, und darum sinkenden Regierung, zu einem hohen Posten und reichlichen Einkommen gelangen, doch niemals dem zerfallenden Staate kräftig und helfend nützen, sondern nur schaden." Während aber der Geist Held's nur strenger und unbiegsamer wurde, blieb sein Gemüth offen und nachgiebig, immer auf's neue vertraute er der Ehrlichkeit der Menschen, und nur allzusehr zu seinem Schaden; er wurde in dieser späten Zeit ein paarmal betrogen und bestohlen, was in seinen Verhältnissen nicht leicht zu übertragen war.

Die Verlegenheiten, welche ihn noch immer drückten, hatten durchaus keinen Grund in schlechter Wirthschaft, sie waren das unselige Vermächtniß früherer Verwickelungen und die Folge neuer Unglücksfälle. Frei von jeder Leidenschaft und Liebhaberei, die ihn zu ungehörigen Ausgaben hätten verleiten können, lebte er sehr eingezogen und knapp, im Essen und Trinken überaus mäßig, dem Spiel abgeneigt, auf Vergnügungen aller Art gern verzichtend. „Wer ihn nicht näher kannte — erzählte der Kriegsrath Müchler von ihm — hätte ihn nach seinem Ansehen für einen eingefleischten Geizhals halten müssen. Er trug Kleider, die jeder Andere in seinen Verhältnissen längst an einen armen wandernden Handwerksgesellen verschenkt haben würde; dabei zeigte er aber eine übertriebene Sorgfalt für Reinlichkeit in seinen Zimmern und in seiner Kleidung. Er wischte, nach der Reinigung der Möbel durch die Magd, immer noch die geringste Spur von Staub sorgfältig ab, musterte die Stiefeln und Kleider, die

ihm sein Stiefelputzer brachte, jedesmal genau, putzte die
ersteren noch selbst, nahm von den letzteren jedes anhaftende
Fäserchen ab, und ging nie aus, ohne vorher seinen Hut
nach dem Strich geglättet zu haben." Wenn seine Ausgaben gleichwohl oft seine Einnahmen überstiegen, so waren
daran hauptsächlich die Verpflegs- und Kurkosten seiner fast
immer kranken Frau, die Sorge für seine Kinder, einige erlittene Diebstähle, und vor allem das Unglück schuld, daß er
in seinem drangvollen Leben keinen einzigen Augenblick erlangte, wo er sich von allen Lasten völlig hätte befreien und
nach gemachtem Abschluß einen neuen frischen Weg hätte
wandeln können. —

Als er im Jahre 1840 den Thronwechsel in Preußen
erlebte, freute sich sein Herz der glücklichen Zeichen, unter
denen eine neue Zeit hereinbrach. Allein er fühlte schmerzlich,
daß es nicht die Seine mehr wäre, daß sein unter Friedrich
dem Großen begonnenes Leben mit Friedrich Wilhelm dem
Dritten zu Grabe ging. Er sah die menschlichen Dinge in
ihrer Vergänglichkeit, aus höherem Standpunkt auch das
vermeintlich Große ganz klein werden. In folgenden Zeilen
äußert sich diese Einsicht gleichsam demuthsloidend:

> Sitzt das kleine Menschenkind
> An dem Ozean der Zeiten,
> Schöpft mit seiner kleinen Hand
> Tropfen aus den Ewigkeiten.
>
> Sitzt das kleine Menschenkind,
> Sammelt flüsternde Gerüchte,
> Trägt sie in ein kleines Buch,
> Schreibt darüber: Weltgeschichte.

Nur die erhabene Gestalt des Sittlichschönen blieb ihm in
voller Größe stehen, die Tugend, das höchste Pfand des
Menschen für Zeit und Ewigkeit. Er glaubte an die Un-
sterblichkeit der Seele, und das Hinabschreiten in das einsame
Gebiet des Todes nur dann furchtbar, wenn wir kein einziges
Ideal mitnehmen. Er hielt die seinigen unverletzt in treuer
Brust verwahrt, doch sie in die Wirklichkeit zu übertragen
fühlte er sich nicht mehr berufen.

Bis in's hohe Alter jedoch, und trotz Enttäuschung und Verstimmung, begleitete ihn die heitre Gabe, welche seiner Jugend zum Schmucke gedient hatte, die Gabe zu dichten. Er besaß sie nicht in dem Maße, um den eigentlichen Dichtern beigezählt zu werden, aber doch genugsam, um Freude und Ehre davon zu haben. Noch vom Jahre 1836 finden wir ernstgedachte und kräftigausgedrückte Strophen zur Feier des fünfzigjährigen Sterbetages Friedrichs des Großen; vom Jahre 1839 ein rührendes Lied auf den Tod eines Hundes, der bei ihm zweiundzwanzig Jahre alt geworden war, und mit dem zugleich er nun sein durch die Schuld untreuer Menschen bedeutungslos gewordenes Konstantinskreuz begraben wollte! Er liebte nämlich überhaupt Thiere, aber Hunde ganz besonders, und kranke oder beschädigte nahm er stets willig in sein Zimmer auf, wo er mit Aufmerksamkeit ihrer Pflege und Heilung wahrnahm. Früher legte er auf seine Gedichte wenig Werth, er sah sein Talent als Nebensache an, und dasselbe hatte ihm zu viel Verdruß und Schaden gebracht, um ungetrübte Freude daran zu haben. Jetzt aber in alten Tagen wurden sie ihm lieb, er las und feilte sie wiederholt, schrieb sie auf's neue in seiner klaren, bei großer Festigkeit doch fließenden Handschrift ab, und als er öffentlich aufgefordert wurde, sie herauszugeben —, sie athmeten Geist, Phantasie und Kraft, hieß es, und würden sehr Vielen sehr willkommen sein, — begann er sie zu sammeln und zu ordnen, um wenigstens eine vollständige Handschrift zu hinterlassen. Es war jedoch manches Blatt nicht mehr aufzufinden, und die Arbeit ist nicht fertig geworden.

Held stand bereits im achtundsiebzigsten Jahre, und diente dem Staat im dreiundfünfzigsten, als noch zuletzt den nur Frieden suchenden und der Ruhe bedürftigen Greis unvermuthet und von mehreren Seiten zugleich bittres Unglück befiel, und an der Schwelle des Todes noch zu harten Lebenskämpfen aufrief. Durch wiederholten Diebstahl hatte die Salzkasse, welche er verwaltete, einen Verlust von dreitausend Thalern erlitten; wenn ihm auch hiebei persönlich nichts vorzuwerfen war, als höchstens eine zu große Arglosigkeit, so war ihm doch auferlegt den Schaden zu ersetzen. Hiezu fehlten die Mittel, fehlte alle Aussicht sie herbeizuschaffen. Er sah neue gränzenlose Zerrüttung vor Augen; nach so vielen ausgestandenen Leiden, in diesen Jahren, mußte eine solche Wiederholung desselben Unglücks ihm eine unerträgliche Schmach dünken. Dazu kam, daß ihm wegen des Baues des neuen Museums plötzlich sein kleiner Garten genommen wurde, das Letzte, was ihm und seiner seit langer Zeit erkrankten Frau noch von Lebensreiz geblieben war, und auch die Dienstwohnung selbst mußte geräumt werden. Seine Augen nahmen ab, seine bisher gute Gesundheit fing an zu wanken, bald mußte er undienstfähig werden, und in dieser Aussicht mit Sorgen und Mühen ringen, die auch den muthigsten Streiter erschrecken konnten. Er wollte es nicht, er beschloß die Welt zu verlassen. Seine beiden Söhne waren versorgt, seine Frau war es durch seinen Tod, der überdies in der Großmuth des Königs die Tilgung seiner Schuld bewirken sollte. Er beschloß zu sterben. Still und überlegt waren seine letzten Tage und Handlungen; schwebte seinen Angehörigen auch lange schon die Möglichkeit eines äußersten Entschlusses als ein furchtbares Gespenst vor, so war doch am Vorabend der That in seinem nur etwas milderen Wesen kein besorgliches Anzeichen zu erkennen. Mit ruhigem Blute, festem Willen und klarem Blick in die Zukunft traf er seine Anordnungen, bezahlte größere und kleinere Schulden, selbst die geringfügigste, weil er nur als ein Schuldner Königlicher Gelder aus der Welt gehen wollte, und ließ sich darüber quittiren, einer Leihbibliothek brachte er das entliehene Buch zurück, bezahlte auch hier das schuldige Lesegeld, und bat den Diener, ihn aus der Liste der Leser auszustreichen, da er vor der Hand keine Bücher mehr brauchen werde, denn er sei im Begriff eine Reise zu unternehmen. Darauf schrieb er mehrere Briefe, und legte sich dann zum Schlafe nieder. Frühmorgens um 7 Uhr am 30. Mai 1842 ging er hinaus zum Invalidenhause, wo dessen Commandant, sein Bruder, der jetzige Generallieutenant von Held, wohnte. Hier, unter den Fenstern desselben, in einem grünen Busche, fiel ein Schuß. Die Herbeieilenden fanden seinen schon entseelten Körper. Mit sichrer Hand hatte er den löbtlichen Lauf auf das Herz gesetzt, es wohl getroffen, und sein ruhiges Antlitz spiegelte nur die Festigkeit des Entschlusses und das Morgenroth eines Friedens ab, der ihm seit fast fünfzig Jahren freund geworden war. Er starb im festen Vertrauen auf ein herrliches Jenseits, auf das Wiedersehen geliebter Menschen, auf die Wirklichkeit aller Ideale. Daheim auf seinem Tische lagen wohlgeordnet und schwarzgesiegelt eine Anzahl von Abschiedsbriefen, einer darunter an den König, dem er in so edlen als rührenden Worten seine Bitte vortrug und seine Söhne empfahl. Das Schreiben an den König begann wie folgt: „Majestät! Moriturus te salutat, sagte der römische Gladiator, wenn er zum blutigen Kampfspiele vor die Loge des Cäsars trat. Moriturus te salutat, sage auch ich, im entgegengesetzten Sinne, indem ich, voll Sehnsucht nach geistigem Frieden von unserer Erde scheidend, zuletzt mit diesen Zeilen mich an Ew. Majestät wende. Ich muß sterben, ich kann den Schimpf, in der Salzkasse, die ich seit vielen Jahren verwalte, einen Defekt von breitausend Thaler zu haben, nicht überleben. Wie es damit beschaffen ist, und wie der Defekt zum Theil aus gegen mich verübten Diebstählen entstanden, können Allerhöchstsie von dem Generaldirektor der Steuern Kühn erfahren." Nach kurzer Erörterung seiner zerrütteten Lage und seines geplagten Alters fährt er fort: „Dies übersteigt meine Kräfte, und treibt mich in den Tod. — Bei der Huldigung versprachen Ew. Majestät, ein barmherziger König zu sein. Bewähren Allerhöchstsie jetzt als ein solcher sich in Beziehung auf mich geplagten und in allen Lebensreizen zerstörten Greis, und schlagen aus Allerhöchster Machtvollkommenheit jenen Defekt nieder. — Sterbend und aus einer andern Welt rufend, bitte ich darum. Der Nächste, den ich dort aufsuchen werde, ist mein lebenslanger treuer Schulfreund, der verstorbene Kabinetsrath Albrecht, mit dem ich oft in Gesprächen später Abend- und Nachtstunden übereingekommen bin, daß unser Erdball doch eigentlich nur ein astronomisches Krähwinkel, und alles was wir hier so stolz Politik und Weltgeschichte nennen, nichts weiter als die

Klatscherei in diesem Krähwinkel sei. Mit dem aufrichtigen Wunsche, daß Ew. Majestät viele Erdjahre hindurch hier als Repräsentant des geistigen Ideals selbst glücklich und Glück verbreitend, hervorragen mögen, schließe und unterzeichne ich mich von Held. Berlin, den 30. Mai 1842."
Die Großmuth des Königs, nicht vergebens angerufen, erfüllte die Bitte des edlen Todten. —

Wir wollen eine That nicht rühmen, die auch in solchem Falle, wo die Uebermacht drängender Geschicke sichtbar ist, und der freieste Muth sich darin bewährt, unendlich zu bebauern bleibt. Aber anführen dürfen wir, daß wir eine Handlung, welche das Christenthum mit Recht verwirft, täglich begehen und billigen sehen, wenn ein herkömmlicher Ehrbegriff sie nöthig glaubt; ja die ganze Christenheit muthete diese Handlung dem Kaiser Napoleon zu, als dieser von seiner Höhe gestürzt war, und konnte ihm lange nicht verzeihen, daß er noch dem Leben angehören und vertrauen wollte. —

Held war von mittlerer Größe, feinem doch festem Körperbau, gesund und abgehärtet, gewandt und sicher in allen Bewegungen, ein starker Fußgänger. In seinen scharfen Gesichtszügen lag sein ganzer Karakter aufgedeckt; sein klares Auge hatte ungemeine Kraft, sein stechender Adlerblick wechselte mit dem Ausdruck innigen Zutrauens und edler Güte. Sein Mund verrieth die Gabe der freien Rede, die er unläugbar besaß, aber auch die Bitterkeit, die seinem Worte so leicht sich beimischte. In seiner etwas gebogenen Nase war die Gradheit seines Karakters, in seiner starken Stirne der Trotz und Starrsinn desselben mehr als angedeutet.

Sein Talent ist unverkennbar; dasselbe hätte mit Leichtigkeit eine weit größere Entwickelung nehmen können, wäre ihm möglich gewesen, sich von dem Karakter zu trennen, aber es blieb einzig dessen Dienste geweiht. Seine Gabe der Darstellung war sehr groß und nicht nur Gegenstände des Staatswesens und der Geschichte, sondern auch Naturanschauungen, die feinsten Vorgänge der Geselligkeit und des innern Lebens wußte sie mit sicherer Hand lebendig zu schildern. Ein von ihm beabsichtigter Roman: „Kampf des Ideals mit der Wirklichkeit", von dem aber außer einigen dazu gehörigen Liedern nichts geschrieben worden, hätte gewiß viel Gelungenes aufzuweisen gehabt. Einige nicht mittheilbare Aufsätze haben in Erforschung und Darlegung sittlicher Zerrüttung die wärmsten Farben, in Schilderung der Persönlichkeiten die schärfsten Umrisse; ihm fehlt nicht Humor, nicht Witz, seine größte Stärke ist die Erbitterung, die Invektive. Wir haben schon angedeutet, daß ihm eine Gabe fehlte, deren Mangel tief in allen Lebensbeziehungen fühlbar wird, wenn man es auch nicht weiß oder sogar läugnet: der ästhetische Hochsinn, der Geschmack. Die Poesie, die schönen Künste, galten ihm nur, insofern sie im Einzelnen eine Meinung hatten, einen Zweck, der außerhalb ihres Wesens war. So geschah es, daß er Goethe'n nicht liebte, ja nicht selten voll Grimm gegen ihn war, daß er sogar die Bekenntnisse einer Giftmischerin von Buchholz den Wahlverwandtschaften Goethe's vorzog.

Das Unglück seines Lebens, das Mißgeschick, welches ihn stets begleitete, lag in dem Zwiespalte der Phantasie und des Verstandes, welche abwechselnd ideale Forderungen und reale Enttäuschung, hohe Schwärmerei und tiefen Abscheu hervorriefen. Die reinste Gesinnung scheiterte an der mißkannten Wirklichkeit, das entschiedne praktische Talent an der Wahl seiner Aufgaben. Der ganze Zustand der Welt, die ihn umgab, widersprach den Antrieben des trefflichen Mannes, ließ weder seiner Liebe noch seinem Hasse freien Weg. Daher, bei dem Bewußtsein der innersten Berechtigung, des redlichsten Willens, des freundlichsten Zutrauens, sah er auf keiner Seite Erfolg und Ertrag, sondern nur Verkennung, Unbill und Härte, bis er zuletzt in einsame Verbitterung zurückgedrängt seinem eigentlichen Beruf und zuletzt auch selbst dem Leben entsagen mußte. Wie anders hätte dieses Leben sich gestellt, wäre ihm vergönnt gewesen, als Mitglied einer großen nationalen Versammlung, seinem Eifer, seiner Rednergabe, ja auch seiner Schärfe und Bitterkeit, in öffentlichen Vorträgen Luft zu machen, zu Verdruß und Noth mancher Gegner —

das geben wir zu —, aber gewiß auch zum reichsten Nutzen eines Gemeinwesens, das, auf freie Erörterung gegründet, auch schonungslosen Tadel und heftige Anklagen gar wohl verträgt. Mögen die Späteren, die ihren Weg fertig finden, wenigstens mit Theilnahme auf solche Männer zurückschauen, welche dadurch, daß sie zu ihrem Schaden jenen Weg suchten, doch ihn bereiten halfen! —

Nachweisung der gebrauchten Hülfsmittel.

Feldmarschall Jakob Keith.

Briefwechsel Friedrichs des Großen mit Keith. Handschriftlich im Königlichen Archive. Vier Konvolute. Hierin über hundert eigenhändige Briefe oder Nachschriften Friedrichs.

Briefwechsel Friedrichs des Großen mit Lord Marischal. Handschriftlich im Königlichen Archive. Zwei Konvolute. Hierin über vierzig eigenhändige Briefe Friedrichs.

Handschriftliche Mittheilungen von dem Königlichen Historiographen Herrn Professor Dr. Preuß.

Handschriftliche Mittheilungen von dem Königlichen Präsidenten Herrn Heuer in Potsdam.

Journal du maréchal Keith, par Weidemann. Handschriftlicher Auszug.

Auszug aus Briefen Lord Marischal's, die im Royal State Paper Office zu London waren, jetzt aber nicht mehr aufzufinden sind. Von dem verstorbenen englischen Staatsminister Watkin Williams Wynn gütigst mitgetheilt.

Tagebuch des Obersten von Gaudi über die Ereignisse des siebenjährigen Krieges. Wesel, 1778. 10 Bde. Folio. Handschriftlich in der Bibliothek des Königlichen großen Generalstabs in Berlin.

A Fragment of a memoir of fieldmarshal James Keith, written

Nachweisung der gebrauchten Hülfsmittel.

by himself. 1714—1734. Presented to the Spalding Club by Thomas Constable. Edinburgh, 1843. 4.
 Als Handschrift gedruckt.
Memoirs of the life and actions of James Keith, field-marshal in the prussian armies. By Andrew Henderson. London, 1759. 8.
Lives of illustrious and distinguished Scotsmen. By Robert Chambers. Glasgow. 8. Vol. III. Part. 2.
Éloge de milord Maréchal. Par M. d'Alembert. Paris, 1779. 8.
Éloges des maréchaux de Schwerin et de Keith. Par Formey. Berlin, 1758. 8.
Douglas, Peerage of Scotland. Edinburgh, 1813. fol. Vol. 2.
Leben großer Helden des gegenwärtigen Krieges, gesammelt von Dr. Karl Friedrich Pauli. Halle, 1759 ff. 8.
  Thl. IV. S. 1—76. Leben Keith's.
  Und S. 359—371. Nachträge.
Leben des Prinzen Karl, aus dem Hause Stuart (Grafen von Albany), Prätendenten der Krone von Großbritannien. Von Karl Ludwig Klose. Leipzig, 1842. 8.
Tagebuch des russisch-kaiserlichen Generalfeldmarschalls B. Ch. Grafen von Münnich über den ersten Feldzug des in den Jahren 1735—1739 geführten russisch-türkischen Krieges.
  In den Beiträgen zur Geschichte des russischen Reiches. Von Dr. Ernst Herrmann. Leipzig, 1843. 8.
August Wilhelm Hupel's nordische Miszellaneen. Riga, 1790. 8. Stück 20—25.
  Einige Nachrichten über Keith und über die Familie Benusscheff.
Oeuvres de Frédéric II, roi de Prusse. 25 Vols. 8.
Friedrich der Große. Eine Lebensgeschichte. Von J. D. E. Preuß. Berlin, 1832—34. 4 Bde. 8.
  Urkundenbuch dazu. 5 Bde. 8.
Die Lebensgeschichte des großen Königs Friedrich von Preußen. Ein Buch für Jedermann, von Dr. J. D. E. Preuß. Berlin, 1837. 2 Thle. 8.
Friedrich der Große mit seinen Verwandten und Freunden. Eine historische Skizze von Dr. J. D. E. Preuß. Berlin, 1838. 8.
König Friedrich der Zweite und seine Zeit. 1740—1769. Nach den gesandtschaftlichen Berichten im brittischen Museum und Reichsarchive. Von Friedrich von Raumer. Leipzig, 1836. 8.

The life of Frederic the Second, king of Prussia. By Lord Dover. London, 1832. 2 Vols. 8.

Sehr schätzbare Briefe von Keith an Lord Marischal, im Besitze des Admirals Fleming, dem Verfasser mitgetheilt durch Lady Keith, verheirathete Gräfin Flahault, sind hier abgedruckt.

Anekdoten und Karakterzüge aus dem Leben Friedrichs II. Berlin, 1822. 3 Bde. 8.

Geschichte des siebenjährigen Krieges in Deutschland ꝛc. Von Lloyd und Tempelhoff. Berlin, 1794—1801. 6 Bde. 4.

Geschichte des siebenjährigen Krieges. Vom Hauptmann von Archenholtz. Berlin, 1793. 2 Thle. 8.

Geständnisse eines österreichischen Veterans. Breslau, 1794. 4 Thle. 8.
    Von Cogniazo.

Karakteristik der wichtigsten Ereignisse des siebenjährigen Krieges. Berlin, 1802. 2 Thle. 8.
    Vom General von Retzow; zum Grunde liegen auch Mittheilungen Galster's ꝛc.

Geschichte des siebenjährigen Krieges in einer Reihe von Vorlesungen, mit Benutzung authentischer Quellen, bearbeitet von den Offizieren des großen Generalstabs. Berlin, 1824 ff. 5 Bde. 8.

Der siebenjährige Krieg vom Jahre 1756—1762. Von Maximilian Fr. Thielen. Wien, 1836. 8.

Forschungen und Erläuterungen über Hauptpunkte der Geschichte des siebenjährigen Krieges. Nach archivalischen Quellen. Von P. F. Stuhr. Hamburg, 1842. 2 Bde. 8.

Militairischer Nachlaß des Generallieutenants Victor Amadeus Grafen Henckel von Donnersmarck. Herausgegeben von Karl Zabeler. Zerbst, 1846. 2 Bde. 8.

Des preußischen Stabsfeldpredigers Küster Bruchstück seines Kampagnelebens im siebenjährigen Kriege. Berlin, 1791. 8.

Warnery's sämmtliche Schriften. Hannover, 1785. 9 Thle. 8.

Briefe eines alten preußischen Offiziers verschiedene Karakterzüge Friedrichs des Einzigen betreffend. Hohenzollern, 1790. 8.
    Von Rud. W. von Kaltenborn.

Mémoires du baron de La Motte Fouqué. Berlin, 1788. 2 Vols. 8.
    Von Büttner.

Lebensbeschreibung des Generals Baron de La Motte Fouqué. Verfaßt von seinem Enkel Friedrich Baron de La Motte Fouqué. Berlin, 1824. 8.

Lebensbeschreibung Hans Joachims von Zieten. Berlin, 1800. 8.
  Von Luise von Blumenthal.
Prinz Heinrich von Preußen. Berlin, 1805. 2 Thle. 8.
  Von Heinrich von Bülow.
Vie privée, politique et militaire du Prince Henri de Prusse.
  Paris, 1808. 8.
Lebensgeschichte des Grafen von Schmettau. Von seinem Sohne
  dem Hauptmann Grafen von Schmettau. Berlin, 1806.
  2 Thle. 8.
Leben des preußischen Generallieutenants H. K. von Winterfeldt.
  Von Moritz Adolf von Winterfeld auf Riben. Berlin, 1809.
  12.
Erinnerungen des Generalfeldmarschalls Grafen von Kalckreuth,
  aus dem französischen Manuskripte seiner Dictées. Von Friedrich
  Grafen von Kalckreuth.
    Minerva. Von Brau. Jena, 1839. 1840. 8.
Memoirs and papers of Sir Andrew Mitchell. By Andrew
  Bisset. London, 1850. 2 Vols. 8.
Nachrichten und Betrachtungen über die Thaten und Schicksale der
  Reuterei in den Feldzügen Friedrichs II. und in denen neuerer
  Zeit. Berlin und Posen, 1823. 24. 2 Bde. 8.
    Vom Generalmajor Freiherrn von Canitz.
Memoirs of the last ten years of the reign of George the
  second. By Horace Walpole, earl of Orford. London, 1822.
  2 Vols. 4.
Mémoires de Frédérique Sophie Wilhelmine margrave de
  Bareith, soeur de Frédéric II, écrits de sa main. Bruns-
  vic, 1810. 2 Vols. 8.
Correspondance de Voltaire. 12 Vols. 8.
Souvenirs d'un citoyen. Berlin, 1789. 2 Vols. 8.
  Von J. H. Sam. Formey.
La Prusse littéraire sous Frédéric II. Par M. l'abbé Denina.
  Berlin, 1790. 3 Vols. 8.
Cabanis. Roman von Willibald Alexis (W. Häring). Berlin,
  1832. 6 Bde. 8.
    Lebendige Schilderung des Ueberfalls bei Hochkirch.
Memoirs and correspondence of Sir Robert Murray Keith.
  Edited by Mrs. Gillespie Smyth. London, 1849. 2 Vols. 8.

www.ingramcontent.com/pod-product-compliance
Lightning Source LLC
Chambersburg PA
CBHW021200230426
43667CB00006B/481